돈의 흐름이 보이는
MZ세대 경제 수업

FINANCIAL LITERACY FOR MILLENNIALS by Andrew O. Smith

Translated from English Language edition of FINANCIAL LITERACY FOR MILLENNIALS : A Practical Guide to Managing Your Financial Life for Teens, College Students, and Young Adults, by Andrew O. Smith, originally published by Praeger, an imprint of ABC-CLIO, LLC, Santa Barbara, CA, USA.

미국 학교에서 배우는 돈의 교과서

돈의 흐름이 보이는 MZ세대 경제 수업

FINANCIAL LITERACY

앤드루 O. 스미스 지음
신진오 감수 · 정윤미 옮김

서울문화사

신 진 오 _ 밸류리더스 회장

MZ세대란 1980~2000년에 출생한 M Millennials 세대와 1995~2010년에 출생한 Z세대가 합쳐진 말입니다. M세대는 정보통신기술에 능통하고 대학 진학률이 높으며, Z세대는 디지털 환경에서 자란 '디지털 네이티브(원주민)'라는 특징이 있습니다. MZ세대는 2021년 현재 10대 후반부터 30대까지를 총칭합니다. 통계청에 따르면 MZ세대는 약 1,700만 명으로 국내 인구의 약 34%이며, 기업체 구성원의 60% 이상입니다. IT 분야에서는 젊은 CEO들이 대거 등장하고, 심지어 거대 야당의 당대표마저 MZ세대로 교체되고 있습니다. 한국의 고도성장기를 이끌었던 1955~1963년에 출생한 베이비부머세대가 은퇴하는 시점과 맞물리면서, MZ세대가 사회의 주류로 부상하고 있습니다.

하지만 MZ세대 앞에 놓인 현실은 그리 녹록치 않습니다. 치열한 입시와 취업 경쟁을 뚫고 간신히 취직에 성공해도 살아갈 집 한 채도 마련하기 어렵습니다. 결혼을 포기하거나 결혼하더라도 육아에 시달리다 보면 노후 대책까지 생각할 여유가 없습니다. 아무리 열심히 저축해도 요즘과 같이 연 1%대의 금리로는 자산을 불리기가 쉽지 않습니다. 결국 자산을 형성하는 가장 바람직한 방법은 적극적인 투자뿐입니다. 동학개미 열풍에서 개인 투자자 중 60% 이상이 MZ세대라고 합니다. 그만큼 그들에게 투자가 절실하다는 증거입니다. 잘하면 큰 도움이 되지만, 잘못하면 큰 손실이 발생하는 것이 투자입니다. 그렇습니다. 투자는 위험합니다. 그래서 무엇보다 공부가 필요한 분야입니다. 그런데 많은 MZ세대가 대학 입시에 치중하느라 자산 및 투자 교육을 받아본 적이 없다는 것이 문제입니다. 이 책은 이런 문제와 관련해 광범위한 돈 관리 가이드를 제시하고 있습니다.

사실 앞선 세대의 경험은 새로운 세대에게 지혜를 주기 마련입니다. 그래서 우리는 역사를 공부하는 것이지요. 그런데 한국의 경우 과거 수십 년간의 고도성장기를 거쳐 지금은 선진국의 문턱에서 저성장기를 맞이하고 있습니다. 베이비부머세대와 MZ세대가 처한 환경은 완전히 다릅니다. 베이비부머세대가 경험하고 익혔던 성공의 방법론은 더 이상 통하지 않아서, '나 때는 말이야'와 같은 옛날이야기가 되었습니다. 그래서 베이비부머세대의 충고는 MZ세대에게 유효기간이 지난 식품처럼 꼰대들의 잔소리에 불과합니다.

더 심하게는 MZ세대를 화나게 합니다. 모든 성장의 과실은 베이비부머세대가 독차지하고 지금은 고도성장의 후유증이 넘치는 가운데 더 치열한 경쟁 사회에 돌입했기 때문입니다. 금리가 낮아졌다는 것은 그만큼 먹고살기 힘들어졌다는 증거입니다. MZ세대는 처음부터 살아가기 힘든 사회에 내던져진 것입니다. MZ세대는 베이비부머의 성공스토리를 듣고 배우려고 하기보다 그 성공의 이면에 있는 후유증과 그 결과로 초래된 경쟁 때문에 힘들어합니다. 그래서 화날 수밖에 없습니다. 베이비부머의 경험으로 MZ세대를 가르칠 수 없고, MZ세대의 미래를 베이비부머세대가 설계할 수 없습니다.

한국이 가야 할 미래를 설계하려면 자본주의 선진국인 미국의 현재를 참조하는 것이 좋은 방법입니다. 한국보다 더 빨리, 더 많은 시행착오를 거쳐서 개선된 결과물이기 때문입니다. 물론 미국의 사례가 모두 바람직하다는 말은 아닙니다. 하지만 그중 괜찮은 것을 취사선택해 우리의 미래로 설계한다면 보다 효율적으로 자신감을 가지고 미래를 맞이할 수 있습니다. 한국의 미래를 이끌어갈 MZ세대에게 이보다 값진 공부는 없을 것입니다.

투자를 비롯한 모든 의사 결정에는 자국 편향home country bias이라는 것이 있습니다. 이미 전 세계가 개방되어 하나의 경제권처럼 움직이고 있는데도 국내 주식을 중심으로 투자하는 것이 좋은 사례입니다. 한국은 전 세계 자본시장의 2%에 불과합니다. 반면에 미국은 전 세계 자본시장의 50% 이상을 차지하고 있는 나라입니다. 글로벌 시티즌이 되려면 투자 포트폴리오도 글로벌하게 구성해야 합니다. 투자 포트폴리오에 미국의 주식이나 채권을 조금이라도 포함시키는 것만으로도 글로벌 시티즌에 가까워진다고 할 수 있습니다. 다행스럽게 이 책은 미국의 투자상품들을 자세하게 소개하고 있습니다.

이 책은 번역서인 관계로 소개하는 제도와 용어들이 한국 독자에게 익숙하지 않아서 이해하기 어려울 수 있습니다. 그러나 우리의 미래를 설계하는 데 참조가 되고, 글로벌 시티즌다운 포트폴리오를 구성하는 데 도움이 된다면 그 장점은 단점을 없애고도 남습니다. 사실 이런 내용은 제도권 교육 과정에서 공부하는 것이 바람직하지만, 아쉽게도 한국의 MZ세대는 그럴 기회가 없었습니다. 미국에서는 이 책이 MZ세대가 보는 '돈의 교과서'로 읽힌다고 합니다. 이제라도 한국의 MZ세대에게 훌륭한 금융 수업을 제공하는 책이 출간되어 다행입니다. 청소년 때부터 돈을 관리하는 법을 배우고, 이를 실천한다면 노후 걱정을 할 일은 없으리라 생각합니다. 프롤로그에 등장하는 두 사람 중 누구를 따라 할 것인가는 이 책을 읽는 여러분에게 달려 있습니다. 한국의 미래 주역인 MZ세대에게 이 책을 강력히 추천합니다.

감사의 말

이 책은 사실 한 통의 편지에서 시작되었다.

어느 날 친척이 연락해와 최근에 결혼한 자기 딸에게 돈에 관해 좀 알려달라고 부탁하는 것이었다. 의사 부부인 두 사람은 개인 재무 교육이 꼭 필요한 대상이었다. 똑똑하고 책임감이 있으며 고소득이 보장된, 성공적인 삶을 누리고 있는 사람들이었다. 그렇지만 너무 바쁜 나머지 돈을 관리하는 방법을 제대로 알아볼 만한 여력이 없었다. 아마 요즘 젊은 사람들 대다수가 이 부부처럼 소득은 높아도 관리에서는 서투른 면이 있을 것이다. 나는 평생 금융과 경제에 관한 언론 보도를 하나도 빠짐없이 살펴보며 살아왔다. 그런데 금융 사기나 거액의 투자 사기에 관한 기사에 의하면 피해자 중 상당수가 의사라고 한다. 사실 의사들은 사기꾼에게 좋은 먹잇감처럼 보인다. 수입은 많지만 이를 잘 관리하는 방법을 배울 시간적 여력이 거의 없기 때문이다.

나는 젊은 의사들에게 돈을 어떻게 관리해야 하는지 알아야 한다고 몇 번이나 주의를 주었다. 하지만 아무도 귀 기울이지 않았다. 그래서 나는 편지를 써서 알려주기로 마음먹었다. 젊은 사람들이 돈에 대해 꼭 알아야 하는 점을 모두 정리하자니 몇 주가 걸렸다. 내가 학교교육이나 업무 관련 교육을 통해 배운 점도 있고 다른 사람들에게 자문해주는 과정에서 스스로 배운 점도 있었다. 그중 몇 가지는 나 역시 뼈아픈 시행착오를 통해서 배운 것들이었다. 편지는 금세 10페이지 가까이 늘어났다. 이 편지를 계기로 몇몇 젊은 부부들과 얼굴을 마주하고 이야기할 기회가 생겨났다. 다행히 내 편지에서 배운 점이 많았다고 한다. 물론 그 편지 한 통에 마음을 고쳐먹고 〈월스트리트 저널〉을 구독하거나 〈매드 머니Mad Money(투자 종목에 대해 알려주는 CNBC 쇼 프로그램-옮긴이)〉의 열렬할 시청자가 되거나 키플링어Kiplinger(미국의 재무 관리 전문 미디어 그룹-옮긴이)를 구독한 것은 아니었다. 하지만 적어도 인생의 목표를 생각해보았다고 한다. 그리고 그 목표를 위해 돈을 어떻게 관리할 것인지를 심사숙고했다고 한다. 그러면서 개인의 재무 관리가 매우 중요한 사안이라는 점을 깨달았다고 한다.

이 책의 초안을 직접 읽고 다양한 피드백을 주신 제프 헨더슨, 레이건 멤모트, 데이비드 로버츠, 섀리 주커트에게 감사를 전하고 싶다. 또한 버니 오스트로스키와 호프 월먼이 책의 여러 부분을 검토해준 것도 정말 큰 도움이 되었다는 점을 언급하고 싶다. 그리고 나의 에이전트인 스티브 헛슨과 이 책 주제의 중요성을 인정해주고, 이를 책으로 엮어낼 수 있다고 믿어준 Praeger/ABC-CLIO 관계자들에게 감사를 전하고 싶다. 장기간 집필에 매달리느라 제대로 보살피지 못했음에도 너그러이 이해해주고 지원을 아끼지 않은 가족들에게도 감사를 전한다. 마지막으로 오래전에 미국 이민을 결심하신 조부모님께 고마움을 전하고 싶다. 두 분이 그때 지혜롭게 판단하고 용기 있게 행동하셨기 때문에 내가 미국 시민으로 태어나서 지금까지 살아올 수 있었다고 생각한다. 미국인의 근검절약과 회의론 및 독립적인 태도는 뉴잉글랜드 후손에게서 볼 수 있는 특성으로서 재무 관리에 매우 유리한 기질이다. 이러한 기질을 물려주신 점에도 감사드리고 싶다.

두 청소년의 이야기

웬디는 평범한 여고생이었다. 여러 개의 동아리에 가입해서 활동했고 스포츠도 적당히 잘하는 편이었다[평균 이상의 실력을 갖추었지만 대학에서 장학금을 주면서 오라고 손짓할 정도의 실력은 아니었다]. 성적도 중위권 이상을 유지했다. 막연히 대학에 가고 싶은 마음이 있을 뿐, 구체적으로 원하는 직업은 아직 없는 상태였다. 부모가 이혼한 후에 아버지는 연락이 끊겼으나 어머니는 웬디를 물심양면으로 잘 돌봐주었다. 고등학교 때 개인 재무에 관한 과목이 있었다. 사실 웬디는 관심이 없었지만 어머니가 강력히 권해 그 수업을 수강하게 되었다. 수업 내용은 대부분 웬디의 생활과 당장 관련되는 것은 아니었다. 하지만 개인의 재무 계획에 관해 몇 가지 중요한 점을 배울 수 있었다.

웬디는 음악을 좋아하고 친구들과 쇼핑하거나 외출하는 것을 즐기는 소녀였다. 어머니가 경제적으로 여유가 많지 않다는 것을 알기 때문에 고등학교에 다니면서 아이들을 돌보는 아르바이트를 했다. 여름방학이면 수영장 안전요원으로 일하기도 했다. 아르바이트로 번 돈은 대부분 취미생활에 썼지만 어느 정도는 따로 떼어 저축했다. 덕분에 고등학교를 졸업할 무렵에는 은행계좌에 2천 달러나 모인 상태였다. 어머니는 매달 월급으로 근근이 생계를 꾸렸기 때문에 웬디의 대학 등록금을 내줄 상황은 아니었다. 그래서 웬디는 보조금과 학자금 대출에 의존해 대학생활을 시작하게 되었다.

브라이언은 학교에서 인기가 많은 학생이었다. 학생회 회장을 지냈고 운동선수로도 주목받았다. 친구들과 밴드활동도 했다. 고등학교 성적은 별로 중요하지 않은 데다 대학에 가면 마음을 다잡고 공부할 시간이 많을 거라 생각해서 학교 수업에는 거의 신경을 쓰지 않았다. 그런 무심한 태도에 비해서는 성적이 괜찮은 편이었다. 그러던 어느 날 브라이언은 레스토랑을 운영해보고 싶다는 생각을 하게 되었다. 음식을 좋아하고 요리도 잘하는 편이라 레스토랑 경영이 자신과 잘 어울린다고 생각했다. 하지만 이 꿈이 대학 교육을 받는 것과는 상관없는 것처럼 보였다. 당시 브라이언의 부모님은 안정적인 직장에 다니고 있어서 브라이언은 경제적으로 부족함 없이 지내고 있었다. 브라이언의 고등학교 교육과정에도 개인 재무 관리에 대한 방과 후 수업이 개설되었다. 그러나 브라이언은 그런 지식은 자신의 인생에 필요 없다고 생각해 이를 수강하지 않았다. 그저 친구들과 놀면서 시간을 흘려보냈다.

브라이언은 개인 시간의 대부분을 운동 연습이나 밴드 연주 또는 비디오 게임에 쏟았다. 운동에 많은 시간을 쓰고도 자유 시간이 충분했기 때문에 자신이 원하는 것은 얼마든지 해볼 수 있었다. 여름방학에 아버지의 친구를 따라 건축 현장에서 일했는데, 그 일이 자신과 별로 맞지 않는다고 생각해 그만두었다. 부모님이 용돈을 넉넉히 주었기 때문에 고등학생 때는 아르바이트할 생각을 전혀 하지 않았다. 대학에 다니려면 학비가 많이 필요하다는 것은 알았지만 '어떻게든 되겠지'라고 생각하며 크게 걱정하지 않았다. 대학 원서를 쓰는 것만으로도 충분히 머리가 아프므로 그 이후의 일은 생각하고 싶지 않았다.

대학생활

웬디는 고등학교 진로상담 교사와 오랫동안 대화를 나눈 후에 전문대학에 진학하는 것이 여러모로 유리하다는 결론을 내렸다. 2년제 간호과정을 마친 후에 본격적으로 간호사의 길을 걷겠다는 결심이 서면 4년제 대학에 편입해서 학사학위를 받을 계획이었다. 웬디가 걱정하는 것은 2년제 과정에도 과학이 필수과목이라는 점이었다. 웬디는 다른 사람을 도와주는 직업을 원했다. 그래서 향후의 경제 동향을 분석해 간호사가 전망이 좋고 고소득을 기대할 수 있는 직업군이라는 결론을 얻었다. 무엇보다도 경제적으로 넉넉지 않은 집안 사정을 고려하면 전문대학만 한 대안도 없었다.

웬디는 돈을 모으려고 대학에 진학한 후에도 2년간 집에서 통학했다. 다른 대학생처럼 기숙사에서 생활해보고 싶었지만 비용을 아끼려고 꾹

참아냈다. 대학에 가서 새 친구들도 사귀고 다양한 활동도 해보고 아르바이트도 했다. 여름방학에는 판매원 아르바이트를 해서 돈을 모으기도 했다. 덕분에 고등학교 때 모은 돈을 계속 불릴 수 있었다. 간호학은 배우면 배울수록 흥미가 생겼다. 그래서 2학년이 되면서 근처의 주립대 간호학사 과정에 편입신청서를 냈다. 4년제 대학을 졸업하면 취직의 문이 더 넓어질 거라고 생각했기 때문이다. 이번에는 어머니를 설득해서 돈이 더 들지만 기숙사 생활을 선택했다. 4년제 대학으로 옮기니 대출을 받지 않을 수 없었다. 2년 후 졸업할 때가 되자 학자금 대출이 2만 5천 달러가 되었다. 웬디는 졸업 직후부터 간호사 자격증 시험 준비를 시작했다. 그리고 자격증을 따자마자 바로 일자리를 알아보기 시작했다.

브라이언은 대학에 가고 싶었다. 하지만 어느 대학에 갈지 크게 고민하지 않았다. 결국 집에서 멀지 않은 주립 대학교에 입학하게 되었다. 같은 대학에 진학하는 친구들이 많았기 때문에 대학생활도 재미있을 것 같았다. 예전처럼 밴드활동은 할 수 없었지만 동아리활동과 클럽 스포츠를 시작했다. 그리고 다양한 파티에 참석해서 유흥을 즐기고 새로운 친구들을 만들었다. 브라이언이 생각해볼 만한 다양한 진로가 눈앞에 펼쳐져 있었지만 정작 본인은 무엇을 전공하면 좋을지 결정하지 못했다. 영화에 관심이 있어서 영화학 수업을 몇 번 들었지만 금세 흥미를 잃었다. 심리학 과목과 경영 입문을 수강해보아도 매력을 느끼지 못했다. 아버지는 나중에 자기 사업을 하려면 회계를 알아야 한다며 회계학 전공을 제안했다. 그러나 브라이언은 너무 어려운 과목이라고 생각해서 회계학도 선택하지 않았다.

브라이언의 부모는 아들이 여름방학에 다양한 직업을 체험해보면 좋겠다고 생각했다. 한번은 광고회사의 인턴으로 일하게 되었는데, 브라이언은 회사에서 시키는 여러 가지 잡무가 싫다며 인턴 자리를 박차고 나와버렸다. 다시 여름방학이 되어 레스토랑에서 일하게 되었지만 지저분한 것을 치우는 일, 까다로운 고객을 응대하거나 오랜 시간 서서 일하는 것이 브라이언의 성미에 맞지 않았다. 어릴 때 레스토랑 운영을 꿈꾸었지만 막상 해보니 이 일 또한 자신과 맞지 않는다고 생각했다. 브라이언은 일단 돈이 생기면 친구들과 놀면서 돈을 모두 써버렸고 저축은 한 푼도 하지 않았다. 전공을 여러 번 바꾸는 통에 졸업하는 데 무려 5년이나 걸렸다. 어쨌든 졸업장은 딸 수 있었다(브라이언이 최종적으로 선택한 전공은 스포츠 마케팅이었다). 브라이언이 졸업장을 받자 부모는 더할 나위 없이 기뻐했다. 수입으로 보자면 중산층 가정이었지만 학자금을 부모가 전액 부담할 정도는 아니었다. 때문에 약간의 학자금 대출을 받아야 했다. 남들보다 1년이 더 걸린 탓에 브라이언의 학자금 대출은 4만 5천 달러였다.

커리어 초반

웬디는 지역 내 대형 대학병원에서 간호사로 사회생활을 시작하게 되었다(대학에서 배운 것은 간호사 자격증 취득 준비에 지나지 않았다). 첫 직장에 와보니 업무상 배울 것이 정말 많았다. 사회초년생에게 간호사 월급은 상당히 많은 편이었다. 하지만 웬디는 깊이 고민한 끝에, 자동차를 사지 않고 병원행 직행버스가 있는 지역의 저렴한 원룸을 얻었다. 병원에는 퇴직연금 적립 계획이 있었으며 내야 할 금액은 웬디가 원하는 대로 정할 수 있었다. 아직 젊은 나이라서 퇴직까지 내다볼 마음은 없었지만 고용주가 '돈을 대준다'는 점이 마음에 들어서 퇴직연금에 가입했다. 웬디는 실용적인 지출 계획을 세웠다. 외식은 될 수 있는 대로 자제하고 직접 요리를 해먹었으며 휴가 때 쓸 돈을 미리 저축하고 비상금도 따로 모았다. 신용카드 사용을 최대한 줄이고 카드대금이 밀리지 않도록 자주 확인했다. 대출받은 대학 학자금을 꾸준히 상환하면서 약간의 여유자금을 인덱스펀드에 투자하는 것도 잊지 않았다.

이렇게 사회초년생은 조금씩 자리를 잡아가기 시작했다. 주변에 항상 친구들이 있었고 가끔 데이트도 즐겼다. 언젠가 결혼해야겠다는 생각은 있었지만 서두르지는 않았다. 직장에서는 맡은 일이 늘어나고 그에 따라 연봉도 올랐다. 몇 년 뒤 웬디는 근처 병원으로 옮겼는데, 아이를 좋아하는 웬디에게 소아과 근무는 최고의 선택이었다. 웬디는 새 직장과 가까운 곳에 원룸을 새로 구했다. 더 큰 집을 얻을 수 있고 차를 살 돈도 충분했지만 원룸으로 만족했다. 또한 이번에도 버스로 통근하는 데 만족했다. 고등학교 때부터 사용한 계좌에 계속 저축하면서 비상금을 따로 모으고 인덱스펀드 투자도 꾸준히 했다. 웬디가 대학을 졸업하고 근무한 직장은 둘 다 비영리단체였다. 그래서 졸업 후 10년간 근무하면 연방정부에서 받은 학자금 대출 잔액을 탕감받을 수 있었다. 웬디는 서른두 살이 되던 해에 드디어 학자금 대출에서 완전히 해방되었다.

브라이언은 대학을 졸업한 후에 부모님 집으로 돌아갔다. 졸업 전에 몇 군데 이력서를 낸 적도 있지만 진지하게 직업 선택을 고민한 적은 없었다. 꼭 해보고 싶은 일은 프로 스포츠 팀에 소속되어 일하는 것이었지만 어디에서도 브라이언에게 손을 내밀지 않았다. 부모에게서 취직하라는 잔소리를 몇 개월 동안 들은 후에 케이터링서비스 업체에서 아르바이트를 하게 되었다. 그 수입으로는 따로 아파트를 얻을 수 없었다. 부모와 사이가 좋았지만 계속 부모의 집에 얹혀살 생각은 아니었다. 브라이언은 대학을 졸업한 지 1년 만에 금융회사에서 모기지(은행의 주택담보대출-옮긴이) 판매 사원으로 일하게 되었다. 회사에서 집중 교육을 받은 후에 즉시 외판 업무에 투입되었다. 하지만 브라이언은 금융회사 업무가 자신과 맞지 않는다고 생각했다. 결국 이렇게 부모의 집에 얹혀살면서 여러 분야를 넘나들며 직업을 바꾸느라 3년이 흘렀다. 그럭저럭 지낼 만했지만 그가 꿈꾸던 생활은 아니었다.

마침내 브라이언은 마음에 드는 직업을 찾았다. 그것은 바로 레스토랑 설비를 판매하는 일이었다. 타고난 친화력과 사교성, 음식에 대한 흥미도가 잘 맞아떨어져서 브라이언은 금세 업계에서 유명인사가 되었다. 단시간에 큰 수익을 올린 브라이언은 드디어 독립하게 되었다. 그는 호화로운 아파트로 이사했으며 새 가구를 잔뜩 사들였다. 원하는 것은 무엇이든 신용카드로 결제했다. 현재 수입이면 카드대금을 결제하는 데 전혀 문제가 없으리라는 확신이 있었기 때문이었다. 하지만 졸업 후에 학자금 대출을 외면하고 살다가 3년이 지나서야 매달 일정액을 상환하기 시작했다. 브라이언은 새 직장에서 제공하는 다양한 연금과 수당 혜택에 전혀 관심이 없었다. 은퇴에 대비해 따로 돈을 모으는 것도 그의 관심사가 아니었다. 드디어 독립했다는 사실에 도취한 나머지, 그런 문제는 나중에 생각해도 된다는 식이었다.

가족

웬디의 친구들은 대부분 짝을 찾아 결혼했다. 웬디는 친구의 결혼식에 빠짐없이 참석했다. 종종 신부 들러리를 부탁받으면 거절하지 않았다. 처음에는 친구가 인생의 반려자를 만난 사실을 진심으로 축하할 수 있었다. 웬디도 적극적으로 사회생활을 하고 있었는데 이상하게도 결혼 상대자를 찾기가 어려웠다. 아직 마흔도 되지 않았는데 몸이 예전 같지 않다는 생각이 종종 들었다. 커리어는 누구도 부럽지 않은 성공가도를 달리고 있었다. 지금은 집에서 가까운 어린이 병원의 재활 전문 병동에서 근무한다. 이전에 근무하던 병원보다 급여가 훨씬 많고 근무시간도 규칙적이다. 전문 간호사로서 보람을 느낄 만한 업무를 처리하고 있기도 하다. 이번에 급여가 많이 올랐고 출퇴근에 필요하다고 판단해 중고차를 마련했다. 하지만 집은 여전히 조그마한 원룸에 만족하고 있었다. 매년 휴가에는 호화로운 여행을 즐기는 편이다. 지난번에는 어머니의 칠순을 축하드리고자 여행을 보내드리기도 했다. 웬디는 지금처럼 평범하게 살면서 꾸준히 저축할 계획이다. 은행의 저축 계좌, 퇴직연금, 주식 투자 등의 실적은 모두 양호한 편이었다.

웬디의 오랜 취미는 소설을 읽는 것이다. 사실 대학을 졸업하자마자 독서 모임에 가입해 활동하고 있다. 웬디는 독서 모임에서 만난 스콧이라는 회원과 빠르게 친해졌다. 그런데 마침 스콧이 근처 대학 강사로 취직해 웬디가 사는 동네로 이사했다. 스콧은 웬디보다 약간 나이가 많고 이혼한 경력이 있으나 자녀는 없었다. 두 사람은 취미생활이 잘 맞는 편이었다. 몇 번 데이트한 후에 본격적으로 사귀게 되었다. 그리고 1년 만에 결혼해 스콧이 교편을 잡은 대학 근처의 방 2개짜리 아파트를 구해 신혼집으로 꾸몄다. 아주 화려한 시작은 아니었지만 스콧은 남은 방 하나를 홈 오피스 겸 게스트 룸으로 사용할 수 있어서 만족하는 것 같았다. 두 사람은 자녀를 낳기로 하고 즉각 실천에 옮겼다. 웬디는 39세에 결혼과 출산을 모두 경험했다. 두 사람의 생활은 이제 예전과 완전히 달라졌다.

브라이언은 레스토랑 설비 판매로 남부럽지 않은 수입을 올렸다. 실적이 매우 좋았기 때문에 그가 사는 지역에서 잘 알려진 유통회사에 스카우트되었다. 브라이언은 멋진 스포츠카를 가지고 있으며 아주 호화로운 휴가를 보내곤 했다. 그의 옷장에는 고급 의류가 가득했다. 불과 35세의 나이에 이른바 부자 동네의 신축 콘도미니엄을 사들였다. 누군가는 복권에 당첨될 것이고 그게 자신이 될 수도 있다는 생각에 복권도 즐겨 샀다. 매년 거액의 보너스를 받을 때는 주변에서 발전 가능성이 크다고 말하는 친환경 에너지 사업에 투자했다. 하지만 안타깝게도 원금을 다 잃고 말았다. 어쨌든 브라이언은 돈을 버는 대로 모두 쓰는 편이었다. 학자금 대출이 예전보다 줄어들긴 했지만 대학 졸업 후의 지난 세월을 생각하면 대출을 너무 오래 쥐고 있는 편이었다. 신용카드 빚은 눈덩이처럼 늘어나는데, 거기에 주택담보대출까지 추가되었다. 브라이언은 저축을 한 푼도 하지 않았기 때문에 콘도를 담보로 부모님에게서 돈을 빌리게 되었다. 돈을 빌릴 당시에는 반드시 갚을 거라고 큰소리쳤다. 상황은 순조롭게 흘러가는 것 같았다.

사회적으로 보자면 브라이언은 항상 여자들에게 인기가 많아서 여러 여성과 데이트를 즐겼다. 데이팅 앱도 여러 개 사용해 보았으나 마음에 쏙 드는 사람은 만나지 못했다. 시간이 흐를수록 공허한 느낌이 커지면서 독신으로 지내는 것이 편치 않았다. 그러던 차에 주말 바비큐 파티에서 앨리슨이라는 여자를 만나게 되었는데, 그녀는 친한 친구의 여동생이었다. 두 사람은 나이 차가 꽤 나는 편이었지만 공통 관심사가 많아서 금방 친해졌다. 3년간 사귄 후에야 브라이언은 앨리슨의 성화를 견디지 못해서 청혼했다. 결혼 준비에만 1년이 걸렸을 정도로 성대한 결혼식을 치렀는데, 결혼 비용은 거의 다 브라이언이 부담했다. 앨리슨이 브라이언이 살던 집으로 살림을 옮기면서 두 사람의 결혼생활이 시작되었다. 그 무렵 브라이언의 나이는 마흔을 앞두고 있었다.

커리어 중반

웬디와 스콧은 부모가 될 생각에 한껏 부풀었다. 쌍둥이를 임신했다는 소식에 더욱 기쁨을 감추지 못했다. 하지만 아이들이 태어난 후에 두 사람은 급격히 지치고 말았다. 쌍둥이를 키우는 것은 만만치 않은 일이었다. 웬디는 미리 잘 계획한 덕분에 1년간 휴직하면서 아이들의 곁을 지켰다. 그녀의 직장 상사는 육아휴직을 기꺼이 받아주었고 그동안 웬디가 모은 돈과 스콧의 월급으로 그럭저럭 생활할 수 있었다. 1년 후에 웬디는 주3일 시간제로 근무하기 시작했다. 스콧이 근무하는 대학에는 아주 훌륭한 데이케어센터가 있었다. 웬디가 출근하는 날이면 스콧이 데이케어에 아이들을 맡겼다. 이런 생활은 아이들이 유치원에 갈 때까지 계속되었다. 아이들이 유치원에 입학한 후에는 웬디도 다시 정규 근무를 시작할 수 있었다. 그 무렵 스콧이 종신 교수직을 받게 되어, 재정적으로 가족이 좀 더 안정되었다.

스콧은 명석하고 교육을 많이 받은 사람이었지만, 가정의 재정 운영은 아내에게 맡겼다. 그동안 웬디가 재정에 관한 책을 많이 읽고 관련 프로그램도 열심히 시청했고, 돈이나 투자에 관한 온라인 기사에도 관심을 가졌기 때문이었다. 쌍둥이가 태어난 후에 스콧은 변호사를 찾아가 유언장을 작성하면서 미성년 아동을 위한 후견 조항을 만들어두었다. 웬디도 만약을 대비해 부모 양측이 다 살아 있을 때 유언장을 작성하고 건강 문제에 대한 대리인을 정해둘 필요가 있다고 생각했다. 두 사람 모두 직장에서 생명보험에 가입된 상태였지만 웬디는 가외의 생명보험에 가입하는 것이 필요하다고 느꼈다. 둘 다 퇴직 나이까지 계속 경제활동을 하면서 쌍둥이의 대학 학자금을 따로 모으는 것이 좋겠다고 결정했다. 두 사람은 결혼 전에도 각자 모아둔 돈이 있었고, 결혼 후에도 지금 사는 아파트에서 멀지 않은 곳에 방 3개인 집을 구매할 계약금 정도는 모아둔 상태였다. 아이들이 커가는 것을 고려하면 어느 정도 큰 집이 필요하다고 판단했기 때문이다. 웬디는 좋은 조건의 주택담보대출을 받아서 다행이라고 느꼈다.

브라이언과 앨리슨은 행복한 결혼생활을 했지만, 앨리슨은 마음에 드는 직업을 찾고자 계속 노력하는 중이었다. 몇 차례 사무직에 취업했지만 한 번도 길게 근무한 적은 없었다. 브라이언은 설비 판매 분야에서 계속 경력을 쌓아서, 이제는 고급 레스토랑과 기업 구내식당을 전문으로 담당하는 판매업자가 되었다. 브라이언은 자녀가 꼭 있어야 한다고 생각한 적이 없지만, 앨리슨은 무조건 자녀를 낳아야 한다고 고집했다. 얼마 지나지 않아 부부는 몇 살 터울로 두 아이를 낳게 되었다. 두 사람은 아이들 때문에 호화로운 아파트 생활을 청산하고 교외의 주택가로 이사했으며 미니 밴을 마련했다. 아파트를 처분한 돈은 새집의 계약금을 내고 나니 한 푼도 남지 않았다. 이제 두 아이 때문에 늘어난 지출에 더해 주택담보대출까지 갚아야 할 상황이 되었다. 앨리슨은 수입이 없으므로 브라이언 혼자 모든 비용 지출과 대출을 감당해야 했다.

아이들이 커가면서 부부관계는 차츰 소원해졌다. 앨리슨은 아이들을 키우는 것이 좋긴 했지만 집에만 갇혀 사는 느낌이 종종 들었다. 브라이언은 앨리슨이 아이들에게만 신경을 쓰고 자신은 등한시한다며 불평을 늘어놓았다. 가장으로서 열심히 일해봤자 알아주는 사람이 아무도 없는 것 같았다. 월말이면 항상 돈이 부족해서 쩔쩔매야 했다. 두 사람은 친구들과 어울리던 시절을 그리워하며, 현재의 생활고에 대해 서로를 탓하기 바빴다. 부부 사이가 걷잡을 수 없이 악화되자 앨리슨이 결혼 문제 상담이라도 받아보자고 제안했다. 브라이언은 상담을 받고 싶지 않았지만 앨리슨의 성화에 어쩔 수 없이 따라나섰다. 그렇게 했는데도 두 사람은 아이들이 8세가 되던 해에 이혼하기로 결정했다. 브라이언은 아파트를 얻어서 나가버렸고, 커다란 집에는 앨리슨과 아이들만 남게 되었다.

위기

웬디와 스콧은 아이들을 키우면서도 각자의 커리어를 놓지 않았다. 웬디는 간호사라는 직업이 적성에 잘 맞았다. 스콧도 교직에 만족하는 편이었다. 안정적이고 다양한 혜택이 있으며 다른 직업에 비하면 적은 액수이지만 정기적으로 호봉이 올라가기 때문이었다. 쌍둥이 자녀가 고등학생이 되자 웬디와 스콧은 두 아이의 대학 학자금에 대해 생각하지 않을 수 없게 되었다. 부부는 불필요한 지출을 될 수 있는 대로 줄이고 저축을 꾸준히 했으며 안정적으로 투자도 계속해왔다. 때문에 아이들의 학자금은 대부분 준비된 상태였다. 두 아이가 한꺼번에 대학에 다닌다는 것이 부담스러웠지만 부모로서 충분히 감당할 준비가 되어 있었던 것이다. 이와 별도로 두 사람의 퇴직 후 생활비도 따로 마련되어 있었다. 웬디가 매달 주택담보대출 상환에 특별히 신경을 썼기 때문에 대출 잔금은 예상보다 빠르게 줄어들었다. 이 부부는 신용카드 결제 대금을 미룬 적이 한 번도 없었다. 이제 50대 중반을 넘어선 두 부부는 경제적으로 안정된 상태였다.

두 사람에게 불행의 그림자가 드리웠던 시절도 있었다. 하루는 비가 오는 어두운 저녁에 스콧이 자전거로 퇴근하다가 미끄러운 길에서 넘어지면서 나무에 부딪치고 말았다. 헬멧 덕분에 머리는 다치지 않았지만 심각한 부상을 면치 못했다. 스콧은 장기 입원 후에도 재활치료에 여러 달을 들여야 했다. 가족 이름으로 가입해둔 건강보험으로 의료비 대부분을 충당했지만, 웬디는 스콧을 간호하기 위해 휴가를 내야 했다. 다행히 두 사람은 직장에서 상해보험에 따로 가입해둔 상태였다. 보험료가 비싼 편인데도 미리 가입해둔 것이었다. 그래서 스콧은 치료받는 동안 급여를 받지 못하는 대신 보험금을 받을 수 있었다. 웬디가 휴직한 것은 따로 보상받지 못해도 이런 응급 상황에 대비해서 모아둔 돈이 있었기 때문에 생활에는 큰 타격이 없었다. 가족들은 경제적으로 큰 어려움 없이 스콧의 부상을 함께 이겨냈고, 그는 6개월 만에 복직했다.

한편, 브라이언은 이혼 준비가 전혀 되어 있지 않았다. 앨리슨은 돈을 많이 벌어본 적이 없었다. 때문에 아이들이 만 18세가 될 때까지 브라이언이 위자료와 자녀 양육비를 부담해야 했다. 게다가 전 아내와 아이들이 사는 집의 대출금도 아직 남아 있었다. 뿐만 아니라 자신이 살 아파트도 구해야 하는 처지였다. 이제 삶의 유일한 낙은 일이었다. 적어도 일터에서는 경쟁 상대가 없다고 할 정도로 실적이 좋았다. 그리고 아이들을 정기적으로 만나는 것도 그나마 힘이 되었다. 몇 년이 지나자 예전처럼 자신만만한 성격으로 되돌아왔고 새로운 데이트 상대를 물색하기 시작했다. 평균 소득보다는 많이 벌었지만 여전히 주머니 사정은 여유가 없는 편이었다. 그러던 중에 친구가 소득이 확실한 인터넷 주식을 알려주었다. 그러자 브라이언은 팔방으로 돈을 빌려서 주식에 투자했다.

브라이언은 재정 관리에 조금도 관심을 두지 않았다. 몇몇 직장 동료가 곧 경기가 안 좋아질 거라며 다른 분야로 이직하는 것을 보았지만 브라이언은 신경 쓰지 않았다. 얼마 지나지 않아 실제로 경기가 크게 나빠

졌고 상황은 예상보다 훨씬 어려워졌다. 고급 레스토랑에서 외식하는 사람은 거의 찾아볼 수 없었고 기업들도 접대비용을 대폭 줄이려 했다. 이로 인해 브라이언은 고객이 한 사람도 없는 지경에 이르렀다. 이렇게 되자 고용주는 해고통지서를 내밀었다. 아직 신용카드 대출금이 남아 있고 학자금 대출과 주택담보대출까지 상환해야 하는데…. 거기에다 직장까지 잃어버린 것이었다. 브라이언이 굳게 믿었던 인터넷 주식도 폭락하는 바람에 큰 손실을 보았다. 당장 무일푼이 된 브라이언은 도움을 얻을 곳이 없었다. 그의 부모도 퇴직 후에 정해진 수입으로 살고 있어서 여윳돈이 없었다. 돌파구를 찾지 못한 그는 친구의 조언대로 변호사를 찾아갔고 파산 신청을 하게 되었다.

노년기에 접어든 후

어느덧 60세 생일을 맞이한 웬디는 자신의 인생이 꽤 성공적이었다고 생각했다. 남편과 종종 의견 충돌이 있었지만 결혼생활은 전반적으로 만족스러웠다. 친구들과도 좋은 관계를 유지하고 있었으며, 해마다 몇 차례 여행을 떠날 정도로 시간적, 금전적 여유가 있었다. 아이들은 다 커서 대학에 갔고, 스스로 인생을 잘 꾸려가는 것처럼 보였다. 아이들이 보고 싶은 마음은 자주 영상통화를 해서 어느 정도 달랠 수 있었다. 웬디는 건강이 좋지 않은 친정어머니를 돌보는 데 시간을 많이 할애했다. 어머니의 병원비도 웬디의 몫이었다. 직장생활은 큰 문제가 없었다. 몇몇 동료는 조기퇴직을 선택했지만, 웬디는 가능한 한 오래 일할 생각이었다. 웬디는 교회 자원봉사에도 참여하고 취미생활도 포기하지 않았다. 아이들이 페이스북을 가르쳐주었지만 별 흥미를 느끼지 못했다.

웬디와 스콧 부부는 재정적으로 매우 안정된 편이다. 쌍둥이가 어렸을 때는 대출이 있었지만 이제 다 갚았다. 또한 아이들은 앞으로 대학을 졸업할 때까지 학자금 대출이 없을 것이므로 자녀로서 큰 효도를 한 셈이었다. 주택담보대출도 작년까지 모두 상환했는데, 이는 웬디가 계획한 것보다 무려 10년이나 일찍 끝낸 것이었다. 대출을 빨리 갚은 것은 웬디가 매달 여유자금을 대출 상환에 쏟아부었기 때문이었다. 부부는 각자 퇴직에 대비해 투자하고 있었는데, 주식시장 변동에 따라 손해를 본 적도 있었다. 하지만 인덱스펀드는 이제 꽤 금액이 커진 상태였다. 이제는 퇴직할 날짜를 정하는 것만 남아 있었다. 언제 퇴직하더라도 웬디는 여유롭게 생활할 수 있었다. 젊을 때 재정 계획을 잘 세운 덕분에 퇴직 후에 아무런 걱정 없이 지낼 수 있게 된 것이다.

브라이언은 파산 때문에 재정적으로 감정적으로 몹시 피폐해졌다. 파산 신청에 이르기까지 넉 달 동안 돈을 벌지 못했다. 수입이 매우 적었기 때문에 법적 파산의 자격요건이 충분했다. 파산 신청을 해서 빚은 거의 다 사라졌지만, 큰 집도 함께 사라지고 말았다. 파산해도 아내와 아이들에게 돈을 보내는 책임은 면제되지 않았다. 게다가 본인의 학자금 대출도 아직 남아 있었다. 기존에 살던 집에 대한 지분이 어느 정도 남아 있었지만 이혼 시 합의에 따라 전처와 아이들이 지낼 작은 집을 마련해주어야 했다. 퇴직연금은 파산해도 뺏기지 않는 부분이지만 브라이언은 애초에 퇴직연금에 가입하지도 않은 상태였다. 그는 모든 면에서 새로 시작할 수밖에 없었다.

파산 절차가 진행되는 동안 브라이언은 집세가 적은 작은 아파트로 이사한 후에 열심히 일자리를 찾아다녔다. 예전에 알고 지내던 직장 동료가 새로 출시한 패스트푸드 가맹점에 대한 프랜차이즈 권한을 갖고 있었다. 마침 그 사람이 매장을 다니면서 설비를 설치해줄 사람을 찾고 있었다. 보수는 예전보다 적었으나 일단은 일자리가 있다는 것도 감사한 일이었기에 브라이언은 그 일을 하기로 했다. 브라이언은 아직도 앨리슨에게 돈을 보내고 있지만, 다행히 예전보다 액수가 조금 줄어든 상태였다. 그리고 본인의 학자금 대출도 계속 상환하고 있었다. 아무튼 예전처럼 감당하지 못할 정도의 빚은 아니었다. 파산 절차에서 요구하는 신용 교육을 받았지만, 브라이언은 이 교육과정에서 별다른 교훈은 얻지 못했다. 단지 파산이라는 뼈아픈 경험을 하면서 앞으로 돈 관리에 신경을 써야겠다고 마음을 고쳐먹었을 뿐이다. 벌써 58세가 되었지만 당분간은 경제적으로 암담한 미래를 안고 살아가야 할 것이다.

퇴직

웬디는 70대 중반까지도 일을 그만두지 않았다. 가장 큰 이유는 환자들을 돌보면서 큰 보람을 느꼈기 때문이었다. 몇 년 전에 친정어머니가 돌아가신 후에, 웬디는 자신의 관절 문제 때문에 행정직으로 이직했다. 매일 오랫동안 서 있는 직업에 종사하다 보니 관절 문제를 피할 수 없었다. 스콧도 70대 중반이 되어서야 퇴직했다. 건강은 큰 문제가 없었지만 오랫동안 만족스럽게 일했다고 생각해서 비슷한 시기에 함께 퇴직하기로 한 것이었다. 실제로 은퇴할 때까지 연금 수령을 유예한 덕분에 두 사람이 받는 연금을 합친 것으로 생활비를 충분히 감당할 수 있었다. 웬디는 자산관리 전문가의 조언에 따라 퇴직 후의 수입을 늘리는 방향으로 부부의 투자를 조정했다. 작은 집으로 이사하는 것도 생각해보았다. 하지만 집을 팔고 이사하는 데 드는 비용을 계산해보곤 굳이 이사할 필요가 없다고 결론 내렸다.

아이들은 각자 결혼해서 가정을 꾸렸고, 웬디와 스콧은 퇴직 후에 자녀들을 자주 방문할 수 있었다. 그들은 손자녀가 커가는 모습을 보며 행복을 느꼈다. 경제적 여력도 충분해 손자녀의 대학 학자금에 어느 정도 보탤 수도 있었다. 웬디는 아이들의 집을 방문하더라도 오래 머물러서 폐를 주지 않았다. 대신 두 사람은 여행을 자주 다녔다. 뿐만 아니라 친구를 만나거나 취미생활이나 문화생활을 하고 자원봉사 활동도 열심히 했다. 한평생 열심히 일하고 지혜롭게 돈을 모은 덕분에 두 사람은 은퇴 이후에 돈 걱정 없이 편안하고 자유로운 시간을 보낼 수 있었다.

브라이언은 재정 문제를 좀 개선하고 싶었지만 혼자 힘으로는 역부족이었다. 전처에게 위자료와 양육비를 보내는 기간은 끝났고, 남은 주택담보대출금은 앨리슨이 갚아야 했다. 브라이언은 아이들의 학자금을 좀 보태주어야겠다고 생각했다. 아이들은 다양한 정부 지원을 받을 수 있었는데, 아버지의 수입이 사실 거의 없는 것과 마찬가지인 집안 환경 때문이었다. 브라이언은 학비를 도와주고 싶었지만 그럴 능력이 없었다. 아버지로서 실패한 것 같은 느낌에 괴로워하자 재정 전문가는 아이들보다 본인의 장래를 더 걱정해야 한다고 지적했다. 좋은 차나 비싼 옷, 사치스러운 습관은 이제 버려야 할 때였다. 남은 대출금을 갚고 퇴직 후를 대비하려면 한 푼이라도 아껴야 했다. 친구들은 일찌감치 퇴직한 후에 골프를 치러 다니거나 여행과 외식을 즐기면서 편하게 지내는 것처럼 보였다. 하지만 브라이언에게 퇴직은 먼 미래의 일처럼 보였다.

젊은 시절에 자기 사업을 꿈꿨지만, 그 꿈은 이루지 못했다. 하지만 적어도 직장이 있으니 다행이라고 생각했다. 사업상 거래하는 레스토랑 가맹점이 거듭 확장해도 브라이언의 사업이 발전하는 데는 한계가 있었다. 한때 운동으로 잘 단련한 몸도 세월이 지나니 예전 같지 않았다. 만성 허리통증과 그 밖의 몇 가지 건강 문제로 출장 다니는 것이 힘들어졌다. 65세쯤에는 퇴직하고 싶었지만 모아둔 돈이 적어서 그럴 수도 없었다. 몸이 허락하는 한 계속 일하자는 마음으로 70세까지 버틸 수 있었다. 사회 보장 연금과 개인적으로 들어둔 건강보험에서 매달 조금씩 돈이 나오긴 했다. 그러나 파산 때문에 퇴직연금은 거의 바닥을 드러낸 상태였다. 자기 이름으로 된 집도 없고 매달 의료비와 집세를 내고 나면 생계가 어려웠다. 자식을 찾아가서 손을 벌리는 일은 생각조차 하기 싫었다. 하지만 만에 하나라도 안 좋은 일이 생기면 그것밖에 방법이 없었다. 부푼 꿈을 안고 사회에 첫발을 내디딜 때 이런 노년기를 맞이할 거라고는 상상해본 적이 없지만, 그것이 브라이언의 현실이 되어버렸다.

당신의 미래

재정적으로 볼 때 웬디와 브라이언 중 어느 쪽의 인생을 본받아야 할까?

웬디도 사회생활을 처음 시작했을 때는 개인 재무관리에 관심이 별로 없었다. 하지만 재무관리의 중요성을 남들보다 일찍 깨달았으며, 인생의 여러 시점에서 돈과 관련해 지혜로운 결정을 내리기 위해 노력을 아끼지 않았다. 지출을 잘 관리하고 최대한 저축을 늘리고 열심히 공부해 신중하게 투자했다. 웬디는 재정관리에 드는 노력을 아끼지 않았다. 돌이켜보면 그녀가 전문대학에서 추가 교육을 받은 것과 퇴직연금에 일찍 가입한 것, 만약의 상황에 대비해서 생명보험과 상해보험에 가입한 것, 주택담보대출을 최대한 빨리 상환한 것과 공공서비스 부문에 근무해 학자금 대출을 탕감 받은 것은 매우 훌륭한 결정이었다. 누구나 그렇듯이 웬디에게도 어려움이 있었다. 남편이 다쳐서 잠시 경제활동을 못한 적이 있었다. 하지만 예기치 못한 상황에 잘 대비해둔 덕분에 감정적으로나 경제적으로 큰 타격을 입지 않고 어려운 시기를 잘 넘길 수 있었다.

브라이언도 사회생활에 첫발을 내디딜 때 개인 재무관리가 무엇인지 몰랐다. 그런데 시간이 어느 정도 흐른 후에도 브라이언은 재무관리에 관심을 두지 않았다. 씀씀이는 계속 늘어나는데 저축은 하지 않았고 장래를 계획하지도 않았다. 사실 브라이언은 중대한 몇 가지 재정 결정을 놓친 채 살아왔다. 커리어 계획을 세우지도 않았고, 생각 없이 신용카드를 남용했으며, 필요 이상으로 큰 집을 구매했다. 게다가 퇴직 후에 어떻게 살지 고민한 적도 없고, 위험한 투자를 감행했으며, 자녀가 생기면 어떻게 할지 경제적으로 대비하지 않았다. 브라이언은 실직과 이혼이라는 위기를 동시에 겪었으나, 이 문제에 전혀 준비되어 있지 않아서 파산 신청을 할 수밖에 없었다. 그제야 씀씀이를 줄이고 재정관리를 해보려고 노력했으나 생활은 크게 나아지지 않았다. 젊을 때부터 자산관리를 해왔더라면 삶이 그토록 절박해지지 않았을 것이다. 너무 늦게 정신을 차렸기 때문에 되돌릴 수 있는 여지가 많지 않았다. 브라이언은 퇴직 후에도 경제적 빈곤에 시달릴 수밖에 없었다. 여가를 즐기기는커녕 여생을 마감할 때까지 불안정한 경제 상황을 감내해야 할 것이다.

이 책의 교훈을 받아들여 개인 재무관리에 관심을 가지고 지혜로운 결정을 내린다면 웬디와 같은 인생을 누릴 수 있다. 반대로 재무관리에 전혀 신경 쓰지 않고 충동적으로 돈을 쓰면서 산다면 브라이언과 비슷한 처지가 되거나 그보다 더 심각한 상황에 부닥칠 수 있다. 인생이 뜻대로 되는 것은 아니지만, 적어도 재정적인 면에서는 직접 계획하고 통제할 수 있다. 그러니 이 책을 잘 읽고 그에 따라 철저히 재무관리를 계획해보기 바란다.

차례

감수자의 말 · 신진오 _004

감사의 말 _008

프롤로그 · 두 청소년의 이야기 _011

1장 재무 계획

돈 _039 | 인플레이션 _042 | 개인의 책임 _045 | 인생의 목적 _046 | 전문가 _049 | 재무 계획의 구성요소 _051 | 꾸준한 관리 _053 | 사회 환원 _054 | 균형 잡힌 생활 _056

2장 커리어

커리어 경로 _061 | 인적 자본, 교육 및 기술 훈련 _062 | 노동시장 _065 | 생애소득 _067 | 직업 만족도 _069 | 보상과 초과근무 _072 | 연봉 및 상여금 등의 협상 _074 | 고려할 만한 직종 _077 | 직장 경험 _080 | 인턴십, 멘토, 추천서 _081

3장 기업

기업 조직 _087 | 비즈니스 언어 _091 | 스타트업 _094 | 프랜차이즈 _098 | 부업 _100 | 부동산 _101 | 자금 조달 _103 | 경제 _105 | 성장과 침체 _107 | 국제 비즈니스 _109

4장 저축과 은행 업무

저축을 반드시 해야 하는 이유 _115 | 저축하는 요령 _117 | 은행에 관한 기본 지식 _119 | 은행계좌 _121 | ATM _125 | 선불 체크카드 _126 | 기타 금융기관 _127 | 수수료와 서비스 _129 | 조정 _132 | 모바일 결제 시스템 _136 | 온라인 뱅킹 _137 | 예금보험 _138 | 은행 보안 _140

5장 예산과 지출

예산 세우기 _145 | 매일 발생하는 지출 항목 _148 |
저축과 긴급 상황 _149 | 예산 수립의 예시 _150 | 자동차 구입 _151 |
아파트 구하기 _154 | 내 집 마련 _157 | 임대와 자가 비교 _158 |
대학 _161 | 자녀 계획 _165 | 가치 _166 | 소비자 주의사항 _167

6장 신용과 대출

대출 _173 | 화폐의 시간가치 _174 | 담보와 상환 _175 | 모기지 _176 |
이자율 _178 | 부채 상환 _180 | 신용카드 _183 |
자동차 대출과 개인 대출 _186 | 신용평가서 _188 | 페이데이 대출 _190 |
채권추심 _190 | 책임감 있는 사용자 _192

7장 파산

파산이 발생하는 이유 _197 | 파산의 종류 _198 | 면제되는 자산 _200 |
채무 이행 _202 | 파산 절차 _205 | 신용 교육 _208 | 기업 파산 _210 |
파산 이후에 유의할 점 _214 |

8장 투자

복리 _219 | 리스크를 이해하려면 _222 | 주식 시장 _225 |
뮤추얼펀드 _228 | 시장 인덱스펀드 _231 | 채권 _234 |
미국 국채와 머니마켓펀드 _236 | 파생금융상품 _237 |
상품과 통화 _239 | 그밖의 투자 _241 | 손실 _243 |
금융시장의 안전성 _244

9장 금융사기를 당하지 않으려면

피라미드 판매 _249 | 기타 투자 관련 사기 _251 | 신원 도용 _253 |
컴퓨터 보안 _257 | 인터넷 사기 _260 | 비트코인 _264 |
부동산으로 부자 되기 _265 | 다단계 마케팅 _267 | 데이트레이딩 _269 |
도박 _271 | 그밖의 사기 수법 _274 | 소비자 보호 _277 |

10장 보험

보험의 기본 이해 _283 | 재산보험 _285 | 권원보험 _288 | 입주자보험 _290 |
자동차와 다양한 이동수단 _291 | 건강보험 _294 | 상해보험 _298 |
생명보험 _300 | 책임보험 _304 | 소셜 미디어에 도사리고 있는 위험 _305 |
기타 위험에 대한 보험 _306 |

11장 세금

세금이 운영되는 방식 _311 | 세금의 사용처 _312 | 매출세 _315 |
소득세 _322 | 고용세 _322 | 재산세 _325 | 기타 세금 _327 |
조세 지출 _328 | 세금이 사람들의 행동에 미치는 영향 _330 | 기업의 과세 _333

12장 정부의 혜택

사회보장 _341 | 메디케어 _344 | 빈곤층 _348 |
메디케이드와 건강보험개혁법 _351 | 푸드 스탬프 _354 | 학자금 대출 _356 |
주택융자 프로그램 _361 | 그 밖의 주택에 관한 지원 _363 |
직접적인 재정 지원 _365 | 고용 관련 지원 _366 | 그밖의 혜택 _367 |

13장 법적 문제

계약 _ 373 | 혼전 합의서 _ 376 | 책임 _ 377 | 재산 _ 379 |
지적 재산권 _ 380 | 사건 사고 _ 387 | 민사 소송 _ 390 |
직장 관련법 _ 394 | 변호사 선임 _ 398

14장 노후 대비

퇴직연금 _ 403 | 노후 자금으로 얼마가 필요할까? _ 406 |
유언과 유산 _ 410 | 신탁 _ 414 | 건강 문제 _ 417 | 가족을 돌보는 일 _ 419

부록 · 핵심 정리 _ 422

1장

RESERVE NOTE
KK57638956C
K11
THIS NOTE IS LEGAL TENDER
FOR ALL DEBTS, PUBLIC AND PRIVATE
Treasurer of the United States.
SERIES 2006 A
FRANKLIN
100

재무 계획

무엇을 사고 싶은지, 어디에 가고 싶은지, 어떤 일을 해보고 싶은지 생각해내는 것은 어려운 일이 아니다. 당장 수십 가지를 줄줄이 말할 수 있을 것이다. 자신이 원하는 것을 생각해내는 데는 큰 노력이 필요하지 않기 때문이다. 하지만 원하는 바를 어떻게 이룰지 좋은 계획을 세우려면 심사숙고해야 한다. 예를 들어 생각해보자. 당신이 고등학생이라면 졸업 파티에 입고 갈 새 옷이 필요할 것이다. 어떻게 하면 옷을 살 수 있을까? 졸업 후에 친구들과 함께 캠핑 여행을 가려는 대학생이라면 여행 비용이 얼마나 들 것인지 고민해야 한다. 그리고 그 비용을 어떻게 마련할지 계획해야 할 것이다. 성인으로서 아직 부모님 집에서 함께 살고 있지만 머지않아 아파트를 얻어서 독립하기를 원한다고 생각해보자. 독립을 염두에 두고 재무 계획을 세우는 것은 필수적이다.

이처럼 재무 계획을 세우면 원하는 바를 이루는 데 도움이 된다는 것을 보여주는 예시는 얼마든지 있다. 인생을 살다 보면 경제적으로 더 복잡한 문제들과 마주칠 수 있다. 분명 앞서 가정한 상황들과는 비교도 되지 않을 정도로 복잡한 문제들이 닥칠 것이다. 주택 구매, 자녀 계획, 이직은 모두 경제적으로 큰 영향을 미치는 중요한 결정이다.

하지만 어떤 이들은 계획을 세우는 데 서투를 수 있다. 그들은 매 순간 즉흥적으로 대응하며, 일이 닥치면 어떻게든 해결된다고 생각하는 편이다. 미래가 이렇게 불확실한데, 굳이 계획을 세울 필요가 있을까? 계획을 세워도 결국 바꾸어야 하잖아. 그 말도 맞지만, 그렇다고 해서 재무 계획을 아예 세울 필요가 없다는 뜻은 아니다.

왜 그럴까? 지금 우리가 사는 세상에서 신체적인 편리함과 안전을 보장하는 것들은 대부분 돈이 들게 마련이다. 심지어 정신적인 건강에도 돈이 필요하다. 교회에 다닌다면, 당신이 다니는 교회의 목사들이 누구의 돈으로 월급을 받는지 생각해보라. 물론 인생의 모든 것이 돈으로 해결되지는 않는다. 돈으로 행복을 살 수 없다는 말처럼 오히려 그 반대가 맞을지도 모른다. 하지만 돈이 없으면 인생은 분명히 힘들어진다.

재무 계획이란 돈을 사용해서 무엇을 하고 싶은지, 어떻게 목표를 이룰 것인지 그리고 돈으로 산 것을 어떻게 지켜낼지의 문제다. 미래에 대한 원대한 꿈일 수도 있고, 당장 처리해야 할 사소한 필요일 수도 있는 것이다.

돈

사람은 누구나 돈을 필요로 한다. 돈은 많으면 많을수록 좋은 것 같다. 그래서 사람들은 끊임없이 돈에 대해 이야기한다. 하지만 돈을 무엇이라고 정의하면 좋을까? 돈을 살면서 원하는 것들을 얻는 수단이라고 생각한다면, 제대로 파악한 것이다. 돈을 건네주면 그에 상응하는 것을 받을 수 있기 때문이다. 슈퍼마켓에서 우유를 사려고 하는 경우, 점원에게 몇 달러만 건네주면 필요한 것을 손에 넣을 수 있다. 살 곳이 필요한 경우, 매달 집주인에게 월세를 내면 된다. 이렇게 하면 아파트에 머물 수 있다. 인기 가수의 콘서트를 보고 싶다면, 표를 구매해야 콘서트장의 자리를 얻을 수 있다. 이처럼 돈이란 우리가 원하는 것을 얻을 수 있는 수단에 지나지 않는다. 즉, 돈은 물품이나 서비스를 얻기 위한 교환 매체로 사용된다. 돈에는 필요한 상품이나 서비스를 얻어낼 가치가 있다는 뜻이다.

물론 돈은 원하는 것을 얻는 데 사용하는 것 외에도 다른 역할이 있다. 돈을 지출하지 않아도 그 자체로 가치가 있다는 말이다. 미국에서 통용되는 돈은 '달러'라고 하는데, 달러를 얼마나 가지고 있느냐에 따라 그 가치를 가늠할 수 있다. 이 경우, 돈은 훗날 사용할 가치를 저장하는 수단이 된다. 저장된 돈은 상품이나 서비스를 교환하는 데 사용할 수 있다. 이처럼 돈은 가치 저장 수단이 되기도 한다. 경제학자들에 따르면 돈에는 또 다른 용도가 있다. 그것은 바로 회계 단위로 사용되는 것이다. 즉, 사람들의 수입, 국가의 생산량 또는 회사의 채무처럼 돈으로 일의 가치를 기록하고 측정할 수 있다.

화폐가 사용되지 않았던 시대에는 이른바 물물교환 시스템에 따라 사람들이 직접 만나서 물건을 교환했다. 고기와 밀을 맞바꾸거나 신발을 고쳐주면 그 대가로 옷을 고쳐주는 방식이었다. 소규모의 단순한 사회에서는 물물교환이 쉽게 이루어졌다. 사실 물물교환은 지금도 일상적으로 종종 발생한다. 주방을 청소해주면 대신 숙제를 도와준다거나, 친구가 차로 학교까지 데려다주면 그 대가로 친구의 논문을 교정해주는 것이 바로 물물교환이다.

처음으로 돈을 사용하던 시절에는 귀금속으로 돈을 만들었다. 미국은 독립 초기에 금 표준제도를 도입해, 지폐 가치도 정해진 비율에 따라 금으로 변환할 수 있었다. 그렇게 하면 돈이 구체적인 형태를 보일 뿐 아니라 지폐도 특정한 가치가 있다는 확신이 생기기 때문이다. 이는 좋은 아이디어로 받아들여졌다. 미국은 반복되는 경제위기와 다양한 경제정책의 영향에 대응하는 과정에서 금 표준제도를 폐지하고 다시 채택하는 일을 수차례 반복했다. 그러다가 1976년에 금 표준제도를 완전히 폐지하자 세계 각국이 그 선례를 따르기 시작했다. 요즘 우리가 사용하는 종이 화폐는 명목 화폐인데, 이는 귀금속과 같은 물질적인 것으로 가치가 보장되는 것은 아니라는 뜻이다.

이처럼 경제에 사용되는 다양한 형태의 돈을 일괄해 통화 공급이라고 한다. 통화 공급은 여러 가지 방법으로 측정할 수 있다. 지갑에 들어있는 지폐로 된 달러와 주머니에 있는 동전은 돈이라는 것을 쉽게 알 수 있다. 자신의 이름으로 된 은행계좌의 가치도 쉽게 확인할 수 있다. 그러나 다른 형태의 돈은 은행에 숨겨져 있으므로 쉽게 눈으로 확인되지 않는다. 은행 금고에 보관된 돈, 은행 간의 특정 거래에 사용되는 돈도 모두 통화 공급에 포함된다.

통화 공급은 중요한 개념이다. 미국 정부가 추적한 통화 공급의 최소 추정치는 약 3조 달러(1조 달러=한화 약 1,169조 4,000억 원-옮긴이)다. 이로써 약 18조 달러 규모의 경제를 지탱하고 있다. 통화 공급과 경제 규모의 관계가 달라지면 고용과 경제성장에 영향을 끼친다. 일각에서는 통화 공급과 인플레이션은 밀접한 관련성이 있으므로 통화 공급을 잘 관리하지 않으면 인플레이션을 통제할 수 없는 상태가 될 수 있다고 본다.

인플레이션

2008~2009년의 경기 침체 이후로 인플레이션은 거의 언급되지 않고 있다. 그렇지만 인플레이션은 미국의 경제적 역사의 많은 부분에서 중요한 개념으로 작용하고 있다. 인플레이션은 우리가 사는 물건의 가격이 일반적으로 상승하는 현상을 말한다. 잘 알다시피, 대부분의 물품 가격이 매년 조금씩 오르고 있다. 매년 또는 2년 단위로 인플레이션이 일어나는 비용 중 대표적인 것으로는 대학 등록금, 의료비, 자동차 값, 외식비, 지하철 요금, 임대료 등을 들 수 있다.

반면 휴대전화 요금, 전자제품, 의류, 장난감 등은 최근 몇 년간 가격이 내려가는 추세였다. 그런가 하면 우리가 자주 구매하는 에너지 비용과 식료품 값은 가격 변동이 심한 물품이라고 할 수 있다. 따라서 전반적인 가격이 오르고 있는지 아니면 내려가고 있는지 판단하는 것이 다소 어려울 수 있다.

그렇다면 왜 인플레이션에 관심을 가져야 할까? 인플레이션이 발생하면 구매력이 떨어질 뿐만 아니라, 가격 변동을 계속 평가해야 하기 때문에 지속적인 주의를 기울여야 한다. 당신이 원대한 재정 계획을 세웠더라도 심각한 인플레이션이 발생하면 그 계획의 모든 부분이 큰 타격을 받을 수 있다. 인플레이션 환경에서는 번 돈이 얼마 가지 않는다. 이 돈으로 살 수 있다고 생각했던 것들은 실제로 다 손에 넣을 수 없다. 뿐만 아니라 미처 생각지 못한 비용들이 늘어난다. 게다가 이자율이 상승하고 사업활동도 위축되거나 성장이 둔화하게 마련이다. 그러므로 실제 상품이나 서비스의 생산보다 가격 관리에 많은 자원을 투입하게 된다.

정부와 경제학자들은 인플레이션 연구에 많은 시간을 투자한다. 이들은 모든 방안을 동원해 경제 전반에 걸쳐 평균 가격이 오르는지 내리는지 파악하는 데 주력한다. 보편적으로 사용되는 한 가지 지표는 소비자물가지수다. 이는 대다수 사람들이 주기적으로 구매하는 일정한 물품 가격이 어떻게 변화하는지를 나타낸 수치다. 인플레이션을 측정하는 또 다른 방법으로는 GDP 디플레이터를 들 수 있다. 이것은 경제 내에서 생산되는 모든 것의 가격을 조사한 다음, 전년도의 해당 물품 가격과 비교한 수치다.

대다수 경제학자는 1~2퍼센트의 인플레이션은 적정 수준이라고 생각한다. 인플레이션이 이보다 더 높으면 기업과 소비자가 끊임없이 가격 변동을 시행 및 평가해야 한다. 한편 임금은 인플레이션과 같은 속도로 인상되지 않을 것이다. 드물지만 경제는 디플레이션을 겪게 되기도 한다. 디플레이션이란 경제 전반에 걸쳐 가격이 하락하는 현상을 말한다. 미국은 역사적으로 디플레이션 시기에 꽤 능숙하게 대처해왔다. 그러나 요즘 디플레이션은 저성장 혹은 마이너스 성장과 관련이 있으며 심각한 경제적 피해를 입히기도 한다.

그런데 아주 낮은 인플레이션이더라도 상당한 기간이 지나면 가격상 큰 차이를 만들어낸다. 2017년 초 식품 구매에 주당 100달러를 썼고 앞으로 10년 동안 같은 식품이 매년 2퍼센트씩 인상(인플레이션)된다고 해보자. 그러면 2027년 초가 되면 같은 식품을 사는 데 122달러가 든다(2달러는 복리를 적용한 것이다. 자세한 점은 뒤에서 다시 살펴볼 것이다). 정리하자면 2017년에 100달러에 구매한 식품을 2027에는 122달러를 내고 사야 한다. 2027년에도 100달러만 낼 수 있는 형편이라면, 식품 구매량을 줄이는 것 외에는 방법이 없을 것이다. 이게 바로 인플레이션이다. 같은 돈으로 얻을 수 있는 가치가 줄어드는 것이다.

만약 우리가 2027년에 가서 그때 사용하는 돈을 언급한다면, 122달러는 '명목 가격'이라고 할 수 있다. 이 경우 2027의 가격 수준을 2017년과 비교하려 한다면 식품 가격의 '실질 가격'은 2017년의 100달러가 된다. '실질 가격'은 항상 기준이 되는 연도를 가리키는데, 이 예의 경우에는 2017년이 기준 연도가 된다. '실질 가격'과 '명목 가격'에 대해 듣거나 읽은 적이 있을 것이다. 그것이 바로 사람들이 흔히 이야기하는 인플레이션인데, 쉽게 말하자면 두 가지 시점 또는 기간을 비교하는 것이다. 개인의 재무 관점에서 볼 때, 안정적인 가격(인플레이션이 낮거나 아예 없는 경우)은 유리한 것이다. 새로운 가격을 계속 평가하지 않아도 되고, 자신이 가진 돈의 구매력이 줄어드는 것을 불안해할 필요도 없으며, 치솟는 물가를 따라잡는 데 불과한 수준이더라도 수입을 늘리고자 애쓰지 않아도 되기 때문이다.

개인의 책임

성인이 되어 독립을 준비할 때 재무 계획에 대해 한 가지 꼭 기억할 점이 있다. 바로 돈에 관한 사항은 본인이 직접 책임져야 한다는 것이다. 대다수의 경우, 부모들이 자녀의 재정적 필요를 돌봐줄 수 있지만 어디까지나 일시적인 도움일 뿐이다. 운 좋게도 경제적으로 넉넉한 가족이 모든 것을 책임져준다면 성인이 된 후에도 돈 걱정 없이 살 수 있다. 하지만 그처럼 특별한 경우에도 돈을 어떻게 관리해야 하는지 배워야 한다. 즉, 부자이든 그렇지 않든 누구나 자신의 재정 상황을 관리하는 방법은 반드시 배워야 한다.

우리는 하루에도 수백 가지 결정을 내리며 살아간다. 그리고 대부분의 결정은 돈과 관련이 있다. 어떤 사람을 친구로 사귈지, 가족들을 어떻게 대할지, 실수를 어떻게 수습할지 결정할 때는 판단력이 필요하다. 그렇듯이 돈이 관련된 결정을 내릴 때도 좋은 판단력이 요구된다. 이런 결정을 신중하게 하는 것도 중요하고, 결과가 좋을 때도 그렇지 않을 때도 그에 대한 책임을 지는 태도 역시 중요하다. 사람이 자기 행동에 대해 직접 책임지는 것은 당연한 일이고, 돈과 관련된 일 역시 마찬가지다.

돈이 많든 적든 간에 우리는 주변의 모든 이가 당신의 돈을 호시탐탐 노리고 있다는 점을 항상 기억해야 한다. 맥도날드의 햄버거, 월마트의 식자재, 보험회사의 '최저가 보험료' 광고처럼 합법적으로 손을 내미는 일도 있고, 눈속임이나 거짓 광고로 현혹하는 때도 있다. 이를테면 평생에 한 번 찾아올까 말까 하는 절호의 기회라는 말로 구매를 부추기는 경우가 그렇다. 어쨌든 돈에 관한 결정은 본인의 경제적 상황에 크고 작은 영향을 미칠 것이다.

요점을 다시 정리해보면, 내가 내 돈으로 결정한 일들이 미래의 내 경제적 상황을 좌우한다. 물론, 일이 잘못될 때 내가 아닌 다른 사람이 원인 제공자라면 비난은 모면할 수 있을지 몰라도 피해의 결과까지 피할 수는 없다. 어느 정도는 손해를 감수해야 한다. 인생을 살면서 우리는 여러 가지 형태로 본인의 결정에 책임을 지게 된다. 대부분의 경우는 돈이 관련된 문제에 대해 책임지는 것이라고 해도 과언이 아닐 것이다.

인생의 목적

청소년에게 앞으로 인생을 어떻게 살고 싶은지 결정하기를 기대하는 것은 비현실적이다. 30대에 접어든 성인에게도 인생의 방향을 결정하는 것은 매우 어려운 일이기 때문이다. 일정한 나이가 되기 전에 이루어야 할 몇 가지 구체적인 목표는 있을 수 있다. 하지만 인생 전체에 대한 구체적인 목표나 계획이 꼭 있어야 하는 것은 아니다. 그보다 더 중요한 것은, 다음에 관심이 생길 만한 인생의 목표 몇 가지에 대한 감각을 키우는 것이다. 의미 있는 삶, 생산적이고 가치 있는 인생을 사는 사람들은 그런 목표들을 기준으로 인생의 방향의 틀을 잡아가기 때문이다.

교육 | 제대로 된 교육을 받지 않고 훌륭한 시민이 되기는 어렵다. 그렇다면 교육을 받지 않고 요즘 세상의 빠른 변화를 따라잡거나 그런 세상에서 성공적인 커리어를 추구하는 것은 더 어려운 일이라고 할 수 있다.

교육은 그 자체로도 큰 가치가 있으며, 인생의 다른 목표를 성취하는 데 필수적인 도구다. 좋은 교육을 받지 않으면 인생에서 선택의 폭이 상당히 좁아질 수 있다. 그래서 많은 사람들은 고등교육을 받거나 고급 기술을 배우는 것이 인생의 중요한 목표 중 하나가 되어야 한다고 생각한다.

커리어 | 커리어는 자신이 하고 싶은 일을 총칭하는 말이다. 취업시장에 뛰어드는 사람도 자영업에 종사하는 사람도 여러 가지 예측하지 못한 상황에 대처해야 한다. 하지만 관련 분야에 관한 기술과 지식을 배우고 경험을 계속 쌓으면 그런 상황에 대처하기가 한결 쉬워진다. 그리고 직업시장의 변화를 잘 파악하면 커리어를 더 지혜롭게 선택할 수 있다. 많은 사람이 이렇게 직업에서 삶의 보람과 기쁨을 얻으며 살아가고 있다.

인간관계 | 어떤 사람은 평생 독신으로 산다. 또는 학창시절의 첫사랑과 평생을 함께하거나 몇 차례 인생의 동반자를 바꾸며 살아간다. 인생을 함께하기로 서약한 사람이 곁에 있다는 것은 매우 든든하고 위안이 된다. 그리고 그 사람으로 인해 인생의 의미가 더욱 풍부해질 수 있다. 사랑이 항상 계획대로 되는 것은 아니다. 하지만 헌신적이고 이해심 있는 태도를 보이며 노력을 쏟으면 인간관계도 성공할 확률이 높아진다. 모든 인간관계는 인생에서 매우 큰 비중을 차지하는 중요한 사안이다.

가족 | 요즘 세상에서 가족생활은 매우 다양한 형태를 보인다. 일반적인 예측을 벗어나는 경우가 많다. 자녀를 갖는 것을 당연하다고 여기는

사람도 많지만, 누군가에게는 자녀가 생기는 것이 예상 밖의 서프라이즈가 될 수 있다. 그런가 하면 아예 자녀 없이 사는 것이 훨씬 낫다고 생각하는 사람들도 있다. 어린 자녀나 손자녀, 그리고 부양 능력이 없는 노인을 포함해 직계 가족이 아닌 친족까지 한 가족으로 받아들이는 사람들도 있다. 이처럼 자녀를 키우거나 다른 가족을 보살피는 것 자체가 인생의 목표 중 하나인 사람들도 많다.

물질적으로 안정된 삶 | 정신적, 감정적 만족을 우선적으로 추구하는 사람이 있는가 하면 좋은 집과 비싼 자동차, 고가의 보석 등을 중시하는 사람도 있다. 하지만 대다수 사람은 편안하고 안정된 삶을 살 수 있다면 그것으로 충분히 만족할 것이다. 그런 중에 거의 모든 사람에게 돈 문제와 관련해 가장 중요한 목표는 내 집을 갖는 것이다. 이 점에 관해서는 자신이 원하는 바를 먼저 파악한 후에 계획을 세워야 한다.

자선 및 봉사 활동 | 타인을 돕는 것은 인생에서 큰 보람을 느끼는 기회가 된다. 물론 타인을 도우려면 내 시간, 에너지, 재능을 기꺼이 내놓아야 하며 애정은 물론 돈까지 쏟아부어야 할 때도 있다. 사람마다 자선활동이나 봉사활동에 관한 관심의 크기는 다를 것이다. 하지만 이타심이 인간의 중요한 특성이라는 점은 변하지 않는다. 그러므로 타인을 돕는 일도 인생에서 중요한 목표가 될 수 있다.

여행 및 여가활동 | 즐겁게 사는 것은 모든 사람이 바라는 것이다. 하지

만 어디에서 즐거움을 찾느냐는 사람마다 다르다. 누군가는 유명한 요리사가 되어 즐거움을 얻을지 모른다. 또는 좋은 음악을 수집하는 것, 자신이 사는 나라를 구석구석 다니는 것 등에서 즐거움을 찾는 사람도 있다. 그런가 하면 해외여행을 가거나 정신적 휴식을 위해 조용한 곳에 칩거하면서 전문가의 가르침에 몰두하는 것이 소원이라는 사람도 있다. 영화를 보는 것이 인생의 낙이라고 말하는 사람도 있다. 중요한 것은 자신에게 즐거움을 주는 것을 파악하는 것이다. 그 즐거움의 원천도 인생의 목표 중 하나가 될 수 있다.

퇴직 | '일'을 멈추고 '퇴직' 후의 삶에 접어드는 순간은 누구에게나 찾아오게 마련이다. 물론 평생 은퇴 없이 계속 일하고 싶은 사람도 있을 것이다. 실제로 어떤 직업군은 퇴직 없이 계속 종사하는 것이 가능하다. 이 책은 재정적 계획을 마무리 짓는 사람들이 아니라 이제부터 계획을 세워야 하는 사람들을 위해 집필했음으로 퇴직은 깊이 있게 다루지 않을 것이다. 지금으로서는 언젠가 퇴직을 생각해야 한다는 점을 인지하고, 퇴직 후에 어떻게 살지 생각해보는 것을 하나의 목표로 삼을 수 있다.

전문가

재정 분야에는 상담사, 금융서비스 전문가와 재무설계사 등 다양한 전문가들이 활동하고 있다. 언젠가 당신도 그런 전문가의 도움을 받게 될 것이다. 하지만 당장은 전문가의 도움을 구할 필요가 없다. 일단 그런 전문가들이 있다는 점을 인지하고, 그들이 구체적으로 무슨 일을 하며 언제 전문가를 찾아가야 하는지 이해하면 된다.

사실 누구나 재무 상담사나 설계사라고 자칭할 수 있다. 하지만 투자 상담사는 반드시 자격증을 갖추어야 한다. 그렇다고 자격증이 있거나 직함을 달고 있다는 것만으로 그 사람의 지식이나 능력이 보증되는 것은 아니다. 다양한 기관에서 교육, 시험, 경력 등을 근거로 컨설턴트 자격증을 발급하고 있다. 연방정부에서 시행하는 투자 전문가 자격시험도 있다. 이 분야에서 손꼽는 타이틀로서 국제공인 재무설계사를 꼽을 수 있다. 물론 이에 버금가는 다른 자격들도 수없이 많다. 한 가지 유의할 점은, 재무 상담사나 설계사라고 자칭하는 사람들도 결국 주식이나 보험 등의 상품을 판매하고 그에 따른 수수료를 받는 판매원에 불과하다는 것이다. 주식투자 자체가 나쁜 일은 아니다. 그리고 보험 역시 재무 설계상 매우 중요한 부분이 될 수 있다. 그러나 여기에서 한 가지 유의할 점이 있다. 상담사의 주요 관심사는 자신이 준비한 보험 등을 파는 것이다. 그러므로 반드시 상대방의 조건이나 필요에 가장 좋은 상품을 추천하는 것은 아니다. 따라서 상담사의 의견이 항상 객관적이라고 할 수 없다는 것이다.

다행히 서비스 요금을 받고 고객의 재정적 필요에 맞게 도움을 주는 전문가들이 많이 있다. 그들은 특정 상품을 파는 데 혈안이 되지 않으므로 보다 객관적이고 신뢰할 만한 제안을 해줄 것이다. 이런 전문가들은 일정 비용을 받고 재무 계획을 만들어준다. 요즘은 웰스프런트Wealthfront, 베터먼트Betterment와 같은, 투자 위주의 신규 온라인서비스('로보어드바이저'라고도 알려져 있다)가 있다(국내에는 이루다투자와 디셈버앤컴퍼니가 있다. - 옮긴이). 재무 상황이 그리 복잡하지 않은 사람들은 재무설계사 대신 이러한 서비스를 비교적 저렴하게 사용해볼 수 있다. 재무 계획의 시작 단계에서 이 책을 정독하는 사람이라면, 외부의 조언 없이 직접 재무 계획을 설립하는 데 필요한 것들을 이미 다 갖추었다고 생각하면 된다. 거액을 유산으로 물려받거나 복권에 당첨되거나 비교적 젊은 나이에 백만장자가 된다면, 그때는 수수료를 내더라도 재무설계사의 조언을 받는 편이 낫다.

재무 계획의 구성요소

재무 계획은 생활에서 돈 문제에 관한 부분을 체계적으로 관리하는 전략이다. 이 책은 재무 계획의 구성요소를 하나씩 분리해 장별로 다루고 있다. 재무 계획은 종이에 직접 써보는 것이 좋다. 처음에는 쉽지 않겠지만 정신을 집중해 계획을 써내려가다 보면 자신에게 꼭 필요한 것과 원하긴 하지만 꼭 필요한 것이 아닌 것을 구분할 수 있다. 끝으로, 재무 계획에 앞서 돈이 관련된 생활의 여러 부분을 분석하고 조직하는 일을 먼저 해야 한다. 재무 계획은 이 과정의 결과물이기 때문이다. 재무 계획은 사람에 따라 간단할 수도 있고 복잡할 수도 있다. 하지만 모든 재무 계획은 다음과 같은 기본 요소를 포함한다.

지출 | 현재의 생활방식을 유지하는 데 정기적으로 지출되는 돈은 얼

마인가? 현재보다 지출이 늘어나거나 줄어들 만한 변화가 예상되는가? 대부분의 사람들은 예산을 세워서 지출을 파악, 관리한다.

수입 | 아직 독립하지 않은 학생도 수입이 있다. 부모님에게 받는 용돈이나 아르바이트로 버는 돈 등이다. 그리고 (자전거와 같이) 소유품을 처분해 수입으로 전환하는 것도 생각해볼 수 있다. 이와 같은 수입 창출은 우리가 직업에 종사하거나 경력을 관리하는 중대한 이유다.

저축 | 돈의 일정 부분은 반드시 저축을 위해 따로 떼어놓아야 한다. 저축이 꼭 필요한 이유는 다양하다. 그리고 저축하는 방법도 여러 가지로 나눠볼 수 있다. 그러므로 재무 계획에 있어서 얼마를 어떤 방식으로 저축할 것인지는 매우 중요한 사안이다.

채무 | 신용카드 대금, 주택 대출, 학자금 대출 및 가족이나 친구에게 빌린 돈은 형태만 다를 뿐 모두 채무로 분류된다. 일단 채무를 져야 하는지 결정해야 한다. 그래야 한다면 얼마나 빚질 것인지, 어떤 형태의 채무를 선택할 것이며 채무 조건은 어떻게 할 것인지도 결정해야 한다. 이 모든 사항이 재무 계획의 구성요소가 된다.

보험 등 | 보험 등은 재무 손실 등에 대비하는 방안이다. 보험은 건강, 재산은 물론이고 심지어 우리의 생명까지도 보장해주는 수단이 된다. 노년층에서는 유언이나 신탁 및 기타 법적 문서를 통해 비슷한 보호 수

단을 마련하기도 한다.

꾸준한 관리

재무 계획은 꾸준히 관심을 가지고 관리, 평가해야 한다. 한 가지 방법은 개인용 대차대조표를 작성하는 것인데, 작성 방법은 매우 간단하다. 우선 종이 한 장을 준비해서 반으로 접은 후에 접힌 부분을 따라 길게 세로선을 그린다.

왼쪽에는 자신이 가진 것을 모두 나열하고 각 품목의 시가를 기재한 후에 합계를 산출한다. 그리고 오른쪽에는 빚진 것이나 대출 등을 빠짐없이 기재하고 항목별 금액을 기재한 후에 합계를 산출한다. 종이 하단으로 내려가서 자산에서 부채 총액을 제하여 순자산액을 계산한다.

아직 십 대라면 자산이나 부채 내역이 길지 않을 것이므로 이런 도표를 금방 작성할 수 있다. 예를 들어 십 대라면 핸드폰, 옷, 은행계좌 등을 합친 자산 총액 1,000달러와 형에게 빌린 돈 25달러로 도표가 완성될 것이다. 이 경우 순자산액은 975달러다. 하지만 나이가 더 들면 재무 상황은 복잡해질 수밖에 없다. 따라서 대차대조표의 자산 항목과 부채 항목도 계속 늘어나게 된다. 도표 1.1은 대학을 졸업한 지 5년 된 성인 여성의 대차대조표를 가정해본 것이다. 계속 직장에 다니면서 수입을 창출하고 그와 동시에 학자금 대출을 갚으면서 꾸준히 저축하면, 순자산액은 점차 늘어날 것이다. 이렇게 순자산액을 계속 추적해 보면, 자신의 재무 상황이 나아지고 있는지 아닌지 파악할 수 있다. 물론 이것은 재무

도표 1.1 | 2016년 8월 31일 27세에 작성한 나의 대차대조표

출처 · 저자의 분석 자료

소유물(자산)		갚아야 할 것들(부채)	
노트북	$600	마스터카드 결제 예정액	$422
아이폰	$400	학자금 대출 1	$6,890
아파트 내의 가구	$2,000	학자금 대출 2	$12,573
수집한 음악 CD	$500		
의복	$1,000		
체크카드 계좌	$1,855		
저축 계좌	$4,606		
퇴직연금	$29,243		
보험	$1,600		
자산 총액	$41,804	**부채 총액**	$19,885
순자산액	$21,919		

상황만 보여주는 것이지, 인생 전체의 평가 척도는 아니다. 한 인간으로서의 개인의 가치는 수치로 나타낼 수 없기 때문이다.

사회 환원

자선 및 봉사 활동을 인생의 목표로 삼는 사람들도 있다. 이 책의 독자 중에도 이미 그런 인생을 추구하는 사람들이 있을 것이다. 실제로 상당수의 고등학교에서는 '봉사활동'을 졸업 자격요건으로 내걸고 있다. 이에 따라 학생들은 근처의 자선단체 등을 찾아서 지역사회에 도움을 제공하는 활동에 참여해야 한다. 대학교에서도 불우이웃을 위한 봉사활동에 참여할 기회를 얼마든지 찾을 수 있다. 또한 종교 단체를 통해 재해 지역을 방문하고 재건활동에 참여하는 방법도 있다. 요즘 젊은 사람들은 헌혈 운동을 하거나 푸드 뱅크food bank(형편이 어려운 사람들에게 무료로 음식을 나눠주는 곳 - 옮긴이)에 기부할 통조림을 모으기도 하고, 무료 급식소와 노숙자 임시 숙소 및 노인 보호 시설을 찾아 봉사활동을 펼치기도 한다. 이처럼 지역사회에 봉사하거나 어려운 이웃에게 도움의 손길을 내미는 방법은 매우 다양하다. 이때 중요한 점은, 봉사활동에 참여하려면 시간과 노력뿐만 아니라 돈도 쓰게 된다는 것이다.

굳이 자신의 돈을 써가며 봉사활동을 하는 이유는 과연 무엇일까? 자선활동에 직접 참여하거나 가치 있는 일에 기부하는 가장 큰 이유는 그로 인한 만족감과 행복감일 것이다. 다른 사람을 도우면 그 순간 바로 자존감이 높아지고 성취감과 보람을 느낄 수 있다. 교회에 헌금하거나 자선단체 또는 이 세상을 더 살기 좋은 곳으로 만드는 활동에 기부하는 자선활동은 종교적 또는 문화적 전통의 일부로 볼 수 있다. 젊은 사람들은 여유 자금이 많지 않기 때문에 시간과 에너지로 기부하는 활동을 찾아볼 수 있다. 즉, 직접 가서 도움을 주는 활동 위주로 시작하는 것이다. 그와 동시에 불우이웃이나 어려움에 처한 사람을 위해 정기적으로 소액을 기부할 수 있다. 유나이티드웨이United Way(미국의 자선단체 - 옮긴이), 적십자, 구세군, 암 연구센터, 가까운 곳에 있는 푸드 뱅크, 가까운 교회 등으로 눈을 돌리면 이런 기회를 금세 찾을 수 있다. 그리고 점차 수입이 늘어나면 기부액을 늘리거나 다른 사람의 인생에 더 의미 깊은 변화를 주는 방식으로 자선활동을 할 수 있다. 자선활동은 그 자체로도 큰 선물이자 보상이다.

균형 잡힌 생활

돈이 없으면 인생은 여러모로 힘들어진다. 하지만 인생에서 돈이 가장 중요하다는 생각은 큰 오판이다. 약 100년 전을 생각해보자. 대다수의 미국인은 현재의 기준에 비추어볼 때 가난한 삶을 살았을 것이다. 우리가 지금 당연히 여기는 편의시설, 이를테면 수세식 화장실이나 전기냉장고 등의 혜택을 거의 누리지 못하고 살았을 것이다. 그 시절은 먹고사는 것 자체가 큰 도전이었다. 고생스럽게 일해서 가족을 부양하는 것이 삶의 큰 미덕이라고 믿었다. 그리고 그런 생활 중에도 이웃이나 친구들과 교류하면서 인생의 의미와 만족을 찾았을 것이다.

이 책은 독자의 재무 설계를 돕고자 마련된 것이다. 책에서 알려주는 대로 따라가 보면 지금 그리고 미래에 인생의 목표 중 많은 부분을 이룰 수 있을 것이다. 그러나 우리의 궁극적인 목표는 인생에서 돈과 무관한 부분을 개선해 그로부터 기쁨을 얻고 삶의 의미를 발견하는 것이다. 다른 관심사는 모두 제쳐놓고 오로지 돈 문제에만 집중하는 것은 인생에서 주객을 전도시키는 실수다. 탄탄한 재무 계획을 마련하면 만족스러운 생활을 영위할 수 있다. 이때 재무 계획은 어디까지나 더 중요한 목표를 이루는 수단이나 과정이라는 점을 기억하기 바란다. 재무 계획은 인생의 목표가 아니다. 하지만 인생이라는 여행을 보다 편안하고 즐겁게 누리는 방법이 될 수 있다.

THIS NOTE IS LEGAL TENDER
FOR ALL DEBTS, PUBLIC AND PRIVATE
Treasurer of the United States
SERIES 2006 A
FRANKLIN

2장

커리어

아직 학생이거나 이제 막 취업시장에 뛰어든 사람이라면 커리어를 생각하는 것이 조금 부담스러울 수 있다. 어떤 사람은 아주 어린 나이에 앞으로 어떤 분야에서 일하고 싶은지 미리 결정해둔다. 자동차 정비공, 발레리나, 운동 선수, 노숙자를 돌보는 자선단체 종사자와 같은 구체적인 목표를 정하는 것이다. 하지만 커리어를 정하는 것은 누구에게나 쉬운 일은 아니다. 대다수의 사람이 15세에서 20세 사이에는 어떤 커리어에 종사할지 결정하고 그에 필요한 교육을 받는다. 하지만 항상 교육받은 대로 취업하거나 진로를 정하는 것은 아니다. 따라서 학업이나 기술교육 등에 관해 결정할 때는 특정 직업군에 요구되는 사항을 어느 정도 파악해야 한다. 그리고 상황에 따라 커리어를 바꿔야 할 때도 있으므로 변화에 필요한 지식과 기술도 갖추어야 한다.

요즘 시대에는 퇴직할 나이가 될 때까지 여러 개의 직업을 거치는 것이 자연스러운 것으로 여겨진다. 평생 하나의 커리어에 종사하면서 단 한 명의 직장 상사 아래에서 일해온 사람도 있겠지만 매우 드문 경우다.

어떤 사람은 같은 분야에 종사하면서 회사만 바꾸기도 한다. 일례로 간호조무사라면 자신의 커리어를 발전시키기 위해 다양한 병원이나 의료업체 등에서 근무해볼 수 있다. 또 어떤 사람은 매우 다양한 분야를 넘나들면서 커리어를 쌓는다. 건축업에 종사하다가 트럭 운전사로 전향하고, 또다시 창고 관리 감독자로 직업을 바꾸는 경우가 이에 해당한다. 초기에 어떤 결정을 하느냐에 따라 자신이 원하는 직업과 커리어에 어울리는 자리를 찾아갈 수 있을 것이다. 이는 사적인 생활이나 재정 상태에 크고 작은 영향을 줄 수 있다.

커리어 경로

커리어는 동종 직업군에 속하는 일련의 직업 또는 어떤 하나의 분야에 존재하는 다양한 직업을 가리킨다. 때에 따라서는 하나의 회사 내에 존재하는 다양한 직위를 가리킬 수도 있다. 은퇴 전까지 여러 가전서비스 업체에 소속되어 일하는 냉장고 수리공이나 여러 학교에서 아이들을 가르치는 선생님은 직업 중심 커리어라고 할 수 있다. 또 다른 예를 생각해보자. 어떤 이는 지방자치단체의 공공사업 부문에 취직한 다음, 회계부 사원과 프로그램 관리자를 거쳐 프로젝트 감독자의 자리에 오를 수 있다. 또 다른 경우로, 월마트Walmart 창구 직원으로 취직한 사람이 나중에 바나나 리퍼블릭Banana Republic(미국의 의류 체인점-옮긴이)으로 이직해 매장 책임자로 승진한다고 하자. 그런 후에 메이시 백화점의 구매 책임자로 이직한다고 가정해보자. 이는 정부기관이나 판매업계 등 동종업계 기반의 커리어 예시에 해당한다. 자신의 커리어 경로를 정확히 예측하는 것은 사실상 불가능하다. 하지만 분명한 목적을 정하고 그에 따라 결정을 내린다면 자신이 원하는 방향으로 커리어를 설계할 수 있다.

(1957년에서 1964년 사이에 태어난) 베이비붐 세대의 초창기 사람들은 현재 각자의 커리어에서 정점을 찍고 있다. 이들은 일평생 약 12개의 직업을 경험한다. 요즘 젊은 세대는 기성세대에 비하면 직업을 쉽사리 바꾼다는 인식이 있다. 하지만 사실 밀레니엄 세대의 이직 횟수는 기성세대보다 낮은 편이다. 미국의 경우 대부분의 직종에서 이들의 평균 재직기간은 4.5년이다. 커리어 초반에만 이직률이 높게 나타난다. 미래에는 직종이 크게 달라질 것이므로 젊은 사람들에게 이직 횟수는 큰 의미가 없을지 모른다. 안타깝게도 이들은 변화무쌍한 직업 세계에 대처할 준비가 미흡한 것 같다. 이제 사회에 첫발을 내딛는 젊은이들은 잦은 이직을 경험할 가능성이 높으므로 그에 대한 계획을 세워두어야 할 것이다.

인적 자본, 교육 및 기술 훈련

직장생활을 하면 업무에 관한 지식, 경험, 인적 네트워크, 기술 등을 점차 발전시킬 수 있다. 이런 것이 쌓이면 생산성이 높아지므로 고용인으로서의 가치가 더욱 향상된다. 이것이 바로 인적 자본의 개발이다. 인적 자본은 가치가 높은 자산이다. 직업 기반의 커리어를 추구할 때, 인적 자본은 승진 가능성과 밀접하게 관련된다. 다시 말해, 직장을 바꿀 때마다 '위로 올라'가면서 더 많은 책임을 떠안을 수 있다. 물론 그에 따라 급여도 오를 것이다. 동종업계 기반의 커리어를 추구할 경우, 그 분야에 계속 머무르면서 경력을 발전시키면 인적 자본, 즉 고용인으로서의 가치도 올라간다. 새로운 분야로 이직하더라도, 이전 분야의 직장에서 쌓은 경험의 상당 부분은 새로운 분야에 적응하는 데 많은 도움이 될 것이다. 가장 불리한 것은 근무 분야와 직업군을 다 바꿔서 이직하는 것이다. 예를 들어, 소매업 판매원으로 근무하다가 제조업 구매담당자나 교육업계의 기술지원 담당자로 이직하는 것이 이에 해당한다. 이런 식으로 이직하면 수입을 늘리기 어렵다. 이전 직장에서 쌓은 지식, 경험, 업무상 인맥이나 기술 등의 인적 자원을 새 직장에서는 활용하기 힘들기 때문이다.

인적 자본에 대한 가장 기본적인 투자는 교육이나 훈련을 받는 것이다. 일반 고등학교 교육과정을 마친 사람은 이미 상당한 수준의 유용한 업무적인 능력을 갖추었다고 할 수 있다. 이를테면 읽고 쓰는 능력, 계산 능력, 집단에 소속되어 활동하는 능력, 다양한 사람들과 어울리는 능력 등을 꼽을 수 있다. 이러한 능력을 갖추고 있다면 유리한 출발을 하는 것이다. 하지만 세월이 흘러도 여전히 유용한 고용인이 되려면 추가 교육이나 훈련을 받아야 한다. 통상적으로 훈련이란 법원 속기사, 미용 기술, 기계나 장비 수리와 같이 특정 업종에 필요한 구체적인 기술을 배우는 과정을 말한다. 교육이란 다양한 직업에 적용할 수 있는 여러 분야의 지식을 습득하거나 여러 분야에 종사할 수 있는 인재가 되기 위한 준비 과정을 총칭하는 것이다. 예를 들어보자. 대학에서 교양과정을 이수하면 분석적 사고 및 의사소통 역량을 발전시킬 수 있고, 회계학을 전공하면 다양한 비즈니스 분야에 유용한 역량을 얻을 수 있고, 외국어 하나를 완벽하게 배우면 국제 무역 분야에 취업할 기회가 많아진다. 어떤 교육은 직업이나 커리어와 직접적인 연관성이 없는 것처럼 보이지만, 궁극적으로는 보다 지적이고 유용한 사람이 되는 데 도움이 되므로 크게 걱정할 필요가 없다.

대학 교육은 장기적으로 볼 때 그만한 가치가 있다(5장 참조). 하지만 대학 교육이 모든 사람에게 필요한 것은 아니다. 각자 커리어 경로를 정하고 그 커리어에 맞는 지식과 기술을 집중적으로 배우는 것이 더 중요하다. 그러므로 직업학교나 전문대학에서 특정 커리어에 필요한 업무 기술을 쌓는 것이 더 유리할 수 있다. 수습 생활도 한 가지 방법이 될 수 있다. 수습생이란 (비교적 적은 임금을 받고) 근무하면서 관련 분야의 장인들로부터 기술을 배우는 사람을 말하는데, 기술을 습득함에 따라 임금이 높아진다. 사실 커리어의 발전을 위한 교육과 기술 습득은 평생 계속해야 하는 과정이다. 고등교육이나 기술 훈련과정 등을 통해 새로운 지식과 기술을 지속적으로 배우면 취업이나 경력 인정 등에서 많은 이점이 있다. 사실 기술 훈련과정이나 교육은 거의 모든 분야에서 시행되고 있다. 자동차 정비공은 새로운 진단 기술이 나오면 이를 배워야 하고 의사는 신약이 출시되면 효능을 익혀야 한다.

사실 십 대 후반의 청소년에게 고등학교 졸업 후 향후 50여 년간 무슨 일을 하며 살아갈지 계획하는 것은 결코 쉬운 일이 아니다. 그렇지만 대략적인 커리어 방향을 잡기 위해 두 가지를 먼저 생각해볼 수 있다. 첫째, 여러 가지 직업군에 실용적인 기술을 배우는 것이다. 이를테면 마케팅 수업을 듣거나, 웹사이트 만드는 방법을 배우거나, 회계장부의 작성에 대한 기본 원리를 배울 수 있다. 많은 회사가 이런 능력을 갖춘 직원을 필요로 한다. 덕분에 이 사람은 다양한 직업을 경험해볼 수 있는 유연성을 갖게 된다. 둘째, 본인이 관심 있는 회사 또는 분야를 몇 가지 고른 후에, 그중 한두 가지 분야나 회사에 집중하는 것이다. 본인에게 정말 꼭 맞는 직업이 무엇인지 확신이 서지 않더라도 일단 이렇게 범위를 좁혀볼 수 있다. 그렇게 특정 분야에서 쌓은 경험과 배경지식은 장기적으로 훌륭한 자산이 되어 커리어에 큰 도움이 될 것이다.

노동시장

고용주가 직원을 고용하는 이유는 직원들이 회사를 위해 가치를 창출하기 때문이다. 따라서 직원은 고용주가 투자하는 비용보다 더 큰 가치를 창출해야 한다. 그렇지 않으면 굳이 그 직원을 고용할 이유가 없을 것이다. 이 원칙은 영리를 추구하는 기업은 물론이고 비영리단체나 정부 관련 기관에도 동일하게 적용된다. 어떤 판매 사원이 10만 달러의 수익을 창출한다고 가정해보자. 고용주가 그 판매 사원에게 5만 달러를 급여로 주고 남은 돈으로 기타 영업비용을 처리해 수익을 창출한다면 이는 합리적인 것일까? 이처럼 고용인의 가치를 산정하는 것은 때때로 어려운 작업이 될 수 있다. 예를 들어, 교사의 '업무 성과'를 어떻게 평가하고 업무에 얼마의 가치를 부여할지 결정하기란 쉽지 않은 일이다.

우리가 소비자로서 구매하는 상품이나 서비스마다, 노동의 수요와 공급으로 형성되는 시장이 있다. 어느 업종에 종사하든 간에 모든 근로자는 서비스 제공자로서 시장 내 경쟁에 참여하게 된다. 잔디를 깎는 사람, 시장직을 맡은 공직자, 콜센터 근무자, 주요 기업의 대표이사 등 모두가 마찬가지다. 물론 모두 같은 시장에서 경쟁하는 것은 아니다. 기업의 대표이사가 될 기회는 소수의 직원에게만 주어지는 것이다. 그러므로 기업을 이끄는 대표이사는 잔디 깎는 사람과 일자리를 놓고 경쟁한다고 볼 수 없다. 고용주는 우수한 인재를 찾는 데 노력을 아끼지 않는다. 이들이 바로 노동 수요를 창출하는 주체다. 한편, 이러한 기회를 통해 구직하려는 사람들은 반드시 치열한 경쟁을 거쳐야 한다. 여기에서 노동의 공급이 형성된다. 이러한 수요와 공급의 상호작용을 토대로 시장에서는 개인의 노동 가치에 대한 시세가 형성된다.

한편, 모든 기업이나 조직은 살아남기 위해 어떻게든 '돈을 벌어야' 한다. 정부나 비영리단체의 경우에는, 세금, 채권, 기부금, 지원금 또는 그들이 판매하는 상품이나 서비스에서 창출되는 수익보다 비용 지출이 더 커지면 안 된다는 뜻이다. 이에 반해 일반 기업이 돈을 번다는 것은 수익 창출을 뜻한다. 기업의 운영비를 모두 제한 후에도 남는 돈이 있어야 기업 운영을 위한 자본금에 대한 배당을 지급할 수 있다. 하지만 정부, 비영리단체나 영리 추구를 목적으로 하는 기업 여부를 막론하고, 고용인은 반드시 고용에 투자한 비용보다 더 큰 가치를 창출해야만 고용 상태를 유지할 수 있다. 이 전제가 충족되지 않으면 고용 관계를 유지할 이유가 없어진다. 따라서 일자리를 잃지 않으려면 교육, 훈련, 경험을 쌓고 커리어활동을 하는 내내 끊임없이 배우는 자세를 유지해야 한다. 그

럼으로써 자신의 인적 자본을 쌓아올려야 한다.

생애소득

사람들이 평생 돈을 지출하는 방식에 대한 '항상소득가설'에 따르면, 사람은 현재 또는 단기간의 소득이 아니라, 생애 전체를 기준으로 예상되는 소득에 따라 현재 소비 계획을 세운다. (젊은) 사람들이 소득이 낮을 때 대출을 받아서 지출을 늘리는 반면, (나이가 많은) 사람들은 소득이 늘면 지출을 줄이고 저축을 늘린다. 또한 소득이 갑자기 늘거나 줄어들어도 소비 패턴은 크게 달라지지 않음을 보여준다. 경제학자들은 항상소득가설에 대해 끊임없이 이의를 제기해왔다(하지만 이 가설이 옳다는 견해가 지배적이다). 어쨌든 경제학자가 아닌 사람도 이 가설에서 중요한 교훈을 얻을 수 있다. 그것은 바로 대학 학자금이나 주택마련을 위해 대출을 받는 것은 괜찮다는 결론이다(세월이 흐르면 소득이 증가하므로 이런 대출은 충분히 갚을 수 있다). 그리고 퇴직 이후를 대비해 저축하는 것이 꼭 필요하다는 점을 알 수 있다(퇴직과 동시에 소득이 사라지므로 그에 대한 준비가 필요하다).

그런데 문제는 각자의 생애소득이 얼마나 될지 아무도 모른다는 것이다. 연봉이 아주 조금이라도 달라지면 어떻게 될까? 45년에서 50년이 지나면 이것은 매우 큰 금액이 된다. 게다가 지금 선택한 직업의 연봉이 수십 년 후에 많이 오를지 내릴지도 알 수 없고, 이 직업이 아예 사라질지도 모를 일이다. 요즘은 컴퓨터가 없는 업무 환경을 상상할 수 없지만 불과 30년 전만 해도 컴퓨터 보급률이 그다지 높지 않았다. 당시 미국의 경우 수천 명의 회사원이 개인 전화로 업무 연락을 주고받았지만 지금은 연락 방식이 모두 자동화되어 있다. 이는 단편적인 예시에 불과하다. 어쨌든 세월이 흐를수록 커리어가 쌓임에 따라 소득도 늘어날 것으로 예상할 수 있지만, 은퇴 후 소득은 줄어들 것이다. 그리고 젊은 시절에 (대학 학자금이나 주택마련 등의) 합리적인 이유로 대출을 받을 수 있다. 하지만 대출을 받기 전에 본인의 수입이 안정적인지, 향후 수입이 점차 늘어날 것이라고 예상할 수 있는지 잘 살펴보기 바란다.

생애소득을 결정하는 가장 중요한 요소는 자신이 선택하는 직업이나 커리어라는 점을 꼭 기억하기 바란다. 직업마다 일정 수준의 임금(시간당 수당에 실제로 일한 시간을 곱한 값) 또는 연봉(실제 근무시간과는 다소 무관한 1년 기준의 급여)이 정해져 있다. 임금 또는 연봉에는 업무의 강도, 업무성과에 대한 요구사항, 해당 업무를 처리하는 직업의 종류가 얼마나 다양한지, 그 직업을 원하는 사람이 얼마나 많은지, 그리고 업무를 원활히 처리하는 데 필요한 학력, 기술 또는 경험은 어느 정도인지 등이 반영되어 있다. 자신의 직업에서 독보적인 성과를 내거나 충분한 경력을 쌓으면, (고용주에게 더욱 가치 있는 존재가 되므로) 보수는 자연스럽게 오를 것이다. 한편, 불황을 겪거나 내림세를 보이는 업종과 달리, 호황을 누리거나 수익이 늘어나는 업종에서 더 많은 보수를 받을 수 있다. 이처럼 다양한 경제적 요소들이 생애소득을 좌우하게 된다. 의사의 연봉이 높은 이유는 그 직업이 고도의 지적 능력을 필요로 하며 길고 불규칙한 시간에도 불구하고 헌신적으로 일해야 하기 때문이다. 뿐만 아니라 오랜 교육과 수년에 걸친 수련 기간을 거쳐야만 충분한 자격을 갖출 수 있기 때문이다. 의사에 비하면 상점 판매원은 보수가 낮은 직업이다. 인터넷의 등장으로 판매원의 존속이 위협받는 데다, 비교적 쉽고 빠르게 업무를 배울 수 있기 때문이다. 또 판매에 필요한 기술은 대다수 사람이 이미 갖추고 있는 능력이고 별도의 교육을 받을 필요가 없다.

직업 만족도

돈이 성공적인 커리어를 시작하거나 개발하는 유일한 이유라고는 말할 수 없다. 우리는 인생의 많은 시간을 직장에서 보낸다. 새로운 인간관계도 일을 통해 만들어진다. 직업에 관한 생각은 개인의 심리적 건강에 큰 영향을 미친다. 본인이 고려 중인 직업이나 분야 또는 미래의 직장 상사가 될 사람에 관해 관심을 많이 가져야 한다. 사실 자신이 좋아하는 일을 해야 업무 만족도가 높아지고 실제로 업무 효율도 올라가기 때문이다. 적성에 맞는 직업을 찾는 것도 중요한 일이다. 컴퓨터에 재능이 있어서 컴퓨터 관련 직업을 원한다고 하자. 그러면 장기적으로 전망이 좋은 소프트웨어 산업이나 시스템 분석가와 같은 직업을 고려해볼 수 있다. 무엇보다 자신이 잘할 수 있고 좋아하는 일을 해야 한다(이 두 가지를 모두 충족하는 것이 가장 이상적인 직업이다).

그렇다면 구체적으로 어떤 점을 생각해야 할까? 지금 내가 생각하는 분야의 직업은 출장이 많은가? 정기적으로 초과근무를 해야 하는가? 또는 마감 시한에 쫓기면서 일을 끝내야 하는 상황이 자주 발생하는가? 의외로 어떤 사람은 이렇게 강도 높은 근무 환경을 선호한다. 커리어를 막 시작하는 사람들은 강도 높은 근무에서 오는 짜릿함과 높은 성취감을 즐기기도 한다. 그런가 하면, 본인이 제일 좋아하거나 관심이 있는 분야는 따로 있고 직장이나 커리어는 생계 도구로만 여기는 사람들도 있다. 수줍음이 많거나 다른 사람들과의 의견 충돌을 매우 싫어해서 혼자 일하는 것을 좋아하는 사람도 있다. 그런 성향이 나쁘다는 말은 아니지만, 어떤 업무 분야는 그처럼 내향적인 사람들이 적응하기 어려울 수 있다. 많은 양의 업무를 빠르게 처리해야 하는 분야는 스트레스 강도가 높다. 그런 업무를 감당하기에 에너지가 충분한 사람도 있고 그렇지 않은 사람도 있을 것이다.

그 밖에도 몇 가지 심리적인 요소를 꼭 따져봐야 한다. 본인이 하는 일이 매우 가치 있는 일이며, 중요한 목적에 이바지한다는 확신이 필요한가? 이 일은 내가 중요하게 생각하는 인생의 가치와 깊은 관련이 있으며, 세상을 더 나은 곳으로 바꾸는 데 이바지하는 일인가? 이런 문제를 중시하는 사람에게는 정부기관, 사회복지기관 또는 사회사업을 주로 하는 비영리기관이 꿈의 직장이 될 수 있다. 이윤을 추구하는 단체나 조직에서 근무하는 사람도 가치 있는 일을 한다는 확신을 가지고 싶어 하며 자율성을 갈망한다. 그들도 지역 사회에 이바지한다는 느낌을 가지고 싶어 하며 동료들에게 존중받고 싶어 한다. 이런 심리적인 욕구가 잘 충족되는 회사도 있고 그렇지 않은 회사도 있을 것이다. 어떤 직업, 분야 또는 업계로 가야 이런 요소들이 충족되는지 미리 판단하기란 쉽지 않다. 하지만 일자리를 찾을 때 이런 점들을 항상 염두에 두고 있어야 한다.

장기적으로 보면 사회생활 초기에 근무한 직장과 한참 세월이 흐른 후에 근무하는 직장 사이에는 분명 큰 차이가 있을 것이다. 통상적인 커리어라면 업무상의 책임이나 급여, 인지도 등은 점차 상승하게 된다. 동종업계에서 계속 근무하든 다른 업종으로 이직하든 간에, 길을 잘못 들어서 잠깐 헤맬 수도 있고, 한 걸음 발전해 보람을 느낄 수도 있다. 상사가 더 늘어나거나 관리해야 할 아랫사람이 늘어날 수도 있다. 행정적 업무가 증가해 힘들 때도 있고 고객 응대가 늘어나서 피곤할 수도 있다. 그리고 중요한 결정에 더 깊이 관여하게 되어 책임감에 짓눌릴 때도 있을 것이다. 이런 점들을 생각해보면, 커리어를 시작하는 시점부터, 앞으로 경력이 쌓이고 경험이 늘어날수록 직장 내 위치가 어떻게 달라질 것인지, 그리고 해당 분야의 다른 사람들은 어떤 방식으로 경력을 쌓아가는지 파악하는 안목이 필요하다.

한 가지 예를 생각해보자. 화학자의 길을 걷기 위해 관련 교육을 받았는데 어느 순간 정체기에 도달한 느낌이 든다면 어떻게 할까? 거기에서 한 걸음 더 발전하기를 원한다면 실험실을 포기하고 나와서 다른 화학자들을 관리, 감독하는 업무를 맡을 수 있다. 그런데 화학자라는 직업은 매우 좋지만 다른 사람을 감독하는 일에 관심이 없다면 어떻게 할 것인가? 또 다른 예도 생각해보자. 변호사는 다수의 대형로펌에서 근무하는 경우가 많다. 업무 연차가 늘어날수록 고객에 대한 마케팅 업무는 늘어나는데 정작 법률에 관한 업무는 줄어든다는 느낌이 들 수 있다. 변호사 업무는 적성에 맞지만, 고객 응대를 매우 싫어한다면 어떻게 해야 할까?

한 직업의 먼 미래를 내다보고 그 과정이 자신의 관심사나 성향에 잘 맞을 것인지 판단하는 능력을 길러야 하는 이유다. 처음부터 이 점을 염두에 두고 경력을 쌓아야 커리어에 관해 여러 가지 결정을 내릴 때 좋은 선택을 할 수 있다.

보상과 초과근무

어떤 직업이든, 고용주는 구체적인 보수 금액을 제시하거나 (이전 근무자에게 지급한 보수를 감안해) 일정한 범위의 보수를 제안할 것이다. 전임자가 없는 새로운 업무라면 비슷한 직종과 비교해 대략적인 보수액이 제시될 것이다. 구직자가 자신에게 딱 맞는 일자리를 원하듯이, 고용주도 업무에 필요한 자격 요건을 두루 갖춘 인재를 원한다. 이를테면 다년간의 해당 업무 경험을 갖추고 있거나 기본 학력 또는 업무 관련 교육을 이수한 사람, 업계에 대한 전반적인 지식을 갖춘 사람, ('주말이나 야간 근무를 할 수 있는 사람' 등) 그 밖의 근무 조건에 동의하는 사람을 선호하는 것이다. 또한 지역에 따라 생활비 수준이나 시장의 여건이 다르므로, 급여에 차이가 있을 것이라고 예상할 수 있다.

미국의 경우 고용주가 임금을 지급하는 시스템은 매우 다양하다. 일부 판매직원들은 수수료를 받는다. 즉, 자신의 판매총액에 대한 일정 비율을 근무 대가로 받는 것이다. 식당 종업원, 미용업계 종사자, 마사지업소 종업원은 고객에게서 받는 팁이 주요 수입원이다. 농장에서 일하는 근로자는 수확물의 양(즉, '생산 단가')에 따라 급여가 달라진다. 가장 보편적인 급여 방식은 시간을 기준으로 하는 시급과 연봉제다. 법으로 정해진 최저임금에 따르면, 근로자는 주 40시간 이상 근무할 경우 최저임금에 더해 초과근무시간에 대한 50퍼센트 가산금을 받을 수 있다(물론 초과근무의 경우 50퍼센트 이상의 가산금을 지급하는 고용주도 있다). 야간 근무, 주말 근무, 휴일 근무에 대해서는 초과수당이 요구되지 않지만, 고용주에 따라 초과수당을 지급하기도 한다. 현재 미국 내 근로자의 약 40퍼센트가 회사원이지만 최저임금에 관한 법률과 초과근무수당에 관한 규정은, 이들 중 일부에게 적용되고 있을 뿐, 모든 회사원에게 적용되는 것은 아니다.

각 시도 및 연방정부는 최저임금과 초과근무에 관한 법령을 마련하고 있다. 하지만 법령 내용이 매우 복잡하고 예외 사항도 많다. 이를테면 고용인의 나이가 어리거나 팁을 따로 받는 업종에 종사하는 경우, 최저임금이 크게 낮아진다. 소규모의 농장이나 계절에 따라 손님 숫자가 크게 달라지는 놀이공원, 어업 종사자들의 경우는 최저임금이나 초과근무에 관한 법령이 아예 적용되지 않는다. 연방정부의 초과근무 규정은 운송업 종사자, 입주 도우미, 농업 종사자 및 수수료를 받는 대부분의 판매직원에게는 적용되지 않는다. (경찰이나 소방 등) 공공안전에 관한 업무를 수행하는 공무원이나 노인요양원 종사자들은 별도의 초과근무수당 규칙이 적용된다. 시급을 받느냐 연봉을 받느냐는 중요한 문제가 아니다. 현재 급여가 일정 수준 이하라면, 초과근무를 요구할 자격이 자동으로 주어지는 것이고, 일정 수준을 넘는 급여를 받고 있다면 상황을 봐서 판단해야 할 것이다. 초과근무 수당 규정이 적용되지 않는 또 다른 예외 집단으로는 경영진, 전문직, 관리, 감독 업무 및 행정직 종사자를 들 수 있다. 쉽게 말해서 이른바 '화이트칼라' 집단은 초과근무 대상이 아니라는 것이다. 샐러리맨이라면 업무 스케줄, 주당 근무시간, 주말 및 야간 근무, 외근 등에 관해 고용주가 무엇을 기대하는지 파악해야 한다.

연봉 및 상여금 등의 협상

미국의 경우, 고용주와 고용인의 관계는 순수하게 자유로운 의사결정에 달려 있다. 즉, 고용인은 자신이 원하는 고용주 아래에서 일할 수 있고, 근무 기간도 본인이 원하는 대로 정할 수 있다. 일을 그만두려면 '적어도 2주 전에 고용주에게 통지'해야 하지만 이는 어디까지나 관습적으로 요구되는 사항이다. 법적으로는 이유를 막론하고 사전 통지 없이 원하는 때에 바로 일을 그만둘 수 있다(한국은 퇴사 한 달 전 사측에 통보해야 하는 것이 관례처럼 되어 있다. 당장 다음날부터 출근하지 않더라도 법적인 불이익은 없지만, 혹시 모를 일에 대비해 한 달 정도의 통보 기간을 갖는 것이 좋다. - 옮긴이). 여기까지만 보면 고용인의 관점에서 상당히 반색할 만한 조건이다. 하지만 고용주에게도 같은 권한이 있다. 즉, 이유가 무엇이든 간에 사전 통지 없이 고용주가 원하는 때에 바로 해고할 수 있는 것이다. 이를 가리켜 '임의고용at-will employment'이라고 하는데, 미국에서는 거의 모든 분야에 이 원칙이 적용된다. 하지만 현실에서는 법적으로 타당한 이유 없이 해고하는 일은 거의 없다. 고용주는 저마다 일자리 보호에 대한 방침을 가지고 있으며 직장 내 일정 형태의 차별을 금지하는 법률도 마련되어 있다. 임의고용은 상호 협의에 따라 변경될 수 있으므로 고용주에게 자신의 고용 요건을 문서로 작성해 달라고 미리 요청하는 것이 바람직하다.

구직 자체는 매우 힘들고 고생스러운 일이다. 이 책에서는 구직 과정에 관한 내용은 다루지 않을 것이다. 일단 취업 제의를 받았다고 가정해 보자. 그러면 이제는 급여와 근무 조건을 차근차근 따져봐야 한다. 제안서에 연봉 3만 2천 달러 또는 시급 12.50달러와 같이 급여가 명시되어 있을 것이다. 고용주는 당신에게 제안하는 포지션에 대해 일정한 범위의 급여를 생각하고 있으며, 그 범위 내에서 하나의 구체적인 금액을 제시하는 것이다(통상적으로 고용주가 마음속에 정해놓은 범위에서 최고액을 제시하는 경우는 거의 없다). 그러므로 고용인은 다음과 같이 급여 인상을 요청해볼 수 있다. "귀사에서 근무할 생각만으로도 힘이 솟는 것 같습니다. 하지만 첫 연봉으로 3만 2천 달러는 좀 부족합니다. 3만 4천 달러에 계약하고 싶은데 가능할까요?" 기업마다 연봉 협상 주기에 대한 방침이 있을 것이다. 통상적인 연봉 협상 주기는 12개월에서 15개월이지만, 다음과 같이 연봉 재협상 시기를 직접 요청할 수도 있다. "첫 연봉을 가능한 한 높여주시면 더 좋겠습니다. 그게 안 된다면 6개월 후에 연봉 인상을 검토해주시겠습니까?" 정기 연봉 협상 기간은 최근의 업무성과를 앞세워 연봉 인상을 요구할 수 있는 절호의 기회다. 합리적인 근거를 내세워서 인상을 요구하는 것이라면, 고용주가 인상 요구를 불쾌하게 생각할까 봐 걱정하지 않아도 된다. 물론 터무니없는 인상을 요구해서는 안 된다. "최근 잡지 기사를 보니, 업계 평균 연봉이 제 연봉보다 5천 달러나 많다고 하더군요. 저의 현재 업무성과라면 평균 수준은 받을 만한 자격이 된다고 생각합니다."

그 외에 업무 시작 일자를 확정해야 한다. 고용주는 상대방이 당장 출근해서 업무를 맡기 원하는데, 정작 고용인은 다른 일을 정리하느라 얼마의 시간이 필요할지도 모른다. 고용주가 (이사 비용 등의) 이직에 필요한 경비를 지원하는데 이미 해당 지역에 거주하고 있다면 현재 거주지를 개선할 수 있도록 이사 비용에 상응하는 비용을 요청할 수 있다. 급여는 상여금, 인센티브, 연 단위 보너스 혹은 안전이나 혁신 등의 목표 달성 시 주어지는 성과급을 포함한다. 급여명세에 대해 자세히 물어보는 것과 휴가, 병가 및 연가(이를 통칭해 '유급 휴가', 즉 PTO라고 한다)를 챙기는 것도 매우 중요한 사안이다. 이때 1~2주의 유급 휴가를 추가로 요구해볼 수 있다. 특히 다른 분야에 종사하다가 이직하는 경우라면 이러한 요구를 꼭 생각해보기 바란다. 그리고 PTO 외에 국가 공휴일도 유급 휴가와 동일하게 처리되는지 확인해야 한다. 퇴직연금, 건강보험, 치과, 안과 등의 보험과 같은 주요 혜택은 고용주가 임의로 변경하는 것이 어렵다. 하지만 고용인이 이러한 세부 명세를 미리 파악하고, 이 중 하나라도 빠질 경우에 금전적 보상을 따로 청구할 수 있어야 한다. 많은 경우에 고용주는 위와 같은 혜택을 서면으로 정리해 고용인에게 줄 것이다. 그러나 실제 근무를 시작하기 전에 이러한 정보를 먼저 요청하는 것이 안전하다.

그저 급여를 받을 생각만 하거나 돈에 대한 집착을 공공연히 드러내는 직원은 어떤 직장에서도 환영받지 못한다. 하지만 당신을 고용했다는 점은, 고용주가 당신이라는 인재를 원한다는 뜻이다. 임금 협상 시

바람직한 태도는 우선 일할 기회를 준 것에 대해 감사를 표현하는 것이다. 그러곤 업무에 대한 긍정적인 기대감을 표현한 후에 인사 담당자에게 업무에 관해 몇 가지 질문을 하는 것이다. 인사 담당자가 따로 없는 경우에는, 취업 기회를 제시한 담당자에게 직접 업무에 관한 세부사항을 물어볼 수 있다. 질문 시 예의 바른 태도를 유지하고, 재정 지원 혜택에 지나친 관심을 드러내지 않도록 한다. 대화를 끝낼 때는 자신의 요구사항을 긍정적으로 검토해줄 것과 가능한 한 이른 시일 내에 서면으로 채용 여부나 근무 조건 등에 대해 알려달라고 말할 수 있다. 마지막으로 면접 기회를 준 데 대한 감사 인사로 마무리할 수 있다.

고려할 만한 직종

향후 인기 직종을 논하는 책은 얼마든지 찾아볼 수 있다. 이런 책은 구체적인 직업을 콕 찍어서 이야기한다. 일례로 미국 노동통계청은 향후 다양한 직업군에 대한 전망과 소득 수준에 대한 자료집인 '직업 전망 핸드북'을 정기적으로 발행, 업데이트하고 있다(www.bls.gov/ooh)(국내는 한국고용정보원 '주요 업종 일자리 전망'에서 확인 가능하다.-옮긴이). 이 자료집에서는 다양한 직업군에 대한 유용한 정보를 소개한다. 하지만 자료집에 지나치게 의존해서는 안 된다. 직업세계에는 예상치 못한 변화가 비일비재하므로 현실은 자료집의 내용과 적잖이 다를 수 있다. 비교적 빠른 성장세를 보이는 직군은 전문직종이라서 사실 취업 기회가 많지 않은 편이다. 향후 취업의 문이 넓어 보이는 직업군은 상대적으로 급여가 낮다는 것을 알 수 있다. 따라서 특정 직업군의 전망만 집중적으로 검토할 것이 아니라, 그러한 직업군에 속한 인재를 찾을 만한 업종을 모두 고려하는 것이 좋다. 영화업계에서 일하는 전기기사와 전력산업계에 종사하는 전기기사의 전망은 서로 다를 수밖에 없다.

그리고 현재 인구통계학적 특성과 경제의 흐름을 고려하면 보다 정확한 예측에 도움이 된다. 미국은 인구의 고령화 현상이 두드러지고 있다. 그에 따라 노년층을 돌보는, 건강관리 등의 사업이나 직업군이 유망군으로 부상하고 있다. 또한 국제사회의 상호작용이 더욱 확장됨에 따라, 외국어 및 국제교역에 관련된 기술이 유리하게 작용할 가능성이 있다. 업무에 필요한 기술 분야 콘텐츠도 계속 확장 추세이므로 첨단기술 사업이나 관련 직업군 역시 앞으로 좋은 반응을 얻을 것이다. 지방자치단체 또는 중앙정부기관에서는 거의 모든 직업군에 해당하는 인재를 필요로 한다. 그러나 정부기관에서 요구하는 경력은 일반 사기업과 차이가 있으므로 사전 확인이 필요하다. 보편적으로 공공기관 취업은 직업안정도가 높고 비금전적 혜택이 많다. 하지만 일각에서는 호봉 방침상 급여 조건은 불리할 수밖에 없다고 한다.

미국의 경우 비영리단체가 급속도로 늘어나고 있으며, 이 분야에서 전체 노동인구의 약 10퍼센트가 일하고 있다. 이는 특수 목적을 추구하는 각종 재단과 비정부단체 등이 크게 성장하기 때문으로 보인다. 대학생의 경우, 연방정부의 학자금 대출 프로그램 내에 정부기관 또는 비영리단체에서 근무하면 학자금 대출을 탕감해주는 혜택을 이용할 수 있다. 도표 2.1은 다양한 직업군의 급여 중간값을 나타낸 것이다(급여 중

도표 2.1 | **미국의 직업별 평균 연봉**

출처·미 노동부, 노동통계처, 직업 전망 핸드북, 2015년 자료

직업군	$36,200
회계 및 감사	$67,190
보험계리사	$97,070
비서	$36,500
항공 관제사	$122,950
구급차 운전사	$23,740
청능사	$74,890
화학 공장 운영 및 감독	$59,320
대학 강사	$72,470
건축 근로자	$30,890
고객 서비스업 대표직	$31,720
경리	$37,040
고등학교 교사	$57,200
가전제품 수리 기사	$36,200
가정 건강 돌보미	$21,920
통·번역	$44,190
물류 관리	$74,260
가정부	$22,990
검안사	$103,900
법률 사무원	$48,810
약사	$121,500
소아과 의사	$170,300
철도청 직원	$55,180
전문직 간호사	$67,490
레스토랑 요리사	$21,720
소매업체 판매원	$22,040

간값이란, 여기에 포함된 직업군의 절반은 이보다 많이 받고, 나머지 절반은 중간 급여보다 낮은 보수를 받는다는 뜻이다).

직장 경험

어떤 직장은 끔찍한 악몽처럼 느껴질 수 있다. 하지만 그것도 하나의 경험이다. 적어도 자신이 무엇을 싫어하는지, 어떤 분야에 취약한지 파악했으니 말이다. 이직하고 싶은 생각이 든다면, 서두르지 말고 심사숙고하기 바란다. 그래도 이직해야겠다는 확신이 있을 때 상사에게 이직 의사를 밝혀도 늦지 않다. 사직 의사를 상사에게 미리 알리는 것이 좋다. 어떤 상황이든, 최악의 상황을 만들어서는 안 된다. 떠날 때 좋은 인상을 남기는 것이 장기적으로 자신에게 도움이 되기 때문이다. 현재 직장에서 알게 된 사람들은 나중에 다른 곳에서 동료, 상사 또는 추천서를 써주는 사람으로 다시 만날 수 있기 때문이다.

어떤 직장은 미래를 대비하는 훈련과정이라고 생각하며 근무해볼 수 있다. 어떤 청년은 국가에 봉사하기 위해 직업군인으로 입대한다. 아마 자신을 시험해보고 리더십과 같은 좋은 특성을 배양하고 조직문화 등을 체험하려는 이유일 것이다. 군인은 돈을 많이 버는 직업도 아니고 근무 환경이 쾌적한 것도 아니지만 인생에 유용한 경험을 쌓을 수 있다는 이점이 있다. 건축업, 제조업, 식품서비스업과 같이 육체노동을 요하는 저임금 직업군에 종사하면서 경험을 쌓은 후에 해당 분야의 매니저로 승진하려 하거나 관련 분야에서 직접 사업을 시작하려는 사람들도 있다. 그런가 하면 전혀 새로운 분야의 직업을 개척할 수도 있다. 이를테면 상선대의 승무원이나 오지 여행 가이드와 같은 일을 꼽을 수 있다. 이런 일들을 통해 모험의 기회도 얻고 다양한 경험과 지식을 쌓을 수도 있다. 이런 일들이 시간이 흐르면서 전망이 좋은 직업으로 자리 잡을 수도 있다.

인턴십, 멘토, 추천서

인턴십internship은 단기 근무직으로 채용하는 것인데, 지원자에게 해당 커리어 또는 기업을 경험할 기회를 제공하는 데 목적이 있다. 인턴십 제도는 주로 여름에 시행되는데, 고등학생 또는 대학생을 대상으로 학기 중에 시행되기도 한다. 인턴십은 무급제로 시행되거나 소정의 급여가 보장되는 경우로 나뉜다. 좋은 인턴십제도는 기업 전반과 기업의 목표를 교육하기 위한 구체적인 목표가 설정되어 있다. 그리고 인턴이 사내 다양한 부서에서 일하거나 여러 가지 업무를 접할 기회를 준다. 정식으로 인턴십제도를 시행하는 기업은 많지 않지만, 인턴십을 끈질기게 요구하는 사람이 있으면 기회를 마련해줄 수 있다. 가장 보편적인 인턴십은 섀도잉shadowing 인턴십으로, 인턴이 종일 경험이 많은 직원을 따라다니면서 업무를 관찰하는 것을 말한다. 회사 입장에서 인턴십 프로그램을 제대로 운영하는 것이 그리 쉬운 일은 아니다. 인턴에게 맡길 일을 정해야 하고, 관리 감독하면서 필요한 지침과 교육을 해줘야 하고, 업무 처리에 대한 피드백을 제공해야 하기 때문이다. 그리고 사내의 다양한 부서를 경험하도록 부서를 자주 바꿔 배치해줘야 하기 때문이다. 한편, 인턴으로 일하는 사람은 적극적인 태도로 참여하고 업무를 열심히 배우고자 노력함으로써 인턴십 기간을 의미 깊은 기회로 삼아야 한다. 인턴십은 특정 직업군이나 분야가 자신과 잘 맞는지 테스트해볼 기회이며 관련 위험이 낮다는 장점이 있다.

멘토mentor는 존경받을 만한 커리어나 인생의 경험 또는 성품을 가진 사람을 말한다. 친밀한 관계를 맺은 후에 이를 토대로 개인 생활이나 직업과 관련해 가이드 역할을 해준다. 사실 혼자 힘으로 경력을 쌓기란 결코 쉽지 않다. 성공적인 커리어가 무엇인지 보여주는 롤 모델이 주변에 없으면 모든 것을 시행착오를 겪으며 배워야 한다. 하지만 멘토가 있으면 어려운 일이 있거나 새로운 기회가 주어질 때 함께 상의하거나 조언을 구할 수 있고, 답답하고 힘든 마음을 솔직하게 털어놓을 수 있다. 멘토는 자신과 직업이나 관심사가 같은 사람 중에서 찾아야 한다. 또한, 어느 정도 연륜이 있고 해당 분야에서 내세울 만한 업적이 있어야만 제대로 된 가이드를 해줄 수 있다. 멘토 대상이 존경할 만한 인품도 갖춘 사람이라면 금상첨화일 것이다. 인생 초기에는 학교에서 선생님들을 멘토로 삼는 것이 좋다. 이후에 사회생활을 하다 보면 직장에서 좋은 멘토를 찾을 수도 있다. 또한, 경력을 쌓을수록 멘토를 늘려가는 것도 좋은 방법이다. 많은 경우, 시간이 지나면 멘토와 사적으로도 친밀한 사이가 된다. 일부 기업에서는 신입 사원에게 공식적으로 멘토를 지정해주기도 한다. 자기 분야에서 독보적인 입지에 설 정도로 성공한 사람이 기꺼이 시간과 노력을 투자해 다른 사람을 도와주려는 모습을 보면 매우 놀랄 것이다. 하지만 그런 도움을 얻으려면 멘토가 되어달라고 먼저 요청해야 한다. 좋은 멘토를 찾아서 서로 믿고 의지하는 관계를 맺는 데는 여러 해가 걸릴 수 있다. 하지만 일단 그런 멘토가 생기면 그 분야에서 일하는 내내 유용한 도움을 얻게 된다.

종종 새로운 직장에서 이전에 근무한 회사나 업무 관계자에게서 추천서를 받아오라는 요청을 받을 때가 있다. 추천서는 지원자의 이력서 내용이 사실인지 확인하거나 고용주로서 지원자의 자질을 제대로 파악하는 데 도움을 얻을 수 있기 때문이다. 가장 좋은 방법은 이전 직장의 동료나 상사가 내가 이직하려는 회사의 관계자에게 직접 추천서를 제출하는 것이다. 직위가 높은 상사일수록, 그리고 지원자를 개인적으로 잘 아는 사람일수록 유리하다. 추천서는 아주 기본적인 편지 형식에 따라 작성하면 된다. 이렇게 작성된 추천서는 몇 년에 걸쳐 여러 번 쓸 수 있으므로 유용하다. 멘토에게 추천서를 부탁하는 것도 좋은 방법이다. 커리어 초반에는 학교 은사 또는 당신의 성품이나 장점을 잘 아는 지인, 인턴십에서 만난 사람들에게 부탁하는 수밖에 없을 것이다. 하지만 직장생활을 시작한 후에는 업무상 알게 된 한두 사람에게 추천서를 부탁할 수 있다. 이직할 때 추천서가 필요하면 이전 직장의 상사에게 부탁할 수 있다. 이러한 추천서는 커리어를 관리하는 내내 아주 유용한 자료로 활용될 것이다.

ERAL RESERVE NOTE
KK57638956C
K11
THIS NOTE IS LEGAL TENDER
FOR ALL DEBTS, PUBLIC AND PRIVATE
FRANKLIN

3장

기업

기업은 어디에나 있다. 인터넷에 있거나 인터넷을 통해 연결되는 거의 모든 것이 기업이 만들어낸 것이다. 가게에서 상인 등을 통해 구매하는 것들, 온라인 쇼핑으로 사는 것들도 모두 기업활동의 결과물이다. 그리고 우리 주변의 직장인은 대부분 특정 기업에 고용되어 있다. 따라서 기업에 관심이 없는 사람일지라도 기업과 아무런 관련 없이 살아갈 수는 없다. 생활의 모든 요소는 물론이고, 내 가족과 친구의 생활도 기업이 주도하는 비즈니스 세계의 지배나 영향을 받는 것은 부인할 수 없는 사실이다. 따라서 기업에 대한 기본 개념을 반드시 파악해야 한다.

기업은 제품 또는 서비스를 제공하는 조직을 말한다. 구글은 인터넷 검색서비스와 광고를 제공하는 기업이며, 트레이더 조Trader Joe's는 고부가가치 식품을 판매하는 업체이며, 언스트앤영Ernst & Young은 회계 서비스 업체다. 정부도 제품과 서비스를 제공하지만, 기업으로 간주하지 않는다. 하지만 가만히 들여다보면 경찰, 소방, 교육, 도로 이용과 같은 공공서비스에 대해 우리는 세금이라는 비용을 지불하고 있다. 소방, 보안,

고속도로 건설, 교육과 같은 서비스를 제공하는 사기업도 있다. 정부와의 차이점은, 우리가 후자의 서비스를 이용할 때는 본인의 의사에 따라 해당 서비스 또는 기업을 선택하고 비용을 지불한다는 것이다. 때때로 사람들은 이를 '민간 부문'과 '공공 부문'으로 구분하는데, 정부가 관련되는 경우를 공공 부문이라고 한다.

민간 부문에 속하는 조직 중에서도 유료로 제품과 서비스를 제공하지만, 일반 기업으로 분류되지 않는 것이 있다. 대표적인 예로는 NGO Non Government Organization, 교육, 의료 분야 업체를 꼽을 수 있다. NGO는 종종 정부와 비슷한 서비스를 제공하는 비정부단체다. 자선활동, 재단 사업, 리서치 회사 등의 형태로 운영되며 거의 모든 경우에 비영리 목적으로 운영된다. 몇몇 NGO는 사회적 영향력을 행사하기 위해 영업활동을 영위하므로, 사회적 기업이라는 표현을 적용할 수 있다. 의료 및 교육 서비스는 정부와 민간 부문이 공동으로 제공하는데, 미국의 전체 경제 규모의 25퍼센트 이상을 차지한다. 이들은 실제로 기업과 같은 방식으로 운영되지만, 기업처럼 오로지 이윤만 추구하는 기관은 아니다.

기업 조직

가장 단순한 형태의 기업체는 개인기업이다. 이는 개인이 단독으로 운영하는 업체를 가리킨다. 그렇다고 해서 직원을 고용할 수 없거나 성장도 하지 않는다는 의미는 아니다. 한 사람이 업체를 소유, 운영한다는 뜻이다. 일반적으로 개인 청소서비스, 과외, 장인들, 개인 트레이너, 정원사와 같이 복잡하지 않은 소규모 사업이 여기에 속한다. 개인기업은 개인의 이름('엘런 스미스 배관 수리')을 직접 내세우거나 업태를 암시하는 '반짝이는 네일숍'과 같은 상호를 사용한다. 자영업자나 프리랜서도 결국 개인기업과 같은 뜻이다.

새로운 기업 형태를 만들고자 구체적인 절차를 거치지 않는 한, 법적으로는 이들 모두 개인기업으로 분류된다. 이 경우, 개인과 회사는 재무상 구분이 되지 않는다. 기업 부채가 곧 개인의 부채고, 기업의 자산이 곧 개인의 자산이며, 기업에 대한 세금 환급금은 곧 개인에 대한 세금 환급금이 된다. 개인기업의 유일한 장점은 단순함이다. 개인과 기업이 분리되지 않는다는 점은 법적이나 재정적으로 아무런 이득이 없다. 개인이나 기업 중 하나만 곤경에 처해도 둘 다 해를 입기 때문이다. 둘 중 하나에 문제가 발생하면 둘 다 피해를 본다는 뜻이다. 또한, 개인기업을 운영하는 사람은 주택담보대출 등의 개인 대출이 매우 어렵다는 단점도 있다.

둘 이상의 사람들이 함께 모여 기업을 만들어서 운영하면 합명회사 general partnership(무한책임사원만으로 구성된 회사–옮긴이)가 된다. 이와 같은 회사는 19세기와 20세기에 로펌, 회계법인, 투자은행, 상인들 사이에서 인기를 끌었다. 이러한 추세는 법적 개혁을 통해 더 적절한 형태가 등장할 때까지 계속되었다. 합명회사는 만들기 쉽고, 융통성이 폭넓게 허용되며, 공공기관에 등록할 필요가 없다. 하지만 개인기업과 달리, 연방 세무서에 등록해 납세자 식별 번호 TIN를 받아야 한다. 각 파트너는 기본적으로 계약서를 반드시 작성한다. 계약서에는 의사결정 과정, 각 파트너가 투자한 금액, 수익 분배 방식 및 기타 재정적 사안에 관한 결정 방법이 기재된다. 모든 파트너의 계약이 상호 동등한 관계를 전제로 하는 것은 아니다. 개인기업과 마찬가지로 기업과 소유주가 분리되어 있지 않기 때문에 각 파트너는 기업의 모든 부채에 대해 전적으로 책임져야 한다. 이러한 부채를 갚는 데 개인 자산이 사용될 수도 있다. 따라서 회사가 실패하면 각 파트너도 연대책임을 피할 수 없다(주로 가족 형태의 공동체 기반의 회사가 많음 - 옮긴이).

유한책임limited liability이라는 개념은, 사업이 잘못되더라도 소유주와 투자자가 무한정 손실을 보지 않도록 보호하고자 고안된 것이다. 사업이 실패하더라도 개인 자산을 보호해주어야 비즈니스에 대한 투자를 촉진할 수 있기 때문이다. 여기에서 합자회사limited partnership라는 개념이 생겨났다. 합자회사란, 책임을 무한대로 지는 무한책임사원이 적어도 1명이 있으며, 투자자 역할만 하고 파트너십 운영에는 사실상 거의 관여하지 않는 유한책임사원이 1명 이상 존재하는 기업을 말한다. 이러한 기업 형태는 부동산 투자, 영화 신디케이트syndicate(동일 시장 내에서 다수의 기업이 출자해 공동판매회사를 설립해 판매하는 조직 - 옮긴이), 대규모 건설 프로젝트에 매우 널리 사용되고 있다. 사실 합자회사는 모든 사업 유형에 적용 가능한 형태다. 무한책임사원은 회사의 부채에 대해 무한한 책임을 지고, 유한책임사원은 투자금 손실 외에는 다른 책임을 지지 않는다. 합자회사의 경우, 모든 사원이 동의하는 공식적 문서를 작성한 후에 주정부에 등록해야 하며 연방정부로부터 TIN을 받아야 한다.

그러나 미국에서 가장 널리 알려진 유한책임회사는 바로 주식회사

corporation다. 주식회사는 해당 주의 법에 따라 별도의 법인으로 운영된다. '개인'처럼 계약을 체결하거나 자금을 빌리거나 모을 수 있고 소송을 제기하거나 피소 대상이 될 수 있다. 이러한 행위는 기업의 소유주인 주주와 직원들로 이루어지는 경영진에는 직접적인 영향을 미치지 않는다. 주식회사 형태의 경우, 투자자에게 유한책임을 요구한다. 그 이유는 소유주에게 기업의 부채에 대한 책임을 물을 수 없기 때문이다. 발기인promoter은 주정부에 주식회사를 등록하고 설립 정관 및 사규를 작성한다. 이러한 공식 문서는 기업의 운영 방식을 나타내는 것인데, 대부분은 주주가 선출한 이사진이 운영을 맡는다.

최근에 많이 볼 수 있는 기업 형태는 유한책임회사LLC다. 이는 엄밀히 말하면 주식회사는 아니지만, 주식회사와 상당히 비슷한 체계를 가지고 있다. 유한책임회사 발기인은 주정부에 법인을 등록하고 운영합의서operating agreement를 작성한다. 합의서는 기업 운영 방식, (사원이라고 불리는) 소유주가 누구인지, 임원은 어떻게 구성되는지를 정하는 서류다. 주식회사와 LLC는 연방정부에서 TIN을 받아야 한다는 공통점이 있다(국내에는 관할 세무소에서 사업자등록을 신청해 사업자등록증을 받아야 한다.-옮긴이). 그러나 잠재적 세금 처리를 포함해 중요한 차이점이 있다. 앞으로 개인기업 설립을 염두에 두고 있다면, 개인기업보다 LLC 설립이 여러모로 유리하다는 점을 기억하기 바란다.

평생 문맹으로 살아가야 한다면 얼마나 괴로울지 한번 상상해보라. 읽고 쓰는 능력은 의미 있고 생산적인 삶을 영위하는 데 필수요건이다. 읽고 쓸 줄 모르는 삶은 매우 피폐할 것이다. 그런데 산술 능력, 즉 일상생활에서 계산하는 능력도 그에 못지않게 필수적이다. 은행계좌를 분석하고, 식료품 가게에서 가격을 비교하고, 대출이자율을 이해하려면 산술 능력이 뒷받침되어야 한다. 그런데 금융 생활에서는 회계에 대한 기본적인 이해가 그만큼 중요하다. 회계는 개인, 기업 또는 조직의 금융 거래를 기록하고 전달하기 위해 마련된 체계적인 시스템이다. 다르게 표현하자면 기업 운영을 위한 언어 또는 개인 금융 및 재무 전반에 대해 이해하는 데 필요한 언어라고 할 수 있다. 전해지는 바에 의하면, 독일의 철학자 막스 베버는 일반인이 회계를 이해하지 못하면 자본주의라는 경제체제가 제대로 기능을 수행할 수 없다고 생각했다. 그러니 재무회계에 대한 수업을 들을 기회가 있다면 놓치지 않는 것이 좋다. 그런 기회가 없다면 배울 기회를 직접 찾아봐야 한다. 재무 회계를 배우면 앞으로 어떠한 기술을 배우더라도 이만큼 유용하지는 않을 거라고 생각하게 될 것이다.

회계 분야에서는 정해진 장부나 보고서를 작성할 때 미리 약속된 용어를 사용한다. 그리고 회계 전반의 기록은 일반회계기준generally accepted accounting principles, GAAP에 따라 작성된다. 기업활동의 기록과 보고서는 장부로 총칭할 수 있다. 자산은, 비용을 지급한 가치 있는 물품을 모두 포함한다. 이를테면 그래픽 작업을 위해 구매한 컴퓨터, 농장 운영을 위해 마련한 토지 등이 자산으로 분류된다. 부채는 제3자에게 돌려줘야 하는 금액을 말한다. 은행에서 받은 대출금이나 전기요금 미납분은 부채로 분류된다. 기업의 총 자산과 총 부채의 차액을 계산한 것을 자기자본 또는 순자산이라고 한다. 자산, 채무 및 자기자본은 대차대조표에서 확인할 수 있다.

회계사는 복식부기법을 사용하는데, 이 방식은 모든 항목을 두 번씩 기재하는 것이다. 하나는 돈이 들어오는 출처를 보여주기 위함이고, 다른 하나는 돈이 나간 곳을 기입하는 것이다. 예를 들어, 컴퓨터를 살 경우, 회계사는 장부 차변에 '컴퓨터'라는 자산 항목을 만들고 장부 대변에는 컴퓨터 구매 금액을 차감한 잔액을 기재한다. '차변'과 '대변'이라는 용어가 익숙하지 않은 사람도 있을 것이다. 은행계좌에 입금할 경우, 은행은 당신의 계좌 대변에 입금액을 기재하지만, 입금자의 경우 (개인 가계부의) 차변에 입금액을 기재해야 할 것이다.

대차대조표는 특정 시점에서의 기업의 재무 상태를 한눈에 파악하도록 도와준다. 이에 반해, 손익계산서는 특정 기간 기업이 벌어들인 수익을 주로 보여준다. 기업이 상대방에게 제품이나 서비스를 제공하고 그에 대한 대가로 받는 것을 수입이라고 한다. 하지만 기업을 운영하려면 운영비, 즉 지출도 발생한다. 총 수입이 총 경비를 초과하면 수익이 발생하며, 반대로 비용이 수익을 초과하면 그 기업은 손실을 보게 된다. 이처럼 수입과 비용이 발생하는 모든 비용활동이 손익계산서에 기재된다. 통상적으로 기업은 내부용으로 매달 손익계산서를 작성, 보관한다. 공기업은 3개월 단위로 재무제표를 발표하며, 모든 일반 기업은 1년 단위로 재무제표를 작성한다. 손익계산서에 거래 내역을 기록할 때도 차변, 대변이라는 용어를 사용한다. 수익의 증가는 대변에 기입하며, 비용 증가는 차변에 기입한다.

대부분의 사람들은 거래라는 말을 들으면 현금을 지급하고 물건을 건네받는 장면을 떠올릴 것이다. 구매는 지급과 획득 두 가지 활동이 동시에 이루어지는 활동이기 때문이다. 이를 현금주의 회계Cash basis accounting라고 한다. 그러나 실제 비즈니스에서는 제품 또는 서비스가 판매된 시점부터 대금이 실제로 지급될 때까지 여러 달이 걸리는 경우가 많다. 기업이 비용을 부담할 때도 비슷한 상황이 생길 수 있다. 즉, 비용이 당장 발생해도 실제 지급은 몇 달 후에 이루어지는 경우가 비일비재하다. 그래서 기업은 발생주의 회계Accrual accounting를 따르는데, 이는 실제로 현금을 주고받는 시점이 아니라, 수익이나 비용 등이 발생한 시점을 기준으로 기록하는 방식을 말한다. 발생주의 회계를 적용하기 위해 매출채권accounts receivable, 외상매입금accounts payable이라는 용어가 생겨났다. 이 방식을 따르면 수익이나 비용이 실제로 발생한 시점을 기준으로 비교, 대조할 수 있으므로 재무성과를 보다 정확하게 파악할 수 있다. 또 다른 재무보고서인 현금흐름 명세서cash flow statement는 기업이 벌어들인 현금의 양을 보여준다. 기업 경영진과 소유주라면 당연히 현금흐름 명세서에 지대한 관심을 가질 수밖에 없다.

스타트업

요즘은 자기 사업을 시작하려는 사람이 부쩍 많아진 것 같다. 스타트업과 같은 방법을 통해서 기업가, 즉 새로운 사업을 준비해 시작하는 주인공이 되려는 것이다. 사실 미국만큼 사업가를 꿈꾸도록 유도하고 지원을 많이 해주는 나라도 찾기 어려울 것이다. 하지만 실상 누구나 사업가가 될 수 있는 것은 절대 아니다. 안타깝게도 신생 기업의 절대다수는 실패로 끝난다. 잦은 출장이나 외근, 열악한 근무 환경, 끝이 보이지 않는 업무량 등이 실패의 요인인 것 같다. 실제로 사업을 시작하는 사람들은 장기간 높은 스트레스에 시달리며 수면장애 등으로 고생한다. 반면, 벤처사업에 참여하는 것은 신나는 경험의 기회가 된다. 수익 잠재력이 매우 높은 데다, 사업 전체가 완전히 실패하더라도 그 자체로 가치 있는 경험이 되기 때문이다.

물론 좋은 아이디어만으로 사업을 시작할 수는 없다. 하지만 좋은 아이디어는 분명 유리한 출발점이 될 수 있다. 여러 명이 함께 일하는 기회도 생각해볼 만하다. 한두 명의 파트너가 모여서 벤처사업을 시작하면 (혼자일 때보다) 다양한 기술을 보유한다는 장점이 있으므로 성공 가능성이 커진다. 이때 30초 이내에 사업 계획을 간단히 설명하는 엘리베이터 스피치elevator speech를 준비하면 좋다. 엘리베이터 스피치는 간결하면서도 사업 계획의 핵심을 전달할 수 있어야 한다. 사업계획은 20페이지 분량의 문서로, 파워포인트 등을 이용해 사업의 핵심 요소를 설명하는 문서다. 사업계획서는 공급업체, 고객 또는 직원으로 고용될지 모르는 사람들을 포함해 모든 잠재적 이해관계자에게 어떤 사업을 구상하고 있으며, 사업 목표는 무엇인지 설명해주는 것이다. 이 계획은 자금 조달을 논의하는 출발점으로 사용될 수 있다. 또한, 사업이 점차 확장되는 과정에서 경영의 방향을 잡아주는 역할도 한다. 이제부터 사업계획서의 기본 요소를 하나씩 살펴보기로 하자.

제품 및 서비스 | 어떤 제품 또는 서비스를 공급하는 사업을 할 것인지, 그리고 타사와 비교할 때 어떤 차별성이 있는지 설명한다. 또한, 기존 시장에 어떤 수요가 있으며 새 제품이나 서비스가 그 필요를 어떻게 채워줄 수 있는지, 사업 성공에 필요한 핵심적 요소들은 무엇이며 이를 어떻게 충족시킬 계획인지, 또한, 신규 사업에 뒤따르는 위험은 무엇이며 어떤 기회들이 기다리고 있는지를 일목요연하게 보여주어야 한다.

마케팅 | 제품 또는 서비스의 대상 고객을 식별하고, 이러한 고객에게 어떤 (구매) 동기를 부여할지 결정한다. 당사 제품이나 서비스가 (고객의) 어떤 니즈를 채워줄 수 있는지 보여준다. 인지도를 얻기 위한 전략을 개발하고 잠재적 고객을 실구매자로 전환할 수 있는 실행 계획을 수립한다. 이때 가격, 주요 기능, 광고, 프로모션을 고려한다. 마케팅 계획을 세울 때, 웹사이트 운영이나 특정 SNS 반응만으로 만족해서는 안 된다. 다양한 형태의 광고를 시도해야 한다.

경쟁업체 | 사업에 영향을 줄 수 있는 기존 경쟁업체, 잠재적 경쟁업체 그리고 최신 기술을 파악한다. 차별화 포인트, 상대적 장단점, 신생 기업

의 등장에 대한 기존 경쟁업체들의 예상된 반응 등을 포함해 경쟁사 현황을 조사한다.

제품·서비스 제공 | 제품 또는 서비스가 생성 및 제공되는 과정을 설명한다. 제품의 경우, 출처가 어디인지, 내부에서 제조되는지 아니면 제품 사양에 대한 계약서를 작성해 외주 생산하는지 명시해야 한다. 또한 서비스의 경우, 서비스를 어떻게 제공할 것인지, 서비스를 제공하는 사람과 이 서비스를 받게 되는 대상이 누구인지, 서비스의 온전한 제공을 위해 기업에 요구되는 사항이 무엇인지 명시해야 한다. 또한 회계, 인사, 기술, 사무실 지원 등의 관리서비스도 여기에서 언급해야 한다.

공급업체와 핵심 정보의 원천 | 필요한 핵심 정보가 무엇이며 이러한 정보를 어떻게 얻을 수 있는지 결정한다. 이때 사내 직원이나 외부 공급업체를 이용하는 방법을 고려할 수 있다. 핵심적인 비즈니스서비스나 제품 요소를 공급해줄 공급망 협력업체를 파악하는 것이다. 이는 클라우드에 있는 서버팜server farm(더욱 편리한 정보의 관리를 위해 컴퓨팅 서버와 운영 시설을 한곳에 모아놓은 것 - 옮긴이)일 수도 있고, 전자 장비 부품, 디자인과 건설에 필요한 엔지니어링서비스일 수도 있다.

유통 및 물류 | 제품 및 서비스가 고객에게 도달하는 모든 과정을 기술한다. 고객에게 직접 대면서비스를 제공할 때도 있고 기업 간 거래를 위한 공간에서 작업이 이루어지는 일도 있을 것이다. 또한 바이럴 마케팅

전략을 도입하고 인터넷 기반 거래를 활용할 수 있을 것이다. 이때 내부 영업 인력 구축, 에이전트 고용 또는 기존 유통업체와의 관계 구축 등도 고려 사항에 포함해야 한다.

자금 조달 | 창립자, 친구, 가족 등 초기 자본을 투자한 사람이 누구인지, 그리고 신용카드 대출은 어느 정도인지 언급해야 한다(신용카드 대출은 최대한 지양해야 한다). 에인절투자자angel investor(발전 잠재력은 높으나 자금 부족을 겪는 창업자에게 투자하는 사람 - 옮긴이), 벤처 자본 회사, 금융 회사, 상업은행 등도 빠짐없이 기재하는 것이 좋다. 필요한 자금이 어느 정도인지, 언제 어떤 형태의 자금이 필요한지 (자기 자본, 부채, 또는 더 복잡한 또 다른 형태의 자금 등) 명시할 수 있다.

관리팀 | 벤처 사업에 관련된 주요 인물과 그들의 배경, 능력, 및 신규 사업에서 그들이 어떤 역할을 맡을 것인지 설명할 수 있다. 그리고 나중에 기업이 성장함에 따라 추가로 필요한 직원의 자격 요건과 인원수 및 모집 방법을 명기할 수 있다.

라이선스 및 규정 | 지방자치단체와 정부가 요구하는 라이선스 또는 등록절차가 무엇인지 확인한다. 유한책임회사의 구성, 기술 수출에 대한 허가 획득 또는 특정 자원의 취급에 대한 정부의 허가 등이 관련될 수 있다. 일반적인 안전, 보건, 환경 및 고용 규정은 물론이고, 별도로 적용되는 특칙이나 규정 등이 있는지 확인한다.

재무 계획 | 사업 개시일부터 어느 정도 자리를 잡는 단계까지의 현금 흐름, 손익계산서, 대차대조표 등을 포함해 약 5년간의 재무 계획을 설립한다. 초기 투자자들이 주식을 다른 투자자에게 매도하거나, 주식 공모 또는 매도 등을 통해 현금을 회수하는 경우에 대비해 출구 전략을 세워두어야 한다.

요약 | 사업 개요와 사명을 작성한다. 사명은 엘리베이터 스피치와 비슷한 것으로, 기본 사업 계획을 한두 문장으로 함축한 것이다. 사업 개요는 1페이지를 넘지 않는 것이 좋다. 사업 계획의 각 부분을 한두 문장 길이로 설명한 것을 모으면 사업 개요가 완성될 것이다. 사업 개요는 사업 계획의 첫 장에 등장하지만, 실제로는 계획의 마무리 단계에 가서야 완성된다.

프랜차이즈

성공 가능성이 큰 비즈니스 아이디어를 토대로 사업을 구상해, 전국적 광고망을 갖춘 인지도 높은 브랜드를 구축하고, 공급망과 협력업체를 모두 구축하는 등의 사업 체제를 구상 및 설립한 사람을 프랜차이저franchisor라고 한다. 프랜차이즈의 경우에는 매장 디자인이나 부동산 입지 등에 관한 가이드가 제공된다. 또한 처음으로 자기 사업을 시작하는 사람들을 잘 지원해준다. 뿐만 아니라 계약 이후에도 사업 운영에 관한 지속적인 관리를 기대할 수 있다. 때때로 프랜차이저는 사업 운영 자금의 일부를 지원한다. 프랜차이즈 가맹점은 턴키Turn-key 비즈니스(구매자가 제품을 바로 사용할 수 있도록 생산자가 인도하는 방식 - 옮긴이)와 지속적인 지원을 받으며, 영업 실적에 따라 프랜차이즈 수수료와 로열티를 지급해야 한다. 일부 프랜차이즈 시스템은 가맹점에 본사 또는 본사가 승인한 업체로부터 특정 공급품을 구매할 것을 요구하는데, 이러한 거래는 본사에 가외의 수입원이 된다. 프랜차이즈 가맹점을 개설, 운영하려면 적잖은 비용이 들게 마련이다. 그래도 자기 사업을 해보고 싶지만 사업 경험이 많지 않은 사람이라면 충분히 고려해볼 가치가 있다.

각 가맹점은 독립된 사업체로 볼 수 있다. 즉, 가맹점은 프랜차이저의 소유가 아니다. (브랜드의 이미지를 실추시킬 정도로 부실하게 운영하는 등) 프랜차이즈 계약을 위반하는 경우가 아니라면, 각 가맹점은 독립적으로 사업을 운영할 수 있다. 미국의 경우 성공적인 프랜차이즈 브랜드로는 맥도날드, 서브웨이, 버거킹, KFC, 피자헛, 지미 존스, 파네라 등을 꼽을 수 있다(이런 가맹점 중에는 프랜차이즈 기업이 매장을 소유하는 경우도 있다). 그런가 하면, 7-Eleven(편의점), 아론스Aaron's(가구 임대), 서브프로Servpro(집수리 전문 프랜차이즈), 크로스핏CrossFit(헬스클럽), 리맥스RE/MAX(부동산), 스냅온Snap-on(전문공구를 주로 취급하는 회사)처럼 형태가 다른 프랜차이즈 기업도 있다. 초기에 등장한 좋은 프랜차이즈 업체는 모든 지역에 대한 권리를 확보하고 다양한 위치를 선점하게 된다. 때문에 독보적인 브랜드로 성장할 수 있다. 예를 들어, 래리 펠드먼Larry Feldman은 중급 공무원 출신으로서 최초의 서브웨이 프랜차이즈 소유주가 되었으며, 매장이 1,500개 이상으로 늘어나는 과정에서 커다란 부를 축적한 것으로 알려져 있다.

부업

시간적 여유가 있고 가외의 수익을 원하는 경우, 부업을 찾아볼 수 있다. 본업을 그대로 유지하면서 가외의 시간과 노력만 부업에 투자해야 한다. 만약 당신이 실력을 인정받는 회계사라면 야간이나 주말에 개인 고객을 받아서 장부를 정리해주는 부업을 할 수 있다. 요리를 좋아하는 사람이라면 시간제 케이터링 사업을 시작하거나 각종 파티에 필요한 디저트를 만들어서 돈을 벌 수 있다. 소프트웨어를 잘 다루는 기술자라면 웹사이트나 앱 디자인을 부업으로 삼을 수 있고, 수공예 기술이 좋은 사람은 엣시Etsy(미국의 빈티지 거래에 사용되는 앱 - 옮긴이)를 통해 손공예품을 판매할 수 있다. 손재주가 있고 각종 공구를 다루는 데 능숙하다면 간단한 집수리를 해주는 아르바이트를 해볼 수 있다. 동물을 좋아하면 애완동물을 대신 돌봐주거나 산책시키는 아르바이트를 찾아볼 수 있다. 교사나 강사는 개인 과외를 통해 부수입을 올릴 수 있다. 이처럼 자신의 관심사와 재능을 활용해 여러 가지 부업을 시도해볼 수 있다.

하지만 부업을 시작하기 전에 주의할 점이 있다. 먼저 유한책임회사를 설립하는 것이 좋다. 그렇게 해야 문제가 생기더라도 자신을 보호하는 데 드는 비용을 줄일 수 있다. 그리고 자신이 하려는 업종의 관련 규정을 잘 알아봐야 한다. 예를 들어, 식품 공급업체라면 위생규정을 준수해야 하고, 서비스 공급업체라면 법적으로 요구되는 라이선스가 있는지 확인해야 한다. 용도지역제 규정상 자신의 명의로 된 아파트 또는 주택에서의 사업 운영이 금지될 수도 있다. 부업도 일종의 사업이라 초기에는 착수금이 약간 필요할 수 있다. 그리고 현실적으로 부업에 투자할 수 있는 시간을 정해두어서, 본업에 지장이 생기는 일이 없도록 한다. 부업은 나중에 재정 계획에서 큰 부분을 차지할 수 있다. 부업이 잘되면 이를 바탕으로 새로운 커리어를 시작할 수도 있다. 이것이 황금알을 낳는 거위가 될지 아닐지는 아무도 모를 일이다.

부동산

부동산이 사업 수단으로 큰 인기를 누리는 이유는 크게 세 가지로 볼 수 있다. 부동산은 쉽게 접근할 수 있고, 많은 사람에게 있어 친숙하고 이해하기 쉬운 대상이며, 다양한 방법을 통해 자금을 조달할 수 있기 때문이다. 흔히 광고에서는 부동산에 투자하면 돈방석에 앉을 수 있다는 말로 현혹할지 모른다. 하지만 우리는 장기적으로 부를 쌓고 안정적인 수입을 올릴 수 있는 사업적 기회로서 부동산을 진지하게 고려해야 한다. 부동산에 전적으로 투자할 수도 있고 다른 투자와 병행하는 것도 좋다.

일단 부동산은 주거용, 상업용 및 공업용 부동산 등의 세 종류로 나뉜다. 주거용 부동산에는 개인 주택, 아파트 건물, 개인 또는 가족 단위로 매각 또는 대여할 수 있는 콘도미니엄 등이 있다. 상업용 부동산에는 사업에 필요한 사무실 건물, 호텔 및 쇼핑센터가 포함된다. 마지막으로 공장용 부동산에는 공장, 창고, 물품의 생산과 유통에 필요한 각종 지원시설 등이 포함된다. 부동산 일을 하는 사람들은 한 가지 종류를 전문화하려는 경향이 있다. 그래서 주택 부동산 전문가는 상업용 또는 공장용 부동산에 대해서는 아는 바가 거의 없다고 봐야 한다.

부동산에 재정적으로 참여하는 주체는 크게 개발자, 소유자 또는 부동산 관리자 등 세 가지로 분류된다. 개발자는 아이디어에서 건설에 이르기까지 프로젝트를 만들고, 자금 조달을 주도한 다음, 프로젝트가 완료되면 부동산을 판매하는 것까지 모두 담당한다. 한편 소유자는 일종의 투자자로서, 일반적인 부동산의 운영에 관해 제한적인 역할을 한다. 그러나 관리자는 부동산의 임대, 관리, 운영 등을 주도적으로 처리한다. 어쩌면 이런 역할 중 하나가 아니라 여러 가지를 해보고 싶은 마음이 들 수 있다.

부동산이 부업으로 좋은 이유는 무엇일까? 부동산은 조사하고 구매할 때까지는 시간과 노력이 많이 든다. 하지만 이는 비교적 단기간에 끝나며, 일단 소유권을 획득한 후에는 관리에만 가끔 신경을 쓰면 된다. 생애 처음으로 내 집을 마련하는데, 2가구가 살 수 있는 오래된 주택을 구매해 수리한다고 가정해보자. 수리가 끝나면 그 집으로 이사한 후에 1가구가 살 수 있는 남은 공간으로 임대 수익을 올릴 수 있을 것이다. 이때 가장 먼저 할 일은 원하는 지역에서 마땅한 매물을 찾는 것이다. 그리고 현재 수입, 예상 임대료 수익 등을 토대로 재무 계획을 세우고, 자신의 예산 범위 내에서 보수가 가능한지 알아보기 위해 수리전문업체에 보수비용을 문의할 수 있다. 이 단계는 개발자에 해당한다. 일단 주택을 매입해 소유주가 되고, 수리 등이 예상대로 잘 진행된 경우라면,

이사를 하고 실제로 거주하면서 남은 공간에 입주할 세입자를 물색할 수 있다(이 단계는 관리자에 해당한다). 집주인이 되면 집 안팎에서 발생하는 문제, 이를테면 배관이 막히거나 지붕에 누수가 발생하는 경우 직접 나서서 해결해야 한다. 또한, 월세를 제때 내지 않는 세입자를 만나면 스트레스를 많이 받게 된다. 부동산 임대업이 손쉬운 고수익 사업처럼 보일 수도 있다. 하지만 사실은 보기보다 신경 쓸 점이 많다는 것을 기억하기 바란다.

자금 조달

모든 기업은 사무실 임대료 또는 직원 급여와 같은 비용을 포함해 사업을 시작하고 운영할 자금을 필요로 한다. 비영리단체도 이 점에서 예외가 될 수 없다. 자본은 비즈니스에 사용되는 돈을 뜻하는 일반적인 용어다. 자본을 조달하는 한 가지 방법은 부채 금융debt financial이다. 이는 대출을 받은 후에 정해진 시간표에 따라 원금을 상환하는 동시에, 원금 상환이 완료되기 전까지 정기적인 이자를 함께 지급하는 방식을 말한다. 돈만 있다면 개인이든 법인이든 돈을 빌려줄 수 있겠지만, 기업 대출은 약간 다를 수 있다. 일반적으로 기업 대출은 상환 불가의 위험을 평가할 수 있는 상태에서 상업 대출을 제공하는 전문 금융회사를 통해 이루어진다. 그래서 기업을 대상으로 하는 대출은 상업은행, 금융회사, 보험회사 등에서 제공한다. 대기업은 채권이나 채무 증서를 발행해 다수의 채권자에게 판매하는 방식으로 돈을 빌릴 수 있다. 이 경우, 돈을 빌려주는 사람이 언제라도 채무자에게 영향을 주지 않고 채권을 환수할 수 있다는 장점이 있다.

지분 금융equity financing은 소유주가 투자한 돈을 말하며, 회사는 이 돈을 영구적으로 보유한다. 회사의 수익 분배를 통해 소유주는 투자한 돈에 대한 일정 수익을 돌려받게 된다. 주식투자의 대표적인 예시로는 주식회사의 주식 및 합명회사 또는 유한책임회사의 이자를 들 수 있다. 주식투자자는 언제든지 회사에 대한 지분을 제3자에게 매각할 수 있고, 주식 공매가 가능한 경우에는 주식시장을 통해 판매할 수 있다. 이렇게 매각이 이루어질 때도 주식회사의 최초 투자 금액의 변동은 없다. (주식시장에서 거래되는) 공기업의 경우, 개인투자자 또는 금융기관이 관리하는 투자 풀에서 자본이 형성된다. 뮤추얼펀드, 재단, 기부금, 연금, 생명보험회사, 투자은행, 헤지펀드가 이러한 금융기관에 포함된다. 개인 소유 기업은 (주식시장은 아니지만) 위와 같은 출처에 직접 접근할 수 있다. 뿐만 아니라 개인 소유의 주식 및 전문적으로 개인 소유 회사에 지분 금융을 제공하는 투자회사를 통해서 자금을 조달하는 것도 가능하다.

대다수의 스타트업 기업은 부트스트래핑bootsrapping을 통해 초기 자본, 즉 시드머니seed money를 확보한다. 즉, 사업자가 개인적으로 대출을 받거나 인맥을 모두 동원해 자금을 끌어모으게 된다. 에인절투자가는 일반적으로 회사의 개발 초기 단계에 투자하는 부유한 개인투자자를 말한다. 이때 에인절투자자와 중개인들로 이루어진 여러 네트워크가 시드머니를 제공하게 된다(에인절리스트, 500스타트업, Y컴비네이터). 킥스타터KickStarter, 인디에고고Indiegogo와 같은 크라우드펀딩 플랫폼(국내에는 텀

블벅, 와디즈, 크라우디 등이 있다. -옮긴이)처럼 사업 초기 자금을 확보할 수 있는 혁신적인 방법들도 최근에 등장하고 있다. 사업 성장에 발맞추어 자금을 공급하는 벤처금융회사도 있다(통상적으로 벤처금융회사를 통해 자금을 조달받으려면 개업 후 평균 4년이 걸린다). 중소기업의 빠른 성장을 도와주는 재능기부 및 자문 서비스도 가능하다. 그런 다음 기관투자가와의 협의 거래를 통해 사적으로 주식투자를 하거나, 주식을 신규상장IPO하게 된다. 이 시점은 사업의 개시 단계를 넘어 일정한 성장을 이룬 단계다.

경제

경제 상황은 모든 기업의 운영에 큰 영향을 미칠 수 있다. 사람들이 흔히 말하는 '경제'는 돈, 사업, 일자리, 지출, 저축, 투자, 생산 등을 총칭하는 것이다. 쉽게 말하자면, 경제란 사람들이 생활하고 즐기는 데 필요한 상품과 서비스를 생산하고 소비하기 위해 사용하는 체제다. 첫째, 제품과 서비스를 생산하고 분배하려면 그러한 용도에 맞는 조직이 필요한데, 이 장에서 설명하는 기업이 바로 그 역할을 수행한다. 기업은 판매용 물품을 생산할 직원이 필요하므로, 일자리를 창출한다. 사실 일자리는 사람들이 필요한 것을 사는 행위, 즉 소비자로서 활동하는 데 드는 돈을 구하는 원천이 된다. 물론 사람들이 자신이 버는 돈을 다 써버리는 것은 아니다. 소비하지 않는 여분의 자금은 저축이 되고, 기업은 그러한 저축액을 대출받아서 미래를 위한 투자금으로 사용한다.

좋은 경제란, 소비자와 기업 간의 생산, 지출, 저축, 투자가 모두 높은 수준으로 유지되는 것을 말한다. 이러한 일련의 활동을 경제활동이라고 하는데, 이는 더 많은 일자리를 창출하고, 임금 인상을 초래하며, 기업의 수익 증대로 이어진다. 한편, 나쁜 경제의 특징은 경제활동의 위축이라고 말할 수 있다. 이럴 경우 기업은 수익이 감소하거나 심지어 폐업하기도 한다. 사람들은 일자리를 찾지 못해서 자신과 가족을 부양하는 데 큰 어려움을 겪기도 한다.

정책 입안자는 각 시도, 지역 및 국가의 경제활동을 조사해 문제를 파악하고 상황을 개선하는 조치를 할 수 있다. 국가의 경제활동 상태를 보여주는 가장 일반적인 척도는 국내총생산GDP이다. 이는 매년 해당 국가의 국민과 기업이 생산하는 모든 상품과 서비스의 가치를 보여주는 것이다. 일부 전문가들은 GDP가 환경의 질이나 거주지의 분위기 등 사람들이 중요하게 여기는 다수의 주관적 요인을 배제한다고 본다. 때문에 국가의 생산량 척도를 나타내기에는 너무 좁은 개념이라고 말한다. 실제로 부탄은 총 생산량의 척도로서 국민총행복지수Gross National Happiness, GNH를 공표하는 것으로 알려져 있다.

국제무역 때문에 거의 모든 기업이 공급업자, 고객 또는 금융 시스템을 통해 다른 국가의 경제적 요인의 영향을 받을 수 있다. 세계 경제는 각국의 경제를 총괄하는 개념으로서, 각 나라의 경제가 어떻게 상호 연결되어 있는지 보여준다. 교역관계를 맺고 있는 나라들의 경우, 한 나라의 경제에서 발생하는 사건은 상대방 경제에 바로 영향을 줄 수 있다. 서로 투자관계가 얽혀 있으며 다국적 기업이 이들 양쪽 나라에서 사업을 펼치기 때문에 그러한 결과는 필연적이다.

미국은 경제 규모로는 세계 최대 수준이다. 중국, 일본, 독일이 그 뒤를 따르고 있다. 유럽연합EU은 대부분 단일 화폐를 사용하면서 27개 회원국의 경제를 조율한다. 때문에 때로는 유럽연합을 거대한 단일 경제 단위로 간주하는데, 그 규모는 미국에 맞먹는 수준이다. 미국 경제의 규모가 크기 때문에 많은 기업이 미국 내에서 얼마든지 사업을 확장할 수 있다. 그래서 수많은 중소기업이 해외시장은 아예 고려하지 않는 것 같다. 하지만 국제 무역 및 상업은 나날이 확장하고 있으므로, 이제는 한 나라에서 무슨 일이 발생하든 간에 다른 나라에 아무런 영향이 없는 경우는 거의 없다.

성장과 침체

미국 경제 규모는 매년 18조 달러 이상의 상품과 서비스를 생산한다(GDP). 이는 결코 만만하게 볼 규모가 아니다. 매년 경제가 안정적으로 유지되면 이 수치는 증감 없이 18조 달러를 유지할 것이다. 하지만 제자리에 머무르는 것을 좋아할 사람은 아무도 없다. 정책 입안자는 3퍼센트 이상의 성장을 원한다. 즉, 미국의 경제 규모가 매년 5천 400억 달러 이상 성장하기를 바라는 것이다. 이런 기대에 부응하려면 매년 폴란드 또는 대만 규모의 국가 전체 경제에 맞먹는 상품과 서비스를 추가로 생산해야 한다. 경제가 발전하면 통상적으로 일자리가 늘어나고 임금이 상승하므로 해당 국가의 대다수 사람에게는 희망적인 변화로 인식된다.

하지만 경기침체가 발생하면 어떻게 될까? 경기침체는 부정적인 성장, 즉 경제 상황이 실제로 축소되는 것을 의미한다. 실제로 미국 경제 규모는 2008년 14조 7천억 달러에서 2009년 14조 4천억 달러로 감소했다. 자그마치 3천억 달러 규모의 경제활동이 감소한 것이다. 이러한 경기침체는 기업활동은 물론이고 개개인에게도 심각한 타격을 입힌다. 경기침체가 시작되면, 해고, 임금 정체 또는 삭감, 정부나 가계의 부채 증가, 정치적 견해 등의 대립과 같이 여러 가지 형태의 고통과 어려움이 뒤따르게 된다. 그런데 일부 경제학자는 경기침체가 가끔 발생하는 것은 경제 순환에서 자연스러운 현상이라고 말한다. 그들은 경기침체가 힘겹게 느껴질 수 있지만 오래가지 않는다고 생각한다. 불황이 찾아오면 기업은 효율성을 높이는 데 집중한다. 그러므로 장기적으로 보면 경제를 발전시키는 효과가 있다는 것이다.

경제 성장을 달성하는 한 가지 방법은 생산성을 높이는 것이다. 생산성이란 일정한 입력 단계에서 도출되는 결과물의 양적 크기를 말한다. 치포틀레 Chipotle(미국 덴버에 본사를 두고 있는 멕시코 음식 전문점 체인-옮긴이)에 처음 취직한 사람이 있다고 가정해보자. 그 직원의 생산성은 한 시간에 부리토(토르티야에 콩과 고기를 넣은 멕시코 요리-옮긴이) 15개를 만들어낸다고 표현할 수 있다. 근무 경험이 쌓이면 시간당 20개 또는 최대 25개의 부리토를 만들 수 있을 것이다. 이는 해당 직원의 생산성이 향상했음을 보여주는 것이다. 이쯤 되면, 그 직원은 생산성이 향상된 만큼, 임금이 인상되기를 기대할 것이다. 생산성은 자원을 얼마나 효율적으로 사용해 상품이나 서비스를 생산하는가를 반영하는 것이다. 따라서 생산성 향상은 경제 전반에 좋은 영향을 주며, 개인의 생활수준을 높여 더 윤택한 삶을 영위하게 해준다.

경제는 때때로 저성장을 경험하는데, 이는 생산량 증가가 연간 1~2퍼센트에 머무는 것을 말한다. 미국 인구가 계속 늘어나는 것을 고려하면, 저성장 경제는 심각한 문제다. 2014년 기준 미국 인구는 3억 1,870만 명이며 2020년에는 3억 3,450만 명까지 증가할 것으로 추산되었다. 이는 인구증가율이 연 1퍼센트에 가깝다는 뜻이다. 이러한 인구 증가에 발맞추려면 경제도 매년 1퍼센트 성장해야 하고, 그렇지 않으면 개인이 그만큼 손해를 보게 된다. 즉, 성장이 느리면 많은 사람이 그로 인해 타격을 입게 된다는 뜻이다.

국제 비즈니스

지금까지 국가 간 무역에는 크게 두 가지 원리가 사용되었다. 먼저 보호주의는 정부가 자국 생산자를 선호함으로써 외국 기업의 제품과 서비스 판매를 어렵게 만든다는 원칙이다. 또 다른 원리인 자유무역주의는 자국 기업이 전 세계 어디에서든 상품과 서비스를 판매할 수 있도록 정부가 나서서 정책적으로 장려한다는 뜻이다. 해외시장에서 사업을 운영하는 경우, 이처럼 나라별로 다양한 교역관리 지침이 사업 전반에 큰 영향을 미칠 수 있다. 그러므로 사업가에게 각 해외시장을 개별적으로 분석하는 일은 필수적이다.

최근 역사를 돌이켜보면 보호주의와 자유무역주의에 대한 찬반 토론이 끊이지 않았다. 하지만 전문가들은 후자의 자유무역주의가 전 세계 경제 발전에 이바지한다는 데 의견을 모으고 있다. 자유무역주의 덕분에 각국은 비교 우위를 가진 생산 분야에서 전문성을 높일 수 있었다. 경작할 토지가 거의 없는 국가가 농업 분야를 개발하거나, 기술적 인프라가 부족한 국가가 첨단산업 개발에 집중하는 것은 무의미한 일이다. 그럼에도 불구하고, 세계 각국에는 우수한 조직력과 정치적 영향력을 가진 단체들이 자신들의 분야에 유리한 보호주의적 정책을 시행하려고 큰 노력을 기울인다. 그리고 실제로 그러한 노력이 성공을 거두는 것 같다. 외국 상품 또는 서비스를 수입할 때 정부는 관세나 수입세를 부과할 수 있는데, 이는 수입품의 단가를 높여서 해당 외국 기업의 자국 내 판매에 제약을 가하려는 것이다. 이에 반해 국가 간 자유무역협정free-trade agreement은 일부 상품 및 서비스에 대한 관세를 낮추거나 면제하는 것이다.

나라마다 통화가 다르므로 한 국가가 다른 국가에 서비스를 판매하려면 통화를 바꿔야 한다. 예를 들어, 멕시코로 휴가를 떠나 그곳 호텔에 숙박하는 경우, 숙박료를 페소로 계산해야 한다. 지갑에 미화가 가득 있더라도 페소peso(멕시코의 공식 통화 - 옮긴이)로 환전해야 한다. 이를 외환 거래foreign exchange라고 하며, 국경을 넘어서 사업을 하려면 외환 거래는 필수적이다. 소비자 거래의 경우, 은행에서 외국환을 현지 통화로 환전하면 약 3퍼센트의 수수료를 물어야 한다. 만약 환전상을 통한다면 수수료가 최대 10퍼센트까지 올라간다. 해외 비즈니스 거래는 수수료가 더 저렴한 도매 통화시장에서 주로 이루어진다.

단일 통화를 사용하면 해외 무역 비용을 절감할 수 있다. 예를 들어,

수많은 국제 기업은 본사가 어느 나라에 있든 관계없이 미화로 거래한다. 또한 유럽연합의 28개 회원국 중 18개국에서 단일 통화인 유로가 통용된다. 기업은 환율변동위험foreign exchange risk을 피하려고 단일 통화를 사용한다. 환율변동위험이란, 자국 통화로 환전하는 시점에 기업이 보유한 외화의 가치가 하락할 가능성을 말한다. 환율변동위험을 줄이거나 제거하는 방안으로서 연계매매hedging를 생각해볼 수 있다. 하지만 살펴본 것처럼 모든 형태의 국제 거래는 기업 운영비와 사업상의 위험이 클 수밖에 없다.

KK57638956C
K11
THIS NOTE IS LEGAL TENDER FOR ALL DEBTS, PUBLIC AND PRIVATE
SERIES 2006 A
FRANKLIN

4장

저축과 은행 업무

돈이 너무 많아서 어떻게 쓰면 좋을지 고민하는 사람은 거의 없을 것이다. 어릴 때는 경제적인 부분은 부모에게 전적으로 의존하므로 돈에 대한 결정권은 사실상 없었다고 볼 수 있다. 그러나 독립해서 살다 보면 이러저러한 지출이 다양하게 늘어나기 때문에 놓치는 부분 없이 잘 관리하기란 쉽지 않다. 이쯤 되면 쓸 데가 없어서 저축하는 여분의 돈을 만질 일은 거의 없다고 느끼게 된다. 하지만 지출의 문제가 아니다. 부모에게서 독립하면 즉시 저축하는 요령부터 배워야 하는 이유다.

흔히 부모는 자녀에게 매달 용돈을 주고 나서 크고 작은 지출을 스스로 계획하고 지출 내역을 기록하게 한다. 그러면 자녀는 돈을 관리하는 요령을 배우게 된다. 그런가 하면 방과 후에 아이 돌보기, 잔디밭 관리, 판매직원 또는 배달 아르바이트 등으로 직접 돈을 버는 아이들도 있다. 용돈의 일정액을 모으거나 아르바이트를 하면 뜻깊은 경험도 하고 미래를 위해 저축도 할 수 있다. 집안일을 돕는 조건으로 매주 10달러를 용돈으로 받는 고등학생의 경우를 생각해보자. 1년이 지나면 학생은 총

520달러를 받게 된다. 이 정도면 매년 100달러를 모으는 것은 별로 어렵지 않을 것이다.

회사나 상점 등의 시간제 일자리를 구해서 수입을 얻는 방법도 있다. 대다수 주에서는 시간당 9달러를 최저임금으로 규정하고 있다(국내는 2021년 기준, 시간당 8,720원이다. - 옮긴이). 따라서 주당 최소 근무시간인 16시간(정규직 근무자의 이틀 근무에 해당하는 시간)만 일해도 세금 공제 후 연 6천 달러 정도를 벌 수 있다. 물론 대학 졸업까지 필요한 모든 비용을 충당하기에는 다소 부족할 것이다. 그러나 대다수 대학생이 일과 학업을 병행하거나 부모에게 일부 지원을 받는다는 점을 생각해보면 시간제는 유용한 기회다. 고작 주 2일 정도의 근무로 연간 6천 달러를 벌 수 있다면, 그중 어느 정도는 저축하는 것도 가능하지 않을까?

저축을 반드시 해야 하는 이유

단지 돈을 안 쓰는 것을 저축이라고 할 수 없다. 돈을 쓰지 않는다는 말은 오늘 쓰지 않았다는 것일 뿐, 내일은 그 돈을 쓸 수 있다는 가능성을 내포한다(내일이 아니더라도 다음 달이나 내년 혹은 10년 후에 그 돈을 쓸 기회는 얼마든지 있을 것이다). 그러니 저축은 그저 지출 시점을 조금 미루는 것이라 생각할 수 있다. 그렇게 하면 돈이 정말 필요한 시점에 대비할 수 있고 (지혜롭게 저축해) 목돈을 만들 수 있다. 불확실한 미래의 지출에 대비하는 저축은 꼭 필요하다. 현재 수입으로 감당하기 어려운 커다란 지출이 발생하거나, 한동안 수입이 줄어서 저축한 돈으로 부족한 수입을 메꿔야 할 수도 있다. 그러므로 저축을 해야 하는 첫 번째 이유는 미래의 지출을 준비하는 데 있다.

두 번째 이유는 재무 계획의 일환으로서 장기적인 목표를 달성하는 데 저축이 필요하기 때문이다. 인생의 목표를 이루려면 재무 계획이 뒷받침되어야 한다. 그러므로 저축은 인생 목표 달성에 핵심적인 요소라고 할 수 있다. 젊은 세대는 흔히 자동차 구매, 내 집 마련, 대학 학자금, 자녀 계획 또는 창업과 같은 장기적인 목표에 관심이 있을 것이다. 아파트로 이사한 후에 집 안 가구를 전부 새로 마련하거나 긴 여행을 계획할 때도 저축은 꼭 필요하다. 이러한 목표들은 평소에 꾸준히 저축해야만 제대로 달성할 수 있다.

저축이 필요한 세 번째 이유는 긴급 상황에 대비하려는 데 있다. 갑자기 노트북이 망가져서 새 컴퓨터를 사야 하거나 자동차가 고장 나면 어떻게 할 것인가? 또는 멀리 사는 친구가 매우 힘들고 괴로워하고 있어서 친구를 직접 만나러 가야 할 경우라면 왕복 교통비가 많이 들 것이다. 그런가 하면 아파트에 도둑이 들어서 큰 피해를 보았지만, 보험만으로는 도둑맞은 물건을 모두 재구매하는 데 부족할 수 있다. 갑자기 교통사고를 당하면 예상치 않은 병원비가 많이 들지도 모른다. 선한 사람도 종종 불운을 겪게 마련이다. 하지만 저축이 있으면 힘든 시기를 잘 헤쳐 나갈 수 있다.

저축이 필요한 마지막 이유는 인생을 살아가는 데 필요한 자기 절제를 배울 수 있다는 점이다. 저축도 하나의 습관이며 개인의 성격과도 관련이 깊다. 저축을 한다는 것은 자기 인생에서 중요한 부분을 직접 통제할 수 있다는 증거다. 구매욕은 상당히 통제하기 어려운 기본 욕구다. 물품을 구매하면 그 즉시 만족감을 느낄 수 있다. 그러므로 먼 미래에 이루어질 목표나 가치를 위해 돈을 저축해야 한다는 점을 순간적으로 망각하기 쉽다. 이처럼 저축을 하려면 현재의 욕구에 휘둘리지 않고 장기적인 목표에 초점을 맞출 줄 알아야 한다. 스스로 지출을 잘 관리하고 참을성을 가지고 꾸준히 저축할 수 있다면, 자제력이 매우 강해진 것이다. 그런 만큼 인생의 다른 과제도 성공적으로 해낼 수 있을 것이다.

저축하는 요령

사람들은 저축에 관해 기발하고 새로운 '기법'을 생각해내는 것 같다. 하지만 저축하는 방법은 결국 한 가지로 귀결된다. 그것은 바로 가진 돈의 일정액을 따로 떼어 쉽게 접근하거나 써버릴 수 없는 곳으로 옮겨두는 것이다. 단, 얼마를 저축해야 하는가에 대해서는 따로 정해진 규칙이 없다. 미 사회보장연금이 급여에서 떼어놓는 돈은 최대 12.4퍼센트다. 평균적인 근로자는 급여의 약 10퍼센트를 직장 퇴직연금으로 떼놓게 된다(이 금액에는 고용주의 부담액이 포함된다). 퇴직연금이 급여의 10~12퍼센트를 차지한다는 점을 고려할 때, 급여의 20퍼센트를 저축 목표로 삼을 수 있다. 저축의 제1법칙은 수입이 발생하면 즉시 저축부터 하라는 것이다.

저축해야 할 돈이라면 처음부터 아예 수중에 들어오지 않게 하는 것이 좋다. 사회보장연금이나 퇴직연금이 급여에서 연금을 미리 공제하는 것도 이런 이유 때문이다. 매주 용돈이 10달러라면 가장 먼저 2달러를 저축금으로 떼어놓아야 한다. 생일 선물로 25달러를 받았다면 그 돈으로 무엇을 할지 고민하기 전에 일단 5달러를 따로 떼어놓아야 한다. 더 좋은 것은 25달러 전부를 저축하는 것이다.

저축의 제2법칙은 분리다. 직장에서 고용인을 대상으로 하는 퇴직연금을 따로 모아주지 않고, 급여는 통장에 바로 입금되는 경우라면 어떻게 할 수 있을까? 먼저 급여의 일정액을 다른 계좌로 자동이체 되도록 설정할 수 있다. 이 과정은 매우 중요하다. 정기적인 지출에 쓸 돈을 저축할 돈과 같은 계좌에 두는 것은 좋지 않다. 쉽게 말해서 돈을 써버리고 싶은 유혹이 생기기 전에 수입의 일정액을 안전하게 떼어놓는 것이다. 매달 자동으로 저축액을 이체할 수 있다면 가장 좋을 것이다.

저축의 제3법칙은 돈을 써버리는 것을 일부러 불편하게 만드는 것이다. 예를 들어, 돼지저금통에 돈을 저축하면 저금통을 깨뜨리지 않는 한 동전을 다시 꺼낼 수 없다. 그러므로 쉽게 쓸 수 없는 돈이 된다. 또는 평소에 사용하는 체크카드가 연결된 은행이 아니라 다른 은행에 계좌를 만들어서 저축하면 (예금 인출이 다소 불편해지므로) 일상적인 지출을 위해 저축액을 사용할 확률이 낮아진다. 직원을 위한 퇴직연금은 별도의 투자계좌에 보관해야 한다. 그렇게 하면 쉽게 찾아 쓸 우려가 적고, 정해진 기일이 되기 전에 찾으면 상당한 벌금을 물어야 한다. 사람은 누구나 구매 욕구를 가지고 있으므로 소비욕구를 조절하는 것은 결코 쉬운 일이 아니다. 그러므로 저축만을 위한 돈을 따로 떼어놓고 손쉽게 건드리지 못하도록 조처해야 한다. 눈에는 잘 띄지 않는 돈이지만 저축 덕분에 마음 한편이 든든할 것이다.

은행에 관한 기본 지식

2015년 기준으로 미국에는 약 1만 2,500개의 은행이 있다. 특정 지역에만 있는 소규모 신용조합도 있고, 모건스탠리 은행이나 시티그룹과 같은 세계적인 금융기업도 여기에 포함된다. 후자의 경우 미국 내에만 수천 개 이상의 지점이 있다. 사실 정식 명칭에 은행이라는 표현을 사용하지 않는 은행들까지 포함하면 은행의 종류는 매우 다양하다. 금융업에 종사하지 않는 일반인은 이러한 은행의 운영 및 규제 등에 관한 사항을 쉽게 이해할 수 없다. 은행이 국가 재정에서 매우 중대한 역할을 맡고 있음에도 말이다. 은행이 없다면 현대 사회의 경제는 금세 마비되고 말 것이다.

은행에도 여러 가지 형태가 있다. 중소금융기관, 신용조합, 연방신용조합, 지방 은행, 상업은행, 국립은행, 건축조합, 주택담보대출은행, 개인 은행 등이 그것들이다. 은행을 운영하려면 정부의 법적 인가를 얻어야 한다. 과거에는 은행의 형태에 따라 법적 근거, 주요 업무, 정부 규제 등이 모두 달랐다. 하지만 요즘에는 은행의 명칭이 어떠하든 평균 수준의 소비자가 받는 서비스에는 큰 차이가 없다.

소비자 또는 기업의 돈을 예치해주고, 돈이 필요한 개인이나 단체에 대출을 해준다는 면에서 모든 은행은 같다고 할 수 있다. 고객이 현금이나 수표를 가져와서 은행에 맡기는 것을 예치라고 한다. 은행은 해당 고객의 계좌에 예치금을 보관하며, 이 돈은 나중에 원하는 대로 사용할 수 있다. 고객은 컴퓨터를 사용하는 전자거래 형식이나 수표를 사용하는 방식으로 이 돈을 다시 쓸 수 있다. 그뿐만 아니라 은행 각 지점이나 ATM에서 현금을 찾을 수도 있다.

은행이 일정 기간 고객에게 돈을 빌려주는 것을 대출이라고 한다. 주택이나 자동차 구매 시 대출을 받을 수 있고, 신용카드 결제에 필요한 돈을 대출받을 수도 있다. 이런 상황에서 은행은 일정 기간 후에 상환할 것이라는 고객의 약속을 믿고 돈을 빌려주는 것이다. 따라서 대출은 신용의 교환이라고 볼 수도 있다. 물론 대출에는 두 가지 종류의 수수료가 있다. 거래 수수료는 대출 설정에 필요한 과정에 대한 일회성 수수료다. 대출 이자는 원금 상환까지 걸리는 기간과 대출 이율에 따라 지속적으로 부과되는 비용이다.

모든 은행은 지역마다 사무실을 두고 있는데, 이를 지점이라고 부른다. 은행 지점에서는 새 계좌를 만들거나, 예치금을 맡기거나 대출을 받을 수 있다. 현금 유통을 포함해 고객과 은행원(통상적으로 창구 직원이라고 부른다) 사이에 진행되는 다양한 대면 거래도 지점에서 가능하다. 은행 지점은 흔히 현금을 취급하기 때문에 이를 안전하게 보관할 수 있는 금고실을 보유하고 있고, 그 안에 개개인의 문서, 보석, 귀금속 등의 귀중품을 보관할 수 있는 대여금고서비스도 제공할 수 있다.

하지만 은행 업무에 있어서 위와 같은 물리적인 지점이 필수적인 것은 아니다. 요즘은 앨리Ally, 플래그스타Flagstar, 캐피털원Capital One과 같은 온라인 전용 은행도 있다(국내에는 카카오뱅크, 케이뱅크 등이 있다.-옮긴이). 요새는 일반적인 은행 지점에서 계좌를 관리하는 사람들조차도 지점을 직접 방문할 이유가 거의 없다. 대부분의 거래는 지점 방문 없이 가능하며, 계좌에 관한 정보는 온라인이나 전화로도 확인할 수 있다. 이러한 추세는 ATM과 스마트폰의 등장과 밀접한 관련이 있다. ATM과 스마트폰 앱이 다양하게 발전하면서 이것들이 은행 창구 직원의 업무를 대부분 대체하고 있다.

은행계좌

은행계좌는 일종의 계약 관계를 나타낸다. 고객은 은행이 안전하게 보관해줄 것이라고 신뢰하면서 자금을 맡긴다. 그리고 향후 다양한 형태의 거래에 그 돈을 사용할 수 있게 된다. 은행은 고객이 원할 때 언제든지 그리고 여러 가지 방법으로 예치금을 사용하도록 보장해준다. 고객은 무통장 입금 방식으로 다른 사람이나 기업에 돈을 보낼 수도 있다. 이러한 이체는 세계 어디로든 가능하며 길어야 몇 시간 이내에 이체 여부를 확인할 수 있다. 이처럼 편리한 송금이 가능한 이유는 고도의 기술과 보안 시스템이 뒷받침되기 때문이다. 은행은 고객의 돈을 임시로 사용하게 되므로 이에 대한 대가, 즉 이자를 고객에게 지급한다. 이 밖에도 대부분의 은행계좌에 들어 있는 돈에는 소정의 이자가 붙는다.

저축예금은 가장 기본적인 계좌 형태이자 저축 계획을 시행할 수 있는 가장 손쉬운 방법이다. 저축예금 계좌에는 언제든 예치금을 예치할 수 있다. 급여 통장으로 등록할 경우, 자동 입금도 가능하다. 그러므로 성공적인 저축 관리를 위해 급여가 입금되면 즉시 저축하려는 금액을 자동이체 하는 것이 좋다. 저축예금 계좌는 대부분의 거래에 대해 별도의 수수료를 지불하지 않는다. 오히려 잔액에 따라 은행이자를 받을 수 있다.

당좌예금은 흔히 수표라고 부르는 은행 환어음을 결제 수단으로 쓸 수 있도록 만들어진 것으로, 회사나 개인사업자가 주로 가입한다. 수표는 본인의 계좌에 기재된 금액을 찾아 수표에 기재된 사람에게 이체해줄 것을 은행에 요청하는 문서다. 수표에는 돈을 받을 사람, 즉 수취인과 이체할 금액이 기재되며, 수표에 본인 서명이 있어야만 실효가 있는 것으로 간주한다. 수취인도 수표(뒷면)에 배서해야 해당 수표가 은행 결제 시스템을 거쳐 자신의 계좌로 수표상의 금액이 입금된다. 모든 수표는 더욱 신속하게 전자 처리할 수 있도록 하단에 자기잉크문자인식MICR이 있다. MICR에는 은행식별코드와 수표 발행인의 당좌계좌번호가 포함되어 있다.

은행 전산망에서 수표가 결제되어 수취인이 현금을 받기까지 며칠 이상 걸릴 수도 있다. 이때 은행은 수취인에게 현금을 내어주기 전에 해당 수표가 부도난 것은 아닌지, 그리고 수표 발행인의 계좌에 충분한 현금이 있는지 확인한다. 계좌 잔액 부족으로 수표 결제가 불가능하면, 은행은 해당 수표에 당좌대월 수수료overdraft fee를 부과할 것이다. 이러한 과정을 부도 수표(은행에서는 'NSF'라는 약자를 사용한다) 처리라고 한다. 구어체 영어로는 수표가 바운스bounce되었다고 말한다[과거에는 부도 수표가 발생하면 해당 수표가 거쳐온 여러 은행을 다시 거쳐야만 했다. 수표 발행자에게 해당 수표가 돌아가기까지 여러 은행을 돌아다니는 과정 때문에 'bounce'라는 말을 사용한 것 같다. 이처럼 지급되지 않은 수표를 'rubber(고무를 뜻하는 영단어 - 옮긴이)'라고 부르기도 한다.]

하지만 요즘은 현금이나 수표보다 체크카드, 모바일 앱, 온라인 결제 시스템이 월등하게 많이 사용되므로, 수표는 머지않아 사라질 가능성이 크다. 체크카드는 단순한 플라스틱 카드지만 마그네틱이나 내장 칩에 계좌번호를 비롯한 핵심 정보가 들어가 있다. 체크카드로 결제하면, 연결된 계좌에서 결제금액이 바로 인출된다. 해당 계좌에서 직접 현금을 찾는 것과 같다. 하지만 연결계좌 잔액을 초과한 금액은 결제되지 않는다. 은행 시스템에서 실시간 잔액을 파악하고 있으므로, 잔액을 초과하는 금액은 결제되지 않는 것이다.

대다수 은행에서는 온라인 공과금 결제 시스템을 제공한다. 그러므로 해당 소프트웨어를 사용하면 매달 빠져나가는 공과금은 자동으로 결제할 수 있다(은행에 따라 수수료가 붙는 때도 있다). 이렇게 하면 반복적으로 결제해야 하는 지출을 자동으로 관리할 수 있다. 온라인 결제 시스템이 있으므로 계좌 잔액도 실시간으로 확인할 수 있다. 은행들은 이러한 서비스를 모바일 플랫폼으로 신속하게 이전했다. 그 덕분에 은행의 결제 시스템 또는 페이팔, 벤모, 스마트폰 지갑 앱과 같은 타사 시스템을 통해 휴대전화에서 결제할 수 있게 된 것이다(국내는 카카오페이, 네이버페이 등이 있다. - 옮긴이).

현금이 필요하면 체크카드로 ATM에서 현금을 찾으면 된다. 잔액이 많지 않은 당좌예금 계좌는 이자가 붙지 않는다. 오히려 매달 사용수수료가 부과된다. 하지만 잔액이 많으면 이런 수수료가 면제되고 이자까지 받을 수 있다. 그러므로 온라인이나 은행 우편물을 통해 정기적으로 계좌 내역을 확인하는 것이 좋다. 그래서 자신이 모르는 사이에 빠져나간 수수료는 없는지, 모르는 거래나 금융 사기로 의심되는 내역은 없는지 확인해야 한다.

이제 은행에서 자기앞수표(certified check, bank check, 또는

cashier's check이라고 하는데, 모두 자기앞수표를 뜻한다)를 매입하는 이유를 생각해보자. 자기앞수표는 은행이 직접 발행하는 것이며 개인의 계좌에 연결된 수표가 아니다. 상점이나 거래처에 따라 개인수표는 거부하고 자기앞수표만 받는 경우가 있다. 수취인은 상대방의 개인 지급 능력이 아니라 은행의 지급 능력을 믿고 거래하려는 것이다. 이 경우는 수표가 부도날 확률이 전혀 없다는 장점이 있다. 자기앞수표의 경우, 은행이 소정의 수수료를 별도로 부과할 수 있다.

은행계좌는 일종의 법적 계약이므로 만 18세 이상의 성인만 개설할 수 있다. 미성년자의 경우, 성인과 공동명의로 계좌를 개설해야 한다(국내는 미성년자가 법정대리인과 함께 은행에 방문해 계좌를 개설할 수 있다. 가족관계증명서나 신분증, 도장 등이 필요하다.-옮긴이). 이 계좌는 후자의 성인에게 모든 법적 권한을 부여할 것이다. 만 18세 미만의 계좌 소유주는 온라인 뱅킹이나 체크카드 결제 등을 사용할 수 있다. 나중에 성년이 되어 더는 다른 성인과 공동 계좌를 쓸 필요가 없게 되면, 공동 계좌를 폐기하고 새 계좌를 만들면 된다.

이제 양도성예금증서Certificate of Deposit, CD라는 은행계좌에 대해 알아보자. 양도성예금증서는 장기 저축용이므로 몇 개월 또는 몇 년 이상 예치금을 그대로 맡겨두어야 한다. 만약 중도에 예치금을 써야 한다면 수수료나 위약금 등을 내야 한다. 그 대신 양도성예금증서는 일반 계좌보다 높은 이자율이 적용된다. 6개월 양도성예금증서의 연간 이자율은 1970년대에 7.5퍼센트, 1980년대에 10.0퍼센트, 1990년대에 5.5퍼센트였다. 안타깝게도 6개월 양도성예금증서의 이자율은 2009년부터

2013년까지 연 0.5퍼센트로 추락했다. 이처럼 낮은 이자율 추세가 언제까지 계속될지 모르지만, 연 0.5퍼센트라면 5천 달러에 대해 25달러의 이자를 받을 수 있다. 여유 자금이 있다면 집에 그냥 두는 것보다 양도성예금증서를 사용하는 편이 훨씬 안전하며 이자 수익도 올릴 수 있다.

ATM

ATM(현금 자동 입출금기)이라는 전자기기 덕분에 창구 직원의 도움 없이 체크카드로 은행 거래를 할 수 있다. 현금 인출, 잔액 확인, 입금, 계좌 이체, 공과금 결제는 물론이고 우표 구매처럼 은행과 무관한 거래도 가능하다. ATM은 식료품 가게나 편의점, 공공시설, 공항, 버스 정류장, 기차역은 물론이고, 상업지구와 각 은행 지점 등에 배치되어 있다. 미국만 보더라도 ATM의 숫자는 40만 대에 이른다. 외국에서도 ATM이 있으면 은행 카드를 동일하게 사용할 수 있다. 하지만 이 경우에는 미화가 아니라 현지 통화를 인출하게 된다. 모바일 뱅킹과 온라인 뱅킹이 더욱 보편화함에 따라 ATM도 은행 지점처럼 서서히 사라질 가능성이 크다. 하지만 지금은 여전히 은행 인프라에서 매우 중요한 역할을 맡고 있다.

각 은행은 일정 수 이상의 ATM을 보유하고 있다. 은행이 아니라 일반 기업이 운영하는 ATM도 있다. 그렇지만 대부분의 ATM은 네트워크에 연결되어 있으므로 다른 은행이나 기업의 ATM도 폭넓게 사용할 수 있다. 소비자에게 가장 중요한 것은 ATM 사용 시 수수료가 부과되는가의 문제다. 대다수 은행은 자사 고객이 ATM을 사용할 때 수수료를 요구하지 않지만, 은행에서 운영하는 ATM이 아니라면 사용 수수료가 부과된다. 거래 은행이 소유하는 ATM이 아니면 전산망에 연결되어 있지 않다. 때문에 ATM 소유주에 대한 수수료와 전산망 외의 거래를 처리하는 대가로 부과되는 은행 수수료를 내, 이중으로 수수료를 부담하게 되는 것이다. 따라서 자신이 거래하는 은행의 ATM 사용 규정을 미리 숙지하고 신중하게 ATM을 선택해야 한다.

선불 체크카드

선불 체크카드도 일반 체크카드와 마찬가지로 본인 계좌에 연결되며, 물건을 사면 결제하는 즉시 계좌에서 돈이 빠져나간다. 은행과 금융 서비스 회사에서도 은행계좌와 전혀 연결되지 않은 선불 체크카드를 만들어줄 수 있다. 이때 소비자는 현금, 신용카드, 전자이체 등의 다른 결제 수단으로 선불 체크카드를 충전한다. 이 경우 선불 체크카드는 충전 수수료를 공제한 만큼의 가치가 있으므로 체크카드 거래가 가능한 곳이라면 어디에서든 사용할 수 있다. 대부분의 선불 체크카드는 충전된 금액 내에서만 결제되지만, 은행계좌에 연결된 체크카드는 계좌의 잔액 내에서 자유롭게 결제할 수 있다. 은행, 약국, 일반 상점에서 선불 체크카드를 구매할 수 있는데, 이런 카드는 대부분 충전된 금액을 소진한 후에 다시 충전, 사용하도록 설계되어 있다.

최근 몇 년간 선불 체크카드 사용자가 급증한 것을 보면 일부 소비자들은 은행계좌 대신 선불 체크카드를 유용하게 쓰는 것 같다. 선불 체크카드는 현금과 비슷해서 선물용으로 많이 사용된다. 그런데 대부분의 체크카드는 구매 결제 시 수수료가 부과된다. 때문에 50달러 카드를 구매하려면 55달러를 내야 한다. 활성화, 거래, 휴면, 재사용 등록에도 추가 비용이 들 수 있다. 은행계좌의 직불카드와 같은 것처럼 보이지만 카드 분실 또는 거래 분쟁이 발생할 경우 보호 조치에 차이가 있다. 게다가 카드의 종류에 따라 수수료가 다르므로 직접적인 비교는 어렵다고 말할 수 있다. 어떤 카드는 '당좌대월 보호' 기능이 적용되기 때문에 직불카드인지 신용카드인지 모호하게 느껴지지만, 이 기능은 사용자가 깜짝 놀랄 정도로 수수료가 높기 때문에 사용 시 주의해야 한다.

기타 금융기관

은행이 경제의 중심 역할을 담당하는 것은 사실이다. 하지만 은행이 아닌 다른 형태의 금융기관도 많다. 금융기관들은 아래와 같이 다양한 제품과 서비스를 전문적으로 취급한다. 하나씩 자세히 살펴보기로 하자.

보험회사 | 보험은 재난이나 손실이 발생할 때 보상을 받으려고 사는 상품이다. 보험 대상은 주택, 자동차, 소유물, 건강, 생명 등 매우 다양하다. 보험회사는 다양한 금융 상품을 제공하며, 보험 청구에 대비해 상당한 자산을 보유하고 있다. 미국은 주마다 보험사를 관리하는 기관이 있는데, 이를 보험 감독청insurance regulator이라고 한다.

증권회사 | 주식시장에 투자하려면 대개 증권회사를 거쳐야 한다. 증권회사는 주식, 채권, 뮤추얼펀드, 국채 및 기타 투자 상품 등을 사고파는 일을 한다. 그뿐만 아니라 당좌계좌 거래나 대출과 같이 일반 은행 상품도 제공한다.

신용카드 발행사 | 대다수 소비자는 지갑에 평균 3장의 신용카드를 소지하고 있다고 한다. 신용카드는 은행, 소매업자, 정유회사, 신용카드회사에서 발행할 수 있다. 신용카드 발행사는 개인과 기업에 매우 폭넓게 신용을 인정해준다.

투자은행 | 대기업은 금융서비스에 대한 특별 수요가 있다. 투자은행은 채권과 주식 발행을 도와주고, 고객에게 인수, 매각에 관한 조언을 해주거나 금융공학financial engineering(금융 이론, 공학 방법, 수학 도구 및 프로그래밍 실습을 포함하는 종합적인 학문 - 옮긴이)에 참여한다. 요즘은 상업은행과 투자은행을 동시에 겸할 수 있지만, 항상 그런 것은 아니다.

사모펀드 회사 Private Equity Firm | 사모펀드 회사는 부유층, 연금 자본, 기부금 및 보험회사 등의 고급 대형투자자로부터 투자금을 끌어낸 다음, 다양한 사업 분야의 포트폴리오를 구매 및 운영한다. 이러한 회사와 자금은 공개 시장에서 거래되지 않으므로 기업명에 private(사적이라는 뜻을 가진 영단어 - 옮긴이)가 포함되는 것이다.

헤지펀드Hedge Fund | 헤지펀드는 사모펀드와 같은 방식으로 투자 자금을 조달하지만 사업을 소유하거나 운영하지 않는다. 대신 헤지펀드는 복잡한 투기성 투자를 하고, 거래 빈도가 높으며, 시장이 하락할 때 유리한 자리를 차지하고, 상품 및 파생상품을 거래한다.

상업 대출 기관 | 대출을 원하는 기업은 은행에서 자금을 빌릴 수 있다. 해당 기업의 규모가 큰 경우에는 자본시장이나 기관 투자자에게서 대출을 받을 수도 있다. 또한 전문적인 상업 대출 기관은 기업을 대상으로 거액을 대출해주기도 한다. 대출로 보자면 은행과 비슷하지만, 은행처럼 지점 영업망을 구축하거나 예금 업무를 취급하지 않는다.

투자 관리자 | 다양한 기업이 소유자나 수익자를 대신해 투자를 관리한다. 연금 기금, 투자 회사, 뮤추얼펀드, 자산 관리에 관한 자문, 수탁인 및 기부금 관리자는 모두 전문적인 투자 관리자의 역할을 하는 것이다. 이들은 다른 금융기관의 자회사로 운영되기도 하고 독립된 기업으로도 존재한다.

수수료와 서비스

은행은 서비스를 제공하고 그 대가로 수수료를 받는다. 당좌계좌나 저축 계좌에 대한 수수료가 은행 수입의 전부라면, 장기적인 은행 운영이 어려워질 것이다. 사실 은행은 고객이 예치한 돈으로 두 가지 업무를 시행한다. 첫째는 고객이 필요할 때 언제든지 찾을 수 있도록 예치금을 보관하는 것이다(고객은 체크카드 또는 온라인 이체를 통해 예치금으로 구매대금을 결제할 수도 있고, ATM에서 현금을 찾거나 수표를 사용할 가능성이 있다). 또한 은행은 고객이 예치한 금액과 다른 자금들을 합쳐 대부업을 운영하면서 이자를 받는다. 은행의 수익은 대부업을 통해 발생한다. 고객의 예치금이 바로 이러한 기본적인 수익 사업을 가능케 하는 자금인 것이다. 일반적으로 은행계좌를 개설하는 고객은 대부분 장기 고객이 된다. 따라서 은행은 여유를 가지고 고객의 예치금을 대부업에 사용할 수 있다. 은행의 또 다른 주 수입원은 바로 수수료다. 우리는 소비자로서 수수료 체계를 명확히 이해해야 한다.

대다수 은행은 5달러에서 25달러의 월 계좌 수수료를 부과한다. 이는 지점 계좌 보안 유지와 거래 처리에 필요한 기술적 인프라 유지와 네트워크 운영에 드는 비용으로 사용된다. 소득이 낮거나 계좌 잔액이 낮은 사람도 많은데, 이들에게는 사실 은행계좌 자체가 매우 비싼 서비스에 해당한다. 학생 계좌와 같은 몇몇 특수 계좌의 경우에는 월 단위 수수료가 부과되지 않을 수 있다. 은행계좌가 여러 개(예를 들어, 저축 계좌 또는 대출과 연결된 당좌예금 계좌)이거나 잔액을 항상 일정 금액 이상 보유하는 고객에게도 수수료가 면제될 수 있다. 매달 수수료가 면제되는 거래 횟수를 제한하는 방법도 있다(예를 들어, 수수료가 면제되는 ATM 현금 인출을 월 3회로 제한하는 것이다). 수수료가 부과되는 경우는 매우 다양하다. 이를테면 수표를 발행한 후 해당 수표가 현금화되기 전에 지급 중단으로 처리할 때, 계좌명세서 사본을 신청할 때, 계좌를 개설한

지 불과 몇 달 만에 계좌를 해지할 때, 특정한 형태의 온라인 송금을 하거나 받을 때, 온라인 지급 결제 시스템을 사용할 때 수수료가 부과된다. 또한 계좌를 사용하지 않으면 휴면계좌에 대한 수수료가 부과된다.

하지만 당좌대월 수수료overdraft fee는 매우 조심해야 한다. 고객이 발생한 수표 가액보다 계좌 잔액이 부족할 때 은행이 30달러 정도의 수수료를 부과하는 것이다. 젊은 층은 여유 자금이 많지 않으며, 통장 잔액이 0원이 되는 경우도 종종 발생한다. 체크카드로 결제하거나 ATM에서 현금을 찾을 때 또는 전자상거래 결제를 할 때는 잔액이 부족하면 결제가 즉시 거부된다. 그러므로 사실상 잔액을 초과할까 봐 걱정하지 않아도 된다. 은행계좌에 연결된 체크카드는 마이너스 통장으로 사용 설정한 경우에만 당좌대월 수수료가 부과된다. 마이너스 통장으로 설정해두면 카드 잔액이 0원일 때 해당 카드에 현금을 충전해 카드를 계속 쓸 수 있게 해주지만, 당좌대월 수수료가 부과되는 것이다. 따라서 마이너스 통장은 섣불리 만들면 안 된다. 물론 마이너스 통장 설정을 하지 않으면 잔액이 없을 때 직불카드 결제는 거부될 것이다. 그러나 비싼 당좌대월 수수료를 물지 않는다는 장점이 있다.

은행으로서는 수표가 은행 시스템을 통과할 때까지 부도 수표 여부를 판단할 수 없다. 수표 수취인의 은행에서 발행인의 은행에 전자 결제를 요청하면, 발행인 계좌 잔액이 수표를 결제하기에 충분한지 확인한 다음, 수표액을 해당 계좌에서 찾는 것으로 수표가 처리된다. 계좌 잔액이 부족하면 수표는 미결제 상태로 수취인에게 반송되고 수표 발행인에게 당좌대월 수수료가 부과된다. 이렇게 지급 거부된 수표를 계좌에 입금하려고 했던 업체에도 거래 은행에서 약 25달러의 수수료를 부과한다. 그러므로 해당 업체는 수표 발행인이 수표 액면가와 이 수수료를 모두 지불해야 한다고 생각할 것이다. 결국, 수표가 바운스되면 수표 발행인은 건당 50달러라는 큰 비용을 부담하게 된다. 해당 계좌를 저축 계좌, 신용카드 또는 당좌대월 대출overdraft loan에 연결해두면 이러한 수수료를 피할 수 있다. 이러한 보호 수단에도 사용료가 있지만 수표 미지급으로 인해 발생하는 수수료에 비하면 훨씬 저렴하다. 그리고 온라인 결제 및 (마이너스 통장을 허용하지 않는) 체크카드를 사용하면 위에 언급된 모든 수수료를 내지 않아도 된다.

조정

본인의 자금 흐름을 주의 깊게 추적하고 당좌대월 수수료를 물어야 하는 상황에 놓이지 않으려면 계좌명세서와 수표기입장을 비교해 일치시켜야 한다. 수표기입장check register은 수표책에 첨부된 소형 장부다. 여기에는 계좌상의 모든 거래가 기재되므로 계좌 잔액을 실시간으로 알려준다. 수표를 많이 쓰지 않더라도 계좌 잔액 관리 차원에서 수표기입장을 정확하게 관리하는 것이 좋다. 매주 몇 차례 시간을 내어 온라인상에서 수표기입장 잔액과 계좌 잔액을 비교해야 한다. 또는 매달 은행 거래명세를 우편으로 받아서 수표기입장의 거래명세와 비교해보는 것도 좋다. 이처럼 수표기입장과 계좌 거래 내역을 비교해 차이가 있을 때 이를 해결하는 과정을 조정이라고 한다.

실수가 발생할 수도 있고 거래 시점의 차이가 있으므로 조정은 꼭 필요하다. 은행이 실수하는 때도 있다. 250달러를 입금했는데 25달러가 입금된 것으로 기재될지 모른다. 면제받아야 하는 경우인데도 수수료가 부과될 수 있고 같은 항목이 중복으로 처리될 수도 있다. 이론상 가능하지만, 현실상 은행 측이 실수하는 경우는 거의 없다. 은행은 각 계좌를 정확히 관리하기 위해 다양한 시스템을 사용한다. 은행 측 실수로 보이는 사항이 있다면, 은행 측에 연락하기 전에 두세 번 확인해야 한다. 대부분은 고객 착오이기 때문이다. 체크카드로 결제한 것을 잊어버리고 기재하지 않는다거나 산술 계산을 틀리게 할 수도 있다. 또는 은행이 합법적으로 부과한 수수료를 인식하지 못하는 경우 등도 있다. 온라인 결제 시 온라인 판매자가 결제금액을 잘못 부과할 수도 있고 고객 본인이 정기적으로 반복되는 결제액을 장부에 누락하는 때도 있다. 무엇보다도, 장부를 항상 정확하게 관리하면 계좌기록에 본인이 하지 않은 거래가 포함될 때 즉시 은행에 신고할 수 있다.

물론 장부에 기록한 후에 비로소 은행계좌 기록에 반영되는 등, 시간차가 있는 때도 있다. 7월 5일에 수표를 발행하면, 계좌 잔액에서 수표가 결제되기까지 10일 정도 걸리므로 7월 15일 이전에는 계좌 잔액과 수표기입장이 일치하지 않는다. 그리고 특정 일자에 자동이체를 예약하더라도 이것이 휴일과 겹치면 계좌 기록에 반영되기까지 시간이 걸릴 수 있다. 온라인으로 확인하지 않고 계정명세서를 우편으로 요청한 경우, 명세서 발행 직전에 이루어진 체크카드 거래는 다음 달 명세서에 기재되므로 시간차로 인한 내역 불일치가 발생할 수 있다.

도표 4.1에 제시된 예시에서는 계정명세서와 수표기입장을 비교할 때 발생하는 차이를 보여준다. 이 계좌의 명의자는 주요 거래명세와 ATM에서 현금을 찾은 횟수, 수표 등을 빠짐없이 잘 관리해왔다. 급여가 바로 통장에 입금되는 것도 알고 있다. 하지만 월말에 들어온 입금 내역 한 가지를 빠뜨렸으며 자동판매기에서 체크카드로 2회 소액 결제한 것도 누락했다. 그뿐만 아니라 7월 17일에 수표 1127호를 발행했으나 이달 말까지 계좌에서 수표 결제가 처리되지 않았다. 명의자가 수표기입장의 잔액을 100달러로 정산하면 은행은 이 금액이 계좌 잔액이라고 생각할지 모르지만, 명의자 본인은 실제 잔액이 이와 다르다는 것을 알고 있는 셈이다.

도표 4.1 | 조정의 예시 | 출처: 저자의 분석

계정명세서			
날짜	**항목**	**금액**	**잔액**
계좌 거래명세			
2016-07-01	초기 잔액		$522.25
3	수표	$150.00	
8	인출/체크카드	$312.95	
2	입금/체크카드	$525.00	
2016-07-31	은행 수수료	$5.00	
2016-07-31	기말 잔액		$579.30
계좌 세부명세 수표			
2016-07-12	1126	$35.00	
2016-07-20	1128	$90.00	
2016-07-26	1129	$25.00	
인출/체크카드			
2016-07-04	ATM (위치 번호 005675)	$50.00	
2016-07-08	체크카드로 구매, Stubhub, Inc.	$31.00	
2016-07-15	체크카드로 구매, Amazon.com	$20.95	

2016-07-16	체크카드로 구매, Joe's Pizza	$12.00	
2016-07-20	ATM (위치 번호 005690)	$100.00	
2016-07-25	체크카드로 구매, 자판기	$1.50	
2016-07-31	체크카드로 구매, Kroger, Inc.	$96.50	
2016-07-31	체크카드로 구매, 자판기	$1.00	
입금/체크카드			
2016-07-15	급여	$500.00	
2016-07-28	체크카드 입금, 지점번호 00114	$25.00	
은행 수수료			
2016-07-31	당월서비스 수수료	$5.00	

개인 수표기입장

날짜	항목	금액	잔액
			$522.25
2016-07-04	현금 인출	- $50.00	$472.25
2016-07-08	체크카드, 콘서트 관람권	- $31.00	$441.25
2016-07-09	1126 가스요금	- $35.00	$406.25
2016-07-15	체크카드, 아마존	- $20.95	$385.30
2016-07-15	급여	$500.00	$885.30
2016-07-16	체크카드, 피자	- $12.00	$873.30
2016-07-17	1127 자전거 수리비	- $100.00	$773.30
2016-07-18	1128 마스터카드 결제	- $90.00	$683.30
2016-07-20	현금 인출	- $100.00	$583.30
2016-07-25	1129 꽃	- $25.00	$558.30
2016-07-31	체크카드 결제, Kroger	- $96.50	$461.80
조정	**항목**	**은행잔액**	**수표기입장 잔액**
	1129 꽃	$579.30	$461.80
	자판기 결제 2건 누락		- $2.50
	은행 수수료누락		- $5.00
	입금 누락		$25.00
	수표 1127호 미결제	- $100.00	
	정확한 잔액	$479.30	$479.30

모바일 결제 시스템

스마트폰은 통신수단의 강자일 뿐 아니라 모바일 결제 시스템을 등에 업고 쇼핑과 결제 수단으로 널리 사용되고 있다. 스마트폰 사용자들에게 가장 잘 알려진 모바일 결제 시스템으로는 애플 페이, 삼성 페이, 안드로이드 페이가 있다. 이 결제 시스템은 온라인 판매자 및 통신 결제 터미널을 갖춘 상점과의 안전한 거래를 촉진해, 상품이나 서비스를 구매하는 새로운 방법으로 자리 잡았다. 덕분에 이제는 고객이 판매자에게 직접 송금할 수 있게 되었다. 이러한 '지갑' 시스템은 빠르게 발전하는 신기술 중 하나다. 이들 시스템에 한 가지 공통점이 있다면, 신용카드 또는 직불 카드 계정과 연계된다는 것이다. 이제는 모든 계좌 정보가 담긴 각종 카드가 꽂힌 지갑 대신 스마트폰 하나만 있으면 된다. 모바일 결제 시스템의 사용 수수료는 신용카드 명세서에 포함되거나 직불카드 계좌의 잔액 또는 직불카드가 연결된 은행계좌에서 공제된다.

페이팔이라는 모바일 앱도 있다. 이는 이베이eBay에 포함된 온라인 결제 시스템에서 출발해 지금은 인터넷과 모바일 거래에서 굳건한 입지를 확보하고 있다. 이 방식 또한 현재 스마트폰 또는 인터넷 서비스를 통해 널리 통용되고 있다. 다른 모바일 시스템과 마찬가지로 페이팔에 신용카드와 은행계좌 정보를 다 모아서, 지출 계정을 사용하는 단일 출처로 만들 수 있다. 페이팔을 사용하면 실제로 구매 시 쓸 현금이 든 은행계좌와 신용카드를 연결하거나, 페이팔 잔액을 사용할 수도 있고, 페이팔과 은행계좌 간 송금을 할 수도 있다. 페이팔의 벤모 서비스는 모바일 환경에 초첨을 두고 개발되었는데, 스마트폰끼리 직거래가 가능하며, 다른 벤모 거래에 사용할 잔액을 보관하거나 은행계좌 및 직불카드로 돈을 보내거나 받을 수 있다. 이러한 모바일 결제 시스템은 은행계좌에 연계된 카드와 신용카드를 대체할 수 있으며, 머지않아 그렇게 될 것으로 보인다.

온라인 뱅킹

요즘은 모든 은행에서 잔액 조회나 이체 등을 컴퓨터 시스템으로 처리하고 있다. 신용카드 또는 체크카드 대금 결제, 계좌의 잔액 조회, 급여 이체, 온라인 결제, 계좌 간 이체 등은 모바일 앱이나 ATM을 통해 손쉽게 처리할 수 있다. 이러한 은행 시스템의 배후에는 은행계좌로 들어오거나 나가는 이체를 매칭시켜주는 두 가지 대형 전자뱅킹 네트워크가 있다. 각 네트워크는 자동어음결제Automated Clearing House, ACH로 처리된다. 미국의 모든 수표는 이제 ACH 지급으로 전환되었다. 예전에는 종이로 발행된 수표가 은행 사이에 물리적으로 송부되어 처리되었다. 온라인 청구서 결제 거래는 ACH 시스템에서 발생하는 것이므로 따로 변환할 필요가 없다. 요즘은 직접 전자 결제, 직불카드, 신용카드(이런 방식은 수표와 처리 시스템이 전혀 다르다)가 많이 사용되므로 수표를 거의 볼 수 없는 것 같다. 그래도 전자 결제나 각종 카드와는 별도로 매년 수십억 장의 수표가 발행, 통용된다.

은행마다 ACH 네트워크에서 모든 직접 전자 이체, 수표, ATM 거래 및 기타 지급 건을 처리, 합산한다. 그런 다음 이를 다른 전자 입금이나 예금 전체에 비추어 계산함으로써 순 지급액을 산출한다. 순 지급액이 바로 은행에 통지되는 때도 있으나, 그렇지 않으면 은행 측이 직접 계산해야 한다. 이렇게 하여 각 은행은 관련 정보를 모두 확보한 다음, 이를 해당 은행의 모든 계좌와 비교해 처리한다. 매일 미국 내 수천 개의 은행에서는 각 은행이 보유한 수백만 개의 은행계좌로 이러한 거래가 할당되며, 컴퓨터에 의해 자동으로 안전하게 거래가 이루어진다. 이 작업을 제대로 하려면 놀랍도록 복잡하고 정교한 하드웨어와 소프트웨어가 필요하다. 은행을 초대형 컴퓨터 시스템을 운영하는 사무실이라고 봐야 하는 이유다.

예금보험

대공황이 기승을 부리던 1933년에 미 의회는 은행이 지급 불능 상태가 될 경우에 예금주를 보호하기 위해 연방 예금보험 공사Federal Deposit Insurance Corporation, FDIC를 설립했다. 현재 각 예금주는 최대 25만 달러까지 보험 적용을 받는다. 이 보험은, 대다수 광고에 이미 언급되었듯이, 가입 은행들에서 회비를 받아 운영된다. 미국에 있는 거의 모든 은행에 이 보험이 적용되므로, 은행이 설령 완전히 파산하더라도 예치금을 돌려받지 못할까 봐 걱정할 필요가 없다. 신용협동조합에는 자체적으로 예금보험제도가 있어서 조합마다 예금주당 최대 25만 달러까지 보장해준다(국내는 예금자보호법에 따라 각 은행마다 1인당 5천만 원까지 예금을 보호하고 있다. - 옮긴이).

미 연방예금보험FDIC insurance은 은행 예금만 보장한다. 은행은 예금 외에 다른 금융서비스도 제공하므로, 은행에 개설한 계좌 중에는 보험이 적용되지 않는 것도 있다. 대부분은 주식이나 채권을 다루는 중개 계좌

일 것이다. 규정상 은행은 이러한 계좌에는 보험이 적용되지 않는다는 점을 확실히 공지해야 한다.

흔히 Fed로 줄여서 부르는 연방준비은행Federal Reserve Bank은 미국의 중앙은행이다. 미국 내에 12개의 지점이 있고, 워싱턴에 연방준비제도이사회Board of Governors를 두고 있다. 연방준비은행은 1913년에 설립되었으며 국내 은행제도에 관해 광범위한 결정권을 행사하는 기관이다. 주요 은행 업무 외에 두 가지 지급 처리 시스템을 운영하고 있다.

중앙은행 | 연방준비은행은 미국 중앙은행으로서 연방정부와 관련된 은행 거래 및 은행 간 거래를 처리한다.

통화 공급 | 연방준비은행은 연방공개시장위원회Federal Open Market Committee를 통해 국내 통화 공급을 규제한다. 즉, 준비은행이 보유해야 할 자금을 결정하고, 연방은행 대출 이자율을 정하고, 공채를 매입한다.

최종 대출자로서의 중앙은행 | 연방준비은행은 일시적으로 유동성 문제가 있거나 그 밖의 어려움에 부닥친 은행 및 금융기관에 자금을 빌려준다. 이러한 대출의 목적은 금융 시스템의 구조적 붕괴를 막는 것이다.

규제기관 | 연방준비은행은 금융계의 전반적인 활동을 검토해 법령에 어긋나는 부분이 없는지 확인한다. 뿐만 아니라 다수의 조사관을 투입해 감사와 조사 등을 이행할 직접적인 책임을 안고 있다.

연방준비은행 이외의 다른 연방 및 주정부급 기관들은 금융 법규와 규제가 잘 준수되고 있는지 확인한다. 예를 들어, 정부는 은행 손실에 대비해 보유할 자금의 규모를 법으로 정하고, 각 은행에 사기 및 무단 거래를 방지하는 시스템을 구축하도록 요구하며, 은행 대출 포트폴리오에 위험이 집중될 경우 이를 제한하고, 대출 시 차별이 없도록 감독해야 한다.

일부 은행 전문가들은 현대 금융 시스템이 복잡하므로 은행 규제를 강화하고 규제 당국이 더욱 정밀한 감사를 시행해야 한다고 생각한다. 하지만 일반 애널리스트들은 경제 문제가 은행의 잘못이 아닌데도 억울하게 비난을 받는다고 생각하며, 관련 규제를 늘리는 것은 경제 성장에 필요한 자본 공급에 방해가 될 뿐이라고 주장한다. 이처럼 은행은 한 국가의 경제에서 핵심적인 역할을 맡고 있지만 동시에 매우 엄격한 법적 규제를 받고 있다. 앞으로도 은행 규제에 대한 논란은 쉽사리 해결되지 않을 것 같다.

은행 보안

대공황이 발생한 주된 이유 중 하나는, 은행이 지급불능 상태가 될지 모른다는 두려움에 많은 사람이 은행으로 달려가서 그동안 예치한 금액을 모두 찾으려고 했기 때문이다. 실제로 이런 상황이 벌어지면 선착순으로 가장 먼저 도착한 몇 사람만 통장 잔액을 모두 돌려받을 수 있다. 그러면 은행은 금세 현금이 동나게 되고 나머지 고객들은 빈손으로 돌아가게 된다. 이 때문에 은행들은 대출을 회수하고자 차용인들에게 즉각적 상환을 요구하게 되지만, 대부분의 차용인은 즉각 상환할 처지가 아닐 것이다. 이런 상황이 번지면 결국 소비자의 신뢰도가 무너지고 경제가 축소되며 은행업계는 큰 타격을 입는다. 대공황을 초래한 뱅크런bank run(경제 악화로 금융시장에 위기감이 고조되면 은행의 예금 지급불능을 우려한 고객들이 앞다퉈 예금을 찾는 상황-옮긴이) 사태는 미국에서 처음 일어난 것은 아니지만, 미국에서 가장 심각한 규모로 발생했다. 금융체제에 대한 신뢰도가 땅에 떨어지면 이른바 금융공황이 찾아올 수 있다.

그 이유는 부분 지급준비율제도fractional reserve system 때문이다. 은행은 예금주가 현금을 찾을 때를 대비해, 전체 예금액 중 일부만 현금으로 보유하고 있다. 나머지 돈은 사업을 시작하거나 주택을 구매하려는 다른 고객에게 대출해주는 데 사용되기 때문이다. 〈멋진 인생〉이라는 유명한 영화에 뱅크런 사태가 묘사된 적이 있다. 당시 잔뜩 화가 난 예금주들이 은행에 몰려와서 인출을 요구하자 주인공인 조지 베일리가 나서서 예금액은 은행에 그대로 있는 것이 아니다. 이웃의 주택과 사업에 투자된 것이라고 설명해 사람들을 진정시켰다.

지금도 대공황 시절과 마찬가지로 모든 예금주가 예금 전액을 인출할 정도로 은행이 대출을 신속하게 현금화하는 것은 사실 불가능하다. 그때와 달라진 점이 있다면, 요즘은 예금자보험이 있기 때문에 은행에 문제가 생겨도 당장 달려가서 예금을 찾을 필요가 없다는 것이다. 은행이 금융권에서 신뢰를 잃을 수는 있겠지만 예금주는 예금자보험 덕분에 허겁지겁 은행에 뛰어가는 일은 아예 생각하지 않아도 된다. 다른 형태의 금융공황이 발생할 가능성은 있지만, 적어도 은행 예금을 돌려받지 못한다는 두려움 때문에 공황이 발생하지는 않을 것이다.

5장

예산과 지출

예산이란 수입 총액과 지출 총액에 대한 구체적인 계획이다. 예산을 세우는 목적은 지출 총액이 수입 총액을 넘지 않게 하는 데 있다. 그렇게 해야 예기치 못한 일에 대비할 여유 자금을 확보할 수 있다. 하지만 모든 일이 계획대로 풀리는 것은 아니다. 예를 들어, 친구의 선물 예산으로 25달러를 계획했는데, 그 친구에게 정말 잘 어울리는 선물이 35달러라서 망설이게 될 수 있다. 또는 갑작스러운 사고를 당해서 예기치 못한 건강보험료를 부담하게 될 수 있다. 그런가 하면 최신형 아이폰을 갖고 싶은 마음이 간절해서, 휴대전화를 살 돈을 다 모을 때까지 도저히 못 기다릴 것 같은 느낌을 가질 수 있다. 이런 문제는 예산을 잘 계획하면 쉽게 해결할 수 있다.

예산을 잘 세워도 예상치 못한 일에 대처하는 것이 어려울 수 있다. 그렇지만 예산을 세워두면 생각지 못한 지출을 줄이는 데는 분명 도움이 된다. 먼저 수입과 지출을 세세하게 알면 수입과 지출의 균형을 맞출 수 있다. 수입과 지출이 균형을 이루면 빚을 떠안는 불상사는 생기지 않을 것이다. 그리고 예산을 잘 세우면 월말에 각종 공과금이나 집세를 낼 돈이 없어서 쩔쩔매는 일도 없을 것이다. 예산을 세우면서 좋은 금융 습관을 배울 수 있는 것이다. 그뿐만 아니라 인생을 살다 보면 수입과 지출은 달라지게 마련이다. 이럴 때 예산은 재정적으로 탄탄한 기반을 구축하는 도구가 된다.

예산 세우기

예산을 세울 때 가장 먼저 할 일은 수입과 지출 항목을 하나도 빠뜨리지 않고 전부 목록화하는 것이다. 이러한 분석은 월 단위로 진행하는 것이 좋다. 가능하다면 1년을 내다보고 예산을 세우는 것이 좋은데, 그렇게 하면 더 알찬 계획을 만들 수 있다. 먼저 과거의 수입과 지출을 찬찬히 검토해보면, 예산을 어떻게 세울지 좀 더 쉽게 파악할 수 있다. 이제 앞으로 수입이 어떻게 발생할 것이며 어떤 항목에 지출할 것인지 생각해보라. 종이와 연필을 사용해도 좋고, 스펜디Spendee, 민트Mint라는 앱(국내에는 네이버 가계부, 뱅크샐러드, 편한 가계부 등이 있다. - 옮긴이)을 사용할 수도 있다. 물론 지금 만든 예산대로 평생 살아야 하는 것은 아니다. 예산대로 돈을 관리하고 있는지 정기적으로 확인하거나 (물론 이렇게 하는 것이 쉬운 일은 아니다) 단기 예산을 세워보는 것이 좋다는 사람도 있다. 하지만 모든 전문가가 그렇게 생각하는 것은 아니다. 최대한 구체적으로 예산을 세우는 것이 여러모로 좋다는 것이 보편적인 견해인 것 같다.

예산을 세우는 첫 단계는, 과거의 지출을 참고해 내년의 모든 지출 항목을 하나하나 검토하는 것이다. 그리고 내년 수입이 어느 정도일지 예상해볼 수 있다. 최근에 대학을 졸업한 사람을 기준으로 생각해보자. 대학에 다닐 때는 부모님이 주는 용돈, 아르바이트, 방학 때 잠깐 다닌 직장에서 번 돈이 수입의 전부였을 것이다. 이제는 어엿한 직장인이므로 내년에는 (각종 공제액을 다 빼고 난) 순수입이 월 2,650달러로 예상된다. 하지만 직장인이 되면 부모의 지원이 중단되고 아르바이트 수입도 포기해야 하며, 월급이 유일한 수입원이 된다.

지출 측면에서 보자면 특히 가족의 지원이 모두 사라지고 경제적으로 독립함에 따라 몇 가지 큰 변화가 발생한다. 그동안 부모나 학교에 의존하던 식비나 주거비는 이제 직접 부담해야 한다. 건강보험 역시 가족이 대신 부담하고 있거나 학비에 포함되어 있는지 확인해보라. 직장에 들어가면 고용주가 건강보험을 대신 납입해주겠지만 그래도 일정액은 당사자가 부담하게 된다. 그 외에 난생처음 보는 지출 항목들도 있을 것이다. 이런 항목들은 예산을 세우기가 쉽지 않은데, 비용 항목을 하나하나 따져보는 것부터 상당히 귀찮고 피곤하게 느껴지기 때문이다. 하지만 휴대전화 요금이나 가스 요금 등은 당사자가 잘 챙기지 않으면 요금이 밀리는 바람에 서비스를 받지 못하게 되는 불상사가 생길 수 있다. 한 가지 위로가 되는 것은 '딱 한 번만' 이렇게 고생하면 다음부터는 예산을 세우는 것이 쉬워진다는 것이다.

많은 재무설계사들이 주요 지출 항목들에 대한 적정 지출 금액을 통상적인 수치로 말한다. 예를 들어, 어떤 책에서는 주거비가 수입의 30퍼센트 정도가 적당하다고 하지만, 또 다른 자료에서는 매월 주거비와 대출 상환액이 수입의 절반을 넘어서는 안 된다고 조언한다. 인터넷이나 도서관을 뒤져보면 예산을 만드는 데 대한 지침이 자세하게 많이 나와 있으므로 이 또한 활용해보기 바란다. 먼저 이 책에서는 아래와 같이 제안하고자 한다.

주거비를 과도하게 지출하지 마라 | 대부분의 경우 주거비와 부대비용이 예산에서 가장 큰 부분을 차지한다. 아직 젊어서 직접 돈을 관리한 경험이 적은 경우, 지출을 줄이려고 생활환경상 작은 불편쯤은 기꺼이 감내하려 들지 모른다. 그래서 여러 명의 룸메이트와 함께 살거나, 주변 환경이 좋지 않은 곳에 집을 구하거나, 작은 아파트로 이사하거나, 출퇴근 거리가 먼 곳에 집을 구하게 된다. 하지만 몇 년 만 참으면 이런 주거 환경은 차차 개선할 수 있으므로 너무 걱정할 필요는 없다.

소액 지출도 모이면 큰돈이다 | 매일 스타벅스에서 커피를 마시고, 저녁은 외식으로 해결하고, 헬스클럽에 등록하고 아이튠즈에서 이것저것 다운로드를 받으면 어떻게 될까? 이렇게 생각 없이 돈을 쓰다 보면 한 달에 몇 백 달러는 금방 써버리게 된다. 회사에서 커피가 제공되면 커피에 따로 돈을 쓰지 않도록 한다. 요리는 될 수 있는 대로 집에서 직접 해먹고, YMCA에 가입해서 운동하고, 라디오를 즐겨 듣는다면 소액 지출을 크게 줄일 수 있다. 돈을 벌기 시작하면 이것저것 사고 싶은 충동이 커질 수 있다. 하지만 매 순간 그러한 충동을 잘 제어해야 한다. 지금 절약하면 나중에 훨씬 더 자유롭게 돈을 쓸 수 있다.

비상 상황에 대비하라 | 인생을 살다 보면 예기치 않은 일이 생기는데, 대개 그런 일은 금전적으로 큰 타격을 준다. 당장 이번 달이라도 어떤 일이 생길 수 있는 것이 인생이다. 이번 달에 교통법규 위반으로 과태료를 낼 수도 있고 다음 달에는 아파트에 필요한 것을 사느라 목돈을 지출해야 할지 모른다. 그다음 달에는 컴퓨터를 교체해야 하는 상황이 생길 수 있다. 각각의 고비를 잘 넘기면 몇 개월 내에 그 타격에서 회복할 수 있다. 하지만 이런 상황에 대비해 일정액의 긴급 자금을 항상 가지고 있어야 한다.

매일 발생하는 지출 항목

한 달간 지출하는 모든 항목과 구체적인 금액을 정리해보라. 한 달이 길게 느껴질지 모르지만, 휴대전화 요금, 월세, 신용카드 명세서처럼 대부분의 지출이 월 단위로 발생한다는 점을 생각해보라. 한 달 미만을 기준으로 예산을 세우면 자칫 중요한 항목을 놓칠 우려가 있다. 한 달 이상의 기간에 대해 지출 항목을 정리해도 문제가 되진 않지만, 시간이 많이 들 뿐 정작 지출을 정확히 파악하는 데는 도움이 되지 않는다.

부모에게서 독립하지 않고 학교에 다니는 학생의 경우를 한번 살펴보자. 식비, 주거비, 학비는 부모에게 거의 의존하고 있다. 아직 독립하지 않은 학생이지만 지출 항목은 매우 많다. 영화, 콘서트, 연극, 모임 등의 여가활동, 간식비와 외식비, 친구에게 선물하는 일, 핼러윈이나 학교 댄스파티에 필요한 의상비, 화장품, 입 냄새 제거제와 같은 개인 생활용품, 교통비, 컴퓨터나 휴대전화에 필요한 앱, 전자책, 동영상, 음악 파일 구매 비용 등이 있다.

대학을 졸업하고 첫 직장을 구해 룸메이트와 함께 아파트에서 살게 된 직장인이라면 어떨까? 여가활동, 선물, 전자제품처럼 경제적으로 독립하기 전에 사고 싶었던 물건은 10년 후에도 여전히 지출 항목에 남아 있을 가능성이 크다. 이제는 돈을 버니까 학생 때보다 더 좋은 것을 사고 싶은 마음도 있을 것이다. 어쨌든 지출 항목 자체는 큰 변동이 없다. 문제는 여기에 다른 지출이 추가된다는 것이다. 대학 학자금 대출을 갚아야 하고 집세와 공과금을 내야 한다. 휴대전화 요금과 인터넷 사용료, 식비, 건강 및 재산 관련 보험, 자동차에 들어가는 비용, 주거 공간에 필요한 가구 구입비, 의복비, 휴가나 가족 방문에 드는 비용, 저축 등이 여기에 포함된다.

저축과 긴급 상황

재무설계사는 저축과 긴급 상황에 대한 지출을 예산에 반드시 포함해야 한다고 강조한다. '저축'을 '지출'로 분류하는 것이 이상해 보일지 모르겠지만 예산을 세울 때 주요 항목별로 돈을 배정하듯이 저축할 돈도 따로 떼놓는 것은 바람직한 습관이다.

이 점을 강조하기 위해 저축을 가리켜 '본인에게 먼저 지급'하는 돈이라고 표현한다. 예산이 허락한다면 이 저축액을 최대한 늘리는 것이 좋다. 어차피 쓸 돈이 없으면 돈을 쓰고 싶은 유혹이 생길 때 지출을 통제하기가 한결 쉬워진다. 급여에서 저축액을 미리 공제하는 방식으로 저축 마련을 장려하는 회사도 있다.

비상 자금이란 매달 필연적으로 발생하는 예상외 지출이 아니라 실직, 장기 요양, 심각한 상황에 부닥친 가족 부양과 같은 중대한 사안을 위해 따로 모으는 돈이다. 많은 전문가는 6개월치 생활비를 긴급 자금으로 준비해야 한다고 말하지만, 당장 그만한 돈을 따로 떼놓기 어려울 수 있다. 그만한 여유 자금을 마련하려면 최대 몇 년이 걸릴 수도 있다. 꾸준히 노력하면 가능한 일이다. 어떤 사람은 긴급 상황이 발생하면 지출을 최대한 줄여서 대처하면 된다고 생각할지도 모른다. 그러나 비상 자금은 반드시 있어야 한다.

예산 수립의 예시

앞서 언급된, 최근에 대학을 졸업한 사람의 예산을 한번 만들어보자.

도표 5.1 | 예산의 예시 | **출처**·저자의 분석

수입	
월급	$3,200
세금, 보험, 퇴직연금 등의 공제액	$550
사용 가능한 수입	**$2,650**
지출	
월세, 가스비, 전기료, 보험	$650
식료품, 주전부리, 점심 식대, 외식, 포장 음식	$600
대학 학자금 상환	$350

휴대전화 요금, 케이블 요금, 여가생활, 교통카드 충전	$200
개인 생활용품 등(의약품, 미용실, 메이크업, 병원비)	$200
의복, 가구, 선물 등을 포함하는 내구성 있는 물품에 대한 지출	$150
수리, 교체 및 기타 예상치 못한 일에 필요한 비상금	$100
긴급 자금 저축	$100
퇴직연금 이외의 저축	$100
휴가 및 여행 자금	$100
기부금	$50
예산 외 지출	$50
총 지출액	**$2,650**

자동차 구입

이제 목돈이 들어가는 지출을 생각해보자. 가장 먼저 자동차를 생각해볼 수 있다. 도시에 사는 사람은 대개 차를 살 필요가 없고 렌터카를 사용하는 일도 거의 없을 것이다. 도시 곳곳을 연결하는 대중교통이 발달해 있는 데다 인구 밀집도가 높아서 웬만한 목적지는 도보로 접근할 수 있기 때문이다. 단기간 차량이 필요한 경우라도 택시, 우버, 리프트Lyft(미국의 차량 공유 서비스 기업-옮긴이), 짚카Zipcar(차량 공유 서비스-옮긴이), 메이븐Maven(GM에서 2016년에 시작한 차량 공유 서비스-옮긴이), 카투고Car2Go(웹 기반의 차량 공유 커뮤니티-옮긴이)와 기존의 렌터카 업체 등을 이용할 수 있다. 주요 렌터카 업체는 일정 연령 미만에게는 렌터카를 내주지 않는다. 또한 25세 미만의 운전자에게는 높은 수수료를 적용하면서 반드시 신용카드로 결제할 것을 요구한다. 도심에 살지만 가끔 시내 곳곳을 다니거나 주말에 교외로 나가려면 차가 필요하다는 생각이 들 수 있다. 하지만 그런 이유로 차를 사는 것은 합리적이지 않다. 차를 구입하고 유지하는 비용을 생각하면 결코 합리화될 수 없다. 더군다나 도심에 거주하는 사람이라면 말이다.

대도시에 살지 않는 경우는 어떨까? 사실 미국인의 절반은 대도시 거주자가 아니므로 차 구입을 한 번쯤 생각해볼 수 있다. 어떤 지역에서 차량은 생활필수품과 같다. 직장생활을 하려면 더욱 그러할 것이다. 가장 먼저 자동차가 꼭 필요한지 생각해봐야 한다. 다른 대안으로 충분히 이 문제를 해결할 수 있다면 구매하지 않는 편이 낫다. 방법을 다 찾아본 후에도 차가 꼭 필요하다면 기다렸다가 사도 늦지 않다. 자동차를 마련하면 부대비용이 예상외로 많이 들기 때문이다.

일단 모든 차량은 거주지의 관할사무소에 등록해야 한다. 매년 내야 하는 등록비는 매우 큰 금액이다. 게다가 일부 주와 자치구에서는 차의 시가에 따라 매년 자동차세를 부과한다(해당 관청은 이 부분에서 상당히 많은 데이터를 보유하고 있으므로, 차량 시가를 낮추려는 눈속임은 절대 통하지 않는다). 이 세금이 얼마인지 먼저 계산해봐야 한다. 어쩌면 매년 수백 달러가 들어갈 수도 있다.

물론 운전면허는 당연히 있어야 한다. 그런데 더 중요한 문제는 법적으로 도로에 차를 몰고 나가기 위한 자동차 책임보험 가입 여부다. 몇몇 주를 제외하고 거의 모든 지역에서 사고 발생에 대비해 운전자에게 보험 가입을 의무화하고 있다. 무보험 차량을 운행하는 것은 범죄에 해당한다. 그러므로 운전자는 차 안에 항상 보험가입증명서를 준비해두어야 한다. 보험의 최저 보장 요건은 주마다 차이가 있지만 적어도 연간 500달러 이상이 보험료로 들어갈 것을 예상해야 한다. 일반적으로 자동차보험은 연간 1천 달러 정도 드는 것 같다.

새 차를 사도 언젠가는 고장이 나고 결국 폐차해야 할 것이다. 5년이 넘은 차는 대부분 무상수리가 적용되지 않는다. 그러므로 자차 운전자는 정기 점검과 수리비용을 항상 염두에 두어야 한다. 무상수리 기간이 남아 있어도, 정기 점검 중에 윤활유 교환, 와이퍼 교체, 타이어 교체, 차창 수리 등을 하게 되면 비용을 따로 지불해야 한다. 수리 횟수와 비용은 자동차 연식 및 관리 상태에 따라 크게 달라진다. 쉽게 말해서 차량 유지비로 매년 500달러 정도를 준비하는 것이 좋다.

이 밖에 주유비, 고속도로 통행료 및 주차비도 염두에 두어야 한다. 대다수 운전자에게 가장 큰 지출은 유류비용이다. 차량의 연비나 지역 주유소 단가에 따라 다르겠지만 일반적으로 주유비도 만만치 않다. 일부 고속도로와 교량, 터널은 통행료가 부과된다는 점도 여행 예산에 반영해야 한다. 일단 목적지에 도착하면 주차 문제가 남아 있다. 주차장, 주차기, 발렛파킹, 차고 등은 주차비용이 부과된다. 도로변 주차가 불가능하거나 거주자 주차공간이 따로 없다면, 집 근처에서 주차장을 따로 찾아야 한다. 주차 위반은 될 수 있는 대로 피하는 것이 좋다. 혹시라도 주차 위반 과태료가 부과되면 즉시 납부해야 한다. 이를 체납하면 과태료가 발생하며, 결국은 주차 당국이 체납자를 추적해 차를 견인하거나 '운행금지' 장치를 부착하기 때문이다.

운 좋게 차가 그냥 생기는 일은 많지 않다. 대부분 직접 차를 사야 하는데 이 또한 선택할 것이 한둘이 아니다. 렌터카를 사용할지 차를 살지 정해야 하고, 새 차와 중고차 중에서 선택해야 하고, 자동차 딜러에게 문의할 것인지 아니면 중고차 웹사이트를 이용할지, 현금으로 구매할지 아니면 대출을 받을지 결정해야 한다. 자동차 구매서비스를 사용하면 품질, 기능, 수리 내역 및 고려 중인 모델의 가격 범위에 대한 정보를 얻을 수 있다. 일례로 소비자 보고서는 평판이 좋으면서도 저렴한 자동차를 안내해준다. 대출은 최대한 피해야 한다. 차를 사야 한다면 그전에 비용을 충분히 모아야 한다. 렌터카는 이자 때문에 사실 대출을 받아서 차를 사는 것과 다를 바 없으므로 아예 고려하지 않는 편이 낫다.

(5년 이내의) 최신 모델 중고차는 새 차보다 훨씬 저렴하며 오랫동안 사용할 수 있으므로 여러모로 유리하다(요즘은 차량 평균수명이 11년을 넘는다고 한다). 인터넷으로 전혀 모르는 사람에게서 직접 차를 사면 돈은 아낄 수 있을지 몰라도 위험부담이 너무 크다. 자동차 딜러는 이익을 얻으려고 사업을 하는 사람이며, 실력이 좋은 자동차 딜러는 고객의 신뢰를 얻기 위해 최선을 다해 도와줄 것이다. 그러므로 딜러의 온라인 등급을 조사하거나 친구, 친척에게 좋은 딜러를 추천받을 수 있는지 알아보기 바란다.

아파트 구하기

살다 보면 부모님의 집, 대학 기숙사, 룸메이트와 함께 지내던 작은 집의 거실에서 벗어나 자신만의 집을 구해야 할 때가 올 것이다. 대다수 젊은 이는 월세를 공동으로 부담하고, 외로움을 덜 수 있으며, 여러 가지 자원을 공유할 수 있으므로 (이를테면 자가용이 있는 룸메이트는 여러모로 도움이 된다) 적어도 한 명 이상의 룸메이트와 함께 생활한다. 룸메이트가 있으면 아무래도 프라이버시를 유지하기 어렵고 생활습관 등의 이유로 갈등을 겪을 수 있다. 하지만 룸메이트와 함께 생활하다 보면 나중에 배우자를 만나서 생활하는 데 필요한 특성을 미리 배양할 수 있다.

아파트 임대료는 상당히 큰 부담이 될 수 있다. 임대차 계약서에 서명하면 그 사람은 임대료 전액을 지불해야 할 법적 책임이 있다. 따라서 룸메이트 사이에 '모종의 합의'가 있더라도 결국은 계약서에 서명한 사람에게 최종 책임이 있다. 계약서에는 룸메이트의 이름이 명시되지 않을 것이므로, 룸메이트끼리 따로 합의서를 작성해두는 것이 좋다. 이런 합의서는 별도의 양식 없이 당사자들이 간단히 작성할 수 있다. 임대하려면 일반적으로 피해 보상이나 임대료 미납에 대비해 한두 달치 임대료를 보증금으로 내야 한다. 또한 임대차 계약서에 서명할 때 첫 달 임대료를 지급해야 한다. 쉽게 말해서, 임대차 계약서를 작성할 때 보증금과 첫 달 임대료를 한꺼번에 내야 하므로 목돈이 필요하다.

임대차 계약 시에는 임대료에 냉난방 비용, 전기요금, 인터넷 사용료 등의 공과금이 포함되는지 집주인에게 반드시 확인해야 한다. 공과금을 따로 내야 하면 집주인이나 임차인 중 한 사람이 별도의 계좌를 만들어서 공과금 납부를 관리해야 한다. 룸메이트라면 월세뿐만 아니라 아파트에 발생하는 파손 및 기타 생활비에 집단적 책임이 있다는 점을 인지해야 한다. 식품 구매는 룸메이트 사이에서 가장 충돌이 잦은 부분이라고 한다. 식품에 드는 돈을 관리하고 나누어 부담하는 문제, 배달음식 포장재 처리 및 뒷정리를 어떻게 나누어 부담할지 명확히 정해두면 좋다.

아파트 단지 내에 또는 가까운 곳에 빨래방과 같은 편의시설이 있으면 생활이 더욱 편리하다. 아파트에 필요한 가구를 마련하는 데도 돈이 많이 든다. 침대, 테이블, 책상, 의자, 전자·가전제품, 선반, 주방용품, 조명, 창문을 가리기 위한 커튼이나 블라인드 등 일일이 다 나열하기도 어렵다. 가족이나 친구에게서 중고 가구들을 얻을 수도 있다. 이런 점들은 아파트로 이사하기 전에 생각해야 한다. 룸메이트 각자가 무엇을 가졌는지 미리 파악하고, 비싼 것을 사야 할 때는 룸메이트 모두가 함께 부담해야 한다. 룸메이트와 함께 살기 시작하면 비용이나 책임 분담에 관한 문제가 예상보다 훨씬 빨리 그리고 반드시 발생하기 때문이다. 집 안팎을 변경하려면 우선 서면으로 주인의 허락을 구해야 한다. 그리고 나중에 이사를 나갈 때 원래 모습으로 복구해야 하는지도 분명히 정해두어야 한다(예를 들어, 침실을 옅은 초록색으로 페인트칠한 경우, 집주인은 당신이 이사 나갈 때 침실을 원래 색깔대로 다시 페인트칠해달라고 요구할지 모른다).

애인과 동거하는 것은 단지 돈 문제만 아니라 여러 가지 문제가 관련된다. 물론 동성인 룸메이트와 함께 살아도 상황은 크게 다르지 않다. 임대료와 각종 공과금은 서류상 누구의 이름으로 부과되는지, 가구, 도서, DVD 등의 소유권은 누구에게 있는지 명확히 해야 한다. 그리고 공동으로 부담할 비용과 처음부터 알아서 각자 부담할 비용도 구분해두어야 한다. 상대가 누구든 간에 일단 함께 살기로 하면, 그 관계가 깨질 가능성을 염두에 두어야 한다. 이별 가능성을 미리 생각하는 것은 기분 좋은 일은 아니다. 그렇지만 이렇게 해야 헤어짐의 감정적 고통에 더해 금전적 피해를 보는 것을 어느 정도 방지할 수 있다.

내 집 마련

집을 소유하는 것은 오래전부터 모든 이들의 꿈 중 하나였다. 영속적인 느낌, 소속감, 안정감, 자신감 등도 이와 큰 관련이 있다. 그래서인지 때때로 모든 사람이 당연히 내 집 마련을 목표로 삼는다고 가정하게 된다. 하지만 자기 집을 갖는 것이 모든 사람에게 꼭 필요하거나 합당한 것은 아니다. 집이란 우리가 살면서 돈을 주고 사는 것 중에 가장 큰 비용을 치르는 대상일 것이다. 미국 정부 연구에 따르면, 2010년부터 2012년까지 미국 주택의 중간값(평균치가 아니라 전체 분포에서 중간값)을 약 17만 5천 달러로 추정했다. 하지만 이 수치는 주나 지역별로 차이가 크게 나타났다. 캘리포니아에서는 주택의 중간값이 36만 달러였으나 미시간주는 12만 달러를 넘지 않았다. 그 후로 거의 모든 지역에서 부동산이 오르는 바람에, 대출 없이 내 집을 마련하는 것이 거의 불가능한 일이 되어버렸다. 돈을 빌려주는 입장에서는 구매 가격의 일부를 보증금으로 요구하는데, 보편적으로 보증금은 현금으로 결제한다. 통상적으로 집값의 사 분의 일 이상을 손에 쥐고 있어야 대출 보증금을 내고 주택 구매에 뒤따르는 부대비용을 처리할 수 있다.

모든 주택은 유지와 보수가 필요하다. 10년 이하의 주택을 제외하고는 통상적으로 구매 가격의 1퍼센트가 매년 유지보수비로 지출될 것이다. 주택 규모와 주택 시가에 따른 재산세와 주택보험도 비용에 포함해야 한다. 아파트처럼 일반 주택도 가구 마련에 돈이 든다. 그리고 이사비와 각종 설치비용 등도 고려해야 한다. 일부 지역에서는 콘도미니엄이 인기를 얻고 있는데, 아마도 관리비 등의 경비가 월세에 포함되는 것이 큰 장점으로 작용하는 것 같다(콘도는 로비, 진입로, 잔디밭과 같은 공동 소유물이 있는 아파트 건물처럼 같은 단지에 있는 가구 단위를 말한다).

물론 대출을 받아 집을 사면, 매달 주택담보대출을 상환해야 한다. 어떤 사람은 집을 사는 것이 일종의 투자라고 생각한다. 부동산은 다른 금융 투자처럼 가치가 오르락내리락하는 일이 반복된다. 일반적인 투자의 중요한 특징은 이자나 배당금 등의 정기적인 수익이 발생하는 것인데, 집을 산 후에는 이러한 수익이 발생하지 않는다. 하지만 자가 거주자는 집세를 따로 지출하지 않으므로 집세에 해당하는 돈은 주택 구매에 투자한 돈에 대한 직접적인 이자와 같다. 어찌 보면 자신에게 집을 빌려주고 세를 받는 것이라고 할 수 있다. 그러나 자가와 임대를 비교하는 것은 재무 분석상 상당히 복잡한 일이다.

임대와 자가 비교

집을 사는 데는 부동산 중개료, 권원보험, 대출 수수료, 취득세와 같은 거래비용이 발생한다. 이 비용도 대출로 막을 수는 있다. 하지만 결국에는 어떤 방식으로든 감당해야 하는 비용이다. 이러한 비용을 회수할 정도로 집값이 오르려면 여러 해가 걸릴 수 있다. 임대와 자가를 비교할 때 중요한 것은, 주변 환경의 질적 요건, 집의 크기와 생활 편의시설 등의 조건이 최대한 비슷해야 한다. 무엇보다도 부동산 가격 상승에 대해서는 현실적으로 가설을 세워야 한다. 지금 세우는 가설이 분석의 결과에 직접적인 영향을 주기 때문에 현실적이어야 한다. 어떤 분야의 시장이 오름세를 보이면 많은 사람이 그 추세가 계속될 거로 생각하지만 그것은 착각이다. 2008년부터 2009년 사이에 부동산 가격이 크게 하락해 다시 회복되기까지 오랜 시간이 걸렸다. 이 사례를 반면교사로 삼아야 한다.

도표 5.2는 월세와 자가 비용의 5년간의 변동을 나타낸 것이다. 5년을 기준으로 할 때 출발 시점의 저축액은 4만 달러다(아마 집을 사려고 모았거나 월세로 살면서 저축 이자를 받으려고 의도한 것 같다). 주택 매입가의 1퍼센트는 부대비용이며 대출에 포함해야 한다. 중개수수료 외에는 다른 매각 비용이 없음을 전제로 한다. 세금의 영향은 미미하므로 이 도표에 반영하지 않았다. 화폐의 시간 가치도 반영하지 않았다(많은 사람이 착각하는 것은 소득세, 주택담보대출 이자 공제 때문에 집을 사야겠다는 생각을 굳힌다는 것이다. 사실 이런 요소는 실질적인 이자율을 아주 조금 낮춰줄 뿐이다). 다른 전제조건은 도표에 명확히 제시되어 있다. 도표에 따르면 5년간 주택을 소유하면 월세로 사는 것보다 연간 1,115달러가 더 지출된다. 주택을 소유하는 기간이 이보다 길어지거나 집값이 빠르게 오른다면, 집을 사는 것이 더 유리할 수도 있다.

도표 5.2 | 월세와 자가 비교표 | **출처**·저자의 분석

출발점 기준의 저축액	**$40,000**	
월세 옵션		**연간비용**
월세 1년 차	$1,000	$12,000
연간 월세 인상율	3%	
월세 2년 차	$1,030	$12,360
월세 3년 차	$1,060	$12,720
월세 4년 차	$1,090	$13,080
월세 5년 차	$1,120	$13,440
공과금	월 $200	$2,400
유지보수비	기포함	
세금	기포함	
세입자보험		$500
5년간 비용	$78,100	
저축 이자율	연 2%	
5년이 끝나는 시점의 저축액	$44,163	
저축 수익	$4,163	
5년간 월세 지출	**$73,937**	**$14,787**
자가 옵션		**연간 비용**
구매가	$200,000	
연간 감가상각	2%	
보증금	20%=$40,000	
부대비용	대출금에 $2,000 추가	
주택담보대출	$162,000	
30년 주택담보대출 이율	연 6%	
월 납부금	$971	$11,652
각종 공과금	매월 $200	$2,400
유지보수		$2,000
세금		$2,500
주택보험		$1,000

5년간 비용	$97,760	
판매 가격	$220,000	
중개료	5%	
매출액	$209,000	
주택담보대출 잔액	$150,750	
순 매각대금	$58,250	
저축 수익	$18,250	
5년간 소유 비용	**$79,510**	**$15,902**

대학

대학에 진학할 예정이거나 현재 재학 중이거나 졸업한 지 몇 년 지나지 않았다면, 대학 교육이 얼마나 돈이 많이 드는지 잘 알 것이다. 어떤 사람은 학자금 대출을 받고 직접 아르바이트를 하면서 자기 힘으로 학비를 감당해낸다. 그게 아니라면 부모가 당신의 학비 때문에 한숨 쉬는 소리를 여러 번 들었을 것이다. 저축과 보조금 등으로 학비 대부분을 충당할 수 있다면 정말이지 억세게 운 좋은 사람일 것이다. 사람마다 상황은 다르겠지만 대학 학비가 어느 정도이며 어떻게 이를 감당할지 알아두어야 한다. 이 점은 향후 여러 해 동안 개인의 재정 상황에서 중요한 부분을 차지하기 때문이다.

대학은 영리를 추구하는 학교와 그렇지 않은 학교, 2년제와 4년제 그리고 사립대와 국공립대로 구분할 수 있다. 최근 영리를 추구하는 대학에 대한 비난의 목소리가 높아지고 있지만, 영리를 추구하는 것 자체가 본질적으로 잘못된 것은 아니다. 영리를 추구하는 대학은 컴퓨터 프로그래밍, 그래픽 아트, 요리, 건강관리 등 실용적인 훈련이나 전문 직업에 집중하는 경향을 보인다. 온라인 수업과 같은 새로운 형태의 수업도 있어서 시간제로 수강하는 학생에게 인기가 있다. 최근 몇 년 사이에 이러한 영리추구형 학교가 급증하고 있다. 그에 따라 이런 학교들이 재정지원 시스템을 악용해 학생들의 커리어 개발에는 큰 도움을 주지 못하면서 학자금 대출이라는 무거운 짐만 떠안게 한다는 비난을 사고 있다. 하지만 이러한 주장은 현실을 지나치게 과장한 면이 있다.

전문대학도 교육의 질적 면에서 훌륭하다. 학교 시간표에 융통성이 있으며 빨리 직업시장에 진출할 수 있도록 실용적인 교육 프로그램을 제공한다. 전문대학에서도 기술학과, 경영학과, 커리어 센터, 지역 산업체와 연계된 견습 프로그램 등을 제공한다. 전문대학은 보통 2년제 학위를 수여하는데, 일부 학생들은 다른 4년제 대학에 편입하기 위한 입문 과정 삼아 선택하기도 한다. 국립대학은 보통 4년제 학위 과정이며, 자원이 풍부해 학생들은 간호, 공학, 인문계, 사업에 이르기까지 다양한 전공을 선택할 수 있다. 사립대학도 학문적 선택에 관해서는 국립대학과 비슷한 수준을 갖추고 있다.

대학 학자금은 절대 만만치 않은 금액이다. 가장 비싼 항목은 수업료이며, 그 외에도 기숙사나 주거비, 학생회비, 교재비, 건강보험료, 각종 활동비 및 기타 부대비용을 고려해야 한다. 학교마다 등록금과 학비를 일목요연하게 정리한 도표 자료가 있을 것이다. 그러나 도표상의 학비를 모두 내는 학생은 많지 않다. 대부분의 학생이 보조금이나 장학금을 받기 때문이다. 이러한 지원금은 갚을 필요가 없으므로 대학 교육의 순 비용을 크게 줄여준다. 웬만한 학생(과 그 가족들)이라면 학자금 대출 자격이 된다고 말할 수 있다. 물론 대출은 결국 갚아야 하는 돈이므로 비용이 줄어드는 것은 아니다. 하지만 대다수 학생에게 학자금 대출은 대학 교육을 받을 수 있는 유일한 돌파구다.

현재 미국에서 4년제 사립대 또는 일반대학 교육에 드는 연간 총비용(수업료, 기숙사비, 학생회 및 기타 부대비용)은 약 4만 5천 달러다. 총비용의 범위는 3만 달러에서 6만 5천 달러 사이라고 보면 된다. 다행히도 보조금은 평균 2만 달러이므로 연간 순 비용은 평균 2만 5천 달러로 내려간다. 4년제 국립대학의 경우 총비용은 평균 2만 달러이나, 보조금 6천 달러를 고려하면 순 비용은 약 1만 4천 달러로 낮아진다. 2년제 국립 전문대학은 지원금을 제외한 순 비용이 연간 약 7천 달러다. 만약 집에서 통학하면 이 비용은 더욱 줄어든다. 4년제 대학은 총 투자액이 5만 달러에서 10만 달러까지 오른다. 이 때문에 대학 졸업자 대부분이 졸업과 동시에 평균 3만 5천 달러의 부채를 떠안게 된다. 실제 대학 교육비가 어느 정도인지 알려주는 순 비용 계산 프로그램이 온라인에 많이 있으나, 사용 시 주의가 필요하다. 대출 보조금과 학비 보조금은 차이가 있으며, 순 비용 계산 프로그램이 모든 종류의 보조금을 일관성 있게 반영하는 것은 아니기 때문이다.

학자금 대출이 3만 5천 달러를 넘는다는 이유로 4년제 대학을 아예 포기할 것인가? 그런 이유로 걱정할 필요는 없다. 대학 교육은 자신을 위한 최상의 투자 중 하나이기 때문이다. 대학 교육의 재정적 가치는 수많은 연구를 통해 입증되었다. 대학 졸업자는 그렇지 않은 사람들에 비해 연소득이 2배나 높으며, 대학 교육의 평생 순이익은 50만 달러가 넘는다고 한다. 이처럼 대학 교육은 비용이 많이 들지만 하나의 투자로 보자면 그만한 가치가 있다. 가장 중요한 것으로, 대학 교육은 책임감 있고 창의력이 넘치며 지성을 갖춘 시민을 양성해준다. 이는 우리 사회가 성공적으로 운영되는 데 꼭 필요한 부분이다.

그러나 대학 교육에 드는 어마어마한 비용을 생각해보면, 모든 사람이 반드시 대학 교육을 받아야 한다고 말할 수는 없다. 대학 교육이 모든 사람에게 반드시 큰 도움이 되는 것도 아니다. 학위를 받는다고 해서 졸업 후에 재정적 성공이 보장되는 것도 아니다. 고등학교 졸업 후의 추가 교육은 본인의 재능과 관심사에 잘 맞는 분야를 선택해야 하는 이유다. 또한 일반교양교육 위주의 4년제 대학보다는 특정 직업군을 염두에 두고 전문대학을 선택하는 것이 여러모로 유리할 수 있다. 4년제 대학에 가지 않아도 취업 교육을 받거나 취업에 도움이 되는 기술을 배우는 것은 얼마든지 가능하기 때문이다.

전문대학에서 전문적인 기술을 배우든 4년제 사립대에서 철학을 전공하든 간에, 학비 계획은 매우 중요한 사안이다. 미국은 모든 주에서 세금을 토대로 대학 학자금을 보조해주는 529 플랜529 Plans이 시행된다. 그리고 전도유망한 학생들에게 다수의 기관이 장학금을 지원한다. 연방정부와 주정부에서도 장학금제도, 직접 보조 및 대출 보조 프로그램을 제공한다. 이러한 대출금의 일부는 졸업 후에 특정 유형의 직장에 취업하면 면제되며 소득 수준에 따라 대출금 일부가 면제되기도 한다. 대학 학자금 지원 혜택들은 매우 복잡하고 다양하며 계속 달라지기 때문에 도서관, 대학 내 상담사 또는 인터넷 등을 통해 자세히 알아보기 바란다. 개인적인 상황이 어떻든 재정 계획을 열심히 준비하다 보면, 대학 학자금은 꼭 마련될 것이다.

자녀 계획

나이가 더 들면 자녀 계획을 고려할 시기가 오게 된다. 자녀를 낳을 이유는 얼마든지 있겠지만, 요즘 시대에는 자녀가 가정 경제에 도움이 되기 때문이라고 말할 수 없다. 불과 100여 년 전에는, 가족이 돌보는 농장이나 사업에 필요한 추가 인력을 확보하거나 부모가 연로해져서 경제활동을 할 수 없을 때 자녀의 돌봄을 기대하는 것이 자녀를 낳는 주된 이유였다. 요즘 세상에서는 아동의 노동력을 사용하는 것이 불법이다. 정부에서도 노약자를 돌보기 위해 다양한 제도를 마련하고 있다.

젊은 부부들이 자녀 양육에 드는 비용만 생각한다면, 아이를 낳을 마음이 아예 없어질 것이다. 부모가 되면 생활비가 크게 달라진다. 식비, 의복, 주택, 교통수단, 육아, 교육, 개인 경비, 여가활동, 건강관리 등 어린아이가 하나 태어났을 뿐인데 지출 규모는 크게 달라진다. 미국 정부 추산에 따르면, 아이 한 명을 만 18세까지 키우는 데 평균 25만 달러가 든다고 한다. 물론 어디에 사는지, 가족이 얼마나 부유한지에 따라 양육비는 15만 달러에서 45만 달러로 달라질 수 있다. 문제는 이 금액에 대학교 등록금은 포함되지 않았다는 것이다.

향후 몇 년간은 자녀 계획이 없다면 이 문제는 당장 고려하지 않아도 좋다. 하지만 젊은 세대가 반드시 기억할 점은 앞으로 인생은 생각보다 훨씬 빠른 속도로 펼쳐질 것이며 인생이라는 여행은 어마어마한 비용을 수반한다는 것이다. 따라서 신중하게 예산을 세우고, 신중하게 지출하고, 적극적으로 저축하고, 지혜롭게 투자하기 바란다.

가치

여러 가지 형태의 소액 결제는 매달 반복되는 편이다. 덕분에 소비자는 관련 물품이나 서비스의 적정 가격을 가늠할 수 있다. 식료품은 어느 가게에서 싸게 파는지, 어느 주유소에 가야 주유비가 덜 드는지, 저렴하게 머리를 할 수 있는 미용실은 어디인지 아는 것은 큰 도움이 된다. 반대로 구매 횟수가 줄어들면 자신이 물건을 잘 사고 있는지 판단하기 어려워진다. 돈을 쓰면 쓸수록, 구매 여부를 결정하기 전에 가격 및 기능을 비교하는 데 노력이 많이 든다. 한 가지 좋은 방법은 고액의 구매를 결정할 때마다 세 가지 옵션을 정하고 그중에서 하나를 선택하는 것이다.

가치는 가격과 품질이라는 두 가지 구성요소로 나뉜다. 가격은 항상 그렇게 간단한 문제가 아니다. 물론 구매 가격이 정해져 있지만, 요즘은 온라인 판매자의 다양한 구매 옵션을 한눈에 쉽게 비교해볼 수 있다. 하지만 판매세, 배송료, 설치비, 폐기 비용 등이 추가될 수 있다. 그런 다음, 구매 후 수명 비용을 고려해야 한다. 어떤 제품은 소모성 부품(프린터용 잉크, 탄산수 제조기의 이산화탄소)을 계속 사야 할지 모른다. 이는 구매 여부를 결정할 때 고려해야 할 요소다. 그리고 모든 물건은 결국 고장 나게 마련이다. 수리하기 쉬운지, 수리비는 어느 정도인지 역시 구매 여부를 결정할 때 고려해야 한다.

어떤 물건을 샀는데 기대한 만큼 작동하지 않거나 다른 측면에서 만족스럽지 못하다는 것은 품질에 관한 문제다. 제품 또는 서비스를 사용하기 전에 품질을 직접 확인하는 것은 어렵다. 하지만 사용 리뷰를 확인하거나, 믿을 만한 친구에게 추천을 받거나, 소비자 잡지 등을 조사해 볼 수 있을 것이다. 가격이 비슷한 제품이나 서비스라면, 아주 작은 것이라도 품질의 차이가 구매 결정을 좌우할 수 있다. 얼마 사용하지 못하고 금세 고장이 나는 저가 제품은, 조금 비싸지만 내구성이 좋은 제품에 비해 경쟁력이 떨어진다. 당장 돈을 더 쓰지 않으면 결국 나중에 수리비 또는 재구매비로 돈을 더 많이 쓰게 된다.

소비자 주의사항

휴대전화 요금제, 헬스클럽 멤버십, 컴퓨터용 소프트웨어 또는 유틸리티 등의 서비스를 구매할 때는 계약서의 해지 수수료 또는 '자동' 갱신 조항에 주의해야 한다. 이 또한 엄연한 계약이므로, 자동 갱신 조항은 구매자가 해지하지 않는 한 해당 계약을 자동으로 연장한다. 그래서 계약 종료 전에 서비스를 해지하면 비싼 해지 수수료를 물어야 한다. 서비스 계약서는 분량도 많고 이해하기 어려운 표현으로 가득 채워져 있으며, 합리적인 개인끼리 계약을 맺는 경우라면 결코 합의하지 못할 만한 기상천외한 조건들을 내걸 수도 있다. 하지만 소비자에게는 대규모

서비스 공급업체와 협상할 기회가 없다. 계약서에 쓰인 그대로 동의하든가 아니면 계약하지 말아야 한다. 계약 종료 및 갱신에 관한 계약서 문구도 철저히 검토해야 한다. 예를 들어, 억울한 해지 수수료를 물지 않도록 해지 전까지 충분한 시간적 여유를 두고 통지하는지 확인할 수 있다.

소매상들은 상품을 팔 때 보증기간을 연장해주는 경우가 많다. 하지만 전문가들은 이러한 보증서를 단 제품은 절대 구매하지 말라고 경고한다. 대부분의 제품에는 제조업체의 무상보증이 제공되며, 판매상들은 온·오프라인을 막론하고 반품을 허용해준다. 일례로 월마트는 대부분의 상품에 대해 최대 90일까지 반품을 허용한다. 소비자 제품, 특히 전자제품의 경우에는 구매자가 포장을 뜯거나 첫 사용 전후에 고장 나는 경우가 많다. 따라서 대부분은 소매업체의 반품 정책 또는 제조업체의 표준 제품보증만으로 충분하다. 보증기간을 연장하는 경우라도 일반적으로 제조업체의 표준 제품보증과 동시에 실행되므로, 실제적인 추가 보증기간은 훨씬 짧을 것이다. 판매자에게는 무상수리 연장이 가장 수익성이 높은 추가 옵션이지만, 소비자에게는 매우 불리한 거래다.

마지막으로 소비자라면 '임대 후 구매' 옵션을 무조건 피해야 한다. 이는 1~2년간 매월 가구, TV, 가전제품 등의 대여료를 내고, 그 후에 소비자가 소유권을 넘겨받는 거래 형태다. 이 옵션의 높은 수수료와 숨겨진 이자율을 고려해보면 고금리 대출과 다를 바 없다. 먼저 약정 기간 내에 임대료를 제대로 내지 않으면 제품을 판매자에게 반납해야 한다. 결국 그동안 지급한 임대료는 한 푼도 건지지 못하므로 큰 손실을 보게 된다. 이렇게 눈속임에 불과한 대출을 사용하는 것보다는 충분한 돈을 모아서 원하는 제품을 직접 구매하는 편이 훨씬 낫다.

FEDERAL RESERVE NOTE
THIS NOTE IS LEGAL TENDER
FOR ALL DEBTS, PUBLIC AND PRIVATE
Treasurer of the United States.
SERIES 2006 A
FRANKLIN

6장

신용과 대출

지난 수천 년간 인간은 끊임없이 진보했지만 속도는 그리 빠르지 않았다. 예술, 과학, 문맹, 기술, 인간의 조건 등은 빠르게 발전했다. 하지만 역사 전반을 돌이켜보면 많은 사람이 최저생활수준에서 벗어나지 못한 채 생존 자체를 위해 고군분투했다. 하지만 이 상황은 민주주의와 자본주의 및 산업혁명의 등장 이후로 완전히 달라졌다. 최근 200여 년을 돌이켜 보면 수십억 인구의 물질적 생활수준이 역사상 비교 대상을 찾아볼 수 없을 정도로 빠르고 놀랍게 향상되었다. 여기에는 현 경제의 대표적 특징인 시장기반 체제가 큰 역할을 한 것으로 보인다. 이러한 시장경제체제의 기본 원리는 돈을 빌리거나 빌려주는 행위다.

시장체계의 근본은 자본, 즉 당사자의 최저생활에 필요한 것을 충족하고 남은 부를 축적한 것이다. 일반적인 사람의 경우 생필품을 마련하고도 남는 것이 있을 정도로 부를 축적하려면 오랜 세월이 걸리게 마련이다. 억세게 운이 좋거나, 기술이 좋아서 남들보다 빨리 부를 축적하는 사람도 있다. 남다른 야망을 품거나 유리한 위치를 선점하는 사람도 마찬가지다. 일상생활에 필요한 비용을 훨씬 초과하는 여분의 돈을 자본이라고 하는데, 자본은 자유시장 경제의 성장을 촉진하는 요소다.

현대사회의 자유시장 경제에서, 자본을 제공하는 사람과 자본을 사용하는 사람은 금융기관을 통해 연결된다. 자본을 좇는 사람은 사업에 투자하거나, 집이나 자동차처럼 고가의 자산을 사거나, 일상생활의 필요 때문에 단기적 지출을 할 수 있다. 자본을 제공하는 사람은 영구적으로 자리 잡을 만한 사업을 위한 투자라고 생각되거나 일시적으로 대출을 제공하기 위해 자본을 내놓을 것이다. 이번 장에서는 보편적인 대출 형태를 통해 자본을 형성하는 과정을 살펴볼 것이다.

대출

대출이란 약정한 금액을 상환하겠다는 구체적인 조건을 정한 후에 돈을 빌려주는 것을 말한다. 대출은 반환을 전제로 한다. 갚지 못한다면 그것은 기부나 선물이지 대출이라고 말할 수 없다. 대출에는 영화를 보러 가려고 가족에게 10달러를 빌리는 것처럼 개인적인 것도 있다. 또는 고객이 거래 은행에 가서 수많은 서류를 작성해 대출 조건을 설정한 후에 공식적으로 돈을 빌리는 것도 있다. 어떤 대출은 상환기한이 겨우 한 달에 불과하지만 상환기한이 수십 년 이상 길게 설정되는 경우도 있다. 여러 번에 나누어 상환할 수도 있고 원금 전액을 한 번에 상환하는 방법도 있다. 이처럼 대출은 유연성이 크기 때문에 돈이 필요한 사람과 빌려줄 여유자금이 있는 사람을 연결해주는 유용한 도구가 된다.

이자는 빌려 쓴 돈에 대한 사용료다. 일종의 임대료라고 생각하면 된다. 돈을 빌려주면서 이자를 요구하는 이유는 크게 세 가지다. 첫째, 빌려준 돈을 돌려받지 못할 경우에 대비하는 것이다. '신용리스크credit risk'가 발생할 경우 이자를 통해 보상받을 수 있다. 둘째, 자본을 가진 사람(즉 돈을 빌려주는 주체)은 그 돈으로 수익을 기대한다. 수익이 생기지 않는다면 굳이 돈을 빌려줄 이유가 없을 것이다. 마지막으로, 돈을 빌려주는 대부업에 드는 운영비용을 충당하기 위해 이자가 필요하다. 때때로 대출을 받는 사람은 돈을 빌려주는 사람이 대출을 분석하고 필요한 서류를 준비하는 데 대한 수수료, 즉 거래비용을 낸다.

화폐의 시간가치

돈은 더 많은 돈을 버는 수단이 될 수 있다. 모든 조건이 같다면 내일이 아니라 지금 당장 돈을 가지는 것이 더 유리하다. 이를 화폐의 시간가치time value of money라고 한다. 지금 100달러를 받을지 5년 후에 100달러를 받을지 선택해야 한다면 어떻게 할 것인가? 지금 100달러로 살 수 있는 가치에 비해 5년 후에 100달러로 살 수 있는 가치는 분명 줄어들 것이다. 5년간 물가가 상승하기 때문이다. 그리고 100달러가 생기면 이자 수익을 생성할 수 있다. 5년 후에는 분명 100달러보다 더 많은 돈을 거머쥘 수 있는 것이다. 또 다른 예시로 미국 로또 메가 밀리언 잭팟을 생각해보자. 잭팟에 당첨되면 거액의 상금을 받지만 '현금 옵션'을 선택하면 그 액수가 크게 줄어든다. 당첨액은 (세전) 1,500만 달러인데, 이 금액은

30년에 걸쳐 지급되는 것이고, 일시불로 받을 경우에는 900만 달러로 만족해야 한다. 이는 오늘 당장 거머쥘 수 있는 돈이 미래에 생길 돈보다 가치가 더 큰 법이라는 것이다.

시간가치를 이해하려면 이 점을 기억해야 한다. 빌린 돈은 이자가 붙기 때문에 돈을 빌린 기간이 길어질수록 상환할 돈은 점점 늘어난다는 것이다. 오늘 100달러를 연이율 10퍼센트로 빌렸다고 가정해보자. 시간가치를 생각해보면 1년 후에 110달러, 2년 후에는 121달러, 3년 후에는 133달러를 갚아야 한다. 시간가치를 통해 무차별의 개념도 이해할 수 있다. 이자율 10퍼센트인 상황에서는 현재의 100달러와 1년 후 110달러가 동일한 효용을 가지므로, 둘 중 어느 것이 더 낫다고 할 수 없다.

담보와 상환

돈을 빌리는 사람이 이를 갚지 못할 가능성이 크면 그 위험 때문에 이자율이 높아지는데, 이 때문에 대출을 부담하기가 더 어려워진다. 채무불이행 위험과 이자를 낮추는 한 가지 방법은 대출에 대한 담보를 설정하는 것이다. 담보는 대출을 상환하지 못할 때 박탈당하는 재물을 의미한다.

예를 들어, 차를 사려고 대출을 받을 경우, 그렇게 구매한 차가 바로 대출 상환을 보증하는 담보물이 된다. 돈을 빌려주는 입장에서는 차량을 넘겨받는 것보다 원금을 상환받는 것이 더 유리하다. 그러나 피치 못할 사정이 생겨서 원금을 갚지 못하면 상대방은 차량을 가져가서 매각한 후에 매각대금으로 원금 상환을 대신할 것이다.

차는 실질적 가치가 있고 팔리기만 하면 바로 현금화되기 때문에 대출 위험이 줄어들게 된다. 그러므로 적당한 이자율에 자동차담보대출을 제시하는 것이다. 모든 대출에 담보가 설정되는 것은 아니다. 따라서 돈을 빌려 가는 사람이 월급이나 다른 자산을 통해 대출을 상환할 능력이 있는가는 대출 여부를 결정하는 중요한 요소가 된다. 이처럼 돈을 빌려주기 전에 상대방이 이를 갚을 능력이 있는지 평가하는 데 노력과 자원을 투자하는 과정을 심사라고 한다. 대출 심사는 돈을 빌리는 사람이 직장에 다니는지 확인하는 것으로 끝날 수도 있고, 대출신청서를 검토하고 관련 상황을 조사하느라 여러 달이 걸릴 수도 있다.

모기지

모기지mortgage는 주택 구매를 위한 주택담보대출, 특히 자가 마련을 위한 대출을 가리킨다. 엄밀히 말하자면 '모기지'는 대출 상환을 보증하기 위해 집 자체를 담보물로 삼는 것인데 일반적으로는 대출 자체를 가리키는 데 쓰인다. 현재 미국에서는 모기지라는 부채의 규모가 약 10조 달러다. (국내에서 자기 집이 있는 7,500만 가구 중에서) 5천만 가구가 이러한 부채를 안고 있으며, 임대주택에 거주하는 경우는 4천만 가구나 된다. 실로 어마어마한 규모다. 미국인이 찾는 대출 중 모기지가 단연 1위를 차지하고 있다.

모기지에서 중요한 것은 이자율이 고정 금리인지 변동 금리인지 여부다. 일반적으로 변동 금리로 대출을 받으면, 낮은 이율에서 시작해도 몇 년 후 금리 조정 기준일에 높은 이율로 조정받을 수 있다. 또 다른 특징으로는 매달 조금씩 상환할지 아니면 만기 시 전액 상환할지 결정해야 한다는 것이다. 대출 기간도 중요하다. 5년 단기 대출도 있지만 미국에서는 모기지의 표준 기간이 30년으로 정해져 있다. 어떤 모기지 상품은 모기지 대출 서류를 만드는 데 드는 비용을 따로 청구한다. 이 또한 대출상품 간 차이점으로 알아두어야 한다.

주택자기자본대출은 일단 자기 명의로 일정 기간 집을 소유한 후에 모기지 대출을 받는 것을 말한다. 처음부터 집을 살 목적으로 대출을 받는 것이 아니라, 집을 살 때 받은 모기지에 추가해서 돈을 더 빌리는 것이다. 처음에 대출받았을 때의 부동산 시세에 비해 상승했을 때(그 상승분을 주택자기자본이라고 한다) 주택자기자본대출을 시도할 수 있다. 그래야 부동산 현재 시가를 담보로 은행이 추가 대출을 승인할 수 있다. 어리석게도 어떤 사람은 주택자기자본대출을 받아서 보트를 사거나 사치스러운 휴가를 즐기는 것 같다. 그보다는 집을 개조해 시가를 높이는 편이 훨씬 나을 것이다.

지방 정부는 부동산의 소유 관계, 즉 부동산 명의에 관한 공식적인 기록을 관리한다. 부동산은 모기지 대출의 담보가 될 수 있으므로 주택을 담보로 모기지를 받을 수 있으며, 모기지를 상환하면 담보 설정이 해지된다. 그로 인해 변호사와 권원보험을 담당한 보험사가 모기지마다 관여하게 되는데, 이들이 가져가는 수수료도 만만치 않다. 부동산 중개업자, 건물 안전점검사 등의 전문가를 요하는 부동산 거래도 있다. 모든 담보 대출이 그렇듯이, 채무자가 돈을 갚지 못하면 채권자가 담보권을 실행하는데, 이는 해당 부동산을 경매로 넘겨 채무를 상환받는 것을 말한다. 이런 비용이나 위험부담이 있긴 해도 모기지는 대다수 사람에게 집을 구매할 수 있는 유일한 수단이다.

이자율

모든 형태의 대출은 돈을 빌려 쓰는 것에 대한 수수료, 즉 이자를 부과하는데, 통상 연 단위로 계산한다. 빌리는 돈은 원금이라고 하며, 원금에 이자율을 곱하면 이자가 산출된다.

한 가지 예시를 살펴보자. 원금 1천 달러를 1년간 연이율 12퍼센트로 대출받을 경우, 대출 이자는 연간 120달러가 된다. 즉, 채무자는 연말에 1,120달러를 갚아야 한다.

이 계산은 단순이자율을 적용한 것인데 이런 계산은 지인에게 돈을 빌리는 경우에나 가능할 것이다. 금융기관에서 대출을 받을 때는 복리 이자가 적용된다. 복리 이자란 이자에 대한 이자도 계산된다는 뜻이다. 돈을 빌려주는 사람에게는 좋은 일이다(저축 계좌라면 이자에 대한 이자를 따로 받을 수 있다). 하지만 채무자에게는 이자를 더 많이 줘야 하고 계산도 복잡하다는 단점이 있다. 매월 복리 이자를 계산하는 방법에 대한 예시를 살펴보자.

원금 1천 달러를 1년간 빌려주되 연이율은 12퍼센트로 한다. (1년은 12개월이므로 연 이자율을) 월이율로 환산하면 1퍼센트다. 도표 6.1에 따르면, 첫 달의 이자는 10달러이며 월말 대출상환액은 1,010달러가 된다. 두 번째 달 이자는 10.10달러(1,010달러의 1퍼센트)이므로 이달 말 기준의 대출상환액은 1,020.10달러가 된다. 이런 식으로 1년이 지나면 복리 이자율에 따라 채무자는 1,120.00달러(단순이자율로 계산한 상환액)가 아니라 1,126.84달러를 상환해야 한다. 달리 말해서 실효 이자율 effective interest rate은 12.00퍼센트가 아니라 12.68퍼센트인 것이다.

도표 6.1 | 복리이자 | 출처·저자의 분석

월별 복리 계산	기초 잔액	월별 이자	기말 잔액
첫 번째 달	$1,000.00	$10.00	$1,010.00
두 번째 달	$1,010.00	$10.10	$1,020.10
세 번째 달	$1,020.10	$10.20	$1,030.30
네 번째 달	$1,030.30	$10.30	$1,040.60
다섯 번째 달	$1,040.60	$10.41	$1,051.01
여섯 번째 달	$1,051.01	$10.51	$1,061.52
일곱 번째 달	$1,061.52	$10.62	$1,072.14
여덟 번째 달	$1,072.14	$10.72	$1,082.86
아홉 번째 달	$1,082.86	$10.83	$1,093.69
열 번째 달	$1,093.69	$10.94	$1,104.63
열한 번째 달	$1,104.63	$11.05	$1,115.68
열두 번째 달	$1,115.68	$11.16	$1,126.84
이자 총액		$126.84	

이제 일일 복리이자를 확인해보자. 연이율 12퍼센트를 365일로 나누면 하루당 이자율은 0.0329퍼센트임을 알 수 있다. 이를 1년간 복리로

계산하면 총 1,127.47달러가 된다. 즉, 실효 이자율은 연 12퍼센트가 아니라 12.75퍼센트라는 점이 확인된다.

대다수 금융기관은 계좌 잔액과 대출을 계산할 때 일일 이자율을 사용한다. 모기지는 월 1회 정해진 금액을 갚는 방식이므로 월이율이 적용된다. 대출을 받으면 APR Annual Percentage Rate 이라고 표시된 이자율을 볼 수 있다. APR이 각종 수수료와 비용을 알려주므로, 소비자는 이에 비추어 다양한 대출상품을 비교할 수 있다. 거의 모든 경우에 APR이 표시이자율 stated rate 보다 높게 표기되는데, 이는 수수료와 기타 비용이 반영되기 때문이다.

부채 상환

앞서 살펴본 예시에서는 대출 원금을 연말에 상환하는 것으로 가정했다. 이를 가리켜 일시불 또는 벌룬 페이먼트 balloon payment 라고 한다. 그뿐만 아니라 이자는 1년간 계속 쌓이다가 연말에 한꺼번에 이자를 내는 것이고, 그 사이에는 이자를 따로 내지 않는 조건이었다. 이처럼 이자가 쌓이는 것을 금융권에서는 이자가 누적된다고 표현한다. 하지만 이러한 조건은 대출의 종류에 따라 달라질 수 있다. 대부분의 대출상품은 대출 기간 동안 이자를 요구한다. 일부 대출상품은 대출 기간이 끝나기 전에 원금 일부의 상환도 조건으로 제시한다. 대출 기간 내에 원금의 전액 또는 일부를 상환하는 것을 분할 상환이라고 한다.

주택 모기지가 바로 가장 대표적인 분할 상환 대출이다. 어떤 모기지는 대출 기간 내에 원금 일부만 상환하는 것을 허용한다. 이 경우에는 대출 기간이 끝날 때 원금 중 상당히 큰 금액이 벌룬 페이먼트로 남게 된다. 벌룬 페이먼트를 하거나 이자율이 하락할 경우, 주택을 소유한 사람들은 (이자율이 더 낮은) 대출로 바꾼 차환refinance하여, 기존 대출의 원금 잔액을 상환한다. 하지만 모기지 상품은 거의 다 분할 상환 방식이라서 대출 기간 내에 원금 전액을 갚아야 한다.

예시를 통해 정리해보자. 대출 원금은 10만 달러, 연 이자율은 4퍼센트, 상환 기간이 30년이라고 가정하겠다. 월별 이자를 계산해보면, 4퍼센트를 12개월로 나눈 값에 10만 달러를 곱한 값 333.33달러가 첫 달에 드는 비용이라고 할 수 있다. 원금을 분할 상환하려면, 먼저 10만 달러를 (30년에 12개월을 곱한 값인) 360으로 균등히 나눈다. 채무자가 매달 원금 277.78달러를 상환하면 전액 상환에 30년이 걸린다. 따라서 (원금 277.78달러와 이자 333.33달러를 더한 값인) 611.11달러가 첫 번째 달에 상환할 금액이다.

원금 중 277.78달러를 이미 상환했으므로 두 번째 달의 대출 잔액은 99,722.22달러가 된다. 대출 잔액이 감소했으므로 두 번째 달의 이자도 첫 달보다 줄어든 332.41달러가 된다. 두 번째 달에도 지난달과 마찬가지로 원금의 277.78달러를 상환하므로, 두 번째 달에는 이자를 포함해 총 610.19달러를 갚게 된다. 지난달보다 0.92달러가 줄어든 금액이다. 도표 6.2는 이와 같은 방식으로 매달 계산한 결과를 정리한 것이다. 즉, 매달 같은 금액의 원금을 상환하지만 이자는 갈수록 줄어들기 때문에 매달 갚아야 할 총액은 점차 줄어드는 것이다.

도표 6.2 | **대출 상환** | **출처** · 저자의 분석

	기초 잔액	납입원금	대출 이자	총 상환액	기말 잔액
매월 상환액이 줄어드는 모기지 대출					
첫 번째 달	$100,000.00	$277.78	$333.33	$611.11	$99,722.22
두 번째 달	$99,722.22	$277.78	$332.41	$610.19	$99,444.44
세 번째 달	$99,444.44	$277.78	$331.48	$609.26	$99,166.66
…					
원리금균등 상환 방법					
첫 번째 달	$100,000.00	$144.09	$333.33	$477.42	$99,855.91
두 번째 달	$99,855.91	$144.57	$332.85	$477.42	$99,711.34
세 번째 달	$99,711.34	$145.05	$332.37	$477.42	$99,566.29
…					

도표 6.3 | **대출 기간에 따른 총 이자액의 변동** | **출처** · 저자의 분석

대출 기간	10년	20년	30년
대출액 $100,000, 이자율 4퍼센트			
매월 상환액	$1,012.45	$605.98	$477.42
총 상환액	$121,494.17	$145,435.28	$171,869.51
이자 총액	$21,494.17	$45,435.28	$71,869.51

원리금균등 상환 방법은 월별 원리금(원금+이자)이 바뀐다는 특징이 있다. 그러면 돈을 빌린 사람은 매월 총 상환액을 새로 계산해야 하고 빌려준 사람 역시 예산을 조정해야 하는 절차상의 부담이 생길 수 있다. 그래서 많은 사람들이 매월 고정된 총 상환액으로 상환하는 방식을 선호하는 편이다. 계산기나 스프레드시트를 사용하면 위와 같은 도표를

쉽게 만들 수 있다. 대출 원금, 상환 기간, 월 이자율만 입력하면 된다. 그러면 계산기나 컴퓨터가 마지막 달에 대출 원금의 잔액이 0원이 되려면 매달 상환해야 할 고정액이 얼마인지 알려줄 것이다(포털사이트에 이자계산기를 검색하면 된다).

도표 6.2에 따르면 30년간 납입하는 월별 상환액은 477.42달러다. 원리금균등 상환 방법과 비교하면, 첫 달에 상환하는 금액이 134달러나 차이가 난다. 매달 477.42달러를 30년간 상환하면 10만 달러 전액을 상환하게 되며, 이 경우에 매달 달라지는 원금에 연이율 4퍼센트가 적용된다. 도표 6.3에 나와 있듯이 30년간 총 지출액은 171,869.51달러인데, 이자 총액 71,869.51달러는 원금 10만 달러에 비해 결코 적지 않은 금액이다. 상환 기간을 10년이나 20년으로 줄이면 이자 총액이 줄어드는 반면에 매월 상환액이 늘어난다. 초기 상환액에서는 이자가 큰 몫을 차지한다. 30년 대출의 경우 첫 달에는 납입원금이 144.09달러인데 반해 이자는 무려 333.33달러다. 대출 기간이 끝나갈 무렵에는 이 비율이 반대가 되어 상환액의 대부분은 원금이고 이자가 차지하는 비율은 크게 낮아진다. 이 점은 매월 고정액을 분할 상환하는 모기지 대출에서 가장 눈에 띄는 점이다.

신용카드

신용카드는 플라스틱 카드처럼 보이지만 마그네틱 띠와 컴퓨터 칩에 식별 정보가 들어 있다. 카드는 연결된 계좌를 대표하므로 카드 소지자는 제품이나 서비스를 구매할 수 있다. 물론 신용카드 가맹점에서만 카드를 사용할 수 있다. 카드회사는 매달 계좌 소유주에게 카드사용명세서를 발송한다. 카드사용명세서를 받으면 (자동 결제 시스템, 온라인 송금, 수표 발행 등을 통해) 전액 결제할 것인지 부분 결제할 것인지 선택할 수 있다. 전액 결제를 하지 않으면, 미결제 금액은 대출로 간주해 이자를 부과한다. 신용카드 발급은 주로 은행이나 기타 대형 금융기관에서 하지만 메이시스Macy's(미국의 최대 백화점 체인 - 옮긴이), 타깃Target(미국의 대형 할인 백화점 - 옮긴이)과 같은 판매업체도 신용카드를 발급할 수 있다.

미국에서 가장 대표적인 신용카드 네트워크로는 비자, 마스터카드, 디스커버, 아메리칸 익스프레스를 꼽을 수 있다. 상점의 경우 네트워크 사용 및 거래 처리에 대한 네트워크 수수료를 지불해야 한다(이를 정산 수수료interchange fee라고 하며 거래액의 일정 금액을 부과한다). 카드사는 네트워크를 통해서 신용카드 거래 가액을 즉시 상점에 지급한다. 수수료를 내야 하는데도 카드 결제를 해주는 이유는 이처럼 결제대금을 바로 받을 수 있기 때문이다. 그리고 소비자가 현금 결제보다 신용카드 결제를 더 선호하므로, 상점으로서는 장사를 계속하기 위해 신용카드 결제를 받을 수밖에 없는 상황이다(연매출 3억 원 이하 영세 가맹점은 신용카드 결제금액의 0.8%를 수수료로 내고 있다. - 옮긴이).

상점은 결제대금을 즉시 받지만 소비자의 통장에서는 약 한 달 후에 카드 결제액이 인출되므로, 사실상 신용카드사에 단기 (신용) 대출을 받은 셈이다. 미국의 경우 신용카드 발급 현황은 총 10억 장 이상이며 어느 시점을 기준으로 하든 간에 1조 달러 이상의 카드 미결제금이 존재한다고 말할 수 있다. 하지만 카드 대금을 결제 기한 내에 결제하지 않고 연체하는 사람, 다시 말해 그야말로 신용 거래를 하는 사람은 신용카드 소지자의 3분의 2 정도다. 나머지 3분의 1은 매달 카드 대금 전액을 내는데, 이는 신용카드를 단순히 거래 수단으로 사용하는 것이다. 이들은 신용카드사에서 무이자 대출서비스를 받는 것이다.

카드사에 대금 전액을 내지 않는 삼 분의 이에 속하는 사람에게 신용카드는 독이 될 수 있다. 카드사는 미납 대금에 대해 12퍼센트에서 24퍼센트 사이의 높은 이자를 부과한다. 이는 상점에서 카드를 긁는 순간부터 적용되므로, 무이자 대출서비스는 한순간도 주어지지 않았다고 말할 수 있다. 실수로 대금을 미납하거나 결제기일을 넘기면 신용카드사는 결제대금에 높은 수수료를 부과하며 여기에다 연체이자까지 물린다.

사고 싶은 물건이 생기면 일단 신용카드로 결제하고 싶은 충동이 강하게 들 수 있다. 이 때문에 카드를 남용해서 하루아침에 빚더미에 올라앉는 사람이 얼마나 많은지 모른다. 따라서 우리는 모두 이 점을 꼭 기억해야 한다. 정말 긴급한 상황이 아니라면 신용카드 대금 결제를 놓치거나 미루지 않도록 한다.

자신에게 맞는 신용카드를 주의 깊게 찾는 것도 필요하다. 젊은 세대에 속한다면 (50달러 또는 100달러나 되는) 연회비를 내면서 신용카드를 만들 필요가 없다. 이런 카드는 항공 마일리지 적립, 외환 거래 시 수수료 면제와 같은 서비스를 앞세우는데, 이런 서비스는 월별 카드 사용량이 많은 소비자를 겨냥한 것이다. 일종의 리베이트 혜택을 주는 신용카드도 있다. 이를테면 카드 구매액의 1퍼센트를 현금으로 돌려주는 방식이다(사실 이것은 결제 시 판매자에게 부과되는 정산수수료 일부를 구매자에게 주는 것이다). 카드 대금 결제가 지연되어도 수수료나 이자율이 낮은 카드를 선택해야 한다. 그러면 실수로 카드 대금 결제를 놓치거나 긴급 상황이 발생해도 큰 타격을 피할 수 있다. '신용공여기간grace period'이 넉넉한 카드를 선택하는 것도 좋다. 신용공여기간이란 신용카드를 실제 사용한 날부터 카드사에서 결제대금을 인출하는 날까지의 기간을 말한다. 카드 대금에 자동이체를 설정하는 것도 생각해볼 수 있다.

자동차 대출과 개인 대출

자동차 대출은 자동차 딜러의 제휴사, 자동차 대출 회사 또는 자동차 구매에 사용된다. 이는 담보 대출이므로 매달 원금을 상환하지 못해서 돈을 빌려준 사람과 합의하지 못하면 차를 뺏기게 된다. 대부분은, 차의 소유권이 넘어가서 매각된 후에도 다 갚지 못한 채무는 여전히 상환할 의무가 있다. 대출을 상환하지 않아도 돈을 빌려준 사람이 채무자를 따라다닐 수 없는 무담보 대출이 있다. 대출을 상환하지 못해도 돈을 빌려준 사람은 담보물(자동차) 외에 아무것도 기대할 수 없다. 무담보 대출은 딜러 제휴사에서 더 많이 찾아볼 수 있으며 가격 부담이 훨씬 높은 편이다.

대다수의 자동차 대출에는 10퍼센트에서 20퍼센트의 보증금이 필요하며 월 고정액 상환방식에 따라 대출 전액을 상환하는 구조로 되어 있다. 벌룬 페이먼트를 조건으로 자동차담보대출을 받으면 매달 상환하는 금액은 적지만, 대출 만료 시 한 번에 거액을 상환해야 하는 부담이 있다. 렌터카는 대출이 아니라고 생각하는 사람이 많지만, 사실 이것도 엄연히 대출에 속한다. 렌터카 회사는 대여 기간이 끝날 시점의 차량 시가, 즉 잔존 가치residual value를 미리 계산해 대여비를 정한다. (계약금을 공제한) 차량판매가액과 잔존 가치의 차액을 렌터카 고객에게서 받아내려는 것이다. 렌터카 회사는 내부수익률internal interest rate(이는 법적으로 렌터카 고객에게 공개해야 하는 정보에 속한다)을 적용해 월 대여비를 계산한다. 계약 만료 시점의 잔존 가치는 렌터카 회사의 몫이므로 대출보다는 렌터카 비용이 낮을 수밖에 없다. 비교하자면, 대출을 받아 차를 사는 경우, 대출만 갚으면 그 차는 본인의 소유가 되는 것이다.

개인 대출은 신용카드 미결제액을 청산하거나 집을 수리, 개조하는 등 다양한 이유로 받게 되는데, 담보를 요구하는 경우는 거의 없다. 은행, 소비자 금융회사, 온라인 대부업체 등에서 개인 대출상품을 판매하고 있으며, 상품마다 대출 요건, 이자율, 상환 방법 등에 큰 차이가 있다. 대출을 받으려는 사람은 소득증명원을 제출해야 하며, 무담보 대출이므로 높은 이자율을 감당해야 한다. 이러한 대출은 최대 대출 한도를 설정할 수 있는데, 이는 정해진 대출 한도 내에서 필요할 때 언제든 대출받을 수 있으며, 실제로 대출을 받은 경우에만 이자를 내는 것을 말한다. 반대로 일단 최대한도까지 대출을 받은 다음 정해진 스케줄에 따라 상환하는 방법도 있다.

신용평가서credit report

신용평가서는 대출업체가 승인 절차에서 사용하는 도구 중 하나다. 신용평가서는 대출받으려 하는 사람의 재무 상태를 보여주는 금융거래 자료를 모아서 분석한 것이다. 미국의 경우 대표적인 신용평가 회사로는 익스피리언Experian, 트랜스유니언TransUnion, 에퀴팩스Equifax가 있다. 이들은 대출 심사 대상자에 대한 신용평가서를 발급해 주며, 대출업체는 이를 기반으로 어느 정도의 신용을 어떤 조건으로 제공할지 결정하게 된다.

신용평가서에는 크게 4가지 정보가 포함된다. 첫째, 주민등록번호, 이름(개명한 경우에는 개명 전 이름도 포함), 주소, 생년월일과 같은 대출 심사 대상자의 개인 식별 정보가 표기된다. 둘째, 신용 이력, 즉 과거에 주택담보대출을 받은 적이 있는지, 신용카드 계좌가 있는지, 자동차담보대출을 받았는지, 한도 대출 설정액은 얼마인지가 표시된다. 급여 이력과 통장 잔액, 최근 대출 상환 현황 및 최대 신용 한도 정보도 신용 이력에 해당한다. 셋째, 최근 2년간의 신용평가서 조회 이력이다. 이를테면 신용카드 계좌를 만들거나 주택담보대출을 신청하면 신용평가서 조회가 이루어진다. 마지막으로 신용평가서는 파산, 소송관계, 급여 압류, 압류, 유치권 등의 공공 기록을 보여준다. 그리고 미납 부채 수금에 관한 기록도 포함된다.

신용평가서에서 가장 중요한 정보는 바로 신용 점수다. 60여 년 전에 페어아이작Fair Isaac Corporation, FICO이라는 회사가 데이터 기반의 신용도 평가 모형을 개발했다(FICO는 회사를 설립한 기술자인 페어와 아이작의 이름을 따서 지은 것이다). 수치화된 '신용 점수'라는 개념은 두 사람이 처음 만든 것이며, 그 후로 계속 수정, 보완되고 있다(신용점수는 1~1,000점으로 신용평가사가 다양한 신용정보를 종합해 점수화한 것이다. 1,000점에 가까울수록 신용 상태가 우량함을 나타낸다. - 옮긴이). 앞서 언급한 3개의 신용평가 기관은 모두 FICO 모형을 응용한 방식을 사용하는데, 300점에서 850점 사이의 점수를 부과한다(점수가 높을수록 유리한 것이다). 신용평가 점수는 대출 심사 대상자에게 지대한 영향을 줄 수 있다. FICO 신용 점수에서 가장 중요한 두 가지 요소는 지출 내역과 대출 현황이다. 이 두 가지 요소는 체납액의 범위, 부정적인 법적 요소들, 기한 내 상환, 마이너스 통장의 개수, 잔액 총액, 대출 청산을 가장 중요하게 검토한다. 그뿐만 아니라, FICO 신용 점수는 신용 보유 기간, 지금까지 사용해온 신용의 형태 및 새로운 신용 요청 횟수도 고려한다. 대부분의 신용 점수는 600점에서 750점 사이에 분포하며, 700점 이상이면 신용 상태가 우수한 것으로 본다. FICO가 유일한 신용평가사는 아니지만 신용평가 부문에서는 가장 믿을 만한 곳이다.

고용주 또는 보험회사가 직원이나 보험 고객의 재정 상태를 파악하기 위해 신용평가서를 확인하는 때도 있다. 이처럼 신용평가서는 중요한 자료로 쓰인다. 신용평가서는 틀린 부분이 없는지 정기적으로 확인해보는 것이 좋다. 신용 점수를 부과하는 기업이나 신용평가사는 잘못된 정보가 있거나 빠진 부분이 있으면 이를 수정해줄 의무가 있다. 본인의 신용평가서에 문제가 있으면 즉시 서면으로 수정을 요청해야 한다.

페이데이 대출

페이데이 대출payday loan은 월급을 가불받는 것처럼 보이는 신용 거래지만, 사실 대출에 속한다. 이는 직장에서 곧 받을 월급을 담보로 하므로 다른 담보를 요구하지 않는 대출이다. 차용인은 월급명세서(총 소득, 세금 및 기타 공제금액을 모두 보여주는 명세서), 즉 자신의 월급이 얼마인지 보여주는 재직 관련 서류를 제출한다. 그러면 돈을 빌려주는 사람은 선불 은행카드의 형태로 즉시 현금을 내어준다. 차용인이 다음 월급날에 받을 돈에서 차용인에게 부과할 수수료를 제한 금액이 얼마인가에 따라 빌려줄 돈이 결정된다. 차용인은 월급을 받으면 바로 대출액 전액을 상환해야 하지만, 실제로는 대출 기간을 늘리는 것도 가능하다.

단기 대출상품치고는 수수료가 비싼 편이라서, 과도한 부담으로 작용할 수 있다. 그래서 페이데이 업체에 대한 비난의 목소리가 높다. 이들에 대한 규제를 강화해야 한다는 주장이 커지고 있다. 관련 연구에 따르면, 이렇게 돈을 빌리는 사람들은 대부분 책임감 있게 대출을 상환하는 편이다. 그런가 하면 다른 연구에서는 페이데이 대출이 약탈적 대출과 같아서 현금이 절실한 사람들을 악용한다고 알려준다. 페이데이 대출의 유용성에 대해서는 열띤 공방이 이어지고 있지만, 이 대출상품은 수수료가 과도하게 비싸므로 최후의 수단으로 남겨두어야 한다는 점은 분명하다.

채권추심

모든 상황이 순조롭기만 하다면 대출은 채권자와 채무자 모두에게 유익한 거래가 될 수 있다. 채무자는 만약 대출받지 않았더라면 감히 만져볼 수도 없던 것을 살 수 있다. 채권자로서는 돈이 필요한 사람에게 자본을 제공해주고 거기에서 이익을 얻는 거래가 성사된 것이다. 하지만 상황이 항상 순조롭게 풀리는 것은 아니다. 채무자가 실직할 수도 있고, 병원비와 같은 예상치 못한 지출이 생길 수도 있으며, 갑자기 물가가 치솟아서 가정 경제가 크게 흔들릴 수도 있다. 그런가 하면 대출을 받아 지출하는 과정을 제대로 관리하지 못해서 큰 빚을 지는 사람도 있다. 이처럼 채무자에게 일시적인 문제가 발생하면 대출업체는 상환 스케줄을 조정하는 방식으로 도움을 줄 수 있다. 이렇게 하는 이유는 채무자가 다음에 또다시 대출을 받을 잠재적 고객이라고 여기기 때문이다. 하지만 대출업체는 어디까지나 수익을 추구하는 기업이므로 대출을 제대로 상환하지 않는 사람에게는 무한정 인내심을 보이지 않을 것이다. 상환 스케줄을 조정해주었는데도 대출을 상환하지 못하면, 대출업체는 사내의 다른 부서나 제삼자인 추심 대행업체로 사안을 넘길 것이다. 이를 채권추심이라고 한다.

채권추심 절차는 소비자에게 적잖은 스트레스로 작용한다. 이미 경제적 어려움 때문에 생활상의 여러 부분에서 압박을 받고 있기 때문이다. 추심 담당자 또는 추심 대행업체는 그런 상황에 아랑곳하지 않고, 집요하게 채무 상환을 요구할 것이다. 이들은 수단과 방법을 크게 가리지 않으며 매우 공격적으로 채무자를 가혹하게 몰아붙이는 경향이 있다. 이러한 관행 때문에 연방정부는 소비자를 보호하기 위한 몇 가지 법안을 통과시켰다. 현행법에 따르면 추심업체는 폭력적이거나 위협적인 말을 해서는 안 되며, 채무자를 만나는 시간과 장소에도 제한을 두고 있다. 그뿐만 아니라 채무자에게 채무 상황에 대한 정확하고 구체적인 정보를 제공해야 하고, 채무자가 서면으로 추심업체에 연락을 중단할 것을 요청할 때는 채무자에게 연락하지 않아야 한다. 이런 제한이 있어도 추심 대행업체로 사안이 넘어가는 것은 막을 수 없으며 법적 소송이 중단되는 것도 아니다. 그러므로 추심업체로 넘어가기 전에 채권자와 문제를 해결하는 것이 가장 바람직하다.

책임감 있는 사용자

기존의 모기지 시장이 없었다면 많은 사람이 내 집 마련의 꿈을 이루는 데 수십 년이 걸렸을 것이다. 지금 자차 운전자의 상당수도 자동차 대출이 아니었다면 차를 살 수 없었을 것이다. 장래가 촉망되는 우수한 학생들도 학자금 대출이 없었다면 대학은 꿈도 꿀 수 없었을 것이다. 요즘 소비자들은 상점에서 신용카드로 자유롭게 결제할 수 없는 상황은 생각도 할 수 없다고 생각한다. 이처럼 신용과 대출은 긍정적인 측면을 많이 가지고 있다.

하지만 요즘은 신용대출이 널리 보급되어 비교적 쉽게 접근할 수 있으므로 소비자가 자기 능력에 버거운 빚을 지는 문제가 자주 발생한다. 사실 자신의 금융 상태에 그림자를 드리우는 위기를 감지하지 못하며, 상황이 크게 악화할 때 이에 대처할 자금이 전혀 없는 사람들이 매우 많다. 재정 상황이 악화하면 빚은 더욱 늘어나고, 이로 인해 인간관계와 개인의 삶의 질이 큰 타격을 입게 된다. 아예 빚을 지지 않는 것이 가장 바람직한 해결책이겠지만, 대다수 사람에게 단 한 푼도 빚을 지지 않고 살아가는 것은 불가능한 일이다. 그러므로 빚을 내야 한다면 조심스럽게 접근하되, 가능한 한 대출을 받지 않도록 노력하고, 이를 상환하기 위해 현실적이고 구체적인 계획을 마련해야 한다.

THIS NOTE IS LEGAL TENDER
FOR ALL DEBTS, PUBLIC AND PRIVATE
Treasurer of the United States.
SERIES
2006
A
FRANKLIN

7장

파산

이 책의 목적은 독자에게 재정 관리에 대한 기본 지식을 제공하는 것이다. 재정 관리의 기본을 이해하면 인생의 목표를 이루는 데 큰 도움이 된다. 대부분의 목표는 돈을 잘 관리해야 이룰 수 있기 때문이다. 일단 돈 문제가 생기면 인생의 목표를 향해 달려가는 길에서 큰 장애물에 부딪친 것처럼 괴로워진다. 이 문제를 해결하지 못하면 결국 모든 꿈이 무너질 수도 있다. 재정 계획을 잘 세웠는데도 예상치 못한 상황으로 어려움을 겪을지 모른다. 이를테면 심각한 병에 걸리거나 큰 사고를 당해서 장기간 돈을 벌지 못하는데 병원비로 큰돈을 써야 할 수 있다. 이유가 무엇이든, 문제를 정확히 파악하고 그에 맞는 대책을 세워야 한다. 이처럼 심각한 재정 문제가 발생했을 때 고려할 수 있는 한 가지 선택지가 바로 파산제도다.

파산이 발생하는 이유

빚을 갚지 못하는 사태는 인류 역사에서 고질적으로 반복되는 문제다. 성경에는 7년 주기로 빚을 탕감해주라는 말씀이 있지만 고대 인간 사회 어디에서도 그 말씀이 실천된 사례는 없는 것 같다. 고대 그리스에서는 빚을 면해주는 일이 절대 없었다. 빚을 갚지 못하면 가족 모두가 노예로 전락했다. 미국의 대다수 법적 관행과 금융 관행이 유래한 나라인 영국도 옛날엔 크게 다르지 않았다. 빚을 갚지 못하면 옥살이를 하거나 심지어 처형당하는 일도 있었다. 다행히 빚을 갚지 못할 때 처벌하는 것보다 갱생의 기회를 주는 것으로 분위기가 바뀌었으며, 미국에서는 대공황이 끝날 무렵에 오늘날의 파산 시스템이 등장했다.

파산은 빚을 탕감해주거나 채무의 상당 부분을 면제해 성실한 채무자가 새로 시작할 수 있게 도와주는 법적 절차를 말한다. 재정 위기에 봉착한 사람들은 자산보다 빚이 훨씬 많지만 낮은 소득 때문에 그 상황을 단시간에 벗어나지 못한다. 하지만 파산 절차를 거치면 빚이 크게 줄거나 면제(완전히 빚을 없애주는 것)되므로, 합리적인 생활수준을 유지할 수 있는 소득 및 자산에 기대어 새로 시작할 수 있다.

그런데 파산을 통해 채무가 없던 일이 되면 돈을 빌려준 사람은 손해를 보게 된다. 고대 그리스인처럼 채무 문제를 엄격히 처리하는 것이 관련된 사람을 존중하는 것이지 않겠냐고 생각하는 사람도 있을 것이다. 이런 도리상의 문제는 잠시 접어두기로 하자. 아무튼 파산은 재정적 위기에 대처할 수 있는 실용적인 절차다. 이런 문제를 합리적이면서도 적은 비용으로 처리하면, 최대한 많은 돈을 확보해 빚을 갚고 채무자도 생산적인 존재로 다시 일어설 수 있다. 채권자는 경험이 많은 기업인 경우가 많다. 이들은 파산 위험을 수량화해 돌려받을 가능성이 낮은 대출 관련 비용을 관리할 수 있다. 하지만 빚에 허덕이는 사람은 대부분 교육을 제대로 받지 못해 적은 수입으로 힘겹게 생계를 꾸리는 사람들이다. 그러므로 파산은 이처럼 균형이 무너져 내린 상황을 초기화할 수 있는 효과적인 절차다.

파산의 종류

거의 모든 파산 절차는 연방법에 따라 규정되며, 연방법원 제도에서 처리한다. 미 헌법에서는 파산에 대해 다음과 같이 규정한다. '의회는 미 전역에서 파산에 관한 같은 법을 [세울] 권한이 있다.' 파산에 관한 내용은 연방 법전 제11장에 나오므로 흔히 제11장chapter 11이라고 부른다. 연방 법전 제11편Title 11(파산법 - 옮긴이), 제11장은 기업 파산에 관한 규정을 담고 있다. 제7장의 청산은 채무자의 자산을 매각해 채무를 빨리 정산하는 것이고, 제13장의 채무조정절차는 채무자가 채무반환계획을 세우고 여러 해에 걸쳐 채무를 상환하는 것을 말한다(국내에도 개인파산제도가 있다. 1997년에 처음 법원에서 개인파산 신청을 인정한 이후 개인이 빚을 변제할 능력이 없어 법원에 파산 신청을 하면 심사를 거쳐 파산선고를 내리는 제도다. 대한민국은 2005년 3월 31일 공포된 "채무자 회생 및 파산에 관한 법률(약칭·채무자회생법)"에서 파산제도를 규정하고 있다. - 옮긴이).

파산은 가족 단위가 아니라 개인에 관한 문제다. 제7장은 가장 기본적인 형태의 파산을 다루며, 당사자의 거주 지역을 기준으로 중간 소득(전체 범위의 중간점)에 미치지 못하는 소득으로 살아가는 사람들을 대상으로 한다. 2015년 개인의 중간 소득은 사우스캐롤라이나, 조지아, 몬태나, 테네시주에서 4만 달러보다 조금 높게 나타났으며 캘리포니아, 뉴욕, 미네소타, 와이오밍에서는 거의 5만 달러에 가까운 수준이었다. 코네티컷, 메릴랜드, 뉴저지, 알래스카에서는 6만 달러지만 나머지 주에서는 4만 5천 달러로 나타났다. 만약 자신의 소득이 중간 소득보다 높다면, 더 복잡한 소득 테스트를 추가로 받아야만 청산 여부가 가능한지 알 수 있다. 이 경우에는 청산이 허용되지 않을 확률도 있다. 파산 신청을 하려면 먼저 신용 교육을 이수해야 한다. 그리고 제7장은 8년에 한 번만 허용된다. 청산 자격이 안 되면 채무조정절차를 거치거나, 파산을 아예 포기해야 한다.

제13장의 파산은 소득이 아니라 채무 총액에 따라 파산 자격에 제한을 가한다. 무담보 부채가 40만 달러 이하이며 담보 채무가 120만 달러 이하인 경우에만 제13장의 파산을 신청할 수 있다(하지만 이 수치들은 주기적으로 조정되므로 따로 확인할 필요가 있다). 그런데 파산을 생각하는 사람은 대부분 이 조건을 충족하는 편이다. 파산을 고려하는 사람은 일단 신용 상담을 받아야 한다. 제13장의 파산을 진행한 후에 또다시 파산 신청을 하는 것은 6년 이내에만 가능하다는 것도 염두에 두기 바란다. 제13장은 3년에서 5년 정도 걸리는 변제 계획의 최종 산물이다. 이 기간에 채무자가 나눠서 내는 금액은 부채 일부를 상환하는 데 사용된다. 채무자의 소득, 부채의 종류, 부채 총액에 대한 복잡한 분석을 통해

채무자가 상환해야 할 부채액이 결정된다. 이에 반해 제7장은 이렇게 돈을 갚는 과정이 없고, 그냥 자산을 처분해서 부채를 최대한 많이 상환하는 데 초점을 맞추고 있다.

자격만 된다면 제7장 청산이 유리한데, 훨씬 간편하고 시간이 적게 들기 때문이다(청산의 경우, 모든 절차는 최대 6개월 이내에 마무리된다). 청산은 비용도 저렴하고 파산 신청 이후의 수입을 그대로 보호할 수 있다. 물론 제13장도 나름대로 이점이 있다. 첫째, 대출의 종류를 따지자면 더 폭넓게 면제받을 수 있고, 자산 대부분을 그대로 가질 수 있으며 파산 이후에 신용평가서에 영향을 받는 기간이 비교적 짧은 편이다. 채무자에게 주택이 있고 그 집을 지키고 싶은 경우라면 파산 신청이 더 유리할 수 있다. 채무 일부에 대해 중간 대리인이 있는 경우에도 파산이 더 유리하다. 그런데 현실에서는 청산과 파산 중 하나를 선택할 수 있는 상황은 그리 많지 않다. 아주 기본적인 파산 절차라 해도 워낙 복잡한 사안이 관련되기 때문에 흔히 경험이 많은 변호사를 선임해 파산 절차를 맡기곤 한다.

면제되는 자산

파산은 가진 것을 하나도 남김없이 잃어버린다는 뜻이 아니다. 특정 자산은 파산 과정에서 면제된다. 즉, 청산 과정에서 매각되지 않고 보호를 받거나 회생 절차에서 변제계획을 작성할 때 제외하는 자산이 있다는 것이다. 일단 면제된 자산은 파산 절차 내내 본인의 소유물로 남아 있게 된다. 하지만 거주지가 어디인가에 따라 자산의 면제 여부가 달라질 수 있다. 특정 자산의 면제 또는 파산에서 면제되는 자산의 비율에 관한 규정이 주마다 다르기 때문이다. 연방파산법에도 면제에 관한 조항이 있다. 주의 면제 규정을 반드시 따라야 하는 지역이 있지만, 이런 곳을 제외하고는 당사자가 연방파산법과 주의 규정 중에서 어느 것을 따를지 선택할 수 있다. 제13장의 회생 절차에서의 면제는 제7장의 청산과 조금 차이가 있지만, 같은 금액에 대한 같은 면제라고 생각해도 무방하다.

주택 자산 home equity(자기 소유의 주택에서 미변제 채무를 제한 금액)은 주택 면제 homestead exemption라고도 한다. 이 주택 자산의 일부는 파산 시 그대로 남겨질 가능성이 있다. 연방법에서는 최대한도를 2만 3천 달러로 규정하고 있다(단, 연방법에 규정된 모든 한도는 3년마다 변경된다). 자동차는 가액의 3,700달러, 사업 도구와 서적은 2,300달러, 귀금속은 1,600달러, 생명보험 전액, 의류, 가구, 전자제품과 같은 일반 생활용품은 1만 2천 달러가 넘는 금액이 허용된다. 그뿐만 아니라 재산 종목과 관계없이 본인이 선택하는 것은 최대 1만 3천 달러까지 보호받을 수 있는 '와일드카드 면제 wildcard exemption'도 있다. 더 중요한 점으로, 130만 달러 미만의 퇴직연금은 모두 면제된다(물론 수입이 중간 소득에도 미치지 못하는 사람이 그렇게 거액의 연금을 받는 경우는 드물 것이다). 주에서 정해놓은 면제 규정에는 차이가 있다. 일례로 매사추세츠, 미네소타, 몬태나, 네바다, 로드아일랜드에서는 25만 달러가 넘는 주택 면제가 허용된다. 한편 플로리다, 아이오와, 캔자스, 오클라호마, 사우스다코타, 텍사스는 주택 면제에 제한을 두지 않는다.

자기 명의의 주택이 있으면, 파산 절차에서 주택을 그대로 보유하기란 쉽지 않을 것이다. 주택 면제의 혜택을 볼 수 있어도 주택 자산이 얼마 되지 않는 경우가 많고, 파산으로는 거주용 주택의 모기지를 줄이거나 면제받을 수 없기 때문이다. 반면 해당 주택에 대한 권리가 면제액보다 적고 모기지 대출이 남아 있다면, 그 집은 빼앗기지 않을 확률이 높다(파산법 제13장에서는 특정 기한 내에 모기지를 모두 상환해야 한다). 주택 면제에 대한 초과분은 채권자들의 손에 넘어갈 수밖에 없다. 채무자가 모기지를 상환하지 못하거나 다른 방법으로 해결하려고 하면, 돈을 빌려준 입장에서는 담보권을 실행할 가능성이 크다. 몇몇 주에서는 모기지 부채와 주택의 시가에 차액이 발생할 경우, 해당 결손액에 대한 책임이 채무자에게 있다고 본다. 이 또한 파산을 부추기는 요인이라고 할 수 있다. 채무자에게 집을 오롯이 포기한다는 것은 감정적으로 정말 힘든 결정일 것이다. 그러나 새 출발을 위해 파산을 선택한 것이라면, 집을 아예 포기하는 것도 고려해볼 일이다.

채무 이행

파산 절차는 적어도 일정 기간 채권자로부터 채무자를 보호해주는 효과가 있다. 파산 신청을 하면 가장 먼저 채무자에게 자동중지가 통지된다. 이는 모든 채권추심 요구가 중단되며, 채무자도 채무 상환 행위를 즉각 멈춰야 함을 의미한다. 파산 신청에 포함된 채권자는 법원에서 따로 통지를 받는다. 따라서 파산 신청이 법원에서 처리되는 동안 채무자에게 어떤 추심행위도 진행할 수 없게 된다. 예외적인 상황도 있지만 대부분은 추심행위가 금지된다. 추심 대행업체가 독촉 전화를 하거나 찾아오는 일이 없으며 채무 때문에 새로운 법정 소송에 휘말릴 염려도 없다. 그리고 자동중지제도(위기에 처한 기업이 회생절차를 신청하면 그와 동시에 채권자의 권리 행사를 중지시켜서 채무자의 파산을 막는 것-옮긴이)가 시행되면 (적어도 당분간은) 전기나 가스 등이 끊겨서 불편을 겪거나 집이 부동산 압류로 넘어갈까 걱정하지 않아도 된다. 채권자가 자동중지제도를 무시하고 임의로 행동하면 벌금형에 처한다. 자동중지제도가 반드시 거주지에 쫓겨나는 불상사를 막아주는 것은 아니다. 하지만 채무자에게 어느 정도 숨 쉴 여유를 마련해주는 것은 사실이다.

파산 절차의 마무리 단계에 오면 채무가 면책된다는 이점이 있다. 면책이란 채무의 전체 또는 일부를 무효로 해줘 앞으로 갚지 않아도 되도록 한다는 뜻이다. 채무자에게서 어떠한 사기 행위가 발견되지 않는 한, 면책은 최종적이고 완전한 효력을 가지며 무효로 할 수 없다. 청산의 경우 (일부 예외가 있긴 하지만) 파산 절차를 마무리하는 단계에 가면 모든 채무가 면책된다. 쉽게 말해서 빚이 한 푼도 남지 않게 된다. 채무 조정 사건의 경우에는, 파산 절차 중에 감면된 부분이 3년에서 5년이 지나간 시점에 채무자가 변제계획을 모두 이행할 때 한해 면책된다. 변제계획에서 상환하도록 요구하지 않는 채무는 완전히 그리고 영구적으로 면책되는 것이다. 이처럼 파산 절차에서 면책은 상당히 큰 혜택에 해당한다. 그러므로 관련 법령에서는 채무자의 파산 형태에 따라 6년에서 8년 사이에 한 번만 파산 신청을 할 수 있다고 규정한다.

눈치 빠른 대학생이라면 일단 학자금 전액을 대출받고 졸업 후 좋은 직장에 들어갈 때까지 기다렸다가 취업과 동시에 파산 신청을 해서 학자금 대출을 다 없애버리면 되겠다고 생각할지도 모르겠다. 하지만 파산제도는 이미 그런 가능성을 예견하고 있다. 채권자의 횡포로 인해 어려움을 호소하는 사람들을 위해 2005년에 파산법이 전반적으로 크게 개정되었는데, 개정된 법에서는 특정 형태의 채무를 면책해주지 않는다. 대출 상환의 담보로 설정한 자산에 대한 유치권이나 선취특권은 파산 신청으로 없어지지 않는다. 바로 이 때문에 담보가 설정된 채무는 우선적으로 상환해야 한다. 즉, 파산 신청을 해도 채권자는 채무 금액 또는 담보물을 가져갈 수 있다. 이처럼 파산 절차가 진행될 때 가장 큰 손실을 보는 사람은 무담보 대출을 내준 채권자다.

이제 면책 대상에서 제외되는 채무의 종류를 알아보자. 관련법에 따르면 파산 시에도 면책할 수 없는 채무는 19종이며, 학자금 대출, 세금, 정부기관의 벌금 등이 가장 먼저 언급된다(쉽게 말해서 정부에 진 빚은 면책되지 않는다). 위자료나 양육비도 면책 대상이 아니며, 음주운전으로 사고를 내서 진 빚도 면책될 수 없다(국내도 마찬가지로, 세금 미납, 벌금, 양육비 등은 제외된다.-옮긴이). 또한 채무자가 본인의 사기, 절도, 횡령 등을 이유로 빚을 지거나 고의로 사람을 다치게 하여 법원 판결을 받은 경우에도 관련 금액은 면책되지 않는다. 마지막으로 파산 신청 시 특정 채무를 잊고 기재하지 않았다면, 이 또한 면책 대상에서 제외된다. 채무 조정 사건은 청산보다 면책 범위가 조금 넓게 적용된다. 하지만 채무 조정 또는 청산과 관계없이, 지금까지 살펴본 채무는 완전히 갚는 것 외에는 벗어날 방법이 없다고 봐야 한다.

파산 절차

파산 절차는 미 전역에 분포한 90개의 연방법원에서 처리한다(국내는 채무자 주소지 관할 지방법원에서 처리 - 옮긴이). 연방파산법원마다 이를 전문으로 처리하는 재판연구원, 판사, 직원이 있다(주마다 적어도 하나 이상의 연방파산법원이 있으며, 어떤 주에는 여러 개의 파산법원이 세워져 있다). 파산 절차를 주도하는 사람을 파산관재인이라고 한다. 흔히 정부가 임명하거나 정부를 대표하는 민간 변호사 또는 회계사가 각 파산 사건을 맡아서 처리하게 된다. 파산관재인은 채무자의 재산을 매각하고, 그 수익을 채권자들에게 배분하는 등 사건의 전반적인 과정을 관리, 감독한다. 판사의 역할은 분쟁을 조정하고, 법적 사안에 대한 해석을 마련하고, 사안의 해결방안에 최종 승인 도장을 찍는 것이다. 채무자가 법원에 제출할 서류를 제대로 완성하고 접수하려면 반드시 변호사를 선임해야 한다. 파산관재인은 본인이 변호사라 할지라도 파산 사건의 당사자 중 누구의 편에도 서지 않으며 오로지 파산법원의 입장에서 자신의 임무를 수행한다.

한 가지 아이러니한 것은, 당사자는 무일푼이 되어 파산한 것인데도 파산법원에 사건을 접수하는 데 최소 1천 달러가 필요하고, 시간이 흐르면 비용이 더 늘어날 수 있다는 점이다. 변호사를 선임하고, 파산 신청 서류를 법원에 제출하고, 의무적 전치절차인 신용 교육을 받아야 하는데, 이 모든 절차에 비용이 청구되는 것이다. 여기서 가장 먼저 할 일은 자산, 부채, 소득, 비용 등의 재정 항목을 모두 정리해보는 것이다. 이때 꼼꼼하고 정직하게 작성해야 한다. 하나라도 빠지면 법정에서 사기 의혹이 제기되어 파산 사건이 아예 각하될 우려가 있다. 채권자 한 사람 한 사람의 연락 정보를 확보해야 하는데, 이 과정이 매우 귀찮고 번거로운 것은 사실이다. 자동중지제도는 파산 통지를 받는 채권자에게만 적용되기 때문에 채권자를 단 한 명도 빠뜨리지 않아야 한다.

이렇게 관련 정보를 모두 모으기만 하면 제7장의 채무자가 할 일은 거의 끝났다고 볼 수 있다. 이제는 한 번만 가서 신탁관리자의 질문에 대답해주면 된다. 파산 사건은 대부분 자산이 없는 경우에 대한 청산이다. 모든 자산이 면제 범위에 포함되기 때문에 파산관재인이 매각할 것이 전혀 없다는 뜻이다. 따라서 사건 처리는 비교적 빠르게 진행된다. 제13장 파산의 경우, 채무자는 변제계획을 작성해야 한다. 일단 채권자들이 이 계획을 승인해야 하며, 채무자의 수입 중 얼마를 채무변제에 사용할 수 있는가에 대한 관련 규정도 준수해야 한다. 판사에게 변제계획을 확정받기 전까지는 협상해볼 여지가 많다. 일단 변제계획이 확정되면, 채무자는 재정적인 측면에서 새로운 생활을 시작하게 된다. 계획에 따라 파산관재인에게 정기적으로 변제금을 보내면, 관재인이 채권자들에게 돈을 전달한다. 그러니 엄밀히 말해서 3년에서 5년이 경과하기 전까지는 채무가 면책된 것이 아니다. 그렇지만 추심이나 강제집행 명령 등이 이 기간 내에 모두 중지되는 것은 큰 장점이다.

개인 파산이 둘 중 어떤 형태로 진행되든 관계없이, 누구에게 돈을 갚을지 결정하는 것은 채무자가 아니라 파산관재인이다. 채무자는 청산을 통해 (면책되지 않은) 자산을 모두 잃게 되거나, 변제계획에 따라 관재인에게 단 1회 변제금을 지급하게 된다. 두 가지 경우 모두, 관재인이 채무 청산을 진행한다. 채권자로서는 때때로 아무것도 안 하는 것이 제일 나은 방법일 수 있다.

채무자가 소유한 자산이 많지 않거나, 자산 전체가 면책 범위에 포함될 경우, 채권자로서는 채무변제를 강요해봤자 아무것도 얻지 못한다. 채권추심업체는 성가실 정도로 연락을 한다는 특징이 있다. 그러나 연방법과 주 자치법에서는 추심업체의 행위에 어느 정도 제한을 두고 있다. 채권자가 빚을 받아내려면 채무자를 고소해 법원 판결을 받은 다음, 채무자의 자산을 찾아내어 이를 압류하는 법적 절차를 밟아야 한다. 채무자가 정규직인 경우, 채권자가 법원에 고소하는 것을 그냥 보고만 있어서는 안 된다. 고소가 진행되면 급여가 압류될 수 있다. 다시 말해, 채무자의 고용주에게 채무자의 급여에서 돈을 압류한다는 법원 명령이 전달된다는 뜻이다. 이에 반해, 채무자가 빚은 많으나 수입이 하나도 없는 학생이라면 채권자는 고소를 하더라도 돌려받을 가능성이 없다고 판단해 단념할지 모른다. 시간이 흐르면 채무는 집행 불가능 상태가 되었다가 완전히 사라진다. 주마다 조금 다르지만 이렇게 되기까지 통상 3년에서 6년 정도 걸리지만, 몇몇 주에서는 최대 10년까지 채무를 받아내는 것을 허용한다.

신용 교육

채무자는 파산 보호를 신청한 날로부터 6개월 이내에 승인된 신용교육을 이수해야 한다(국내에서도 실시하고 있다. - 옮긴이). 각 파산법원에서 이러한 서비스를 제공하는 승인된 기관의 목록을 찾아볼 수 있다. 교육 기간은 길지 않으며 비용도 저렴한 편이다. 이 교육의 목적은 파산 외의 다른 방안을 찾아보도록 도와주는 것이지만, 반드시 교육 내용에 따라야 할 의무가 생기는 것은 아니다. 하지만 신용 교육을 이수했음을 증명해야만 파산법원에서 사건이 각하되는 불상사를 피할 수 있다. 법원에 파산 신청을 한 이후에 채무자 교육 과정을 추가 이수해야 한다. 이 과정을 이수하지 않으면 법원은 채무를 면책해주지 않기 때문에 큰 문제가 될 수 있다. 물론 이 교육 과정을 제공하는 승인된 기관의 목록도 마련되어 있다. 대부분 앞서 언급한 신용 교육 시행처와 같다. 모든 채무자 교육기관은 비영리단체여야 하며, 상황에 따라 교육비를 할인하거나 면제해준다.

다양한 신용 교육, 채무자 교육 및 채무 관리서비스는 소비자가 돈을 현명하게 관리하도록 도와주거나 파산으로 치닫는 상황을 피하도록 알려준다. 상황이 이쯤 되면 전문가에게 도움을 구하고 싶은 마음이 드는 것도 이해할 만한 일이다. 하지만 실질적인 도움을 주기보다는 이 상황을 이용해서 돈을 버는 데 더 관심이 있는 전문가를 만날 수도 있다는 우려가 있다. 실제로 어떤 회사는 채권자 위주로 일을 처리해버린다. 전문 기관에서 자문을 얻을 때 유의할 점은 다음과 같다.

• 비영리 공인 기관을 찾아본다. 미국의 경우에는 미국 신용상담협회National Foundation for Credit Counseling, 미국 주택도시개발부U.S. Department of Housing and Urban Development, 독립소비자신용상담기관연합Association of Independent Consumer Credit Counseling Agencies, 거래개선협회Better Business Bureau가 대표적으로 승인된 기관이다. 파산법원에 있는 이런 승인 기관 목록에만 만족하지 말고 개인적으로 더 알아보는 것이 좋다.

• 무료로 정보를 제공하는 곳, 수수료가 있다면 서면으로 정확히 수수료를 알려주는 곳, 필요한 경우에 수수료를 감면해주는 절차가 있는 기관을 찾아볼 수 있다. 굳이 가입하지 않더라도 교육 자료를 무료로 내려받거나 교육 영상을 무료로 제공해주는 기관이 있다면 더욱 좋을 것이다.

• 혹시 본인이 찾은 기관에 의구심이 든다면, 현지 소비자보호단체(주마다 소비자보호단체는 반드시 존재한다) 또는 일반 변호사 사무실 등을 통해 해당 단체에 불만이 제기되거나 사기 고소가 진행되었는지 확인해야 한다.

어떤 회사는 부채관리계획Debt Management Plan, DMP을 제안할지 모른다. 이는 채무자가 상담회사에 일정액을 납부하면, 상담회사에서 그 돈을 채권자에게 배분해주는 것을 말한다. 처리 과정은 법원의 파산 절차와 비슷하지만, 법원이 개입하지 않고 양측의 합의에 따라 진행된다는 차이점이 있다. 상담회사가 나서서 채권자들에게 채무 일부만 변제받는

데 동의하도록 협상을 진행할 것이다. 그러므로 채무자는 상담회사에 협상된 금액과 채무변제에 필요한 수수료 정도만 지급하면 된다. 상담회사는 기한이 지난 수수료나 이자 등을 없애서 변제액을 최대한 늘리고 채무가 더 늘어나지 않게 할 것이다. 이에 반해 DMP를 적용하면 채무의 일부를 아예 없애버릴 수 있다. DMP는 합법적인 방법이지만 그래도 한 가지 주의할 점이 있다. 기존의 DMP에서 지나치게 과장된 결과를 장담하면서 거액의 수수료를 요구했다는 불만이 많았으므로 이런 피해를 입지 않도록 조심해야 한다.

기업 파산

파산법 제11장은 기업 파산에 관한 규정이다. 그 목적은 기업의 채무를 줄이고 파산 절차 이후에 다시 일어서서 사업을 계속하도록 도와주는 것이다(그런 점에서 파산은 폐업과 다르다. - 옮긴이). 도시(제9장은 역대 최대의 부채 규모를 기록한 2013년 디트로이트 파산에 적용되었다), 농어업인(제12장) 및 국제 파산(제15장)과 같은 항목별로 규정이 마련되어 있다. 기업을 운영하는 개인도 제11장을 사용할 수 있지만 실제로 적용하는 경우는 매우 드물다. 기업도 개인처럼 제7장에 따라 부채를 청산할 수 있다.

제11장의 기업회생제도는 법원에 파산 신청을 하는 것으로 시작된다. 이때 신청인은 기업의 자산과 부채, 각 채권자에게 갚아야 할 금액, 계약서, 상세한 손익계산서 및 기타 재정 관련 정보를 모두 제출한다.

제11장의 기업회생제도는 기업, 파트너십, 유한책임회사에 적용되며, 개인 기업은 개인 파산제도를 사용해야 한다. 일반적으로 채무자 기업이 파산을 개시하지만, 소수의 채권자에 의해 강제 파산을 당할 수도 있다. 파산 신청은 즉각적인 효과가 있다. 파산 신청 기업에 대한 모든 채권추심 행위가 중지되며, 법원에서 파산 절차가 진행되는 기간에는 채권자에 대한 변제를 중단할 수 있다. 단, 파산 사건이 개시된 후에 채권자가 법원의 허가를 받아 기업의 자산에 대한 법적 절차를 밟는 것과 같은 예외 상황도 있다.

제11장 파산 절차가 개시된 기업은 기존 경영자 관리인Debtor-In-Possession, 이하 DIP의 감독하에 기존 경영인의 경영권이 인정되어 자산을 통제하고 기업을 운영하게 된다. 하지만 사기 행위가 있거나 기타 특수한 사정이 있는 경우에는 법원이 해당 기업을 직접 운영할 다른 사람을 임명할 수 있다. 제11장의 기업회생제도가 시행되면, 직원과 고객과 거래업체가 불안과 초조함을 느끼는 것은 당연하다. 하지만 경영진이 파산 절차 중에 계획 수립으로 바빠지는 것을 제외하면 대부분의 업무는 평소와 동일하게 진행될 것이다. 회생 계획이란 기업 재무 구조를 새로 만드는 것이다. 때로는 자산을 매각해야 하고, 파산 절차가 끝난 후에 회사의 경영 방식도 바꿔야 한다. 파산했다는 사실 자체가 경영 계획에 중대한 오류가 있었다는 증거이기 때문이다.

복잡한 파산 사건은 회생 계획을 승인받기까지 수년이 걸리기도 한다. 그러나 대다수 기업의 경우 6개월에서 12개월이면 회생 절차가 마무리된다. 대출 기관이나 거래업체에 파산 기업과 계속 거래하라고 강요할 수 없으므로, 이 기간에는 'DIP 금융DIP financing'을 통해 기업 운영 자금을 마련하게 된다. DIP 대출을 시행한 대출 기관은 자금을 회수할 우선권이 인정되며 높은 이자까지 챙길 수 있다. DIP 거래업체vendors of a DIP를 거래 채권자trade creditor라고도 한다. 이는 거래업체가 받아야 할 채무가 일상적인 거래, 즉 상품이나 서비스의 판매에서 발생한 것임을 보여준다. 기업 간 신용 또한 DIP의 자금 조달에 사용된다.

안타깝지만 거래 채권자는 담보가 없으므로 파산 기업의 특정 자산에 관해 권리를 주장할 수 없다. 이에 반해 은행이나 금융기관은 기업의 자산에 대한 선취특권이 있는 담보권자로서 우선적으로 변제받을 수 있다. 이 때문에 담보가 없는 채권자는 실제로 변제를 거의 또는 아예 받지 못할 수도 있다. 대손을 회수하지 못할 수도 있는 불리한 상황에도 다수의 거래업체는 DIP와 거래를 계속 이어간다. 공급업체들도 미수금을 못 받을 수도 있지만 고객이 없어지는 것보다는 거래할 대상이 있는 것이 여러모로 낫다고 할 수 있다.

제11장에 따라 회생 절차를 거친 기업에 근무하는 사람은, 회생 절차 이후에도 직장을 그대로 다닐 수 있으며 밀린 급여와 상여금 등도 모두 받게 될 것이다. 제11장에 따라 회생 절차를 거친 기업과 거래하는 업체는 해당 기업과 예전처럼 거래를 계속할 가능성이 크다. 하지만 회생 절차를 거친 기업의 소유주는 사실상 빈털터리가 된다고 봐야 한다. 담보권자가 먼저 부채를 변상받게 되는데, 담보권자가 받아 가고 남은 돈이 있어야 담보권이 없는 채권자에게 부채가 변상되기 때문이다. 담보권이 없는 채권자가 채무 전액을 배상받는 경우는 거의 없다. 전액을 배상받

을 수 있다 하더라도 채무 액수에 비례해 담보권이 없는 다른 채권자들과 나누어 받게 된다. 이렇게 채권자들에게 부채를 모두 갚은 후에도 남은 돈이 있다면 그제야 기업 소유주에게 차례가 온다. 이래서 지분이익(소유권)이 가장 리스크가 높다고 말하는 것이다. 물론 이익이 생길 때는 기업 소유주가 가장 유리할 것이다. 파산 절차가 끝나고 나면 흔히 기업의 소유주가 바뀌게 되는데, 회생 절차를 거친 기업에서 채무를 변제받지 못했기 때문에 경영권을 내신 거머쥐는 것이다.

기업이 제11장에 따라 운영될 수 없거나, 법원이 허가할 만한 회생 계획을 세우지 않거나, DIP 금융을 확보하지 못하면, 기존의 파산 절차는 청산으로 전환된다. 경영진이 기업 회생 가능성이 없다고 판단할 경우, 청산의 절차를 개시할 것이다. 이는 개인 파산 절차의 청산에 상응하는 것이다. 차이점이 있다면, 면제되는 자산이 없고, 채무자의 생활비를 걱정할 필요가 없으며, 부채가 면책되는 것도 아니라는 점이다. 기업 운영은 중단되고 공은 파산관재인의 손에 넘어간다. 이제 파산관재인의 목표는 자산을 최대한 비싼 값에 매각해 채권자들에게 나누어 주는 것이다. 기업 소유주가 개인적으로 회사 채무를 보증한 경우라면, 청산만으로 그 사람의 문제가 모두 해결되지는 않을 것이다. 하지만 기업의 입장에서 볼 때 제7장의 파산 절차대로 했다가 회사가 아예 문을 닫는 것보다는 훨씬 낫다.

파산 이후에 유의할 점

개인 파산으로 다시 돌아가 보자. 변제가 승인되거나 채무변제계획이 시행 완료되면 그야말로 모든 문제가 해결되었다고 말할 수 있다. 이 시점이 되면 채무자는 '정상적인' 재무 생활로 되돌아갈 수 있다. 구체적으로 말하자면 추심 대행업체나 대금이 미납된 상품을 회수하러 오는 사람에게 괴롭힘을 당하거나 급여가 압류되는 일이 없다는 뜻이다. 그래도 여전히 빚에 대해서는 경계를 늦추지 말아야 한다. 파산까지 겪을 정도의 상황 악화는 빚에서 시작되었기 때문이다. 향후 8~10년간 신용평가서에 파산 절차를 진행한 사실이 기재되기 때문에 당분간은 신용을 얻는 것이 힘들고 돈이 많이 들 것이다. 그러나 신용 회복이 아예 불가능한 것은 아니다. 선불 신용카드를 사용하고, 상거래 신용을 쌓고(파산 후에도 모기지가 남아 있다면) 모기지를 성실히 갚아나감으로써 신용 점수를 높일 수 있다. 파산 보호 신청자가 신청 시점에 직장에 다니고 있었다면, 고용주가 파산 신청을 이유로 그 사람을 해고하는 것이 법적으로 금지되어 있다. 파산 신청 사실이 고용주에게 알려지는 것은 시간문제다. 따라서 장기적으로 근무할 생각이라면 솔직하게 먼저 알리는 것이 나을지 모른다.

하지만 새 직장을 찾아야 하는 사람에게 파산은 큰 약점이 될 수 있다. 정부기관이라면 채용 여부를 결정할 때 파산을 문제 삼지 않지만, 민간 기업 고용주는 파산 여부를 문제 삼는 것에 대해 별다른 규제를 받지 않는다. 돈을 다루거나 은행 거래에 관여하는 직종의 경우, 고용주는 돈 관리에 문제가 있었던 사람을 고용하는 것을 꺼릴 것이다. 하지만 채용 과정에서 신용확인서를 요구할 수 있으며 신용평가가 좋지 않다는 이유로 채용에서 탈락할 확률도 있으므로 파산을 숨기거나 이 점에 대해 거짓말을 하는 것은 금물이다. 그보다는 무엇 때문에 파산을 겪어야 했는지, 그리고 앞으로 다시 파산하지 않을 것이라고 장담할 수 있는 이유가 무엇인지 설명하는 편이 훨씬 유리하다. 파산 절차를 통해 귀하게 얻은 기회를 선용하려면 근검절약하고 빚을 지지 않는 습관을 길러야 하며, 금융거래 기록을 잘 관리하고, 돈 문제에 관해 정직하게 처신해야 한다.

8장

THIS NOTE IS LEGAL TENDER
FOR ALL DEBTS, PUBLIC AND PRIVATE
Treasurer of the United States.
SERIES 2006 A
FRANKLIN
100

투자

열심히 저축해서 모은 돈이 있다면 이를 잘 지키고 더 늘려야 한다. 장래에 약간의 금전적 이익을 기대하면서 자산을 보유하는 것을 투자investment라고 할 수 있다. 즉, 투자는 수익과 떼려야 뗄 수 없는 관계에 있다. 수익은 두 가지 형태로 발생할 수 있다. 투자 가치가 증가할 수도 있고, 이자처럼 투자 당사자에게 돈이 생길 수도 있다. 돼지저금통에 동전을 모으듯이 나중에 쓰려고 안전한 곳에 돈을 모아두는 것은 보관일 뿐이다. 수익이 발생할 가능성이 없으므로 투자라고 할 수 없다. 텔레비전을 사는 것도 투자는 아니다. 시간이 지남에 따라 감가상각이 되며, 구매와 동시에 바로 사용되는 소모품이기 때문이다. 그렇지만 은행 저축계좌에 돈을 맡기는 것은 투자에 해당한다. 미래를 위해 보유하는 동시에 약간의 수익을 기대할 수 있기 때문이다. 투자에 관해서 금융자산이라는 용어를 많이 쓰는데, 이는 둘 이상의 당사자가 관련된 합의 또는 계약에서 발생한 가치 있는 자산에 대한 권리를 말한다. 대부분의 금융자산은 가치를 매길 수 있으며, 쉽게 현금화할 수 있는 것들이다.

투자에 사용하는 계좌의 종류와 투자 자체를 구분할 줄 알아야 한다. 일단 금융자산을 소유하려면 금융기관에 계좌가 있어야 한다. 이를테면 은행계좌, 증권 계좌 또는 퇴직연금 계좌 등이 있다. 계좌는 당사자와 금융기관과의 계약을 의미한다. 금융기관은 고객이 승인한 거래를 실행하며, 고객의 자산을 안전히 보관한다. 그리고 매월 우편이나 온라인으로 투자명세서를 보내주는 방식으로 투자 관련 정보를 주기적으로 제공한다. 이러한 계좌는 저축 계좌, 양도성예금증서, 개별 주식, 주식형 뮤추얼펀드, 미국 단기국채, MMA 계좌, 회사채, 금화 등 거의 모든 종류의 자산에 사용될 수 있다. 자산을 보유한 금융기관이 금융자산을 만들어내고, 관리할 책임을 지는 경우가 있는데, 바로 은행이 그런 사례에 해당한다. 증권 계좌, 은퇴 연금 또는 다른 금융기관에 개설한 계좌에 또 다른 기업에 대한 투자를 연결할 수 있다(예를 들어, Fidelity 은퇴 연금은 JP모건 체이스의 양도성예금증서를 보유하고 있다). 투자용 계좌는 모든 자산을 끌어 담아놓은 큰 가방이라고 생각하면 된다. 가방이 꼭 필요하긴 하지만 가방보다 더 중요한 것은 가방 안에 넣어둔 것들이다.

복리

평생 투자 수익이 연 0.5퍼센트에 불과하다면 정말 암울할 것이다. 다행히 이런 걱정은 하지 않아도 된다. 지난 50년간 은행의 6개월 정기예금 금리는 평균 연 6퍼센트였다(그러나 최근 6개월간 정기예금 금리는 더 낮아지고 있다). 미 증권시장에서는 지난 100여 년간 연 10퍼센트의 수익이 발생했으며 장기적으로 향후 연 수익은 7퍼센트 정도로 유지될 것으로 전망된다. 현재 금리나 수익이 마음에 들지 않더라도 크게 걱정할 필요는 없다. 금리와 투자 수익은 계속 변하므로 무한정 낮은 금리에 묶여 있는 일은 없을 것이다.

원금뿐만 아니라 이자에 대해서도 추가로 이자를 받을 수 있는 복리의 효과를 생각한다면, 장기적인 안목으로 금리나 투자 수익을 고려해야 한다. 수십 년이 흐르면 복리의 축적 효과는 예상보다 훨씬 크게 나타난다. 간단한 예로서 은행 저축 계좌라는 단순한 투자를 한번 생각해 보자.

대출업체는 원금에 더해 이자를 요구한다. 하지만 은행에 저축하는 것은 대출업체와 같은 역할, 즉 우리가 채권자가 되는 것이다. 그러므로 우리가 맡긴 돈에 대한 수익금을 은행으로부터 돌려받아야 한다. 은행의 고객은 자신이 은행에 대출해준다고 생각하지 않겠지만, 사실은 대출해준 것과 같다. 은행에 빌려준 돈은 원금이고, 수익에 대한 사전 합의는 이율이라고 한다. 이자율은 돈을 빌린 사람이 대출업체에 매년 얼마를 지급할 것인지 퍼센트로 나타낸 것이다. 원금에 이자율을 곱하면 첫해에 받게 될 이자가 얼마인지 알 수 있다. 원금과 이자를 더하면, 두 번째 해는 전년도보다 투자액이 조금 늘어났다고 말할 수 있다.

은행계좌에서 발생하는 수익은 이자라고 하는 데 비해 다른 투자에서 발생하는 것은 수익, 자본이익, 배당금, 차익 등 다양하게 표현된다. 하지만 기본적인 의미는 모두 자산에 대한 현금 배분 또는 투자 가치의 증가를 뜻한다. 이처럼 다른 수익도 흔히 연 이자율로 표시되며 복리가 가능하다. 저축을 어떻게 투자하든 관계없이 수익은 일반 이자율처럼 연 이자율로 표시된다. 이러한 연 이자율을 통해 복리의 효과를 살펴볼 수 있다.

한 가지 예시를 생각해보자. 원금 1천 달러를 연 2퍼센트의 저축 계좌에 예치했으며, 이자는 재투자하지 않고 인출했다. 그러면 매년 은행에서 받는 이자는 20달러다. 이렇게 20년이 지나면 이자로 총 400달러를 받게 된다. 원금까지 합치면 손에 쥐는 돈은 총 1,400달러다. 그런데 이자 수익도 인출하지 않고 재투자하면 이자에 대한 이자(복리)를 받을 수 있다. 따라서 20년 만기에 총 1,486달러를 받을 수 있다. 이 중에서 86달러는 매년 받은 이자에 대한 복리 이자다. 이자 원금 400달러에 대한 이자를 찾지 않고 계좌에 그대로 예치해두었기 때문에 이자 수익이 이만큼 커진 것이다.

돈을 재투자하지 않으면 복리 이자를 맛볼 수 없다. 연 이자율이 높을수록 복리 효과는 당연히 커지게 된다. 조금 전에 살펴본 예시처럼 1천 달러를 연 8퍼센트에 20년간 투자할 경우(주식시장이 장기간에 걸쳐 수익을 내는 것과 비슷하다고 생각할 수 있다) 복리 이자 여부에 따라 2,061달러의 차이가 발생한다. 도표 8.1을 보면 복리 수익의 진가를 알 수 있다. 원금 1천 달러를 연 8퍼센트로 50년간 투자하면 총 4만 7천 달러를 얻을 수 있다.

72의 법칙Rule of 72을 사용하면 투자한 자금이 2배로 늘어나는 데 걸리는 시간을 알 수 있다. 72를 고정 금리로 나누면 투자액이 2배로 늘어나는 데 대략 몇 년 걸리는지 알 수 있다. 예를 들어, 연 4퍼센트로 투자한

도표 8.1 | 원금 1천 달러에 대한 복리 수익의 효과 | 출처·저자의 분석

	2%	4%	6%	8%
총수익 | 복리가 아니라 단리에 따른 투자 수익				
10년	$1,200	$1,400	$1,600	$1,800
20년	$1,400	$1,800	$2,200	$2,600
30년	$1,600	$2,200	$2,800	$3,400
40년	$1,800	$2,600	$3,400	$4,200
50년	$2,000	$3,000	$4,000	$5,000
총수익 | 복리에 의한 투자 수익				
10년	$1,219	$1,480	$1,791	$2,159
20년	$1,486	$2,191	$3,207	$4,661
30년	$1,811	$3,243	$5,743	$10,063
40년	$2,208	$4,801	$10,286	$21,725
50년	$2,536	$6,318	$18,420	$46,902

금액은 18년 정도 이후에 2배가 된다(72를 4로 나눈 값이 18이다). 같은 금액에 연 8퍼센트가 적용되면 9년 후에 투자금이 2배로 늘어난다(72를 8로 나눈 값이 9이기 때문이다). 이율이 3퍼센트 이상이면 72의 법칙은 큰 오차 없이 대부분 맞아떨어진다.

리스크를 이해하려면

가끔 어떤 투자로 '떼돈'을 벌었다는 주변 사람 이야기를 듣게 된다. 그처럼 어마어마한 수익이 나오는 투자 대상도 있겠지만 현실에서는 극히 드문 일이다. 그와 반대로 엄청난 손실을 보고 힘들어하는 투자자가

훨씬 많다. 게다가 어떤 투자는 그 특성상 단번에 큰 수익률이 나오는 것이 아예 불가능하다. 일례로 저축 계좌는 투자 안정성은 높지만 높은 이자는 기대할 수 없다. 투자 안전성을 높이면 투자 수익률이 낮아지고, 리스크를 크게 키우면 투자 수익률이 높아진다. 그렇다면 리스크가 큰 투자에 대해 어떻게 생각해야 할까?

리스크를 측정하는 방법은 매우 다양하다. 이 점에 대해 학계와 투자 실무를 담당하는 전문가들이 많은 방안을 제시해왔다. 그중 한 가지 측정법은 투자 수익률의 변동성, 즉 투자 수익률이 얼마나 오르락내리락할지 측정하는 것이다. 또 다른 방법은 손실 가능성, 즉 투자 원금의 일부 또는 전부를 잃을 가능성을 엄밀하게 따져보는 것이다. 투자 리스크라는 말을 들으면 많은 사람은 손해를 입을 수도 있다는 점을 생각한다. 틀린 말은 아니지만 막연한 가능성을 떠올리기보다는 그러한 가능성을 제대로 정의하고 계산하는 방법을 배워서 적용해보는 편이 더 낫다. 리스크와 수익률의 기본 공식은 매우 간단하다. 리스크를 키울수록 수익률도 높아지고, 리스크를 낮출수록 수익률도 낮아진다는 것이다. 중요한 것은 여기서 말하는 것이 장기적인 기대수익률이라는 점이다. 그 기간 특정 시점에는 손실을 볼 가능성도 있다. 최악의 경우, 기대했던 수익을 한 푼도 손에 넣지 못할 가능성도 있다.

대출을 해주는 입장에서 생각해보자. 저축 계좌의 형태로 은행에 돈을 빌려줄 때 예금주는 해당 은행이 폐업해 예금을 돌려주지 못할 리스크를 떠안는 것이다. 이런 것을 가리켜 신용 리스크credit risk라고 한다. 연방보험이 적용되는 은행이라면 신용 리스크는 0퍼센트라고 할 수 있다

(25만 달러까지는 예금자 보험이 적용되기 때문이다). 스타트업 제약회사의 주식을 사는 것과 같은 투기성 투자에도 신용 리스크가 뒤따른다. 잘못되면 투자 원금을 한 푼도 돌려받지 못하게 된다. 투자 손실이 아니라 돈을 돌려받기 어려운 것도 리스크라고 말할 수 있다. 투자 목적으로 비어 있는 땅을 매입했다가 이를 되팔아서 이익을 얻기까지 몇 달 또는 몇 년씩 걸릴 수도 있다. 이를 가리켜 유동성 리스크라고 한다. 이 밖에도 전반적인 이자율이나 투자 심리와 같이 투자 전반에 영향을 주는 거시경제적 요소도 상당히 많다. 이를 시장위험market risk이라고 한다. 종류와 관계없이, 모든 리스크는 수익 안정성이 없고 손실 가능성이 항상 존재한다.

사람마다 투자 위험 감수도, 즉 투자 위험에 대한 개인적인 성향이 다르게 나타난다. 모험을 좋아하는 편이라 리스크가 큰 투자를 선택하고도 마음을 전혀 졸이지 않는 사람이 있다. 하지만 리스크가 큰 투자는 눈을 의심할 정도로 고수익률을 얻을 가능성도 있지만 얼마 못 가서 수익률이 급락할 가능성도 크다. 투자자는 이런 변동을 받아들일 마음의 준비가 되어 있어야 한다. 반대로 리스크를 매우 싫어해서 투자를 꺼리는 사람도 있다. 이들은 보수적인 투자를 선호하므로, 대부분의 투자 자산이 급격히 하락하는 경향이 나타나는 세계적인 경제 혼란이 닥쳐도 큰 영향을 받지 않고 단잠을 이룬다. 대신 이들이 기대할 수 있는 수익률이 그리 높지 않다. 한마디로 이 세상에 공짜는 없다. 고수익률을 원한다면 그만큼 손실 가능성을 감내해야 하고, 손실 가능성을 최대한 피하고 싶다면 고수익률의 가능성을 포기해야 한다.

주식시장

라디오나 신문 등으로 뉴스를 읽거나 인터넷 서핑, SNS를 하다 보면 어느새 주식시장에 관한 이야기가 등장한다. '주식시장'은 전반적인 경제 상황을 보여주는 가이드로 종종 사용된다(실제로 주식시장은 가장 널리 사용되는 경제 지표로서, 향후 경제 동향을 예측하는 데 유용하다). 주식시장은 단일 시장이 아니라 매우 다양한 형태로 나타난다. 주식시장에서 발생하는 투자 역시 다양한 형태로 이루어지며 이를 측정하는 방법도 여러 가지로 나뉜다. 주식시장을 이해하려면 먼저 '주식'이 무엇이며, '시장'이 따로 필요한 이유가 무엇인지 살펴봐야 한다.

회사를 세우려면 자금이 필요하다. 그래서 본인의 은행계좌, 친지나 친구, 외부 투자자에게 손을 벌리는 것이다. 투자자는 그 대가로 기업의 주식을 받는다. 여기서 주식은 기업에 대한 소유권 지분을 상징하는 것이다. 여러 투자자가 가진 주식을 한데 모으면 해당 기업의 소유권이 완성된다. 각 투자자의 주식은 회사 전체의 소유권에 대한 일부를 의미할 뿐이다. 예를 들어 생각해보자. 어느 기업이 투자자 100명에게서 각 1천 달러를 받아 총 자본금 10만 달러를 만들었다. 그러면 각 투자자는 이 기업에 대해 1퍼센트의 소유권을 갖는다. 이는 회사 매출액 1퍼센트에서 비롯된 1퍼센트의 순이익에 대한 권한이 있다는 뜻이다. 이와 같은 소유 지분을 자본주식capital stock 또는 간단하게 '주식'이라고 한다. 반대로 투자자 1명이 단독으로 10만 달러를 투자해도 같은 형태의 회사를 세울 수 있다. 후자의 경우에는 단독 투자자가 주식 100퍼센트를 소유하므로 회사의 순이익과 매출액 전체에 대한 권리를 갖게 된다.

기업은 여러 종류의 주식을 발행할 수 있다. 보통주는 가장 기본적인 주식이고, 우선주는 기업의 순이익에 대한 우선권이 인정되는 주식이다. 지인, 가족, 동료 등을 통해 자금을 모으는 경우를 가리켜 비공개 기업privately held corporation이라고 한다. 이 회사의 주식은 일반인에게 거래되지 않는다. 하지만 회사를 차리거나 회사 규모를 늘리기 위해 거액의 자금이 필요한 경우에는 주식시장을 활용해야 한다. 이렇게 하려면 정부에 사전 등록하고, 기업 정보를 공개하고, 주식 매도 방식이나 대상에 대한 엄격한 절차를 따라야 한다. 하지만 일반 대중에게 주식을 팔 수 있다는 장점이 있다.

기업이 처음으로 주식시장을 통해 자금을 모으는 것을 가리켜 주식 공개상장Initial Public Offering, 즉 IPO이라고 하며, 그다음에 자금을 모으는 것을 증자secondary stock offering라고 한다. 두 번 다 자금은 바로 기업으로 넘어가서 사업 운영에 쓰인다. 이렇게 기업이 일단 주식시장에 상장되면 주식을 다른 투자자에게 팔 수 있어 새로운 투자자가 기존 투자자에게서 주식을 살 수 있다. 이러한 거래는 모두 주식시장에서 이루어진다. 투자자들은 대체로 중개업체인 증권회사를 통해서 주식 거래를 한다. 여기서 증권회사의 역할은 주주로 주식 매수자와 매도자를 중개하여 거래를 성사시키는 것이다.

전 세계에는 다양한 형태의 주식시장이 있다. 각 시장은 매도자와 매수자가 가격을 흥정하고 거래에 합의하고 자금을 주고받는 증권거래소의 형태로 운영된다. 미국에서 가장 대표적인 증권거래소는 뉴욕 증권거래소New York Stock Exchange(이하 NYSE)와 나스닥National Association of Securities

Dealers Automated Quotation system(이하 NASDAQ)을 꼽을 수 있다(국내에는 코스피, 코스닥, 코넥스가 있다.-옮긴이). 전 세계적으로는 런던, 도쿄, 홍콩이 증권거래가 가장 두드러지게 이루어지는 곳이다. 각 증권거래소는 기업의 종류에 따라 상장 규정이 다르다. 주식을 사려면 일단 파는 사람부터 찾아야 한다. 그리고 서로 생각하는 가격이 같아야 돈을 주고받을 것이다. 최근에는 온라인 거래가 활성화되어서 사용자들이 많아지고 있다. 일례로 NYSE는 통상 영업일 기준으로 매일 10억 주 이상을 거래하는데, 이를 돈으로 환산하면 400억 달러(한화 약 46조 원-옮긴이)가 훨씬 넘는다.

기업의 주가는 많은 요소에 영향을 받지만, 가장 큰 영향을 주는 요소는 바로 기업의 실적이다. 기업의 이익률이 높을수록, 성장률이 높을수록, 경영 능력이 뛰어날수록, 업계 전망이 좋을수록, 고객 충성도가 높을수록 주가에 긍정적인 영향을 미친다. 고도로 숙련된 애널리스트들이 상장기업들을 분석해 이들의 예상 실적을 추정하거나 최근 이슈에 대한 보고서를 작성해서 주식을 사야 할지, 그대로 가지고 있어야 할지 아니면 팔아야 할지 조언해주기도 한다. 주가에 영향을 미치는 또 다른 중요한 요소는 시장심리다. 경제가 성장세를 보이는지, 정부가 적자를 기록하는지, 실업률이 높아지는지, 인플레이션 우려가 있는지, 금융권이 흔들리는지와 같은 요소들이 여기에 모두 반영된다. 시장심리는 특히 투자자 심리와 주가에 모두 영향을 미칠 수 있다. 투자 결정을 내리는 주체인 사람은 변덕스럽게 행동하거나 과민반응을 보이거나 때로는 공황 상태를 느끼기도 한다. 이러한 감정 하나하나가 주가에 영향을 줄 수 있다.

부자만 주식에 투자하는 것은 아니다. 그렇다고 무작정 NYSE 사무실에 가서 주식을 사야 한다는 뜻도 아니다. 주식을 하려면 일단 증권회사에 계좌가 있어야 한다. 수수료를 최저로 부과하거나 저렴하게 해주는 증권회사가 많으므로 잘 알아봐야 한다. 증권 계좌는 전화로 개설할 수도 있고 온라인 신청도 가능하다. 계좌를 개설하려면 해당 증권회사가 요구하는 최저 잔액을 입금해야 한다(통상 500달러에서 1천 달러 정도를 요구한다). 이렇게 계좌를 만들고 나면 거의 모든 형태의 투자 상품을 살 수 있다. 사람들은 주식을 사고팔거나 여러 기업을 조사하고 분석하면서 재미를 느끼는 것 같다. 하지만 주의할 점이 있다. 개별 종목을 매수하면 십중팔구 후회하게 된다는 점이다.

오랫동안 주식시장을 연구한 학자와 애널리스트에 의하면 다양한 주식을 매수해야 리스크를 줄일 수 있다. 마음에 드는 한두 기업의 주식을 사기보다 다양한 분야의 주식을 10~20종목을 매수해두는 것이다. 그러면 경제 상황이 변함에 따라 각 기업이 다양한 성과를 내는 것을 관찰할 수 있다. 어떤 기업은 경기가 하락할 때 강세를 보이지만, 경기가 잘 풀릴 때 수익을 크게 내는 기업도 있다. 경기와 관계없이 수익이 오르락내리락하는 기업도 있고 수익이 항상 안정적인 기업도 있다. 따라서 여러 형태의 기업을 선택해 주식을 매입하는 방식으로 포트폴리오를 구성하는 것이 좋다. 포트폴리오는 주식투자를 가리키는 또 다른 표현이라고 생각하면 된다. (월마트, L 브랜드, 갭, 메이시, 코울스 등의) 유통업체 주식만 20주를 사는 것은 분산투자 포트폴리오를 구성하는 것이 아니다.

이런 유통업체는 하나 정도에만 투자하는 것이 바람직하다.

분산투자 포트폴리오를 다양하게 구성해서 20주를 샀다 하더라도 거기서 끝이 아니다. 자신이 투자한 기업이 어떻게 운영되는지 정기적으로 확인해야 한다. 사업 환경은 하루아침에 달라질 수 있으므로 20주 중에서 한두 개 정도는 언제든지 문제가 생길 수 있다. 20주를 관리하는 데에도 적잖은 비용이 든다. 각 주식을 사고팔 때마다 수수료가 들기 때문이다. 그렇다고 20주를 무작정 가지고 있는 것도 현명한 선택은 아니다. 일부 애널리스트에 의하면 수시로 주식을 팔거나 사들이는 것보다 장기투자를 목적으로 오랫동안 주식을 보유하는 '매수 후 보유' 전략이 더 유리하다고 한다. 전자는 수수료 지출이 많고 거래 타이밍에 따른 리스크가 작용할 수 있다. 주식 거래에 경험이 많고 매수 후 보유 전략을 충실히 따르는 투자자의 경우라 해도, 분산투자 포트폴리오를 구성하려면 일단 그 규모가 커질 수밖에 없다. 그러므로 포트폴리오를 운용한다는 것은 결코 쉽지 않은 일이다.

분산투자 포트폴리오를 운용한다는 것은 쉽지 않는 점에 대해 금융업계는 뮤추얼펀드mutual fund라는 해결책을 제시하고 있다. 뮤추얼펀드는 전문적으로 분산투자 포트폴리오를 운용하는 자산운용사가 투자자에게 펀드의 지분을 제공하는 형식으로 운영된다. 투자자가 뮤추얼펀드의 지분을 사면, 그 돈으로 회사가 투자 관련 결정을 내리는 것이다. 대부분의 뮤추얼펀드에는 매매 수수료가 들지 않지만 다른 비용은 발생할 수 있다. 펀드 운용을 하는 과정에서 주식 매매 수수료가 발생하고, 자산운용사의 운용보수를 줘야 하고, 뮤추얼펀드를 판매하며 고객 계좌를 관리하는 증권회사에 판매보수를 내야 한다. 하지만 이러한 지출을 다 합쳐도 본인이 직접 액티브하게 운용하는, 개별 주식 종목으로 구성된 포트폴리오를 보유하는 것보다는 비용이 적게 든다. 최근에 와서 상장지수 펀드Exchange-Traded Fund, 즉 ETF가 인기를 끌고 있다. 증권회사를 통해 뮤추얼펀드를 가입하는 것이 아니라 주식시장을 통해 뮤추얼펀드를 매매하는 것이라고 봐야 한다. 투자자가 실시간 가격을 알 수 있어서 거래의 융통성이 높아진다는 장점이 있다.

포트폴리오나 뮤추얼펀드는 개별 종목을 분석하거나 산업 트렌드에 맞춰 적절한 타이밍의 거래를 통해 액티브하게 운용된다. 투자업계에서는 액티브 운용전략이 패시브 운용전략(세부적인 것은 아래에서 살펴보기로 한다)보다 결과가 더 나은가에 대해 오랫동안 의견이 엇갈려왔다. 장기간에 걸쳐 뛰어난 실적을 기록하는 펀드 또는 매니저도 있긴 하지만, 액티브 펀드의 상당수가 장기간 형편없는 실적을 기록했기 때문이다. 유명한 펀드 매니저인 피터 린치Peter Lynch는 마젤란펀드를 액티브하게 23년간 연 30퍼센트 가량의 수익률을 기록하고 1990년에 은퇴했다. 이러한 성과는 우연히 이루어졌을까, 아니면 피터 린치의 개인 역량에 의한 것이었을까? 문제는 피터 린치에 비견할 만한 뛰어난 성과는 실제로 눈앞에 나타나기 전에는 미리 알 수 없다는 것이다. 대부분의 투자 전문가는 패시브 투자전략을 권하는데, 이는 주식시장 지수에 연동되는 뮤추얼펀드나 ETF를 정기적으로 매수하는 방식을 말한다.

인덱스펀드

시장 인덱스는 다양한 분야의 수많은 기업의 주식을 집단적으로 측정한 것이라서 주식시장 현황을 더욱 폭넓게 알려준다. 예를 들어, 유명한 투자정보회사인 스탠더드앤푸어스Standard & Poor's가 미국 주식시장에서 거래되는 500여 개 대기업 종목을 나타낸 지수를 S&P500이라고 한다. 주식시장 지수에서는 숫자의 크기가 아니라 숫자의 변동, 즉 이전보다 오르거나 내렸는지 아니면 변동 없이 같은 상태를 유지하는지가 중요하다. 지수는 주식시장의 트렌드를 보여준다. 현재 미국에는 5천여 종목이 공개 상장되어 있는데, S&P500이 그중에서 핵심적인 종목을 모두 포함하고 있다. 따라서 이 지수가 전체 주식시장의 동향을 보여주는 기준이라고 할 수 있다. 상위 10퍼센트 종목을 나타낸 것이지만, 실제로는 총 거래량의 80퍼센트가 S&P500에 반영되는 것이다.

우량기업 주식 30개 종목을 표본으로 하는 다우존스 산업평균지수Dow Jones Industrial Average도 유명하다. 간단하게 줄여서 '다우 지수'라고 부르기도 한다. 초창기에 다우 지수에 포함되어 있던 종목이 지금은 거의 존재하지 않는다. 그동안 미국 경제가 제조업 중심에서 기술 및 서비스 기업 중심으로 변모되었기 때문이다. 현행 다우 지수는 30대 대기업을 까다롭게 선정한 다음, 이들을 통해 다양한 비즈니스 분야의 활동 및 경제 전반을 보여주고 있다. 다우 지수에는 프록터앤갬블(소비자 제품), 디즈니(엔터테인먼트), 화이자(제약회사), 맥도날드(식품), 보잉(항공업), IBM(컴퓨터) 및 JP모건 체이스(금융업) 등과 같은 기업들이 고루 분포하고 있다. 다우 지수는 종목 수가 비교적 적어서 전체 주식시장을 아우르는 것이라고 할 수는 없다. 하지만 오랫동안 중요한 지수로 사용되었으며 뉴스에 자주 언급되는 등, 여전히 큰 영향력을 과시하고 있다.

이러한 지수를 관리하는 것은 고된 일이다. 다양한 종목의 주가를 실시간으로 파악해야 하고 신생기업과 폐업한 기업, 새로 상장된 기업 등의 변동사항을 파악해 반영해야 한다. 그 밖에도 (배당금이나 주식분할과 같은) 세부사항에 맞추어 여러 가지 사항을 끊임없이 조정해야 한다. 수많은 투자회사와 빠른 거래를 주로 하는 기업 및 투자자들은 주가에 기반한 업무를 하기 때문에 수수료를 내더라도 실시간 주가 정보를 알고자 한다. 우리 대부분은 'S&P500 지수가 오늘 22.5포인트로 마감했습니다'라는 뉴스를 사후에 들을 뿐이다. 해당 지수가 몇 포인트에서 시작했는지 또 몇 퍼센트 변동했는지 알아야 하는 사람이 아니라면 사실 이와 같은 뉴스는 아무런 실질적인 도움이 되지 않는다. 이 방면을 비교적 잘 아는 기자들이 일반 대중을 위해 지수의 변동 상황을 알려주는 것일 뿐이다.

투자운용사들이 이러한 지수를 반영하는 뮤추얼펀드를 만들어냈는데, 이를 '주식시장 인덱스펀드stock market index fund'라고 한다. 예를 들어, S&P500 지수가 미국 주식시장 시가총액의 80퍼센트를 내포하고 있으므로, S&P500 지수와 같은 항목을 가진 뮤추얼펀드는 전체 주식시장을 대표한다고 볼 수 있다. 윌셔 5000 주가지수Wilshire 5000 index를 기준으로 펀드를 매수하는 방법도 있다. 윌셔 5000 주가지수는 미 주식시장에 상장된 거의 모든 종목을 아우르며, 경제의 여러 분야를 주기적으로 추적해 반영하기 때문에 신뢰도가 높다. 인덱스펀드를 매수하는 것은 시장

지수의 움직임에 맞추어 가격이 변동하는 주식을 사는 것과 같다.

인덱스펀드는 수동적이다. 투자 매니저가 광범위한 조사와 다각도의 분석을 근거로 어느 주식이 좋고 어느 것이 나쁜지 주관적인 결정을 내리는 것은 아니다. 이들은 그저 정해진 절차에 따라 뮤추얼펀드 주식을 주가처럼 안정적으로 유지할 뿐이다. 이렇게 하면 관리에 드는 비용을 절감할 수 있다. 광범위한 인덱스펀드는 장기간에 걸쳐 가장 낮은 리스크를 유지할 때 최상의 이익을 거둘 수 있다고 보는 사람이 많다. 주식형 뮤추얼펀드도 개별 종목만큼 수가 많으나 '전체 시장'을 구성하는 시장지수는 손으로 꼽을 정도밖에 되지 않는다. 따라서 인덱스펀드를 매수해서 보유하는 방식은 이러저러한 주식투자 방법을 연구하느니 다른 일에 시간을 쓰는 것이 낫겠다고 생각하는 투자자에게 추천할 만하다.

매달 같은 시기에 일정 금액을 주기적으로 자동 투자하면 포트폴리오를 알차게 구성할 수 있다. 예를 들어, 매달 인덱스펀드 100달러를 매수하도록 계좌를 설정하는 것이다. 처음에 한 번만 설정해두면 더는 신경 쓸 부분이 없다. 이렇게 일정 금액으로 자동 매수를 걸어두면 주가가 높을 때 매수량이 줄어들고 주가가 낮을 때는 매수량이 늘어나는 정액매수 적립식이 적용되게 된다. 이 방법은 저가매수 기회를 이용할 수 있고 주가가 유리한 시기에만 거래할 때 뒤따르는 리스크에서 해방될 수 있다. 수시로 변하는 주가를 지켜보면서 감정적으로 스트레스를 받지 않아도 되고 정기적으로 돈을 모으는 데 필요한 제어력도 기를 수 있다. 불리한 개별 종목에 대해 언제 손을 털 것인지 투자자가 직접 결정하지 않기 때문에 연속적 자동투자에서도 매수 후 보유 전략이 적용된다. 돈이 필요할 때만 시장 인덱스펀드를 매각하면 된다.

채권

기업이 자본이 필요할 때 발행하는 유가증권은 기업과 투자자 사이의 계약상 의무를 뜻한다. 지분 증권은 소유권을 나타내는 주식을 의미하며, 주식을 가진 사람에게 기업 순이익의 일정 부분을 주기적으로 나눠주는 것을 배당금이라고 한다. 기업이 대출을 받아야 할 때, 즉 돈을 빌려야 할 때는 채권이라는 유가증권을 발행하는데, 채권투자자에게 정기적으로 이자를 지급하게 된다. 채권은 표면금리가 변하지 않으므로 고정 수입을 보장하는 유가증권이라고 할 수 있다. 기업이 발행한 채권은 주식이 아니지만 주식시장에서 거래할 수 있다. '주식'시장은 주식만 거래되는 곳이 아니라 모든 형태의 유가증권이 거래되는 곳이다. 단지 그 이름이 오랫동안 사용되어온 것뿐이다. 다른 투자 상품처럼 채권도 증권회사 계정을 통해 매수할 수 있다.

주식을 매수하는 것이 해당 기업에 대한 소유권을 갖는 것이라면, 채권을 매수하는 것은 돈을 빌려주는 것과 같다. 채권은 정해진 표면금리에 따라 이자가 나온다. 하지만 주식은 배당금이 줄어들 가능성이 있다. 배당금이 발생하더라도 금액은 수시로 달라질 수 있다. 나오던 배당금이 중단될 수도 있다. 주식은 만기가 없는 반면에 (주식은 제3자에게 매각하거나 해당 기업에 되팔 수 있다.) 채권은 만기일에 원금과 이자를 받을 수 있다. 채권자는 청산 시 기업의 자산에 대한 우선권을 주장할 수 있다. 만약 회사가 부도 처리되면 채권자가 먼저 변제받게 되므로 주주는 뒷전으로 밀려난다. 게다가 채권과 비교할 때 주가는 수시로 변하는 경향이 있다. 이런 차이점만 보더라도 채권이 주식보다 안전한 투자라는 것을 분명히 알 수 있다.

미 정부의 후원을 받는 에이전시들은 수천 개의 주택 모기지를 패키지로 묶어 다수의 투자자에게 채권으로 판매하고 있다. 미 정부뿐만 아니라 시와 주 정부 단위에서도 채권 발행이 가능하다. 이자 소득에 대한 과세 여부만 제외하면 기본적인 구조는 기업이 발행하는 채권과 같다고 할 수 있다. 세 수익이 충분치 않을 때 정부는 업무에 필요한 자금을 마련하려고 채권을 발행하는 것이다. 연방정부가 발행한 채권을 매수하는 것이 현재로서는 가장 안전한 투자라고 말할 수 있다. 그런데 채권이 안전하다는 것은 그만큼 이자가 적다는 뜻이다. 실제로 스타트업 기업의 채권은 역사가 길고 안정적인 기업에서 발행하는 채권보다 표면금리가 높다고 한다. 또한 통상적으로 채권 만기일이 길수록 수익률도 높은 편이다.

모든 투자 상품이 그러하듯이 채권도 리스크가 수반된다. 주식보다는 안전하겠지만 채권도 종종 부도가 나서 전액을 되돌려받지 못하는 경우가 발생한다. 정부 발행 채권이 부도날 확률은 훨씬 낮지만 부도 확률이 아예 없는 것은 아니다. 디트로이트시 채권을 매수한 투자자들은 2013년 디트로이트시의 파산으로 수십억 달러의 피해를 봤고, 다른 지방정부 부채에 투자한 사람들도 비슷한 피해를 본 사례가 있기 때문이다. 채권도 금리 리스크에서 자유로울 수 없다. 채권의 표면금리는 채권 발행 시점의 수익률에 따라 정해진다. 그 후에 수익률이 오르면 채권의 가격은 하락한다. 채권에 대한 이자는 만기까지 동일하게 유지되지만, 만기가 되지 않은 채권을 매도하면 손해를 볼 수도 있고 이익이 생길 수도 있다.

미국 국채와 머니마켓펀드

흔히 사람들은 유동성이 높으면서도 (다시 말해 쉽고 빠르게 현금화할 수 있으면서) 투자 리스크는 피할 수 있는 투자 상품을 원하는 것 같다. 미 정부는 T-노트Treasury notes와 T-빌Treasury bill을 발행하고 있다. T-노트는 만기가 2년 이상 10년 이하이며 6개월 단위로 이자가 지급된다. 국채시장은 워낙 규모가 커서 언제든 매도해서 현금화할 수 있다는 장점이 있다. 그러나 수익률에 따라 가치 변동이 심한 편이다. 만기가 짧을수록 수익률 변동에 따른 중기 국채 가격 변동이 작다고 할 수 있다. T-빌은 만기가 1달 이상, 1년 이하의 단기 국채를 말한다. 액면가보다 할인되어 판매되므로 이자는 만기가 되어야만 받을 수 있다. 할인된 증권에 대한 수익을 영어로는 yield라고 하는데, 이는 이자율과 같은 개념으로 받아들이면 된다. 예를 들어, 6개월 만기이며 연이율 0.145퍼센트인 T-빌을 999.27달러에 매수한 경우, 만기가 되면 총 1천 달러를 받게 된다. 미 재무부에서 30년 만기 채권도 발행하지만, 이런 장기 상품은 금리 리스크가 높다는 점을 감안해야 한다. 미 정부가 발행하는 채권은 전세계에서 가장 안전한 투자 상품이라고 일컬어지지만, 수익률은 상대적으로 낮은 편이다. 이러한 채권은 정부에서 직접 매수할 수도 있으나 대다수의 은행 및 종합 증권회사에서 사더라도 수수료가 거의 들지 않거나 면제된다.

MMF Money Market Funds도 유동성 단기투자 중에서 안전성이 비교적 높은 편이다. '단기금융시장'은 은행과 대기업 사이에 이루어지는 거액의 거래를 말하는데, 기업은 불과 며칠만 돈을 빌리는 경우가 종종 있다. 세계적인 규모를 자랑하는 대기업의 어음이므로 이런 단기투자는 안전하다고 봐도 무방하다. 은행, 뮤추얼펀드 회사, 종합 증권회사는 이런 유가증권을 머니마켓펀드로 묶은 다음 달러 베이스 표시된 좌수 단위로 투자자에게 매도한다. 투자 안정성을 위해 미국 국채만 취급하는 머니마켓펀드도 있다(물론 이 경우에는 수익이 훨씬 낮아진다). 어떤 머니마켓펀드는 고객의 자금에 더 쉽게 접근하고자 수표 작성을 허용한다. 하지만 금리가 낮은 환경에서는 단기금융시장의 이자율이 0에 가까워진다.

파생금융상품

금융사와 투자사는 주기적으로 수학, 물리학, 컴퓨터공학 박사학위 소지자를 고용해 복잡한 전략을 개발하거나 주식 거래의 수익을 예측한다. 이러한 노력이 사회적 가치가 있는가에 대해서는 의견이 엇갈리고 있다. 찬성하는 사람은 거래가 시장의 효율을 높여주고 경제의 기능을 개선해준다고 생각한다. 이러한 전략 중에는 파생금융상품이라는 증권을 사고파는 행위가 포함된다. 이제 막 저축과 주식투자에 발을 들인 젊은 사람은 아직 파생금융상품까지 살펴볼 이유가 없다. 그렇지만 적어도 이런 용어가 무엇인지는 알아두기 바란다.

파생금융상품은 다른 금융 자산이나 지표에 따라 가치가 달라지는 금융 계약을 말한다. 핵심은 파생금융상품의 가치가 다른 것으로부터 파생된다는 점이다. 예를 들면 이자율, 주식이나 채권, 주가지수, 금이나 은과 같은 귀금속, 통화에서 파생된 상품이 있다. 사실 파생금융상품에 투자하는 사람은 기초자산underlying asset이나 지표indicator가 오르거나 내릴 확률에 돈을 건다고 할 수 있다. 이쯤 되면 그냥 기초자산이나 지표를 사는 것과 무엇이 다른지 궁금할 것이다. 파생금융상품은 대개 레버리지가 큰 편이다. 그래서 투자 수익을 늘리기 위해 차입금을 사용하거나 계약 자체에 그러한 조건을 내걸고 있다. 기초자산이 겨우 2퍼센트 변동될 때 해당 자산에 대한 파생금융상품은 20퍼센트까지 변동될 수 있다. 파생금융상품은 대부분 리스크의 양면이 아니라 한쪽 면만 관련된다. 기초자산이 오르면 파생금융상품의 가격도 오르지만, 기초자산이 내려도 파생금융상품에는 손실이 발생하지 않는다.

콜옵션call option은 일정 기간 동안(통상적으로 몇 달 정도 기간이 정해져 있다) 미리 정한 행사가격으로 기업의 주식을 살 수 있는 권리를 말한다. 해당 기간에 주가가 올라도 콜옵션을 매수한 사람은 행사가격strike price으로 주식을 매수할 수 있고 매수 직후에 더 높은 가격에 되팔아서 이익을 얻을 수 있다(엄밀히 말하면 옵션을 파는 것이고, 상대방은 그 옵션의 가격이 오를 것을 알기 때문에 매입하는 것이다). 거래상 리스크를 기꺼이 감수하려는 투자자로부터 복잡한 계산을 거쳐 산출된 행사가격에 콜옵션을 매수할 수 있다. (주가가 오르지 않아서) 콜옵션을 행사하지 않으면 콜옵션을 매각할 때 지불한 프리미엄만 손해보는 것이라서 큰 손실을 볼 우려는 없다. 풋옵션put option은 주가가 내려가더라도 주식을 미리 정한 가격으로 매도할 수 있는 권리를 매수한 것이다. 이는 주가 하락에 대한 옵션이라서 하락 시 이득이 된다. 주가지수에 대한 옵션 시장이 따로 존재한다.

콜옵션과 풋옵션은 비교적 단순한 파생금융상품이다. 파생금융상품의 종류는 매우 다양한데, 이러한 거래가 가장 활발한 곳은 바로 시카고 상업거래소다. 세계 주요 상업은행과 투자은행에서도 맞춤형 파생금융상품을 취급하고 있다. 파생금융상품은 매우 복잡한 투자 상품이다. 그래서 정작 이 상품을 만든 사람도 뒤늦게 관련된 리스크를 파악하고 대처방안을 찾느라 허둥지둥하는 상황이 벌어진다. 실제로 파생금융상품이 문제가 되어 세계적인 금융위기가 직접적 또는 간접적으로 유발된 사례도 몇 차례 있었다. 각국의 정부 규제기관은 이처럼 변동성이 높은 금융상품을 따라잡기 위해 큰 노력을 기울이고 있다. 수십 년간 금융 분야에서 경험을 쌓은 전문 투자자가 아닌 이상, 파생금융상품은 가능한 한 멀리해야 할 것이다.

상품과 통화

1983년에 파라마운트 픽처스Paramount Pictures에서 에디 머피Eddie Murphy와 댄 애크로이드Dan Aykroyd 주연의 〈대역전Trading Places〉이라는 영화를 개봉했다. 상품 거래 중개회사를 경영하는 두 사람이 회사 임원 한 사람의 인생을 가지고 짓궂은 장난을 하는 것으로 영화가 시작된다. 장난에 걸려든 사람은 인생이 뒤바뀌는 큰 불행을 겪게 된다. 그 과정을 코믹하게 그려낸 작품이다. 이야기는 수십 년이 흘렀지만 상품 거래의 핵심은 지금까지 변하지 않았다는 점을 알려준다. 영화 등장인물의 대사 중에는 고객이 구매하고 싶어 하는 것은 커피, 오렌지 주스, 금과 같은 상품이고 기업은 그러한 구매를 도와주는 존재라는 말이 있다. 이유가 무엇일까? 우리가 스타벅스 구매 책임자라고 가정해보자. 커피 원두를 두고 상품 계약을 체결하는 것은 향후 커피 판매가와 부대비용을 안정적인 수준으로 유지하는 것을 보장한다는 의미다. 덕분에 스타벅스는 적어도 당분간 고객에 대한 커피 판매가를 인상할 필요가 없을 것이다.

일반적인 투자자에게는 상품 거래가 적합하지 않다. 상품 계약은 파생금융상품이기 때문이다. 상품은 상품거래소에서 거래되거나 대규모 금융기관들끼리 비공개 계약 형태로 거래된다. 석유나 에너지원, 농산물, 귀금속이 대표적인 예시라고 할 수 있다. 일반적인 거래의 경우, 구매자는 6개월 등의 정해진 기간에 대한 정해진 가격을 내고 상품을 구매한다. 이를 선물계약이라고 한다. 상품 가격이 올라도 선물계약에 이미 가격이 정해져 있으므로 구매자는 보호를 받을 수 있다. 반대로 상품 가격이 내리면 선물계약에 들어간 비용만큼 손실을 보지만 다른 손해는 없다. 그러므로 시장에서 내려간 가격으로 해당 상품을 구매하면 된다. 일부 상품 투자자는 헤지거래hedging, 즉 상품의 미래 원가future cost를 정해버리는데, 이는 투자자가 그 상품을 사업에 사용하기 때문이다. 이와 달리 거래 당사자로서 금전적 리스크를 순수하게 받아들이는 투기거래를 하는 현물 투자자도 있다. 다른 파생금융상품과 마찬가지로 상품 거래는 레버리지가 큰 거래기 때문에 투자자금 대비 자산에 더 큰 영향을 끼친다.

세계 주요 통화에 대한 선물 계약을 다루는 대규모 거래 시장은 곳곳에 잘 발달해 있다. 이러한 시장에서는 전자 거래를 할 수 있고 다른 금융사를 통한 거래도 가능하다. 국제 무역에 따라 수많은 금융 거래가 발생하므로, 외환 거래에서는 당사자가 환율 변동에 따른 리스크를 통제하는 것이 허용된다. 제너럴 일렉트릭General Electric, 즉 GE에서 인도의 댐 건설 사업에 동력 터빈을 20억 달러에 공급한다고 가정해보자. 결제대금은 현지 화폐인 루피로 지급되며, 수금 당일의 환율이 적용된다. 그런데 실제 결제일과 수금일 사이에 루피의 환율이 2퍼센트 하락할 경우, GE는 무려 400만 달러의 손해를 입게 된다. 이럴 때 통화 선물 거래를 사용하면 해당 거래의 수익에 손해가 나지 않도록 지켜낼 수 있다. 상품이나 통화 선물 투자는 일종의 파생상품이라서 금융전문가들만 다룰 수 있다.

그 밖의 투자

어떤 이는 도자기, 철도 모형, 야구 카드, 시계를 모은다. 물론 우표, 동전, 예술품, 희귀 자동차, 보석을 모으는 사람도 있다. 이런 것도 투자라고 할 수 있을까? 이러한 수집품도 금융 투자처럼 가치가 오르거나 내릴 가능성이 있다. 그렇지만 수집품을 가지고 있는 동안 수입이 발생하는 것은 아니다. 금융 투자와 다른 점은, 수집품 자체를 가지고 있는 것만으로 기분이 좋아진다는 것이다. 수집품을 팔거나 사는 데 적극적인 사람도 있겠지만, 통상적으로 이런 시장은 가격 변동이 크고 유동성이 낮은 편이다.

투자 대상으로 좋은 것은 부동산이다. 정기적으로 수익이 생길 가능성이 크고 가격 상승효과도 높은 편이다. 부동산 매입이 목적이라면 대출도 비교적 쉽게 받을 수 있다. 상가, 창고, 호텔, 쇼핑센터, 미개발 토지, 농지, 아파트와 같이 투자 대상도 매우 다양하다. 자금이 충분해서 부동산을 바로 매입할 수도 있다. 하지만 부동산 개발자는 흔히 합자회사, 즉 유한책임회사를 설립한 다음 투자자들에게 주식을 판매한다는 점도 생각해볼 수 있다. 부동산을 개발, 관리하는 기업의 주식을 사는 방법으로 투자할 수 있는 것이다. 부동산 투자는 투자 경험이 많거나, 투자 자산 관리에 적극적인 사람에게 잘 맞을 것이다. 또는 부동산 회사에 뮤추얼펀드를 개설할 수도 있다. 후자는 비교적 신중하게 부동산 투자를 하고 싶은 사람에게 추천하는 바다.

헤지펀드hedge fund는 주식, 채권, 상품 등 다양한 상품에 투자하는 것으로, 사실상 투자 지역이나 대상 등에 대해 아무런 규제를 받지 않는다. 돈을 빌려서 통화에 투기하거나 주가가 내려가면 수익을 올릴 수 있는 쪽을 선택(이를 '공매도'라고 부른다)할 수 있다. 사모펀드라는 투자 방식도 있는데, 이는 자금을 모으는 데 있어서 때로 레버리지를 이용하기도 한다. 그리고 이렇게 모인 자금으로 원하는 종목을 집중적으로 매입한다. 이렇게 3년에서 최장 10년까지 회사를 보유해 실적이 나아지면 매각하거나 투자자에게 수익을 돌려준다. 하지만 헤지펀드와 사모펀드는 통상적인 투자자에게 추천할 만한 투자 대상은 아니다.

변액연금variable annuity은 뮤추얼펀드를 보험 상품으로 한 번 포장한 것이라고 볼 수 있다. 투자 손실에 대한 보호책이 있고 세금 우대도 받을 수 있지만 비용이 많이 들고 복잡하다는 단점이 있다. 때에 따라 투자 경험이 많은 사람에게 변액연금은 적절한 투자일지 모르나 아직 젊고 경험이 없는 사람이라면 변액연금은 좋은 투자 대상이 아닐 것이다.

손실

투자 결정에는 많은 심리 요소가 작용한다. 다른 의사결정과 마찬가지로, 관련 사실을 객관적으로 주의 깊게 검토한 후에 투자에 관한 결정을 하는 것이, 귀에 스친 한두 마디에 즉흥적으로 결정하는 것보다 훨씬 좋은 결과를 가져온다. 특히 투자 결정이 잘못된 방향으로 가고 있어 중도에 하차해야 한다고 판단될 때 더욱 신중해야 한다. 하지만 정기적으로 주가지수 인덱스펀드를 매수해서 매수 후 보유 전략을 따른다면, 포트폴리오에서 '썩은 사과'를 가려내느라 애쓸 필요가 없을 것이다. 물론 이 전략을 따를 때도 손실 가능성을 완벽히 배제하기는 어렵다.

투자 자산의 가격은 본질적으로 상승과 하락을 반복하게 마련이다. 도표 8.1에서 알 수 있듯이, S&P500 인덱스펀드를 보유한 사람은 1997년이나 2013년에 수익률이 30퍼센트를 넘었을 때 정말 기분이 좋았을 것이다. 하지만 2000년부터 2002년까지 3년 내내 큰 손해를 입었을 때와 2008년에 시장이 붕괴한 후에는 기분이 어땠을까? 투자 대상을 자세하게 조사한 다음 본인의 목적이나 투자위험감수도에 적합한지를 보고 전체적인 투자 계획의 한 부분으로 사용한다면, 경기가 나빠져도 피해를 보지 않을 확률이 높아진다. 세월이 지나도 투자 수익률이 보장된다는

도표 8.1 | S&P500 연 수익률 | 단위·%, 출처·Moneychimp.com 및 저자의 분석

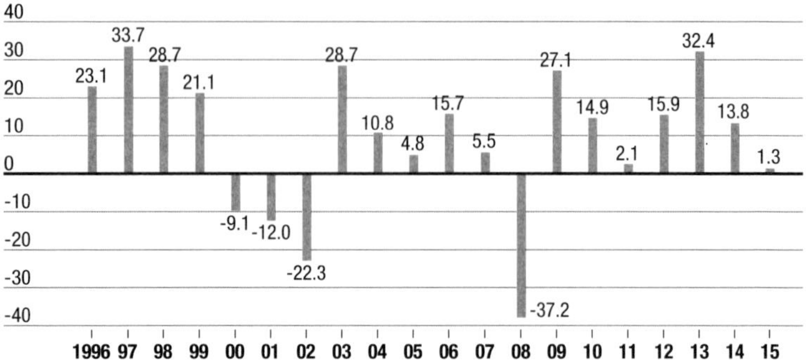

뜻은 아니다. 금융위기, 저성장 경제, 불황, 시장 공황은 반복되는 과정으로 간주해야 한다. 실속 있는 투자는 결국 다시 상승세를 보일 것이며 인내심을 가지고 기다린 투자자들은 기다림의 대가를 얻을 것이다. 투자는 장기전이므로 자신의 투자 종목을 믿고 기다리는 태도가 필요하다.

금융시장의 안전성

1929년 10월에 주식시장이 붕괴하자 대공황이 발생했다. 금융위기가 10여 년간 지속된 데는 여러 가지 원인이 있었다. 시장이 붕괴해 순식간에 부가 사라지자 많은 투자자가 큰 충격을 받았고, 사람들은 경제에 대한 신뢰를 잃고 말았다. 1934년에 연방정부는 증권거래위원회Securities and Exchange Commission, 즉 SEC를 설립해 공시제도를 개선하고, 시세 조작을 될 수 있는 대로 줄이며, 주식시장 투자를 프로모션하는 개인과 기업을 규제하면서, 이러한 사항들을 일련의 연방법으로 정립하기에 이

르렀다. 주 단위 법은 과도한 투기와 주식시장 관계자들의 무분별한 주가 조작을 제대로 통제하지 못했으므로 연방법을 통해 그와 같은 허점을 보완했다. 현재 SEC에서 금융시장, 자산운용사, 증권회사, 투자자문사 등을 효율적으로 통제하는 덕분에 일반 대중이 주식시장을 신뢰할 수 있는 것이다. 이와 비슷하게 상품선물거래위원회Commodity Futures Trading Commission는 상품, 통화, 파생상품 등의 각종 선물 거래를 규제한다.

기관투자가(투자회사)에 의한 손실에 대해 보호책을 마련해주는 기관은 크게 두 곳이다. 먼저 증권투자자보호공사Securities Investor Protection Corporation, 즉 SIPC는 연방정부가 설립한 비영리 법인이다. FDIC가 예금자를 보호해주듯이, 투자자 계좌에 대한 보험을 제공한다. 중요한 것은 주가 변동으로 인한 손실이나 사기를 당하면 SIPC가 보호해주지 않는다는 것이다. 반면 증권사가 파산할 경우에는 계좌당 최대 50만 달러를 보호 한도로 설정하고 있다. 또 다른 기관은 금융산업규제국Financial Industry Regulatory Authority, 즉 FINRA라는 비정부 기관이다. FINRA는 의회의 승인을 얻어서 증권거래를 감독, 규제한다. 관련 규정을 위반한 개인 브로커나 증권사는 FINRA의 제재 대상이 되며 벌금이 부과될 수 있다. 투자회사나 개인 전문가의 부정행위로 인해 (이를테면 억지로 거래를 밀어붙이거나 서로 다른 투자자의 자금을 혼합하는 것) 투자자가 억울한 손해를 볼 때 가장 먼저 FINRA를 찾아가야 한다. 분쟁이 발생하면 브로커는 고객에게 FINRA를 통해 해결하라고 요구하는데, FINRA의 주요 기능 중 하나가 바로 분쟁의 중재와 해결이다. FINRA는 독립적으로 운영되지만, SEC의 감독하에 있다.

KK57638956C
K11
THIS NOTE IS LEGAL TENDER FOR ALL DEBTS, PUBLIC AND PRIVATE
SERIES 2006 A
FRANKLIN

9장

금융사기를 당하지 않으려면

이 세상에는 호시탐탐 남의 주머니를 노리는 사람이 곳곳에 있다. 대부분 그런 사람이 시도하는 방법 자체에는 문제가 없다. 필요한 것을 사거나 팔아보라고 제안하는 것이고, 최종 결정은 당사자의 의지에 달려 있기 때문이다. 돈을 내면 그만한 가치가 있는 물품이나 서비스를 얻을 수 있다(그만한 가치가 없다면 아예 돈을 낼 생각을 안 했을 것이다). 거래가 완료되면 판매자와 구매자 모두 만족한다. 하지만 어떤 사람은 법적 규제를 아랑곳하지 않고 거짓말을 하거나 상대방을 속이고 심지어 훔치기까지 한다. 남의 돈이나 귀중품을 의도적, 체계적으로 뺏으려는 행위는 모두 금융사기라고 말할 수 있다.

금융사기는 겉으로 잘 드러나지 않는다. 어떤 사기는 상대방의 신뢰를 얻는 것으로 시작하기 때문이다. 물론 강탈과 다름없는 금융사기도 있다. 약간의 속임수를 사용하거나 순식간에 강도처럼 구는 경우도 있다. 기술이 발전함에 따라 사기 분야도 계속 넓어지고 있다. 이런 일을 당하지 않도록 자신을 완벽하게 보호할 방법은 없는 것 같다. 하지만 몇 가지 수법을 미리 알아두면 어느 정도 사기를 피할 수 있다. 또한 금융생활에 관한 '최선의 방어 수단' 몇 가지를 적용하면 사기꾼에게 돈을 뺏길 위험을 조금 낮출 수 있다.

피라미드 판매

피라미드 판매(다단계 판매라고도 함-옮긴이)는 지금까지 선례를 찾아볼 수 없을 정도로 좋은 사업 기회가 있다고 하면서 거액의 수익을 약속하는 사기 수법이다. 문제는 투자 방식이 합법적이지 않다는 것이다. 새 투자자는 이전 투자자의 말만 믿고 돈을 끌어넣는데, 바로 이 돈으로 피라미드의 기반이 형성되어 초기 투자자의 배를 불려주는 수단이 된다(여기서 말하는 초기 투자자는 피라미드 최상단에 있는 사람들로서 실제로 존재하지도 않는 거짓 수익을 받은 후에 그 수익을 재투자하라는 권유에 따라 움직인다). 말도 안 되는 거액의 수익에 대해 의구심을 품은 사람이 피라미드 판매의 구조를 파고들면 그제야 실체가 드러나면서 무너져 내린다. 피라미드 운영자가 한 푼도 남기지 않고 도망가기 전에 실체가 드러나면 그나마 다행인 것이다.

1900년대 초반, 은행에서 일하던 찰스 폰지Charles Ponzi는 은행장이 이자를 2배로 약속하자 은행에 자금을 예치하는 손님이 우후죽순처럼 늘어나는 것을 보았다. 하지만 대출 이자 수입으로는 예금 이자를 감당할 수 없는 상황이었고 은행장은 예금을 횡령해 외국으로 도주해버렸다. 이 사건을 지켜본 폰지는 국제우표제도를 악용해서 3개월 만에 투자자의 원금을 2배로 늘려주겠다고 호언장담했다. 대부분의 피라미드 판매처럼 얼핏 보기에는 상당히 유리한 거래였지만 현실적으로 그렇게 좋은 조건이 있을 리 만무했다. 폰지는 국제우표제도로 수익을 올릴 수 없었는데도 사업이 정말 잘되는 것처럼 떠벌렸고, 초기 투자자 몇 사람에게 거액의 수익금을 건네주어 그들의 신뢰를 얻어냈다(거액의 수익금을 받은 투자자들은 대부분 수익금을 재투자했다). 주변에서 수상한 눈초리로 바라보자 폰지는 광고 에이전시를 고용했지만, 결국에는 이 에이전시가 대사기극의 실체를 폭로하며 폰지는 수감되고 말았다. 이것이 바로 전대미문의 폰지 사기Ponzi scheme 사건이다.

버나드 매도프Bernard Madoff는 뉴욕에서 30여 년 동안 투자회사를 운영했다. 회사는 합법적으로 운영되었으며 성공가도를 달리고 있었다. 그와는 별도로 고액 투자자와 자선사업 자금을 관리하는 기업도 운영하고 있었는데, 사실 후자의 기업은 사기 수단에 불과했다. 폰지와 달리 버나드는 말도 안 되는 고수익을 보장한 것이 아니라 '시세'보다 조금 더 많은 이익을 꾸준히 낼 수 있다고 홍보했다. 이 점이 바로 버나드 사기극의 핵심이었다. 해가 바뀌고 시장 상황은 오르락내리락하기를 반복해도 버나드의 투자자들은 안정적인 이익을 얻었다. 투자금을 돌려달라고 하면 언제든지 바로 내주었기 때문에 투자자 중 누구도 그를 의심하지 않았다. 좋은 평판과 훌륭한 실적 덕분에 새 투자자를 찾는 것도 어렵지 않았다. 그동안 몇 차례 조사를 받긴 했으나 버나드의 사기극은 용케 발각되지 않았다. 그러다가 2008년 금융위기가 닥쳐 새 투자자를 모집하지 못하자 그의 투자 사업이 껍데기뿐이라는 점이 만천하에 드러났다. 역사상 최대 규모의 사기극으로 인해 (주요 자선단체를 포함한) 수많은 투자자가 최소 170억 달러의 원금 손실을 당했다.

피라미드 사기가 부자만 노릴 거라 생각하면 안 된다. 폰지에게 투자한 사람은 대부분 빈곤층이었다. 사실 두 가지를 생각해보면 의심부터 하는 것이 옳았다. 지나치게 많은 수익을 약속한 것도, 이상하다 싶을 정도로 투자 결과가 일관성 있게 유지되는 것도 충분히 의심스러운 것이었다. 피라미드 사기의 또 다른 특징은 투자금을 돌려받기 힘든 데다 투자전략을 공개하지 않거나 전략이 너무 복잡해서 설명을 들어도 이해가 어렵다는 것이다. 피라미드 사기는 금융 정보의 투명성은 보장하지 않으면서 무조건 '위험하지 않다'라고 장담하며, 관련 자격증이 없는 사람이 나서서 투자를 홍보한다. 한마디로 어디 한 군데도 흠잡을 데 없이 좋은 조건만 제시한다. 이렇게 조건이 너무 좋을 때는 당장 투자를 서두를 것이 아니라 의심부터 하는 것이 정상적인 반응일 것이다.

기타 투자 관련 사기

프로모터는 상장되어 있는 중소기업이나 거래량이 적은 기업의 인지도를 과대 포장하는 수법을 쓴다. 투자를 전문으로 다루는 소셜 미디어, 소식지, 게시판, 웹사이트 블로그에 가면 이런 글을 많이 볼 수 있다. 하지만 하룻밤 사이에 원금을 2~3배로 늘려주겠다는 획기적인 사업 소개와 같은 광고는 사기일 가능성이 크다. 주식 거래와 관련해 상상할 수 있는 모든 경우의 수를 미화해 단계적으로 사람을 현혹하는 글도 있다.

이런 글에 마음을 빼기면 불과 며칠 사이에 주식투자를 결심하게 된다. 이렇게 되면 관련 주가는 급상승하게 되며, 프로모터는 상승세를 지켜보다가 적정선에서 투자금을 빼내어 달아나버린다. 그렇게 되면 주가는 한순간에 폭락해 투자자들은 대부분 큰 손실을 본다. 이처럼 헐값의 주식을 허위 정보로 폭등시킨 후에 팔아치우는 것을 영어로 펌프앤덤프 pump and dump라고 한다.

그 밖에도 해외 기업을 연관 짓거나, 개발도상국 또는 최근 급속도로 경제 성장을 이루는 나라에 투자할 기회가 있다고 하거나, 특별한 투자자들에게만 거래를 허용하는 해외 '프라임 뱅크'에 투자하라고 권유하는 사기 수법이 있다. 물론 해외 투자 중에도 합법적인 것이 있을 것이다. 하지만 지금 당장 투자하지 않으면 기회가 날아간다거나, 관련 자격증이 없는 브로커가 나선다거나, 거액의 수익을 약속하는 것은 일단 의심부터 해야 한다. 합법적인 해외 투자라면 잘 알려진 기업을 통해서 투자할 기회가 있을 것이고, 입이 떡 벌어질 정도로 과도한 수익을 약속할 리 없다. 그리고 국내 곳곳에 분명히 거래처 등이 있을 것이다.

소식지, 게시판, 웹사이트, 소셜 미디어, 투자 세미나 등에서 비법을 전수해주겠다는 제안을 받으면 무조건 의심해야 한다. 투자 전문가는 저평가기업을 찾아서 더 늦기 전에 좋은 투자 조언을 해주기 위해 분명히 많은 시간을 들여 연구, 조사할 것이다. 하지만 합법적인 투자를 권유하는 전문가는 상대방에게 당장 투자하지 않으면 기회를 놓친다는 식으로 몰아붙이지 않고 수수료 선불을 강요하지도 않는다. 지금 당장 이체부터 하라고 하거나, 짧은 시간 내에 투자 여부를 결정하도록 유도

하면서 거액의 수익을 약속한다면, 대개 사기꾼일 가능성이 크다. 이렇게 투자를 유도하는 종목은 세월이 지나면서 다양하게 변하는 것 같다. 그린 에너지, 정유, 소셜 미디어, 중국 투자 등이 최근 몇 년 사이에 인기를 누린 투자 종목에 속한다. 투자사기를 육감으로 구분하는 것은 사실 어려운 일이다. 언제라도 투자사기에 속을 수 있다고 생각하며 항상 경계태세를 갖춰야 하는 이유다.

신원 도용

신원 도용이란 주민등록번호, 은행계좌, 신용카드번호와 같은 개인정보를 사용해서 범죄를 저지르거나 거액의 비용을 발생시키는 것이다. 신원 도용(신분 위조)으로 남의 자산을 훔치거나 타인의 이름으로 거액의 부채를 만드는 일이 자주 발생하고 있다. 피해자는 일이 벌어지기 전까지 도용 여부를 전혀 모르는 경우가 많다. 따라서 신원 도용을 당하기 전에 철저히 차단하는 것이 중요하다. 최근에는 건강보험회사나 국세청 직원으로 가장해서 신원 도용 범죄를 저지르는 일도 있다. 벌금을 부과한다고 위협하거나 있지도 않은 부채에 대해 즉각 상환을 요구하기도 하고 건강보험에 가입하라고 반복적으로 괴롭히기도 한다. 이렇게 표적이 된 피해자는 선불 체크카드로 결제하므로, 개인정보를 유출하고 만다.

가장 흔한 신원 도용은 신용카드번호 유출인데, 영수증을 몰래 빼돌리거나, 전화로 신용카드번호를 부르게 만들거나, 가짜 결제 링크나 데이터베이스에 접속하게 유도해 번호를 얻어낸다. 그런 다음 해당 카드에 결제대금을 부과하는 방식을 쓴다. 신용카드를 취소하고 새로 발급받는 것이 번거롭긴 하지만, 법에 따르면 카드 소지자는 최대 50달러까지만 물면 된다. 카드 도용을 알게 되어 그 즉시 신고한 경우에는 카드 소지자가 한 푼도 손해를 보지 않을 수 있다. 카드번호 도용보다 더 문제가 되는 것은 체크카드 비밀번호, 계좌번호, 온라인 비밀번호를 통해 은행계좌에 접근하는 것이다. 따라서 체크카드 정보를 빼돌리기 위해 '사기꾼'이 심어놓았을지 모르는 여러 가지 조작 수단을 잘 알고 주의 깊게 살펴야 한다. 특히 은행에서 설치한 ATM이 아닌 일반 ATM을 사용할 때 이런 문제가 자주 발생하므로 특히 주의해야 한다. 실제로 불미스러운 일이 발생하면 관련 비용을 은행에서 처리하긴 하지만 계좌 소지자도 어마어마한 스트레스와 불안을 겪게 된다.

신원 도용과 관련해 가장 중요한 정보는 주민등록번호(미국의 경우 사회보장번호)다. 이것은 신용 거래에 필수적이며, 주민등록번호가 있으면 그 사람의 이름으로 대출을 받거나 세금 환급을 받아낼 수 있다. 실제로 가짜 환급 신청서를 작성해 환급금을 가로채는 경우도 비일비재하다. 학교, 직장, 병원, 보험사에서는 주민등록번호를 개인 식별 정보로 사용하기 때문에 해당 고객과 일상적인 연락을 주고받을 때 이 번호를 사용하게 마련이다. 전문가들은 주민등록증(사회보장카드)을 아예 들고 다니지 말라고 조언하기까지 한다. 그러면 부지불식간에 주민등록번호를 노출하는 확률을 줄일 수 있다. 그뿐만 아니라 금융 관련 고지서나 서류 등은 주민등록번호가 인쇄되어 있으므로 이러한 서류의 관리와 보관에 신경을 많이 써야 한다.

신원 도용 사건이 발생하면 피해자는 세 가지 대처를 해야 한다. 첫째, 신원 도용으로 발생하는 경제적 손실은 연방법이나 해당 주의 법에 따라 범죄로 규정되므로, 신원 도용을 한 사람은 범죄자로 기소 처분될 수 있다. 피해자는 이 범죄자를 사법처리하는 과정에서 법 집행관의 협조 요청에 응해야 한다. 둘째, 피해자는 부채를 청산하고 피해를 본 재산이 있다면 복구해야 한다. 범죄로 인해 발생한 불법 거래를 모두 정리하려면 큰 노력이 들 수 있다. 본인과 아무 상관이 없는 채무이지만, 채권자는 피해자를 (피해자가 아니라) 채무자로 보고 돈을 요구할 것이다. 이런 채권자에게 피해 상황을 이해시키기도 쉽지 않을 것이다. 마지막으로 피해자는 주요 신용평가사에 연락해 자신의 신용 등급을 회복해야 한다. 미 법무부 웹사이트에 가면 신원 도용 피해자가 해야 할 일을 따로 안내하고 있다. 그런 일이 없다면 가장 좋겠지만, 혹시 이런 피해를 본다면 해당 웹사이트의 자세한 안내를 살펴보기 바란다.

신원 도용 범죄를 당하지 않으려면 개인정보를 보호하기 위해 부단히 노력해야 한다. 몇 가지 방법을 소개하자면 아래와 같다.

개인정보 | 다른 사람에게 개인정보를 함부로 공개하지 않는다. 특히 주민등록번호, 생년월일, 가족 이름(종종 신원 확인용 정보로 가족의 이름을 묻는 경우가 있다) 등은 드러내지 않도록 한다. 상대방이 합법적으로 해당 정보를 요구할 입장인지 먼저 확인하는 습관이 필요하다. 메일이나 전화, 온라인으로 개인정보를 요구하는 것은 아예 무시해버리는 것이 좋다. 어떤 경우에도 비밀번호는 알려주지 않아야 한다.

비밀번호 | 비밀번호를 카드에 써놓거나 따로 종이에 써서 지갑에 꽂아 놓는 습관은 아주 위험하다. 기계에 비밀번호를 입력할 때는 주변 사람이 보지 못하게 잘 가려야 한다. 모든 개인정보는 집에서도 안전한 곳에 따로 보관한다. 비밀번호는 첨단 기술과 거리가 멀수록 좋다. 컴퓨터 파일로 보관하면 해킹당할 위험이 있으므로 차라리 종이에 써두는 편이 낫다.

우편물 | 미국이라면 우편물을 다른 주소로 연결배송을 요청할 수 있다. 그러므로 우편물 수신을 거부하려면 즉시 우체국에 연락하기 바란다. 우편물이 집 앞에 쌓이게 내버려두면 거기에 들어있는 개인정보가 고스란히 유출될 위험이 커진다. 장기간 집을 비울 때는 우체국에 연락해서 우편물 배송을 잠시 중단시켜야 한다.

각종 명세서 | 은행, 신용카드사, 보험사, 투자 관련 거래처 등에서 발송한 명세서 등은 도착 즉시 또는 온라인으로 자주 확인하고 내용 또한 자세히 확인한다. 거래 영수증도 마찬가지다. 이렇게 직접 확인하는 습관을 들이면 사기를 당했을 때 바로 찾아낼 확률이 높아진다. 전혀 기억나지 않는 거래가 포함되어 있다면 아무리 소액이라 해도 바로 전화해서 확인한다. 그리고 대금결제일이 언제인지 잘 알아야 한다. 결제가 지연되거나 명세서가 제때 오지 않으면 바로 확인해봐야 한다.

폐기물 관리 | 적당한 가격의 파쇄기를 마련해서 금융 관련 문서나 개인정보가 적힌 문서를 버릴 때 사용한다. 종이를 손으로 찢어서 버리는 것

으로는 충분하지 않기 때문이다. 사용하지 않는 신용카드나 체크카드는 취소 신청을 하고 잘라서 내버린다. 카드 영수증은 보관해야 할 기간이 지나면 즉시 파쇄해 없애버린다. 남의 개인정보를 노리는 사람은 쓰레기통을 뒤지는 것도 마다하지 않는다는 점을 항상 기억해야 한다.

신용 보고서 | 매년 자신의 신용 보고서를 무료로 발급받아 찬찬히 검토해보기 바란다. 신용카드 신청 이력, 미납된 결제액 등이 있으면 즉시 확인해야 한다. 개인정보가 도용된 것 같다고 생각되면 즉시 신용카드사 등에 '사기 피해'를 신고해야 한다. 그러면 해당 카드사는 추가 피해를 방지하고자 관련 기관에 자동으로 연락할 것이다.

컴퓨터 보안

스마트폰, 태블릿PC, 노트북이나 개인 컴퓨터에 다른 사람의 접속을 허용하면 사생활이나 개인 금융 정보가 유출될 위험이 있다. 이러한 기기의 정보 보안을 위해선 최신 방안을 따르는 것이 최선의 방어책이다. 우선적으로 할 일은 모든 기기 자료를 백업해두는 것이다. 귀찮다고 그냥 넘어가서는 안 된다. 기기는 고장이 날 수도 있고 보안 프로그램도 악성 프로그램에 뚫려서 자료가 파손되거나 훼손당할 가능성이 있다. 또 다른 방안은 컴퓨터 바이러스, 스파이웨어, 악성코드가 개인 전자기기에 접근하지 못하도록 성능이 좋은 보안 프로그램을 설치하는 것이다. 이런 불법 프로그램을 통해 로그인 정보, 비밀번호, 계좌번호나 신용카드 정보 등 전자기기에 저장된 개인정보가 유출되면 더 심각한 범죄를 당할 수 있다. 이러한 위험을 예방해주는 다양한 보안 프로그램이 있으므로 이를 구매해서 사용하고 자주 업데이트하는 것도 잊지 않도록 한다.

무선 인터넷처럼 편리한 것도 없을 것이다. 하지만 편리한 만큼 위험도 매우 크다고 할 수 있다. 컴퓨터와 핫스팟 모뎀을 오가는 무선 신호는 전파라서 아주 간단한 장비로도 중간에 정보를 가로챌 수 있다고 한다. 하지만 네트워크 케이블을 사용해서 다른 컴퓨터와 연결하거나 인터넷에 접속하는 것은 전파를 사용하지 않으므로 쉽게 뚫고 들어올 수 없다. 무선 인터넷을 사용할 때는 이런 위험을 항상 염두에 두고 비밀번호가 설정된 네트워크만 사용하도록 한다. 그리고 금융 관련 정보는 사무실처럼 유선 인터넷을 사용할 수 있는 장소에서만 전송하는 것이 안전하다. 검색되는 핫스팟을 이것저것 눌러보면서 연결되는 것이 있는지 찾아보는 것은 좋지 않은 습관이다. 조금이라도 의심스러운 점이 있거나 와이파이 연결처럼 보이는 것은 아예 접속하지 않아야 한다. 가상사설망Virtual Private Network, VPN을 사용하면 커뮤니케이션 내용이 모두 암호화되므로 이메일이나 인터넷을 사용할 때 한 가지 보안 강화책이 될 수 있다.

휴대전화도 엄밀히 말하자면 이동식 컴퓨터의 일종이므로 항상 보안의 위험이 존재한다고 말할 수 있다. 스마트폰의 경우, 이메일에 포함된 정보가 유출될 위험이 크다. 때문에 전문가는 스마트폰을 항상 잠금 처리하고 오픈소스 환경의 앱을 사용하지 말라고 조언한다(아이폰은 앱 사용을 엄격히 통제하는 편이나, 안드로이드 앱은 상대적으로 해킹당할 위험이 크다). 스마트폰을 분실하거나 도둑맞거나 해킹당할 경우에 대비해 휴대전화에 저장된 자료를 백업해두어야 한다. 특히 스마트폰에 저장된 정보 중에는 금융 피해로 이어질 만한 자료가 많기 때문이다. 스마트폰에도 보안용 앱을 꼭 설치해야 한다. 모바일 결제 시 지문 인식 기능을 사용하면 보안에 도움이 된다. 하지만 지문 인식 기술은 아직 초급 수준에 불과하다는 점도 간과해서는 안 된다.

모든 전자기기와 웹사이트, 온라인 잡지와 각종 계좌 등은 비밀번호가 있어야만 접속할 수 있다. 전문가에 의하면, 비밀번호는 복잡하게 설정하고, 자주 변경해야 하며, 어딘가에 따로 써두지 않도록 한다. 전문가의 말이 모두 옳지만, 실용성 측면에서 좀 아쉬운 면이 있다. 보안이 잘되는 비밀번호는 적어도 12자 이상이며 대문자와 소문자, 숫자, 특수기호를 섞어서 만들되, 의미가 있는 단어를 포함하지 않는 것이 좋다. yT9q%hm71M$b와 같은 비밀번호는 범죄자가 해킹하기 어려우므로 안전하다고 할 수 있다. 하지만 사용자가 외우기 어렵다는 단점이 있다.

보안성은 조금 떨어지지만 좀 더 실용적인 방법은 다른 사람이 잘 모르는 번호와 단어를 적절히 섞어서 기억하기 쉬운 비밀번호를 여러 개 만들어두고 사용하는 것이다. 생일, 집 주소, 전화번호는 다른 사람에게 공개된 정보이므로 비밀번호에 사용해서는 안 된다. 하지만 개인 로커 룸의 비밀번호나 인치로 환산한 자신의 키 또는 100미터 달리기 최고기록은 비밀번호에 사용할 만한 숫자다. 여기에 남들이 잘 모르는 단어, 이를테면 자신이 좋아하는 작가나 TV 프로그램 또는 국가명을 조합하면, 기억하기 쉬우면서도 다른 사람이 쉽게 추리할 수 없는 비밀번호를 만들 수 있다. 매년 비밀번호를 바꾸는 것도 중요하다. 은행계좌 등의 비밀번호는 민감한 정보이므로 복잡하게 만들고, 종이에 써서 안전한 곳에 따로 보관하는 것이 좋다. 요즘은 여러 가지 비밀번호를 안전하게 보관, 관리하는 소프트웨어가 있지만, 아직 효율성이나 안전성 차원에서 절대적으로 신뢰할 만한 수준은 아닌 것 같다.

요즘 젊은 세대에게 소셜 미디어는 의사소통의 주요 수단이자, 엔터테인먼트를 즐기고 친구를 사귀고 핵심 정보를 얻는 대상이다. 그렇다고 소셜 미디어를 개인정보 알림판처럼 사용하면 결국 본인만 피해를 보게 된다. 이렇게 새어나간 정보는 금융사기에 악용될 우려가 크다. 생일이나 여행 계획, 집 주소, 가족들의 이름처럼 개인 확인에 사용될 만한 정보는 믿을 만한 사람 외에는 절대 공유하지 않도록 한다. 교활한 사기꾼은 소셜 미디어의 정보를 악용해서 정보 소지자를 상대로 각종 사기 수법을 시도할 우려가 있다.

인터넷 사기

인터넷 웹사이트나 소셜 미디어, 이메일 등을 통해 의사소통하면 생산성을 높일 수 있고, 친구를 사귈 수 있으며, 문제를 해결할 수 있는 등 보다 의미 있는 삶을 영위하는 데 도움을 얻을 수 있다. 그런데 사기꾼도 인터넷을 통해서 비밀번호나 은행 정보와 같은 고급 정보를 얻어내고, 피싱 수법으로 남의 돈을 가로채기까지 한다. 피싱이란 개인정보를 알려주면 금전적 대가를 준다거나 그 밖의 혜택이 있다는 말로 사람을 현혹하는 것이다. 피싱 메시지에는 악성 소프트웨어나 스파이웨어, 바이러스가 포함되어 있어서 피해자가 미처 알지도 못하는 사이에 중요한 데이터를 빼돌리거나 아예 못 쓰도록 파기해버릴 수도 있다. 대표적인 스파이웨어 중에는 상용키 입력 가로채기 프로그램keystroke logger이 있다. 이것은 사용자 모르게 키보드 입력 정보를 모두 가로채서 범죄자에게 전송하는 것이다. 이 스파이웨어가 설치되면 비밀번호를 아무리 어렵게 만들어도 아무런 소용이 없다.

피싱, 인터넷 사기, 악성 소프트웨어의 피해자가 되지 않으려면 다음과 같은 방법을 알아두기 바란다.

- 모르는 사람이 보낸 메시지에 포함된 링크를 클릭하거나 첨부 파일을 열지 않는다. 아는 사람의 이름으로 보낸 메시지라도 내용이나 설명이 없이 링크나 첨부 파일만 있는 경우도 동일하게 경계해야 한다. '네가 좋아할 만한 내용이야'라든가 '너에게 필요한 자료'와 같은 짤막한 메시지도 피싱 수법일 때가 많다. 이런 판단을 하기 어려우면 해당 메시지를 보낸 사람에게 재전송한 다음, 그 사람이 보낸 메시지가 맞는지 확인할 수 있다. 이때는 전화로 확인하는 것이 가장 확실한 방법이다.

- 아는 사람이 외국에서 돈을 모두 잃어버려서 당신에게 급하게 돈을 보내달라고 한다면 무조건 사기라고 생각해도 좋다. 현실적으로 당신의 지인이 하필 그런 일을 당할 확률은 0퍼센트다.

- 외국에 사는 사람이 당신에게서 사고 싶은 물건이 있다며 거래를 위해 금융 정보를 요구한다면 이 또한 피싱으로 봐야 한다. 이런 식으로 비즈니스를 하게 될 확률은 0퍼센트다.

- 페덱스, DHL, UPS, 미 우체국 택배와 같이 합법적인 택배업체에서 배송할 수 없다는 이유를 대며 택배를 찾을 수 있는 링크를 보내는 일은 거의 없다. 배송 불가능한 상품이 있다면 해당 배송업체는 이메일을 보내는 것이 아니라 당신의 집 앞에 관련 통지서를 놓아둘 것이다. 이런 이메일을 자세히 보면 (도메인명이 다르거나 로고 모양이 약간 이상한 것과 같이) 의심스러운 점을 금세 찾을 수 있다.

- 호텔, 비행기, 열차, 고속버스 등 본인이 예약한 적이 없는 예약 정보 확인요청서를 받을 때도 조심해야 한다. 별다른 의심 없이 클릭했다가 피해를 보면 두고두고 후회하게 된다.

- 자신도 모르는 복권에 당첨되는 행운은 현실에 존재하지 않는다. 더군다나 외국에서 내 이름으로 복권에 당첨될 확률은 없다. 이런 메시지나 이메일은 절대 열지 말아야 한다. 설령 그런 행운이 있다고 해도 이메일로 통지할 리가 없지 않은가. 실제로 복권을 사서 손에 쥐고 있지 않은 한, 이런 행운이 갑자기 찾아오리라 생각해서는 안 된다.

- 그동안 몰랐던 유산이 있다거나 이름도 모르는 부자가 당신에게 거

액을 물려줄 것이라는 말, 자선사업가가 당신이 신청한 적도 없는 상금을 주고 싶어 한다는 말도 경계해야 한다. 물론 이런 생각지 못한 행운이 있을 수도 있을 것이다. 하지만 그게 현실이라면 당사자에게 이메일, 페이스북, 트위터로 통지하는 것이 아니라, 담당 변호사가 공식적인 편지로 알려줄 것이다. 후자의 경우라도 무턱대고 믿지 말고 신중하게 사실 여부를 확인해야 한다.

- 아마존, 월그린Walgreen(미국 최대 규모의 약국 체인 - 옮긴이), 월마트와 같은 기업이 현금 교환용 쿠폰을 보내거나, 설문조사에 응하면 현금을 준다거나, 활성화하면 바로 사용할 수 있는 상품권을 보냈다는 메시지도 사기일 뿐이다. 이런 기업은 주로 오프라인 매장을 통해 다양한 프로모션을 진행한다. 이런 행사가 사기인지 알아보는 방법은 (스팸 필터로 걸러지지 않은) 메시지 하단을 잘 살펴보는 것이다. 거기에 관련 없는 문구가 들어 있거나, 발신자의 공식 명칭이 빠져 있거나, 거액을 보내주겠다는 장담성 표현이 들어 있다면 사기꾼이 보낸 메시지일 것이다.

- 나이지리아, 잠비아와 같은 아프리카 국가는 물론이고 세계 어느 나라가 되었든 간에, 내가 생각지 못한 돈이 생길 리 만무하다. 고객 서비스, 브로커, 외국계 회사라고 주장하면서 당신에게 무언가를 제안한다면 잘 들어보라. 당첨된 사람이 먼저 현금을 보내거나 관련 정보를 제공해야 하므로 송금수표, 계좌이체, 신용카드번호, 개인정보 등

을 알려달라고 할 것이다. 이는 아주 흔한 사기 수법이다.

- 기업이 정식 직원을 통해 온라인이나 전화상으로 고객의 비밀번호를 요구하는 일이란 있을 수 없다. 비밀번호를 문자 메시지로 알려달라는 것도 마찬가지다. 비밀번호를 잊어버린 때는 관련 사이트나 링크를 이용해서 비밀번호를 직접 재설정해야 한다.

비트코인

최근 세계 경제에 비트코인bitcoin이라는 새로운 형태의 통화가 등장했다. 일반적으로 돈은 법에 규정된 바에 따라 중앙은행에서 발행한다. 그러나 비트코인은 중앙은행에서 발행한 화폐가 아니다. 복잡한 컴퓨터 알고리즘에 따라 생성되는 가상화폐다. 이론상으로는 총 통화량이 정해져 있으므로 그 희소성 때문에 가치가 창출되는 것이다. 비트코인을 소유한 사람은 액세스키를 가지고 있는데, 이는 비트코인의 가치에 대한 권한을 나타낸다. 액세스키는 거래에서 비트코인을 사용하는 방법이자 비트코인의 가치를 확인하는 수단이다. 그러므로 액세스키를 잃어버리면 비트코인의 가치도 사라진다고 할 수 있다.

일각에서는 비트코인을 거래용 화폐로 인정하고 있으므로 이 또한 돈으로 봐야 한다고 주장한다. 비트코인과 기존의 화폐를 비교할 때 가장 큰 차이점은 비트코인의 가치가 수시로 급변한다는 점이다. 일반 화폐도 가치가 변동할 수 있지만 비트코인에 비하면 변동 속도가 매우 느린 편이다. 바로 이 변동성 때문에 비트코인을 화폐라기보다는 투기성 투자로 거래되는 상품에 더 가깝다고 보는 애널리스트도 적지 않다.

비트코인은 추적이 불가능하다는 특성 때문에 각종 범죄에 사용된다. 즉, 불법 마약, 무기, 범죄 행위와 밀접한 관련이 있는데, 사실 비트코인 자체가 엉터리는 아니다. 그렇지만 비트코인을 합법적으로 사용하더라도 이것은 단지 신기술이 접목된 거래 수단이 아니라 리스크가 매우 높은 투자일 수밖에 없다. 비트코인을 받아주는 곳이 많지 않으므로 비트코인을 가진 사람은 일단 이것을 다른 화폐로 바꿔야 한다. 비트코인의 핵심 기술은 거래 내역을 관리하는 '블록체인'인데, 이 기술을 상거래에 활용할 가능성을 두고 금융기관의 관심이 높아지고 있다. 그렇지만 통화로서의 비트코인의 신뢰도는 아직 더 발전할 필요가 있다. 일반인은 비트코인을 비롯한 디지털 통화가 더 안정되고 대중화될 때까지는 이들을 사용하지 않는 편이 나을 것이다.

부동산으로 부자 되기

요즘 많은 사람이 카리스마 넘치는 태도로 대중의 귀와 눈을 사로잡는 홍보 영상을 제작하고 있다. 당신을 하룻밤 사이에 돈방석에 앉게 해준다거나, 재택근무로 수천 달러를 벌어들이는 비법을 공개한다거나, 손쉽게 돈 버는 길을 알려준다고 하면 누구나 귀가 솔깃해질 것이다. 이런 영상 중 다수는 부동산에 투자하는 것이 부자가 되는 지름길이라고 말하면서 성공의 비결을 알려주겠다고 호언장담한다. 신용이 좋지 않아도 되고 일정 금액을 현금으로 투자할 필요도 없다고 할지 모른다. 호화 주택에 살면서 머리부터 발끝까지 한껏 치장하고는 고급 자가용을 타고 다니는 사람이 등장해 불과 얼마 전까지만 해도 나도 평범한 직장인이었다. 하지만 부동산 투자 덕분에 삶이 완전히 달라졌다. 그 비법을 당신에게도 알려주겠다고 하면 어떤 생각이 들겠는가? 이런 말에 현혹되어서는 안 된다. 그런 광고는 모두 거짓말이기 때문이다. 이미 수많은 사기꾼이 이런 광고를 하다가 정부에 벌금을 내고, 피해자들에게 소송을 당하고, 심지어 징역형을 선고받기까지 했다. 물론 그렇지 않은 경우도 있을 것이다.

부동산으로 부자가 되는 비결을 알려주겠다는 명목으로 세미나 참석비를 요구하거나 DVD, 오디오 테이프, 책을 구매하라고 강요할 수도 있다. 어떤 경우는 이런 '조언'에 대한 비용이 매달 결제되어 신용카드 대금으로 청구되거나 계좌에서 빠져나갈 수 있다. 세미나와 언론에서 그들이 말하는 내용 자체는 꽤 그럴듯하게 들릴지 모른다. 그래서 이런 사기에 속아 넘어가는 사람이 한둘이 아니다. 하지만 그들이 말하는 비결이 나에게 실현될 확률은 극히 낮다. 흔히들 말하는, 부동산으로 부자가 되는 방법을 들여다보면, 일단 판매자가 계약금을 받지 않을 테니 부동산을 매입하라고 권유할 것이다. 그 판매자는 대출도 직접 알아봐주겠다고 제안할지 모른다. 일단 그렇게 부동산을 매입한 다음 더 비싸게 팔아서 차액을 남기는 것을 반복하면, 빈손으로도 부동산 부자가 될 수 있다는 것이다. 이와 비슷한 방법으로 파산이나 압류 등의 문제를 겪는 사람에게 부동산을 매입하는 데 큰돈이 필요치 않다고도 한다. 이론적으로는 그럴듯하게 들릴지 모르나, 현실적으로 그렇게 해서 부동산 부자가 될 확률은 희박하다.

화려한 현혹성 광고를 내세우거나 세미나 개최 및 도서 판매 수법으로 사기를 치는 사람들은 부동산 분야에만 있는 것이 아니다. 이들은 기적적인 치료법, 즉각적인 다이어트 효과, 정부 보조금의 혜택 누리기, 기억력 강화, 두뇌의 능력 극대화, 손쉬운 현금 소득 올리기와 같은 여러 가지 형태의 광고와 서비스를 만들어서 사람들을 현혹하고 있다. 대부분의 사기는 어느 정도 일리가 있는 것처럼 들리지만 실질적인 가치는 거의 없다. 사기꾼은 무료 세미나에 사람들을 초대한 다음 부자가 되는 비법이 담긴 DVD, 책 등을 피해자에게 판매하는 방식으로 수익을 올린다. 무료 세미나에 온 사람들은 '아무도 모르는' 기가 막히게 좋은 사업 기회를 배웠기 때문에 그에 상응하는 대가를 치러야 한다는 압박을 받게 된다. 건강 비결에 관한 책이나 건강식품을 판매하면서 과대광고를 하는 경우도 많다. 종합해보면 무료로 제품을 준다거나, 위험이 전혀 없다고 장담하거나, 사람들이 잘 모르는 비밀스러운 시스템으로 운영된다거나, 인생역전을 약속하거나, 조금도 힘들이지 않고 일확천금을 벌 수 있다는 유혹은 무조건 사기라고 생각하는 것이 안전할 것이다.

다단계 마케팅

다단계 마케팅Multi-Level Marketing, 즉 MLM은 네트워크 마케팅Network Marketing으로도 알려져 있다. 이 방법을 사용하는 사업은 일단 조심해야 한다.

샤클리Shaklee, 암웨이, 에이본Avon, 서리원 기프트Thirty-One Gifts, 메리케이Mary Kay, 타파웨어Tupperware, 프리메리카Primerica와 같이 유명 기업 중에서도 다단계 마케팅으로 성장한 사례는 적지 않다. MLM은 판매자가 판매 수수료를 통해 수익을 낸다. 뿐만 아니라 다른 사람을 판매 인력으로 모집해 '하위' 조직을 형성함으로써 다단계 수익을 창출하는 방식의 직접 판매 유통 시스템이다. 판매자는 친구, 친지, 지인 등의 인맥을 통해 판매 인력을 모집한다. 즉, 사적인 관계를 이용해 상업적 이익을 창출하는 것이다. 바로 이 때문에 MLM에 대한 비판이 끊이지 않는 것 같다. 그뿐만 아니라 MLM 계약을 맺으려면 회사가 각 판매자에게 재고 매입을 요구하기 때문에 물건을 다시 판매하지 못하면 판매자가 경제적 손실을 볼 우려가 크다.

합법적인 상품과 서비스를 제공하는 유명 기업 중에도 MLM 기법을 사용하는 경우가 적지 않다. 하지만 일부 MLM 기업은 자사 제품에 대해 의뭉스러운 주장을 하므로 기업 전체의 이미지에 진정성 논란을 일으키고 있다. MLM 방식은 상품 및 서비스의 마케팅과 판매로 위장한 투자조직처럼 보일 수 있다. 이는 실제 고객을 상대로 마케팅을 하기보다 (하위 판매자, 즉 판촉인을 더 모집해서) 판매 피라미드의 상위 단계로 올라가라는 압력이 더 크기 때문이다. 일부 MLM 기업은 사업 수익성을 과대포장하거나 많은 돈을 벌 수 있다고 큰소리친다. 앞으로 판촉인을 많이 모집해서 피라미드만 탄탄하게 형성하면 가만히 앉아 있어도 큰 돈이 들어온다고 하는 예도 있다. 하지만 매출의 상당 부분이 네트워크 내부의 다른 판촉인에게 할당된다면, 그 사업은 장기간 유지되기 힘들다고 봐야 한다. 매출실적에 따라 수수료를 받는 것이 아니라 제품을 구매해 일정량의 재고를 유지하도록 요구하는 사업도 위험 대상으로 분류하고 경계해야 한다.

언론 매체는 MLM 기업에 관해 부정적인 보도를 자주 하고 있다. 정부 당국 역시 이들에 대한 반복적인 감사와 법적 조처를 마련하고 있다. 이처럼 MLM의 이미지가 상당히 부정적인데도, 일부 신생 기업은 여전히 MLM 판매 방식을 선택하고 있다. 아마도 최근 소셜 미디어가 발달함에 따라 이 방식이 유리하다고 판단했을 가능성이 크다. 네트워크 마케팅에는 인맥이 중요한데, 사용자 커뮤니티가 크게 형성되면 상품 판매에 유리하기 때문이다. 스타트업 기업에 MLM은 비교적 적은 비용으로 상품 인지도를 높이고 매출을 빨리 확대할 수 있다는 이점이 있다. MLM은 부가 수입을 창출할 수 있는 다양한 일자리도 제공하지만 결국 성공 여부는 당사자의 노력, 재능 및 결단에 달려 있다. MLM 기업이 판매하는 상품 및 서비스의 가치에 의문이 생기거나, 판매원에게 재고 보유를 요구하거나, 매우 공격적으로 새로운 판촉인을 모집한다면 일단 조심하면서 잘 알아봐야 한다.

데이트레이딩

데이트레이딩day trading은 고급 컴퓨터 소프트웨어를 동원해서 초단기간 내에 주식을 사고파는 기술이다. 장기적인 주식투자는 '매입 후 보유' 방식을 고수하며 가끔 거래한다. 하지만 데이트레이딩은 반나절 이상 주식을 그대로 가지고 있는 일이 거의 없고, 미세한 가격 변동에 기대어 즉시 거래가 이루어진다. 컴퓨터 소프트웨어와 인터넷만 있으면 집은 물론이고 어디에서든지 데이트레이딩을 시도할 수 있다. 데이트레이딩으로 손쉽게 고수익을 올릴 수 있으며 학생이나 젊은 사람에게 특히 잘 맞는 투자법이라고 광고하기 때문에 경험이 없는 젊은 사람은 이에 현혹되기 쉽다. 데이트레이딩은 리스크가 거의 없는 투자일 뿐 아니라 단숨에 부자가 되는 지름길이라고 하지만, 현실은 결코 그렇지 않다.

통상적으로는 과대광고나 비현실적인 기대를 불러일으키는 말을 동원하지 않는 단순한 사기나 속임수가 많다. 데이트레이딩도 마찬가지다. 일단 적극적인 투자 거래를 위해 브로커용 계좌를 만드는 것은 어렵지 않다. 비용이 많이 드는 것도 아니고 브로커 회사는 고객을 크게 따지지 않기 때문이다. 사실 분석용 소프트웨어와 거래용 소프트웨어를 무료로 사용하게 해주는 회사도 매우 많다. 이런 회사는 계좌 잔고를 담보로 하여 돈을 빌려주므로, 계좌를 개설한 고객이 투자를 늘리려는 마음을 먹게 만든다. 이를 가리켜 '레버리지leverage를 높인다'고 표현한다. 어떤 투자는 기본적으로 레버리지를 포함하고 있으므로, 투자하는 사람이 표시된 금액보다 훨씬 가치가 높은 자산을 통제하는 것이 가능하다. 이론적으로는 주식 거래를 통해 적은 돈으로 시작해서 큰돈으로 늘리는 것이 가능한 것이다.

안타깝지만 데이트레이딩으로 안정적인 수익을 내기란 정말 어려운 일이다. 거래 상대는 다년간의 경험이 있으며 시장 심리에 해박한 투자 전문가다. 이런 상대를 일반 투자자가 어떻게 이길 수 있겠는가? 거래

건당 수수료는 낮을지 몰라도 시간이 지나면 결국 수수료 지출이 수익보다 커질 수밖에 없는 구조다. 증권회사만 이득을 챙긴다는 뜻이다. 소프트웨어에서 보여주는 화려한 도표는 그럴듯한 과거의 실적일 뿐, 앞으로 어떻게 해야 좋을지 알려주는 지표라고 말할 수 없다. 주식시장은 수시로 변화하기 때문에 한시도 눈을 뗄 수 없는 곳이다. 게다가 주식시장을 좌우하는 개개인의 결정은 허점과 판단 오류가 있게 마련이며 감정적으로 대응하는 부분도 많다. 데이트레이딩으로 가진 돈을 모두 잃어버릴 위험이 있다는 점을 기억하기 바란다. 거래 계좌를 통해 돈을 빌리는 것은 그 액수만큼 발목이 묶이는 것과 같다.

도박

도박은 확률 또는 무작위 결과에 따라 금전적 보상을 받는 게임 또는 시합을 말한다. 확률이 아니라 약간의 기술을 요하는 게임도 있다. 카드, 카지노 주사위, 경마, 판타지 풋볼fantasy football, 스포츠 베팅sports betting은 참가자의 역량이 일정 부분 작용할 수 있다. 이에 반해, 빙고, 복권, 슬롯머신은 100퍼센트 무작위로 진행되는 확률 게임이다. 따라서 아는 것이 있어도 승률이 올라가지 않는다. 판타지 스포츠는 프로팀 소속의 운동선수 개개인의 실적을 사용해서 참가자가 '판타지' 팀을 구성해 도박하는 것이다. 요즘 인기가 많아지면서 판돈이 커지고 있다. 연방정부와 주정부는 판타지 스포츠를 규정되지 않은 도박 시스템으로 간주해 규제 대상으로 보고 있다. 이것이 불법이든 아니든 간에 일단 돈을 내야 게임에 참가할 수 있고, 자신의 판타지 팀이 승리하면 돈을 따는 것이므로 도박의 일종인 것은 분명하다.

미국 정착 초기부터 도박은 항상 존재했다. 그동안 도덕적, 정치적, 경제적 분위기가 바뀜에 따라 도박이 흥행한 적도 있고 내리막길을 걷기도 했다. 정부는 항상 도박을 경계하는 눈으로 감시해왔다. 미국 역사를 돌이켜 보면 도박이 불법으로 규정된 때도 몇 차례 있었다. 근면성실하고 정직하게 사는 것이 인생의 성공 비결이라는 윤리 의식이 강조된 시절과 맞물린 결과였다. 하지만 불법으로 규정해도 도박은 지하로 숨어들 뿐, 사라지지 않았다. 세 수익도 확보해야 하고 도박에 대한 대중의 욕구도 사라지지 않았기 때문에 미국 전역에서 점차 도박이 합법화되었다. 많은 지역에서 자선단체가 운영하는 도박이 허용되며, 주정부가 직접 복권제도를 운영하는 데다, 경마나 경견dog race에 돈을 거는 것도 허용되고 있다. 실제로 상업 카지노와 선상 카지노가 허용되는 지역도 적지 않다. 미국 원주민은 유사 주권 국가의 지위 및 1970년대와 1980년대에 나온 유리한 판결을 이용해 나라 곳곳의 원주민 지역에 대규모 카지노 시설을 갖추고 있다.

도박을 주기적으로 하면 어쩌다 한 번 돈을 따는 날도 있겠지만, 장기적으로 보면 무조건 손해를 입게 된다. 주정부가 운영하는 복권, 인디언 카지노tribal casino(미국 내 원주민 자치 구역 정부에 세입의 일환으로 장려하고 있는 도박 사업-옮긴이), 판타지 스포츠, 교회에 마련된 빙고 게임장church bingo parlor을 비롯해 모든 도박장은 하우스 어드밴티지house advantage(카지노의 규칙에 따라 게임을 하는 보통의 플레이어에 비할 때 카지노가 누리는 확률적 우위-옮긴이)를 통해 수입을 올린다. 예를 들어, 도박에 100달러를 쓰면 5달러는 하우스가 차지하고 나머지 95달러가 도박장에 풀리는 것이다. 돈을 거는 데는 1달러밖에 들지 않는 데다, 이기는 사람은 고작 1달러를 걸었는데 95달러를 받게 되므로 기분이 매우 좋을 것이다. 하지만 나머지 99명은 1달러를 손해 보는 것으로 게임이 끝난다. 이 게임을 100번 반복하면 한 번 정도는 95달러를 딸지 몰라도 나머지 99번은 1달러씩 손해를 본다. 합계를 내면 손해가 100달러, 수익은 95달러다. 게임마다 하우스 어드밴티지가 정해져 있고 그 금액도 차이가 있다. 기술을 요하는 게임도 예외는 아니다. 결국에는 장기적으로 도박을 하는 사람이 돈을 잃는 구조다. 경마의 하우스 어드밴티지는 약 20퍼센트이고 스포츠 베팅은 10퍼센트, 블랙잭과 룰렛은 5퍼센트, 슬롯머신은 15퍼센트, 주 정부가 운영하는 복권의 경우에는 40퍼센트가 넘는다(복권 수익은 정부의 각종 펀드 프로그램에 사용되기 때문이다).

장기간 도박을 하면 손해를 보는 것이 확실한데도 사람들은 왜 도박을 끊지 못할까? 자신만의 공식이나 전략에 따라 게임을 주도하는 데서 희열을 느끼기도 하는가 하면, 돈을 건 후에 스포츠, 경마, 카드 게임을 지켜보면서 흥분을 느끼는 사람도 있다. 돈을 딸 확률이 매우 낮아도 일확천금이 가져다주는 짜릿함이 너무나 강하기 때문에, 반복적으로 푼돈을 잃는다고 해도 그런 속상함에는 무뎌질 수 있다. 어느 정도 기술이 필요한 도박판에서는 상대방의 노련함에 밀려서 돈을 따기가 어려울 것이다. 이래저래 결국 하우스만 돈을 벌고 도박꾼은 돈을 잃게 된다. 설상가상으로 도박은 중독성이 강해서 재산을 송두리째 거덜낼 수도 있고 비도덕적이고 불법적인 일과 연루되어 있을 가능성이 크다. 가끔 정해진 돈으로만 도박하고 결과에 연연하지 않고 자제력을 보이는 사람도 있다. 하지만 대다수에게 도박장은 한번 발을 들여놓으면 벗어나기 어려운 곳이다.

그 밖의 사기 수법

어떤 사기 수법이 발각되어 사람들에게 알려지면 일단 그 수법에 속아 넘어가는 사람은 줄어든다. 문제는 새로운 사기 수법이 뒤이어 등장한다는 점이다. 기술로 인해 삶의 질이 나아진 것은 사실이지만 손쉽게 남의 돈을 가로채는 것도 덩달아 쉬워진 것 같다. 특히 노인은 금융 사기의 최대 피해자라고 할 수 있다. 판단력이 많이 흐려지기 때문에 쉽게 혼란을 느끼는 데다 주변 사람을 잘 믿는 경향이 있기 때문이다. 게다가 노인은 저축과 투자 소득으로 생활비를 충당하는 경우가 많다. 가족이나 지인 중에 노인이 있다면 중요한 금융 관련 결정을 내릴 때 함께 정보를 검토해서 합법적인 거래를 하도록 도와주어야 한다.

종종 종교단체나 사회활동 단체와 같은 친목 모임이 범죄자의 표적이 되기도 한다. 범죄자는 처음에는 회원인 척 접근한 후에 리더를 설득해 전 회원을 대상으로 투자 계획을 홍보한다. 이런 모임에서 리더가 회원 중 한 사람의 프로젝트를 승인하면 나머지 회원은 대부분 리더의 생각이 옳겠거니 하며 자연스럽게 믿어버리게 된다. 이렇게 모임 회원 간의 인간관계와 상호신뢰를 사기꾼이 악용하는 것이다. 나중에 투자 계획이 사기로 드러나면 서로 얼굴을 대하기가 껄끄럽고 주변에 사기당한 사실이 알려질까 봐 쉬쉬하게 된다. 그러므로 사법기관이 개입해 문제를 조사하고 범죄자를 처벌할 가능성이 막혀버린다. 친목 모임을 겨냥한 사기 수법으로는 폰지 사기, 페니 스톡penny stock(동전주라고도 한다.-옮긴이), 은행계좌를 이용한 사기, 모임용 자금의 부당 지출을 들 수 있다.

선불카드와 상품권은 추적이 어렵다는 점 때문에 금융사기에 자주 악용되고 있다. 선불카드 덕분에 복권에 당첨되었다며 당첨금 수령에 앞서 세금을 내라고 종용한 사기 사건이 있었다. 보석 보증인, 수금원, 대출업체, 공무원을 사칭하면서 선불카드로 관련 금액을 내도록 유도하는 수법도 사용된다. 사실 직불카드 자체는 불법적인 수단이 아니다. 금융 사기꾼이 이를 악용하는 것일 뿐이다. 몇몇 카드회사는 사기에 악용될 리스크를 낮추려고 관련 기술을 개선하고 있지만, 익명성 때문에 범죄자가 여전히 애용하는 수단이다. 선불카드나 상품권으로 결제할 것을 요구한다면 사기일 가능성이 매우 크므로 주의해야 한다.

그런가 하면 타인의 자산에 근저당lien(채권자가 채무자에게 대출보다 큰 담보물을 설정하는 경우-편집자)을 설정하는 사기 수법도 있다. 근저당은 자산의 소유권 기록에 포함되는 법적 권한이므로 관련 부동산을 매입하려는 사람에게 공개된다. 이는 채권자의 이익을 보호하기 위해 널리 사용되는 합법적인 방법이다. 주로 모기지나 자동차 대출과 관련해 토지나 자동차에 설정된다. 근저당이 설정된 자산은 관련 채무를 모두 상환해 근저당을 해결하지 않으면 매각하기 어렵거나 아예 매각할 수 없다. 사기꾼은 가짜 부채를 앞세워서 주택에 근저당을 설정하거나 그렇게 하겠다고 위협해 피해를 준다. 근저당을 사용한 사기가 불법이긴 하지만 관련 자산을 소유한 사람으로서는 근저당 문제를 해결하려면 법정 소송을 거쳐야 하는데 이 과정에 비용이 많이 든다.

사진작가를 고용해서 결혼식 당일 촬영을 맡겼는데 막상 사진이 마음에 안 든다면 어떻게 할까? 이런 경우는 사기가 아니라 상업적 분쟁으로 봐야 한다. 하지만 사진작가가 선금을 받고도 결혼식 당일에 나타나지 않았다면 사기를 당한 것이다. 차를 수리하거나 컴퓨터에 하드 디스크를 설치하거나 아파트 페인트 작업과 같이 어떤 서비스를 받으려고 고용한 사람을 도급업자라고 한다. 도급업자가 아예 서비스를 제공하지 않거나 서비스 결과가 만족스럽지 않을 가능성은 완벽하게 예방하기 어렵다. 하지만 아래와 같은 점에 유의한다면 이런 일에서 사기를 당할 확률을 줄일 수 있다.

- 강압적인 태도를 보이거나 공격적인 판매 전략을 구사하는 사람, '딱 오늘만' 할인이 가능하다고 주장하는 사람은 피해야 한다.
- 집집마다 다니면서 장사하는 도급업자는 피해야 한다.
- 업무 관련 자격이 있는지 확인한다.
- 추천서나 경력, 실적에 관한 자료가 있으면 요청해 직접 검토해본다.
- 거래 조건이 너무 좋은 경우에는 의심부터 해야 한다. 특히 큰 프로젝트라면 여러 업체에 견적을 의뢰해서 '시가'를 파악하는 것이 좋다.
- 계약서는 서면으로 작성하되, 업무에 대한 보증서도 반드시 포함한다.
- 현금 거래 시 할인율이 5퍼센트 이상이면 조심해야 한다. 현금으로 결

제하면 사실 돌려받을 가능성이 거의 없다고 봐야 한다. 현금 결제를 요구하는 도급업자는 불법 탈세를 시도하고자 하는 가능성이 있다.

- 프로젝트가 다 끝나기 전에 결제해서는 안 된다. 가능하다면 신용카드 결제가 안전하다. 업무 진행 상황에 따라 분할 납부를 하는 경우라도, 모든 작업이 완전히 끝날 때까지 총액 일부는 결제하지 말고 남겨두어야 한다.

소비자 보호

소비자의 금융생활을 보호해주는 연방정부 기관은 크게 둘로 나뉜다. 연방 통상위원회Federal Trade Commission, 즉 FTC는 소비자보호국Bureau of Consumer Protection을 통해서 사기나 속임수에 대한 고발을 조사한다(국내는 소비자원-옮긴이). 그리고 소비자 보호에 관한 연방법에 명시된 권리를 소비자에게 교육해준다. 또한 같은 법에서 기업은 소비자에 대해 어떤 의무를 규정하는지 기업에 알리는 역할을 한다. 관련법을 위반하는 기업이 있으면 FTC가 직접 소송을 걸 수 있다. FTC는 신용카드, 부채 상환, 신원 도용, 대출 관행, 신용보고서, 텔레마케팅, 상품 보증기간의 문제와 관련해 소비자의 편에서 도와준다. 이런 문제가 생기면 FTC에서 실질적인 도움을 받아보기 바란다(국내에는 소비자기본법이 있어, 소비자의 권익을 증진하기 위해 관련 규정을 통한 소비생활의 향상과 국민경제의 발전을 꾀하고자 한다.-옮긴이).

2010년에 미 의회는 소비자가 채무에 관한 문제에 대처하도록 돕기 위해 소비자금융보호국Consumer Financial Protection Bureau, 즉 CFPB를 신설했다(국내에도 금융감독원, 금융소비자보호법이 있다. - 옮긴이). CFPB는 모기지, 신용카드, 학자금 대출, 자동차 대출, 단기 대출업체와 소비자 리스에 관한 규정을 만들고, 금융상품이나 서비스에 관해 더 좋은 결정을 내릴 수 있도록 소비자를 교육한다. 단기 대출업체와 문제가 생기거나, 모기지 분쟁이 해결되지 않거나, 신용보고서에서 틀린 부분을 바로잡는 데 어려움을 겪는다면 CFPB에 도움을 요청할 수 있다. 그뿐만 아니라 CFPB에서 기업 관련 데이터베이스를 운영, 관리하고 있으므로 자신이 거래하는 기업의 소비자 불만 신고 이력을 확인할 수 있다.

대다수 주에 불공정 거래 관행을 금지하는 법이 마련되어 있다. 허위 또는 현혹성 광고, (중고 제품을 새것으로 속이는 등) 제품의 품질이나 사양을 거짓으로 제기하는 것, 브랜드 정품이 아닌 모조품을 판매하거나 소비자에게 압력이나 위협을 가해 판매하는 전략은 모두 불공정 거래 관행으로 분류된다. 이에 대한 별도의 기관을 두어 관련법을 집행하는 지역도 있지만 대다수의 경우에는 외부 변호사 사무실에 시행 업무를 맡기고 있다. 심각한 부정행위는 기소 대상이 되며 벌금형 또는 구류형까지도 가능하다. 실제로 피해를 본 소비자가 3배의 징벌적 손해 배상과 변호사 선임 비용까지 받아낸 사례가 있긴 하지만, 일반적으로는 승소하기 어려운 편이다. 소액 분쟁이 발생하면 대부분의 소비자는 판매자를 직접 찾아가거나 거래개선협회에 도움을 요청할 수 있다. 요즘에는 소셜 미디어를 사용해서 판매자에게 압력을 행사해 문제를 해결하도록 유도하는 방법도 많이 사용된다.

THIS NOTE IS LEGAL TENDER
FOR ALL DEBTS, PUBLIC AND PRIVATE
FRANKLIN

10장

보험

요즘 세상에 휴대전화, 컴퓨터, 옷, 가구 등은 기본적인 소유물이라고 할 수 있다. 나이에 따라 저축 계좌, 퇴직연금, 자동차, 보석 등을 가진 사람도 있을 것이다. 이런 것들이 분실되거나 도난당하거나 파손되면, 기분만 상하는 것으로 끝나지 않고, 금전적으로 큰 타격을 입게 된다. 앞으로 경제활동을 하면 할수록 가치가 높은 소유물은 계속 늘어날 것이다. 예기치 못한 사고가 일어날 때 자신과 소유물을 보호하려면 어떻게 해야 할까?

보험은 계약을 통해 위험 가능성에 대해 거래하는 것이다. 보험사는 문제가 발생하면 피보험자에게 일정액을 지급하기로 약속한다. 과거에는 항해 중에 배가 파손될 경우 그 배로 이송하려던 물건을 보호하려고 상인들이 보험에 들곤 했다. 현대사회에서 보험은 금융 산업에서 상당히 큰 부분을 차지하고 있다. 보험이 없으면 상거래가 아예 마비될 것이라고 해도 과언이 아니다. 기업뿐만 아니라 개인도 보험을 통해 사유재산을 보호할 수 있다. 세월이 흐를수록 보험의 대상에 포함되는 위험

요소는 늘어나고 있다. 우리는 법정 소송에 휘말릴 가능성, 장애로 인해 소득이 사라질 가능성, 심각한 질병 등으로 인해 거액의 의료비를 부담해야 하는 상황 그리고 최악의 경우 생명이 위독한 경우 등에 대비해야 한다. 하루가 다르게 성장하는 경제 규모에 따라 신원 도용이나 컴퓨터에 보관된 데이터 파손 등 새로운 위험 요소가 계속 등장한다. 그리고 그에 따라 새로운 보험 상품도 계속 개발되고 있다.

보험의 기본 이해

보험은 손실의 위험을 다루는 일이다. 보험사에 보험료를 내면 그 대가로 손실이 났을 때 보상을 받게 된다. 보험료는 비교적 적은 돈이지만 손실처럼 느껴질지 모른다. 하지만 보험료는 훨씬 큰 손실을 방지하는 수단이다. 보험료를 내는 피보험자는 많지만 실제로 손실을 당하는 사람은 그중 소수다. 그러므로 보험사는 모든 피보험자에게 보상 지급을 약속할 수 있고, 회사 운영을 통해 수익을 낼 수 있다. 이를 가리켜 위험의 결합pooling risk(보험에서 다수의 비슷한 위험을 한 집단으로 결합함으로써 평균손실로 대체해 위험을 분산하는 일 - 옮긴이)이라고 한다. 보험에 가입한 고객은 보호를 받는다는 안도감에 단잠을 청할 수 있다. 이 중에서 극소수는 안타까운 사고를 당하지만, 보험금을 받아서 피해의 상당 부분을 회복할 수 있다.

피보험자가 보험료를 내는 것과 실제로 보상받는 시점 사이에는 시간차가 있다. 이는 보험 상품의 종류에 따라 큰 차이가 있다. 건강보험이라면 보험료 납부와 실제 보험의 혜택을 받는 것 사이에 시간차가 거의 없다고 볼 수 있다. 이때 보험의 혜택은 '위험의 결합'에 더 가깝다. 즉, 건강보험에 가입한 다수의 피보험자 중에서 비교적 소수의 사람이 심각한 건강 문제로 보험료를 청구하기 때문에 매년 보험료 납부 총액과 보험 지급액을 비교해보면 거의 비슷한 금액이 된다. 생명보험에도 '위험의 결합'이 적용되는데, 이 경우에는 보험료 납부와 실제 보험금 지급 사이에 상당한 시차가 존재한다. 따라서 생명보험사는 고객이 낸 보험금을 장기투자로 돌려 먼 미래에 보험금을 지급하고자 준비한다. 이것이 보험사 운영에서 매우 중요한 부분을 차지한다.

미국은 주정부마다 보험사 규제 방안이 다르다. 따라서 보험사의 운영도 이에 맞춰서 달라질 수 있다. 주정부의 규제 사항은 각 보험사가 고객의 보험금 요청을 언제든지 수용할 수 있을 정도로 재정 상태가 양호한지 확인하는 것이다. 물론 보험금을 요청하는 고객은 해당 보험사의 관련 상품에 가입해 보험료를 빠짐없이 납입해온 사람이어야 한다. 주정부는 또한 보험사의 투기성 투자로 인한 손실에 대비해 보험사가 할 수 있는 투자의 종류를 법으로 제한하고 있다. 주정부의 보험위원회insurance board에서는 보험사에 보험 상품을 소비자가 제대로 이해할 수 있도록 안내할 것을 의무화한다. 또한 허위 정보를 사용해서 보험 상품을 판매하지 못하도록 감시하고, 보험 상품 판매 및 보험금 지급 업무를 맡은 보험사 직원들이 윤리적으로 행동할 것을 요구한다. 그리고 상당수의 주정부에서는 보험료도 규제하고 있다.

보험에 가입하는 것은 보험사와 고객이 법적 계약을 맺는다는 뜻이다. 보험 업계에서는 이 계약을 '상품'이라고 부른다. 계약서를 보면 보험사가 보장하는 구체적인 위험이 나열되며, 보험 적용이 제외되는 경우 및 기타 조건 등이 모두 명시되어 있다. 주정부에서는 보험계약서에 주 법규에 따라 명확하고 합리적이며 일관성 있는 표현을 사용해야 한다고 규정한다. 보험금 지급 여부를 놓고 분쟁이 일어날 때 계약상의 표현이 중요하기 때문이다.

보험사는 판매원 또는 다수의 보험사를 대리하는 독립적인 보험중개인을 통해 보험 상품을 판매한다(국내는 이들을 보통 플래너planner라고 한다.-옮긴이). 소비자는 다양한 보험사의 상품을 비교해야 하므로 보험중개인의 안내에 의존할 가능성이 크다. 보험사의 판매원과 직접 계약하는 고객은 해당 보험사에 대한 신뢰도가 높은 편이라고 할 수 있다. 어느 경우이든 간에, 보험은 매우 복잡한 분야이므로 수년간 훈련받아야 제대로 파악할 수 있다. 판매원이나 중개인 중에는 기업용 보험에 특화된 사람도 있고 개인이나 가족 위주의 상품을 주로 다루는 사람도 있다. 즉, 보험 판매원도 저마다 전문 분야가 있으므로, 자기 분야의 보험 상품이 있어야 하는 고객을 선별해 접근할 것이다.

재산보험 Property Insurance

재산보험은 가족이 사는 집, 기업의 재고, 동전 수집, 철도 화물 등 다양한 형태의 자산을 보호하게 해준다. 재산보험에서 가장 중요한 점은 부동산과 개인 자산을 구분하는 것이다. 부동산은 토지나 건물을 가리키고, 개인 자산은 그 밖의 모든 것, 가구, 의복, 전자제품 등을 모두 망라하는 것이다. 토지는 항상 중요한 부분이라서 각 지방자치단체는 토지의 소유 관계 및 매각에 관한 사항을 모두 관리한다. 토지 외의 다른 자산은 정부가 이렇게 직접 관리하지 않는다. 현행 체제에 따르면 건물은 토지 일부로 간주된다(건물을 한번 올리면 다른 곳으로 옮기는 것이 불가능하므로 이렇게 보는 것도 이상한 일이 아니다). 따라서 토지와 건물은 둘 다 부동산으로 분류된다. 하지만 토지와 건물의 가치는 따로 계산되며 토지의 가치는 손실에 대비해 보험을 들 수 없다. 극단적인 예를 들어서 화재로 집이 전소되어도 토지 자체의 가치는 영향을 받지 않기 때문이다.

주택소유자보험houseowner insurance은 주택의 가치에 대한 피해 또는 손실을 보장해주는 상품으로서 이미 많은 사람이 가입하고 있다. 이 보험의 대상은 주택과 주택 내부의 소유물이다. 현재 사는 집이 부모님의 명의로 되어 있으며 주택담보대출이 남아 있는 상태라면, 대출 가입 요건에 주택소유자보험에 가입하는 것이 포함되므로 이미 이 보험에 가입된 상태일 것이다. 그런데 주택담보대출을 모두 상환한 경우라도 주택소유자보험을 그대로 유지하는 것이 좋다. 이 보험은 화재나 폭풍우와 같은 자연재해, 도난 사고, 지붕 파손과 같은 구조상의 문제도 모두 보상해주기 때문이다. 홍수가 빈번한 지역에 산다면 대다수의 보험사가 홍수로 인한 피해는 보상에서 제외한다는 점을 명심하기 바란다. 미국의 경우 연방정부가 운영하면서 보조금을 지급하는 별도의 프로그램을 통해 홍수로 인한 피해에 대한 보험 상품을 마련할 수 있다.

아직 부모님의 집에서 독립하지 않았거나 대학 기숙사에서 생활하고 있는 대학생에게 희소식이 있다. (기숙사 등에서) 자전거나 컴퓨터를 도난당하더라도 부모님의 집을 대상으로 가입한 주택소유자보험에서 보험금을 받을 수 있다. 하지만 이때 생각해볼 점도 있다. 대부분의 보험 상품에는 250달러 또는 500달러의 본인부담금이 있으며, 보험금을 받기 전에 본인이 이를 부담해야 한다. 재산보험의 또 다른 특징은 보험사가 시가 보상을 할 수도 있고 대체비용을 보상할 수도 있다는 것이다. 고객이 3년 된 노트북 보상을 요구했는데 보험에서 시가로 보상해주면 어떻게 될까? 보상금에서 본인부담금을 제하고 나면 남는 돈이 거의 없어서 보상을 받았다는 느낌이 들지 않을 것이다. 반대로 대체비용을 보상받으면 새 노트북의 시가에 해당하는 금액을 받을 수 있다. 물론 후자의 조건으로 보험을 들면 보험료가 훨씬 높게 책정된다.

주택소유자보험은 주택 소유자에게 흔히 발생하는, 공통적인 위험에 대한 법적 소송을 대비하는 책임보험liability coverage의 역할도 할 수 있다. 집에 온 손님이 계단에서 미끄러져서 다쳤다면 집주인은 손님의 부상으로 인해 발생한 비용을 보험사에 청구할 수 있다. 이 사고에 대한 집주인의 책임 여부와 관계없이 보험사는 이로 인해 발생한 법적 소송의 부대비용 또는 금전적 보상금을 지급해줄 것이다. 이 보험에는 보험을 가입한 주택에 사는 아이들에 대한 책임보험도 포함된다. 통상적으로 나이가 어리면 법적 소송의 대상의 될 가능성이 거의 없는데도 이 보험에서는 예외적이다.

상업용 재산보험도 개인 보험과 기본 원리는 같다. 기업 명의로 된 사무실, 창고, 공장은 자연재해, 도난 및 기타 원인에 대한 일반적 손실을 보험으로 대비할 필요가 있다. 그뿐만 아니라 기업의 특징에 따라 컴퓨터 및 통신장비, 고가의 기계나 분석 장비 등을 소유하고 있어서 보험이 꼭 필요한 경우도 있다. 그러나 개인 보험과 달리 책임보험은 재산보험과 묶음 상품으로 취급할 수 없다. 주택 소유자가 본인과 가족을 위해 필요로 하는 책임보험에 비해 기업이 필요로 하는 책임보험은 범위가 훨씬 넓고 내용이 복잡하기 때문이다.

권원보험 Title Insurance

주택소유자보험은 건물의 가치에 대한 보험이지, 건물이 서 있는 토지의 가치에 대한 보험은 아니다(권원보험은 부동산 물권취득과 관련해 발생하는 손해를 보전해주는 보험이다.-옮긴이). 사실 특수한 상황이 아닌 이상 토지 자체의 가치를 보호할 이유는 거의 없을 것이다. 농부는 수확에 대비해 농작물 보험에 가입할 수 있고, 주택 소유자라면 주택소유자보험에 조경에 대한 부분이 포함되므로 크게 걱정할 필요가 없다. 뒷마당 나무가 넘어져서 잔디가 훼손되더라도 부서진 잔해를 치우고 마당을 정리하는 데 드는 비용은 보험에 청구할 수 있다. 따지고 보면 토지 자체가 훼손되는 일은 거의 발생하지 않는다. 토지에 대한 소유권 자체를 잃어버리는 것만이 유일하게 발생 가능한 손해다.

토지를 소유할 경우, 소유자는 그 토지에 대한 권원이 있다고 말할 수 있다. 권원을 나타내는 법적 문서를 등기문서라고 하는데 이는 등기소라는 지방자치단체기관에 등록해두어야 한다. 특정 토지의 소유자를 확인하려면 법원(정부 청사를 직접 방문해도 되고 온라인으로 확인할 수도 있다)에 문의해야 한다. 사실 토지의 소유권이 수백 년 동안 어떻게 이동했는지 추적하는 것도 가능하다. 토지를 매각하려면 등기문서에 서명해 권원을 넘겨야 한다. 그러면 매수인이 등기문서를 새로 등록할 수 있다. 추후 소유권 분쟁을 방지하려면 부동산 표시와 등기문서에 한 치의 오차도 없도록 주의를 기울여야 한다.

혹시라도 토지 소유권에 관한 분쟁이 발생한다면 재산상 큰 피해로 이어질 수 있다. 토지 경계선의 기준으로 삼았던 돌담 등이 사라지거나, 소유자가 여러 명으로 등록되어 있는데 기존 등기문서에 한 사람의 서명이 누락되는 경우도 있다. 토지 일부가 이미 매각되었는데 등기에 반영되지 않아서 문제가 되기도 한다. 이러한 분쟁을 해결하려면 몇 년씩 걸리는 데다 변호사 선임 및 조사의뢰(토지 경계를 측량하는 전문가가 반드시 개입해야 한다) 등의 비용도 만만치 않다. 그렇지만 분쟁을 해결해야 문제가 된 토지가 매각되는 상황을 방지할 수 있다. 부동산을 가지고 있다면 이런 위험에 대비해 권원보험에 가입할 수 있다. 권원보험사는 반드시 해당 부동산을 조사한 후에 보험 계약을 수락하며, 해당 부동산의 소유권에 대한 모든 분쟁을 처리해준다. 특히 대출을 받아서 토지를 매입한 경우라면 권원보험이 필수적이다. 대출 없이 매입한 경우라도 권원보험은 가입해두는 것이 좋다.

세월이 흐르면 우리도 땅을 사거나 집을 구매하게 될지 모른다. 어쩌면 살 집이나 아파트를 구하는 일은 이미 해보았거나 지금 해야 할 일일 수도 있다. 일단 내가 전세나 월세로 사는 집은 내 소유가 아니므로 화재나 폭풍우와 같은 재해에 대비해서 보험에 가입할 필요가 없다. 하지만 그 안에 있는 옷과 가구, 전자제품, 가정용품은 내 것이므로 보호해야 하지 않을까? 이런 것을 소유물이라고 통칭하는데 예기치 않은 사고 등이 일어날 때 이 소유물이 해를 입을 가능성을 고려해야 한다. 아직 학생이라서 부모님 댁에 거주하는 것으로 등록되어 있다면, 기숙사나 학생용 아파트에 둔 소유물까지도 부모님 댁 집주인의 보험에서 보상을 받을 수 있다. 만약 이런 보험이 없다면 당신의 개인 소유물은 위험에 고스란히 노출되어 있다고 봐야 한다.

입주자보험이라는 상품은 도난이나 화재와 같은 다양한 위험으로부터 입주자, 즉 세입자의 재산을 보호해주는 것이다. 세입자가 여행을 떠난 상황에서 문제가 발생해도 보험이 적용되어 보상금을 내주는 상품이다. 하지만 다른 재산보험과 마찬가지로, 보석이나 고가의 악기와 같은 것들은 보험 적용에서 제외될 수 있다(혹은 별도로 정해놓은 고가의 물품에 대해 보험금이 추가되는 예도 있다). 이러한 보험은 최대보상금(약 5만 달러로 정해지는 경우도 있다)이 정해져 있다. 본인부담금도 250달러라고 따로 정해져 있을 것이다. 현금으로 시가 보상을 해주는 것이 아니라 대체하는 데 드는 비용을 보험사에서 부담하는 대신, 보험료를 더 비싸게 받기도 한다. 이런 요건들이 필수적인 것은 아니지만,

크게 부담되는 금액이 아니므로 일단 독립해서 자기 주거 공간을 마련했다면 가입하는 편이 낫다.

자동차와 다양한 이동수단

현대사회에서 자동차는 생활필수품으로 자리 잡았다. 그런데 많은 사람에게 자동차는 이동수단을 넘어, 자신을 표현하는 수단, 또는 자유를 나타내는 상징이 되기도 한다. 현재 미국에 등록된 자동차는 2억 5천만 대이며, 이는 미국에 거주하는 성인의 수를 능가하는 것이다. 이렇게 차를 소유하고 운행하는 데 뒤따르는 위험은 자동차보험으로 대처하게 된다. 차를 소유, 운행하는 사람이 자동차보험에 가입하지 않으면 주 법규에 따라 형사 벌금이 부과된다. 지금은 차를 사거나 운전하지 않더라도, 언젠가는 차를 사게 될지 모른다. 그렇다면 당신도 자동차보험에 가입하는 날이 올 것이다.

자동차보험은 차량의 가치에 적용되는 것이다. 크게 보면 자동차보험도 개인 자산에 대한 보험이라고 말할 수 있다. 미국에서는 새 차를 사려면 평균 3만 달러 이상을 써야 하고, 중고차도 평균 1만 5천 달러를 들여야 살 수 있다고 한다. 이처럼 자동차는 매우 고가의 자산이다. 이런 자동차가 도난을 당하거나 후진하다가 전신주에 부딪쳐 많이 부서지거나, 엔진에 불이 나서 차량이 전소된다면 얼마나 손해가 크겠는가? 자동차보험에 가입되어 있다면 이런 수리비용(또는 전소된 경우라면 차량 시가 총액)을 보상받을 수 있다.

자동차보험을 논할 때 책임보험을 빼놓을 수 없다. 차를 운전하다가 타인 또는 다른 차량에 피해를 주면 책임보험이 필요하기 때문이다. 예를 들어, 택시 운전기사가 운전 중에 문자를 보내려다가 사고를 냈다고 가정해보자. 상대방 차량에 타고 있던 사람들이 모두 다쳤고 자신의 택시와 상대방 차량도 크게 파손된 상황이라면 어떻게 해야 할까? 운전 중에 문자를 보낸 행위에 대해 경찰에 따로 소환되는가는 별도로 하더라도, 운전자는 민사소송을 피할 수 없다. 운전자에게는 사고로 발생한 모든 피해를 배상할 책임이 있다. 따라서 상대방 차량의 파손과 양쪽 차량에 타고 있던 모든 사람의 치료비를 부담해야 한다. 승객이 사고 운전자의 친구라고 해도 치료비 부담이 면제되는 것은 아니다. 보험사는 법정 소송까지 가지 않고 문제를 해결하기 위해 노력하겠지만, 책임보험에 가입되어 있다면 사고를 낸 운전자가 아니라 보험사에서 피해 보상과 관련된 법적 절차에 드는 비용을 부담할 것이다.

모든 자동차보험은 보험금 지급에 우선하는 본인부담금을 정해두며, 보험금 역시 상한금액을 미리 정해둔다. 파손된 부분을 대체하는 비용으로 최대 5만 달러의 보험금을 약속하는 상품은 (중고차 기준으로) 차량 시가를 최대 2만 달러까지 보상해주는 보험에 비해 보험료가 비쌀 것이다. 차량의 시가가 2만 5천 달러인데 보험금 최대한도가 2만 달러라면, 해당 차량을 도난당했을 때 보험사에서 차량 시가 전액을 보상해주지 않는다는 뜻이다. 책임보험만 최대 25만 달러인 보험 상품은 최대 보상액이 100만 달러인 상품보다 보험료가 저렴하겠지만, 실제로 보험금을 받아야 할 상황이 되면 상대적으로 불리할 수 있다. 사고가 나더라도 운전자가 책임보험에서 충분히 보상받을 수 있게 하려고 책임보험에는 법적으로 최저한도가 정해져 있다. 보험에 가입하지 않은 채로 운전대를 잡는 것은 불법이며, 발각될 때 처벌 대상이 된다.

부모가 가족운전자보험에 가입한 경우에는 자녀 또는 나이가 어린 성년 운전자도 보험의 혜택을 받는다. 가족운전자보험은 보험이 적용되는 운전자를 모두 명시해야 하며, 나이가 가장 어린 운전자, 즉 경험이 없어서 사고를 낼 확률이 높은 사람을 기준으로 하므로 보험료가 다소 높은 편이다. 운전 이력(사고 여부 및 교통법규 위반)도 보험료 산정에 영향을 준다. 부모를 떠나 독립하거나(대학 기숙사에 사는 경우는 제외된다) 결혼하면 가족운전자보험 대상에서 제외되므로 따로 자동차보험에 가입해야 한다. 부모나 법정 후견인과 같이 살지 않을 때도 자동차보험은 따로 가입해야 한다.

안타깝지만 혹시 자동차 사고를 냈다면 가장 먼저 다친 사람이 있는지 확인해야 한다. 필요하다면 구급차를 부르고, 응급처치에 대한 지식이 없다면 섣불리 환자를 다루는 일이 없어야 한다. 상대방 운전자와 보험사 및 본인 연락처를 교환하고 차량 상태와 사고 현장을 사진으로 찍어두어야 한다. 목격자가 있으면 미리 연락처를 받아두는 것도 좋다. 부상자가 없거나 차량이 거의 파손되지 않았다면 굳이 경찰을 부르지 않아도 된다. 이때 다른 운전자나 동승자에게 누구 때문에 사고가 난 것이라는 식의 말을 해서는 안 된다. 그리고 사고 직후에는 몹시 당황해 정신이 없겠지만, 일단 경찰이 오면 최대한 사실 위주로 말해야 한다. 경찰은 사고를 목격하지 못했으므로 신고자의 말에 따라 판단하기 때문이다.

보험사에 연락해 최대한 빨리 와달라고 요청하는 것은 말할 것도 없다.

오토바이, 보트, 스노모빌snowmobile(눈 위에서 잘 달릴 수 있도록 만든 차량-옮긴이), ATV, 제트 스키와 같은 이동수단도 보험에 가입할 수 있다. 어떤 이동수단은 보험 가입이 필수적인 것도 있는데, 대다수의 주정부는 오토바이에 최저 책임보험 가입을 법적으로 요구하기 때문이다. 이러한 이동수단도 고가의 사유재산이므로 문제가 발생할 때 소유주에게 큰 타격이 된다. 게다가 이들에는 자동차와 같은 수준의 책임보험이 필요하다. 제트 스키를 타다가 다치는 사람을 보면 제트 스키를 아예 타지 말아야겠다는 생각이 들 정도로 부상 정도가 심각하다. 경제적인 여유가 있어서 이런 이동수단을 마련할 생각이 있다면, 그에 맞는 보험 상품에 가입할 비용도 예산에 포함해야 한다.

건강보험

건강보험은 의료비 부담에 대비하는 보험으로서, 미국에서는 가장 보편적인 보험이다. 미국인의 절반 이상이 유나이티드 헬스케어, 애트나Atena, 휴매나Humana와 같은 의료보험사를 통해 민간 건강보험에 가입되어 있다(메디케어나 메디케이드와 같은 공공 보험제도는 12장에서 따로 살펴보기로 한다). 이런 민간 보험은 대부분 직장을 통해 가입하는데, 이때 고용주는 직원들을 대상으로 그룹 보험에 가입하기 위해 보험금을 협상하게 된다. 직장 건강보험의 경우, 고용주가 통상적으로 보험료의 70퍼센트를 부담하므로 직원에게 상당히 유리한 편이다. 직장 건강보험에 가입한 가족이 지출하는 평균 연간 보험료는 1만 7,500달러다. 고용주가 부담하는 보험료에 대해서는 소득세가 부과되지 않으므로, 민간 건강보험에 대한 세금 감면의 효과가 있다. 2016년부터 건강보험개혁법Affordable Care Act(오바마케어로 알려져 있음-옮긴이)으로 인해 정직원이 50명 이상인 대규모 사업장은 직원들에게 양질의 보험을 제공해야 하며, 이를 어기면 큰 벌금을 부담하게 된다. 이 법이 시행됨에 따라 직원들에게 건강보험을 제공하는 기업이 늘어났다.

직장 보험에 가입하지 않은 사람은 민간 보험사의 건강보험에 가입할 수 있다. 전반적인 흐름을 보면 민간 보험이 직장 보험보다 조금 저렴하지만, 보험료 전액을 개인이 부담해야 하므로 현실적으로 감당하기 어려운 금액이라고 말할 수 있다. 하지만 건강보험개혁법이 제정되면서 민간 건강보험 시장의 판도가 크게 달라졌다. 주마다 서로 달랐던 보험 상품이 표준화되고, 연방정부 보조금이 지급되면서 보험료도 크게 낮아졌다. 그리고 보험 가입 자격에 대한 새로운 규정이 마련됨에 따라 이미 질병이 있는 사람도 보험에 가입할 수 있게 되었다. 건강보험개혁법이 계속 적용됨에 따라, 이 법이 경제에 미치는 영향을 두고 열띤 논쟁이 이어지고 있다.

보험 상품에 가입한 후에 보험사에 내는 비용을 보험료라고 한다. 실제로 의료서비스를 이용하든 그렇지 않든 보험료는 매달 지출된다. 건강보험에는 본인부담금이 정해져 있는데, 이는 보험사가 보험금을 지급하기 전에 피보험자가 (의사나 병원과 같은) 의료 기관에 직접 내는 돈을 말한다. 본인부담금이 500달러라면, 연간 의료비 총액에서 (시간상 먼저 발생하는) 500달러는 피보험자가 직접 부담하게 된다. 보험사는 500달러를 제외한 나머지 의료비를 피보험자를 위해 지급해준다. 그러나 피보험자가 의료기관을 방문할 때마다 청구액의 일정 부분이 기본분담금이라는 이름으로 피보험자에게 청구된다. 예를 들어, 연간 정해진 본인부담금은 이미 부담했고 기본분담금이 20퍼센트로 정해져 있는 피보험자의 경우, 엑스레이 촬영비 300달러 중에서 60달러는 본인이 부담해야 하고, 보험사는 240달러만 부담해준다는 것이다. 본인부담금과 기본분담금은 연간 상한액이 정해져 있는 자기부담금이므로, 이 금액을 초과하는 부분은 보험사에서 전액 부담해준다.

개인은 보험 납부 및 자기부담금과 같은 의료비 지출에 대비해 건강저축계좌Health Savings Account, 즉 HSA를 개설할 수 있다. 일반 저축 계좌처럼 돈을 모으다가 의료비가 필요할 때 인출하면 된다. 세금 혜택이 있긴 하지만 계좌에 넣어놓은 돈을 마음대로 사용할 수 없으므로 자신의 연간 의료비를 가능한 한 정확히 예측해 입금해야 한다.

건강보험은 의료서비스 이용 후 발생하는 보험금 청구를 심사해 보험금을 부담하는 것 외에도, 다양한 의료 기관과 의료 비용을 협상하는 역할도 이행하고 있다. 병원에서 주는 진료비계산서를 보면 고시 가격과 실제 가격으로 구분되어 있는데, 전자는 보험이 없는 환자에게 청구되는 금액이고 후자는 보험사가 피보험자를 위해 협상한 결과를 보여준다. 고시 가격은 대개 비현실적으로 높으며 금액도 제각각인데, 의료기관이 받는 금액 대부분은 (메디케어와 메디케이드 제도Medicaid(65세 미만의 저소득층과 장애인을 위한 제도-옮긴이)를 포함해) 보험사에서 정하기 때문이다. 보험사와 피보험자 사이의 계약을 위해 가격을 정해주는 기능은 소비자에게 매우 유용하다. 바로 이 때문에 대부분의 보험은 보험사가 피보험자에게 제시하는 가격을 따르는 의료기관만 이용할 것을 요구한다.

건강보험은 순수 보험의 성격을 띠는 분야도 있고 선불제로 운영되는 부분도 있어서 다른 보험에 비해 변수가 특히 많다. 보험은 일어날 가능성은 작지만 매우 폭넓은 손실을 보상해주는 것인데, 의료비는 자주 발생하는 것에 비해 금액 자체가 큰 경우는 많지 않다(이를테면 독감 예방주사, 초진 또는 재진에 드는 비용 및 유방 촬영 등을 생각해볼 수 있다). 이런 비용은 사실 보험의 필요성이 성립되지 않는 지출이다. 하지만 미국에서는 암 치료나 장기이식과 같은 중대한 의료 절차는 물론이고 일상생활에서 발생하는 저비용의 의료비까지도 의료보험으로 처리하는 것이 점차 일반화되고 있다. 그러니 건강보험을 불필요한 것으로 보는 태도는 바람직하지 않다.

사회초년생이나 학생은 가족을 통해 건강보험에 가입된 경우가 많다. 부모 중 한 사람이라도 직장에 다니고 있다면 직장에서 가족 건강보험이 제공될 것이다. 가족이 메디케이드 대상자라면 주정부가 제공하는 보험 혜택을 받을 수 있다. 대학생은 학교를 통해 제공되는 학생 보험과 기존의 가족 건강보험 중 하나를 선택하면 된다. 성인은 만 26세까지 가족 건강보험의 혜택을 계속 받을 수 있다. 가족과 멀리 떨어져서 다른 주에 살면 '보험이 적용되지 않는' 것으로 간주해 자기부담금과 본인부담금이 매우 높아지는데, 그래도 아예 보험이 없는 것보다는 나을 것이다.

건강보험이 전혀 없는 사람도 있다. 하지만 대부분은 일시적으로 건강보험이 없이 지내는 것일 뿐이다. 실직하더라도 여전히 기존 직장의 건강보험 혜택을 받을 수 있는 실직자 건강보험 프로그램이 적용되는데, 이 프로그램은 근거법Consolidated Omnibus Budget Reconciliation Act의 첫 글자를 따서 COBRA 프로그램이라고 부른다. COBRA 프로그램의 혜택을 받으려면 (실직 전에는 고용주가 보험료의 70퍼센트를 부담하지만) 당사자가 보험료 전액을 내야 하므로 재정적인 부담 때문에 이를 포기하는 사람도 있다. 실제로 젊은 사람들은 건강보험이 필요치 않다고 생각하는 경향이 있다. 건강에 문제가 없어서 의료비 지출이 거의 발생하지 않기 때문이다. 하지만 이런 생각은 매우 위험할 수 있다. 노소와 관계없이 누구나 예기치 않게 심각한 병에 걸리거나 큰 사고를 당할 수 있고, 그럴 때 건강보험이 꼭 필요하기 때문이다. 보험료가 부담스러운 젊은 층에는 보험료가 낮은 대신 자기부담금이 높은 보험이 적당할 것이다. 직업이 없거나 직장에서 건강보험에 가입해주지 않는 사람도 이런 상품을 고려해볼 수 있다.

상해보험Disability Insurance

나이가 어릴수록 죽음을 생각할 이유는 많지 않다. 실제로 젊은 층이 사망하는 일은 드문 편이다. 매년 15세에서 25세 사이의 인구 1만 명당 사망자는 7명(즉 0.07퍼센트)에 불과하다. 그리고 젊을수록 신체적 또는 정신적으로 심각한 장애를 입어서 주변의 도움이 필요한 경우도 흔치 않다. 여기서 말하는 장애는 시력이나 청력을 상실하거나, 걷지 못하게 되거나, 인지 장애가 발생해 주변을 파악하는 능력이 크게 저하되는 경우 등을 포함한다. 이처럼 심각한 장애는 15세에서 25세 사이의 집단에서 5퍼센트 미만으로 발생하고 있다. 이 연령대의 사람들에게는 사망률보다 장애를 입을 확률이 8배나 높다는 뜻이다. 혹시라도 심각한 장애를 입게 되면 일도 못하고 돈도 벌 수 없으며 혼자서는 아무것도 못하는 상황에 처할지도 모른다.

어떤 사람들은 장애가 있는데도 큰 불편 없이 살아가는 것처럼 보인다. 시각 또는 청각 장애인이지만 주변의 도움을 거의 받지 않고도 생산적이며 의미 있는 활동으로 인생을 채워나가는 사람들이 많다. 하지만 어떤 장애는 주변의 도움을 절실히 필요로 하며, 이 경우 보조인을 고용하는 데 많은 돈이 든다. 그래서 가족이나 친구 등에게 큰 부담을 안기게 된다. 지방자치단체나 주정부 차원에서 장애아동이 있는 가정이나 심각한 장애가 있는 성인들에게 직접적인 도움을 제공하는 경우도 있다. 하지만 인적자원 등이 부족하다는 한계를 안고 있다. 다행히도 이와 같은 장애인을 돌보는 비용을 보조해주는 보험 상품이 마련되어 있다.

미국의 경우 상해보험은 크게 세 가지로 나뉘는데, 연방정부의 사회보장제도Social Security System, 주정부의 근로자 보상제도 및 민간 상해보험 상품이 있다. 사회보장제도(자세한 내용은 12장을 참조한다)는 장애가 있는 사람들에게 재정적 혜택을 제공하는 두 가지 프로그램을 운영한다. 주정부는 (민간 보험사를 통해서) 업무상 재해를 입은 근로자에게 대체소득을 제공하는 보험제도를 운용한다. 이를 근로자 재해보험

workers' compensation이라고 하며 이 부분도 12장에서 다시 다루기로 한다. 마지막으로 개인이 직접 UNUM이나 푸르덴셜Prudential과 같은 민간 보험사의 상해보험에 가입하거나 직장을 통해 상해보험에 가입할 수 있다.

상해보험은 고액보험이라서 기피하는 사람이 많다. 미국만 봐도 장애인이 매우 많은 점을 생각해보면 상해보험이 비싼 이유를 이해하기란 어렵지 않다. 60세 이상의 인구는 5명당 1명꼴로 심각한 장애가 있어서 스스로 생계를 책임지지 못한다. 70세가 넘은 나이에도 일하고 평균수명이 80세를 넘는 시대라는 것을 감안할 때, 50대나 60대에 장애를 입으면 재정적인 타격이 정말 클 것이다. 젊은 사람이라면 당분간은 이런 문제를 걱정할 필요가 없다. 그래도 고용주가 상해보험을 한 가지 혜택으로 제공한다면 지금 가입하는 것을 고려해볼 필요가 있다. 지독하게 운이 나빠서 장애를 입는 사람은 극소수이지만, 당신도 그들 중 한 명이 될 가능성이 아예 없다고 말할 수 없다. 그럴 때 정부에서 제공하는 프로그램에 의존할 수도 있으나 본인이 직접 가입한 상해보험이 있어야 노후에도 수입이 보장된다.

생명보험

앞서 말한 것처럼 젊은 사람은 생명을 잃을 확률이 거의 없다. 40대 초반에도 연간 사망률은 0.2퍼센트 미만에 불과하다. 그런데도 미국에서는 생명보험이 가장 잘 팔리는 보험 상품에 속한다. 사실 생명보험에 가입해야 하는 이유는 얼마든지 찾을 수 있다. 20세기 초반으로 잠시 돌아가서 생각해보자. 그때는 자녀가 죽으면 부모의 노후를 돌봐줄 사람이 없었기 때문에, 자녀를 생명보험에 가입시켰다. 자녀가 사망할 때 보험금을 받을 수 있으므로 사망으로 인한 손실을 어느 정도 감당할 수 있었다. 어떤 부유층은 자신이 죽을 때 상속세를 좀 줄여볼 심산으로 생명보험에 가입했다고 한다. 하지만 요즘 사람들이 생명보험에 가입하는 가장 큰 이유는 피보험자가 사망하면 그 사람의 수입이 사라져서 부양가족의 생계가 막막해지기 때문이다.

생명보험도 다른 보험과 원리가 같다. 보험계약자는 매년 비교적 적은 액수의 보험료를 내며, 만약 피보험자가 사망하면 보험사가 수익자에게 거액의 보상금(보험금)을 지급하는 방식이다. 계약자와 피보험자, 수익자는 서로 다를 수 있다. 쉽게 말하자면 남편(계약자)이 자녀들(수익자)을 위해 아내(피보험자)를 생명보험에 가입시키는 것이다. 어떤 생명보험은 피보험자에게 건강검진을 요구할 수 있다. 나이가 어리고 건강 상태가 좋으면 그만큼 보험료는 낮아진다. 보험사는 여러 가지 위험을 결합한 다음, 납부된 보험료를 보험 납부 기간 전체에 나누어 투자하는 것이다. 나이가 많고 건강이 나쁜 사람일수록 사망률이 높으므로 보험료도 그만큼 오르게 마련이다.

생명보험은 크게 두 가지로 나뉜다. 정기보험은 피보험자가 보험기간 중에 사망하면 책정 보험계약금을 지급하는 보험이다. 보험기간은 1년이 될 수도 있고 10년 또는 20년까지도 가능하다. 매년 보험료가 조금씩 오르는 상품도 있고 보험기간 내내 정해진 보험료만 내면 되는 상품도 있다. 보험기간이 일단 끝나면 피보험자는 재가입을 해야 생명보험의 혜택을 계속 누릴 수 있다. 일례로 30세의 비흡연 여성이 연간 275달러를 내는 10년짜리 생명보험에 가입한다고 가정해보자. 책정 보험계약금은 50만 달러다. 보험기간이 끝나면 이 여성은 40세다. 이번에도 같은 조건, 즉 책정 보험계약금을 50만 달러로 해서 10년간 보험에 가입할 수 있다. 그러나 이번에는 연간 보험료가 360달러로 오르게 된다. 지난 10년에 비해 보험료가 오르긴 했지만, 책정 보험계약금에 비하면 그 정도의 보험료는 저렴하다고 할 수 있다.

종신보험(가장 일반적인 종신보험은 평생보험이라고 부른다)은 정기 보험에 투자성을 더한 것으로 피보험자의 생애 전체를 아우르는 것이다. 보험료 일부만 사망 위험을 보장하는 데 사용되고, 나머지 보험료는 보험사가 위탁받아 투자를 운용한다. 종신보험은 그저 10년이나 20년만 보장하는 것이 아니다. 피보험자가 사망할 때까지 보험 혜택이 유지된다. 이런 보험 상품은 다른 투자 상품과 비슷한 특징이 많지만 일정 연수 후부터 현금 가치가 생기므로(이 보험은 죽기 전에 현금으로 바꿀 수 있다) 다른 보험 상품에 비해 좀 복잡하게 느껴질 수 있다. 연간 보험료는 가입 기간이 비슷한 다른 상품보다 훨씬 비싼 데다 보험료가 항상 일정하게 유지되는 것도 아니다. 종신보험은 다양한 재정적 필요가 있는 수준 높은 소비자에게 가장 유용하다. 종신보험의 변형 상품인 유니버설보험이나 변액보험도 있지만 이런 상품도 어지간하면 가입하지 않는 편이 낫다. 대부분은 만기가 정해진 보험 상품이 여러모로 적합할 것이다.

또 다른 생명보험인 변액연금보험이 있는데, 이는 보험 상품처럼 보이지만 사실은 주식시장에 투자하는 것이다. 보험이 저율 과세 대상이라는 장점을 십분 활용한 것이다. 생명보험에서 수익이 발생해도 수익자는 소득세를 내지 않으며, 보험계약자와 피보험자에게 상속세가 부과되지 않도록 만들어진 변액연금보험도 있다. 사실 모든 종류의 생명보험에는 세제 혜택이 있다. 보험업계는 세금 혜택을 이용하려고 변액연금보험이라는 상품을 만들어 주식시장에 투자하는 것이다. 하지만 보험은 복잡하고 위험도가 높은, 고비용 투자이기 때문에 대부분 투자자에게 추천할 만한 상품은 아니다. 특히 순수하게 생명보험이 있어야 하는 고객에게는 전혀 맞지 않는 보험이다.

대부분의 젊은 사람은 생명보험이 전혀 필요치 않을 것이다. 다시 한번 말하지만, 생명보험은 누군가 사망할 경우, 사망한 사람의 수입에 의존하는 피부양자를 위해 마련된 것이다. 아직 젊고 미혼이라면 피부양자가 없을 것이다. 기혼자라 하더라도 배우자가 직장에 다니고 있어서 본인이 갑자기 사망하더라도 재정적으로 큰 문제가 없을지 모른다. 하지만 자녀가 있으면 상황은 완전히 달라진다. 아이들은 부모에게 모든 면에서 의지해야 하므로 부모 중 하나라도 사망할 경우 유가족은 심각한 재정난에 시달리게 된다. 당신이 그런 처지에 있는 부모라면 정기 생명보험이 정말 중요하다. 어쩌면 자녀들을 위한 필수적인 보험 상품이라고 해도 과언이 아닐 것이다.

책임보험Liability Insurance

어떤 잘못을 한 경우에 상대방이 이를 근거로 고소해 승소했다고 생각해보라. 그러면 책임, 즉 고소인에게 금전적 보상을 해야 하는 상황이 발생한다. 기업의 경우, 소비자 또는 거래처가 제품이나 서비스에 대해 보상을 요구하는 상황이 자주 발생한다. 하지만 개인도 책임 위험에 대비할 필요가 있다. 미국은 여러 가지 이유로 소송에 휘말릴 가능성이 큰 나라다. 자신에게 잘못이 있든 그렇지 않든 간에 일단 소송에 휘말리면 변호사를 선임하고, 필요한 조사를 하고, 전문가의 도움을 얻어야 한다. 뿐만 아니라 기타 소송비용을 부담하는 등, 적잖은 스트레스를 감내해야 한다. 게다가 소송에서 패하면 상대방에게 배상금을 지급해야 한다. 책임보험은 이처럼 소송 과정 및 결과에서 발생하는 비용 등을 처리하는 데 도움이 된다.

다행히도 주택 소유자나 입주자가 가입하는 재산보험이나 자동차보험은 몇 가지 법적 위험, 그중에서도 사고 발생에 대비하기 위한 책임보험의 성격을 띠고 있다. 불의의 사고로 타인에게 상해를 입힐 경우, 사고를 유발한 사람은 법적으로 부상자에게 금전적 피해를 보상할 책임이 있다. 하지만 이런 보험들은 책임보험 위주로 설계된 것이 아니라서 다른 책임 위험을 다루는 데 한계가 있다. (어린이에게 상해를 입히는 경우와 같이) 금전적 피해가 큰 사건에 대처하기에는 역부족이라고 할 수 있다.

이런 부분을 보충하기 위해 우산보험umbrella insurance, 즉 초과책임보험excess liability insurance을 찾는 고객도 있다. 우산보험은 일반 재산보험보다 보상금 한도가 높으며 다른 보험에서 제외되는 위험도 보장해준다(즉, 책임 범위가 넓다). 예를 들어, 주택보험은 명예훼손(말이나 글로써 거짓 정보를 유포해 타인의 명성을 해치는 행위)을 보상 범위에서 제외하지만, 우산보험에 가입하면 명예훼손도 보상받을 수 있다. 그렇지만 젊은 세대에게는 우산보험이 꼭 필요하지는 않다.

소셜 미디어에 도사리고 있는 위험

최근 소셜 미디어나 전자통신으로 극도의 수치심을 유발하거나 골치 아프게 만드는 사이버블링이 자주 발생하고 있다. 사실 어떤 경우에는 자신이 하는 행위가 누군가에게 상처가 된다는 것을 쉽게 알아차리지 못하는 때가 많다. 가벼운 소문 이야기, 사생활에 관한 뒷담화 또는 친구의 사진을 다른 사람에게 보여주는 것은 소셜 미디어에서 흔히 볼 수 있는 현상이다. 하지만 악의적인 소문이 퍼져서 당사자에게 큰 고통을 주었다면 어떻게 해야 할까? 어떤 소문의 내용이 전혀 사실과 다른데도 너무 많은 사람에게 알려져서 수습하기 어려운 상태일 수도 있다. 소셜 미디어에 공개된 우스꽝스러운 사진 한 장 때문에 당사자가 직장에서 해고당하는 예도 있다. 이런 위험 요소를 일일이 걱정하자면 소셜 미디어를 하는 재미가 사라진다고 투덜거릴지도 모르겠다. 하지만 소셜 미디어에서 왕따를 시키는 고의적 행위는 책임보험으로 보상되지 않으므로, 이는 반드시 우려해야 할 사항이다. 타인에 대한 거짓 정보를 유포하면 법적 소송을 당할 수도 있다. 사실 소셜 미디어에 글을 올리는 것은 유포 행위에 해당한다. 따라서 (헤어진 애인의 나체 사진을 소셜 미디어에 올리는 것과 같이) 상대방을 괴롭히거나 수치를 주는 행위는 사이버 폭력으로 간주해 형사처벌도 가할 수 있다. 고의적인 의도가 있다고 추정되는 괴롭힘이나 악의적인 내용을 유포하는 행위는 대부분의 보험 상품에서 보상하지 않는다고 규정하고 있다. 그러므로 사이버 폭력의 가해자는 매우 중대한 재정적 위험에 처할 가능성이 크다.

기타 위험에 대한 보험

일반인에게 보험은 따분하고 답답하게 느껴진다. 하지만 내면을 들여다보면 매우 혁신적이고 끊임없이 변화하는 분야라는 것을 알 수 있다. 영화 한 편을 제작한다고 생각해보자. 만약 주연 배우 중 한 명이라도 중도에 그만두겠다고 하면 영화 전체에 타격이 클 것이다. 그래서 영화의 총 제작비에 대한 보험을 들기도 한다. 스포츠 선수는 부상으로 운동을 계속할 수 없는 상황에 대비해 보험에 들 수 있다. 로이드오브런던Lloyds of London이라는 유명 보험사는 특수 위험에 대한 전문적인 보험 상품을 갖추고 있다. 이를테면 음식 비평가의 미뢰, 록스타의 후두염, 세계에서 가장 긴 담배(12피트)를 보험으로 보장해주고 있다.

한 가지 신종 위험은 신원 도용인데, 이는 다른 사람의 개인정보를 사용해서 사기를 치거나 금전적 손해를 초래하는 것이다. 신원 도용의 피해자는 은행계좌에 넣어둔 돈을 뺏기거나 알지도 못하는 빚더미에 올라앉는 경우가 많다. 문제는 피해자의 손실이 이런 금전적 부분에서 끝나지 않는다는 것이다. 채권자에게 신용을 회복하는 데도 큰 어려움을 겪으며 신용 회복에 추가 비용이 발생하기 때문이다. 신원 도용에 대비한 보험도 있지만 이런 보험 상품은 신원 도용의 '뒤처리에 드는 비용'을 어느 정도 보상해줄 뿐이다. 그래서 전문가들은 그런 보험보다는 고객의 계좌에서 의심스러운 거래가 포착되면 즉시 알려주는 신용 모니터링서비스를 사용하라고 추천한다.

그 밖에도 현대인은 데이터 보안 및 컴퓨터 자료의 손실이라는 위험에 대처해야 한다. 이 문제는 기업, 그중에서도 전자상거래를 하는 기업에 중대한 사안이다. 크게 보면 모든 기업이 이 문제에 관심을 가져야 한다. 지금 컴퓨터에 저장된 모든 자료가 싹 지워지거나 누군가에게 도난당하거나 파손된다고 한번 생각해보자. 일단 컴퓨터를 새로 세팅하는 데 적어도 1천 달러 이상 필요한 데다, 사진, 음악, 문서 등은 아예 복구할 수 없거나 복구하는 데 훨씬 더 많은 돈이 들 수 있다. 이런 상황에 대비해서 보험에 들 수도 있지만, 더 좋은 방법은 데이터백업을 하는 것이다. 클라우드 기반의 백업서비스는 연간 50달러도 들지 않는다. 아니면 별도의 드라이브를 마련해서 자동 백업을 실행할 수 있다. 이처럼 데이터 손실은 비교적 쉽게 피할 수 있는 문제이므로 데이터백업에 꼭 신경 쓰기 바란다.

11장

K11
KK57638956 C
THIS NOTE IS LEGAL TENDER
FOR ALL DEBTS, PUBLIC AND PRIVATE
Treasurer of the United States.
SERIES
2006
A
FRANKLIN

세금

세금은 정부 또는 정부가 제공하는 서비스에 대해 내야 하는 돈이다. 세금은 그냥 내면 되는 것으로 생각할지 모르겠다. 하지만 세금이 항상 투명하게 운영되는 것도 아니고 세금의 대가가 무엇인지 명확한 것도 아니다. 세금은 인간 사회가 처음 등장한 시기부터 존재했으며, 시대를 막론하고 세금이 너무 무겁다거나 종류가 많고 복잡하다는 불만, 특히 세금을 제대로 내지 않는 사람이 있다는 불만은 항상 존재했다. 쉽게 말해서 세금에 대해 불만이 없는 사람은 없다는 것이다. 그렇지만 세금 없이는 사회가 제대로 운영되지 못할 것이다.

대부분의 세금은 분명하게 드러난다. 미국 내에 토지를 소유하고 있다면, 대부분의 경우 예외 없이 1년에 1~2번 지방세 고지서를 받게 될 것이다. 고지서에는 세금액과 납부대상자가 명시된다. 하지만 이렇게 분명히 드러나지 않는 세금도 있다. 일례로 월마트는 연간 수입 250억 달러(세전)에 대해 연방정부와 주정부에 약 80억 달러의 법인세를 내고 있다. 월마트에서 세금용 수표를 발행하기 때문에 얼핏 보면 월마트가 이 세금을 직접 내는 것처럼 보이겠지만 사실은 그렇지 않다. 법인세 일부는 월마트에서 판매되는 상품 가격에 포함되므로, 월마트와 고객이 함께 법인세를 부담한다고 봐야 한다. 알베르트 아인슈타인이 이 세상에 소득세만큼 이해하기 어려운 것이 없다고 한 것은 아마 이런 이유 때문일지 모른다.

세금이 운영되는 방식

세금은 정부가 공권력을 근거로 요구하는 것이며 의무적 납부사항이다. 다시 말해 납세자와 정부 사이에 자발적으로 이루어지는 상호 교환이 아니라 납세자에게 일방적으로 부과되는 의무인 것이다. 세금은 법적 근거에 따라 발생하므로 관련법이 없다면 납부 이유도 존재하지 않을 것이다. 현대사회에서 법은 선거에서 당선된 대표자들로 구성된 정부기관에 의해 만들어진다. 세금을 설정하고 부과하고 수납할 권위는 정부에게만 있다. 따라서 법과 정부는 세금과 떼려야 뗄 수 없는 관계라고 할 것이다.

세금이 발생하는 이유는 크게 세 가지로 나뉜다. 첫 번째 요인은 자산인데, 가치 있는 물건 등을 소유하면 그 가치에 대해 납세 의무가 발생한다. 예를 들어, 일부 지역에서는 자동차의 가격에 따라 연 단위 세금이 정해지고, 대부분 지역에서 부동산을 가진 사람은 부동산의 가치에 따라 매년 재산세를 내며, 사람이 죽을 때는 소유물 전체에 대한 세금이 부과되는 경우도 있다. 두 번째 요소는 소득이다. 우리가 경제활동을 해서 소득이 발생하면 지방자치단체, 주정부 및 연방정부에는 그에 대한 세금을 매길 의무가 생긴다. 세 번째 요소는 거래다. 가게에서 물건을 하나 사면 매출세가 발생한다. 요즘은 거래하지 않았다는 이유로 세금이 부과되기도 한다. 건강보험에 가입하지 않으면 건강보험개혁법에 따라 부과하는 연방세가 이에 속한다.

모든 세금에는 구체적인 법규와 부과 및 징수 절차가 정해져 있다. 그래서 납세자가 적절한 시기에 세금을 낼 수 있도록 고지된다. 미 정부는 조세기관을 설립하고 잘 훈련된 직원들을 배치해 납세 관련 업무를 처리하도록 하고 있다. 세금은 납세자가 자발적으로 내는 것이 아니므로 사람들이 세금을 제때 내도록 유도하려면 큰 노력이 든다. 합법적으로 부과된 세금을 내지 않는 것은 범죄로 간주해 벌금이나 처벌 등을 내릴 수 있다.

세금은 정부가 제공하는 공공서비스를 이용한 대가로서 지급하는 수수료와 다르다. 유류세를 한번 생각해보자. 휘발유나 경유 판매 시 부과되는 유류세는 전국 도로공사에 공급되어 도로, 교량 또는 터널 건설 및 유지 보수에 사용된다. 도로 이용자는 유류세를 통해 도로 이용료를 내는 것이다. 그러나 정부가 의무적으로 부과한다는 점에서 세금이라고 해야 한다. 이처럼 납세자와 수혜자의 교집합이 크다는 점은 세 수익이 사용되는 방법의 특징이지, 세금 자체의 특징이라고는 말할 수 없다.

세금의 사용처

세금은 소방서와 같이 정부가 제공하는 서비스의 직접적인 운영비로 사용되거나 그러한 서비스에서 발생하는 비용 일부를 담당하는 보조금으로 사용된다. 공공 주택에 살고 있거나, 섹션 8바우처Section 8 voucher(민간 주택 시장에서 저소득층이나 장애인 가구 등의 주택 임대를 지원해주는 정부 프로그램-옮긴이)를 사용하거나, 세금공제액으로 지은 아파트를 임대하는 것은 사실 세금으로 제공되는 정부서비스를 사용하는 것이다. 정부는 세 수익으로 주택 및 식량 계획 사업을 지원하고 있다.

또한 세금의 상당 부분이 의료서비스에 투입된다. 사실 미국의 모든 건강관리서비스는 정부 보조금으로 운영된다. 정부가 직접 제공하는 서비스로는 재향군인병원, 지역 보건소 또는 시에서 운영하는 병원 등이 있다. 이에 반해 세제 지원을 받는 민간 보험사가 제공하는 건강관리 서비스는 세금이 간접 투입되는 것이다. 메디케이드와 메디케어(정부가 운영하는 국가 건강보험 프로그램으로서 65세 이상 성인이나 장애인에게 주로 적용된다.-옮긴이)라는 두 가지 공공부문 프로그램도 세금으로 운영된다. 그 밖에도 대학이나 기타 연구기관에서 질병을 조사하거나, 치료약을 개발하거나, 공공보건 개선에 노력할 경우 국민이 낸 세금이 연구지원비로 지급된다.

세금의 사용처를 논할 때 교육을 빼놓을 수 없다. 미국은 8학년까지 의무교육이 시행된다. 이는 고등학교 졸업까지의 무상 교육기간에 포함된다(우리는 중학교까지 의무교육 대상이고, 2021년부터는 고등학교까지 교육비가 면제된다.-옮긴이). 이러한 교육비를 정부가 부담하고 있다. 이 밖에도 지방자치단체가 유치원 교육을 무상으로 제공하거나, 공립학교에 입학할 예정인 미취학 아동의 교육비를 면제해주기도 한다. 세금은 도서관 운영에도 사용된다. 의무공교육 시스템에 투입되는 세금은 지방세, 주정부 및 지방정부가 부과하는 소득세 및 연방정부 보조금(이 보조금도 결국은 연방정부 소득세에서 나온 것이다) 등으로 구성된다. 어떤 주정부는 학생의 학자금 부담을 덜어주기 위해 대학 등록금을 세금으로 지원하기도 한다. 연방정부도 세금으로 (건강관리 프로그램과 별도로) 대학에 보조금을 지급하거나, 학자금 대출 프로그램을 지원하고 있다.

역사를 돌이켜보면 정부는 세금으로 도로, 운하, 항구, 터널 등을 건설했으며 현대에는 공항이나 통신기반 시설 등도 세금으로 세우고 있다(사실 인터넷은 정부 연구시설이 데이터 파일을 교환하려고 만든 것이었다). 민간 부문에서 사회기반 시설에 투자하는 금액도 결코 적지 않다. 현재 사용 중인 통신망은 거의 다 민간 기업에서 제공하는 것이며, 철도사업, 전신, 전기, 수도와 같은 용역도 민간 기업 의존도가 매우 높다. 민간 고속도로가 늘어나는 점도 간과할 수 없다. 그렇지만 사회기반 시설을 짓는 데 드는 비용의 상당 부분은 여전히 정부가 부담하고 있다. 외딴 지역에 인터넷을 설치하고 시골에 전기시설을 갖추고 대중교통 시설과 항만 설비, 도로 등을 구축하는 것은 대부분 정부의 자금으로 이루어지는 프로젝트다.

정부로서는 국가안보와 국민의 안위가 가장 중요하다. 그러므로 정부는 세금을 사용해 국경을 지키는 육군, 해군, 공군, 해안경비대를 운영하고 해외 국익의 수호 및 동맹국을 지원한다. 주 방위군과 지역 경찰, 보안관, 소방서 또한 주정부와 지방정부의 세금으로 운영된다. 각 정부는 법원과 교도소도 운영하고 있는데, 이 또한 세금에 의존한다.

그 밖에도 정부가 세금으로 하는 활동은 매우 다양하다. 각종 개발 프로그램, 환경보호, 재난구호활동, 농업 종사자 지원, 공원이나 각종 여가활동 프로그램의 운영 등에도 세금이 투입된다. 물론 정부라는 조직을 운영하는 데 드는 비용도 세금으로 충당된다. 정부가 돈을 빌린 후에 원금 및 이자를 상환할 때도 세금이 사용된다. 정부에서 나오는 돈은 결국 세금으로 충당되는 것이다. 따라서 정부서비스의 범위를 어디까지 한정할 것인가를 두고 정치권에서 열띤 논쟁이 벌어지는 것도 이해할 만한 일이다.

매출세

어느 지역에서든 가게에서 물건을 사면 매출세를 자동으로 내게 된다. 편의점에서 껌 하나를 사면 0.89달러를 내는데, 그중 7~8퍼센트는 매출세에 해당한다. 매출세는 상거래에 부과되는 것이다. 즉, 물건을 사지 않으면 매출세를 내지 않아도 된다. 매출세는 물건 값과 별도로 계산된 후에 물건 값에 추가된다(우리는 물건 값에 포함되어 있다.-옮긴이). 이 매출세를 정부에 송금하는 것은 판매자의 의무다. 즉, 매출세를 내는 사람은 구매자가 아니라 판매자지만, 세금이 이미 상품 가액에 포함되어 있으므로 실제로 부담하는 사람은 구매자인 것이다.

매출세는 지역마다 금액이 다르고, 하나의 소매 거래에 대해 여러 단계의 매출세가 부과될 수 있다. 주정부와 시, 군 단위로 매출세를 각각 부과하는 것이 가능하며, 교육, 운송 및 기타 특별세를 부과하는 조세청마다 따로 세금을 부과할 수도 있다. 그러나 소비자는 최종적으로 합산된 세액을 한 번에 내는 것이고, 판매자가 각 조세청에 이를 전달한다. 몬태나, 뉴햄프셔, 오리건주와 같이 매출세가 아예 없는 지역도 있다(매출세만 없을 뿐, 다른 세금은 여전히 부과한다). 대부분의 경우에 주정부가 부과하는 매출세는 5~10퍼센트를 넘지 않는다.

모든 상품에 매출세가 부과되는 것은 아니다. 많은 지역에서 식품이나 의약품에 대해서는 매출세가 면제된다. 처방전에 따라 제조되는 약은 세금이 거의 부과되지 않으며, 일부 지역에서는 일반 의약품마저 세금이 면제된다. 그리고 식품의 경우에는 매출세가 면제되거나 매우 낮은 세율이 적용된다. 식품으로 분류할 대상을 정하는 것은 주정부의 몫이다(게토레이와 빙과류는 주마다 다르게 분류한다). 이해 당사자의 요청이 있거나 입법자가 공공의 이익에 필요하다고 판단하는 상품도 매출세가 면제될 수 있다.

인터넷 상거래가 확대되면서 조세 당국은 큰 어려움을 겪고 있다. 2015년까지 연방법은 주정부가 인터넷 거래를 새로운 과세 대상으로 설정하는 것을 금지했다. 그러나 판매업체의 창고나 영업 사무소의 물리적 위치에 따라 해당 주정부가 부과하는 매출세가 적용되었다. 지금은 대다수의 인터넷 판매자들이 매출세를 받아서 주정부에 송금하는 방식을 취하고 있다. 소비자가 다른 주에 있는 인터넷 판매자와 거래할 경우, 매출세는 피할 수 있지만 법에 따라 사용세가 부과된다. 이때 판매자가 사용자로부터 세금을 징수하는 것이 아니므로 소비자가 세금 신고에 이를 포함해야 하지만, 대다수 소비자가 이를 간과하는 경향이 있다. 그래서 주정부는 고가품을 구매하는 경우에만 사용세를 부과하는 경향이 있다.

과거를 돌이켜보면 매출세는 상품 거래에만 적용되고 서비스에는 적용되지 않았다. 미용실에서 머리를 자르거나, 잔디 깎는 사람을 고용하거나, 병원에 가서 진찰을 받거나, 세차를 할 때는 매출세가 면제되었다. 그런데 최근 몇 년 사이에 주정부와 지방자치단체의 재정이 악화하면서 조세청이 일부 서비스에 매출세를 부과하려고 시도한 바 있다. 하지만 대부분 실패로 끝난 것 같다. 몇몇 주에서는 서비스에 매출세를 부과하는 것이 정착되었지만 대부분의 서비스는 여전히 매출세가 면제된다. 하지만 미국 경제의 80퍼센트가 서비스업이라는 점을 고려할 때, 제품에만 세금을 부과하고 서비스에는 세금을 부과하지 않는 관행이 과연 합리적인지 생각해봐야 할 것이다.

미 정부는 매출세를 받지 않는다. 미 정부의 주요 수입원은 소득세와 급여세payroll tax(사업자가 직원을 고용한 경우에 내는 세금-옮긴이)다. 이와 대조적으로 다수의 선진국에서는 부가가치세VAT라는 이름으로 국가 차원의 매출세를 부과하고 있다. 부가가치세는 생산이나 공급 단계마다 부과되며, 판매자의 투입 비용과 실제 판매가의 차액에만 적용된다. 공급망의 최종 단계에 있는 소비자는 제품이나 서비스를 구매할 때 세금 전액을 내지만, 이에 관련된 사업자는 중간 단계에서 세액 일부를 받아서 송금한다. 이론상으로는 모든 상품과 서비스에 부가가치세가 적용되지만 현실적으로 예외가 많다. 부가가치세는 경제적으로 매우 효율적인 세금이다. 그러나 하나의 대체 수단이 아니라 소득세와 함께 적용될 경우, 인센티브를 왜곡하고 상거래를 방해하며 경제활동을 저해하는 결과를 낳을 우려가 있다.

소득세

직장에서 받는 급여, 은행이 주는 예금 이자, 퇴직연금에는 모두 소득세가 부과된다. 미국은 소득세의 역사가 비교적 짧은 편이다. 사실 1913년까지만 해도 국가가 소득세를 지속적으로 징수한 기록이 없다. 하지만 지금은 정부 수입의 절반 이상이 소득세로 구성된다. 주정부와 지방정부 모두, 총수입의 25퍼센트가 소득세이며 매출세와 재산세가 각 35퍼센트를 차지한다. 이처럼 소득세는 정부의 주요 소득원이다.

문제는 소득을 정의하는 것이 어렵다는 것이다. 아인슈타인마저 이것이 복잡하다고 할 정도였다. 가정이나 기업에 들어오는 돈은 전부 소득이라고 볼 수도 있다. 하지만 그렇게 하면 증가나 혜택, 이익이 전혀 발생하지 않은 거래마저 모두 과세 대상이 되는 불합리한 결과를 낳을 수 있다. 컴퓨터를 1천 달러에 사서 1년 후에 다른 사람에게 500달러를 받고 팔았다고 가정해보자. 그러면 500달러라는 '소득'이 생기지만 그만한 가치가 있는 물건이 없어진 것도 고려해야 할 것이다. 사업할 때 수중에 들어오는 돈을 모두 수익이라고 하는 것은 합리적이지 않다. 사업경비를 모두 제하고 나면 실제로 남는 돈은 훨씬 적기 때문이다. 따라서 소득세 부과 대상은 급여, 투자 및 사업 이익으로 한정해야 한다.

소득에 세금을 부과하는 행위는 해당 소득을 창출하는 행위에 방해

요소를 만드는 것이다. 세금이 적으면 소득을 창출하는 행위에 큰 영향을 주지 않을 것이다. 하지만 세금 액수가 커지면 사람들은 소득 창출을 아예 회피하거나 납세를 피할 방도를 찾게 된다. 이처럼 항상 합법적인 해결책만 강구하는 것은 아니라는 문제가 있다. 따라서 과세당국은 다양한 소득 종류를 주의 깊게 결정하고 각 소득에 대해 적절한 세율을 적용함으로써 소득 창출 행위를 방해하지 않도록 해야 한다. 사람들은 장기투자가 경제에 유익하다고 생각한다. 따라서 투자에서 발생하는 소득(양도소득)은 근로소득보다 세율이 낮은 편이다. 한편, 선물로 받은 현금이나 물품은 수입이 아니라고 본다. 사업자의 영업비용도 총 이익에서 제외되므로 영업비용도 정확하고 신중하게 정해야 한다.

정부의 수입이 되는 과세소득은 과세대상자의 총소득에 조정 및 공제가 적용된 이후의 금액을 말한다. 위자료로 지급될 돈이나 매달 내는 퇴직연금 등 일부 항목은 다른 방식으로 세금이 부과되므로 과세소득에서 제외된다(위자료는 수혜자가 위자료를 받은 후에 세금을 내며, 퇴직연금의 경우에는 세금이 자동 공제된다). 급여수령자의 생활비도 일정 수준 공제되므로 과세소득을 낮추어 최종 세금을 줄이는 효과를 낸다. 공제되는 생활비로는 주택담보대출 이자, 주정부와 지방정부에 내는 공과금, 기부금, 보험 혜택을 받지 못하는 재해손실, 특수한 경우에 발생하는 거액의 의료비 등이 있다. 주정부에서 부과하는 소득세와 시 단위로 부과되는 소득세를 계산할 때마다 과세소득을 결정하는 과정이 반복된다. 하지만 대부분의 주정부와 시 단위 과세당국은 이 과정을 간소화하고자 연방정부가 계산한 과세소득을 기준으로 삼고 있다.

조세 당국은 급여를 기준으로 추정한 과세소득에서 세금을 공제, 즉 원천징수하는 방식을 적용하거나, 과세대상자의 기타 소득에 대한 소득세 추정액을 내게 한다. 이는 연말에 따로 세금고지서를 발급하지 않으려는 조처다. 이는 '선납식 세금'이라고 표현할 수 있다. 급여의 경우, 매달 일정액이 시와 주정부 및 연방정부에 내는 소득세로서 미리 공제된다. 연말이면 소득신고를 거쳐 모자란 세금을 추가로 내거나 정부에서 환급받을 수 있다. 조세 당국은 일 년 내내 납세자가 받는 급여와 그 납세자가 근무하는 직장의 급여제도를 추적한다. 매달 받는 급여명세서나 세금 납부 영수증을 자세히 읽어보면 어떤 세금이 원천징수 되었는지 확인할 수 있다.

일단 과세소득이 산정되면 거기에 세율을 곱해서 소득세를 계산한다. 미국을 비롯한 대다수 국가에서는 누진세제도를 운영한다. 간단히 말하면 소득이 높을수록 세율도 높아지는 것이다. 미국에서는 구간별로 세율을 달리하는 과세표준구간을 적용한다. 2015년 연방 세율을 예로 들어 설명해보겠다(인플레이션이 발생하거나 의회에서 새로운 법을 제정할 수 있으므로 과세표준구간은 매년 조금씩 달라진다).

도표 11.1 상단은 과세소득이 2만 달러인 독신을 기준으로 하고 있다(퇴직연금 및 기타 공제액을 모두 제하고 난 후의 소득을 말한다). 2만 달러 중에서 초반 9,225달러에 대한 세율은 10퍼센트다(0달러에서 9,225달러의 소득 구간에 대한 세율이 10퍼센트로 정해져 있다). 그리고 나머지 1만 775달러에 대해서는 세율이 15퍼센트로 조금 더 높아진다(9,226달러에서 3만 7,450달러의 소득 구간은 세율이 15퍼센트라는

도표 11.1 | **누진세 산출 예시**

출처·세금 재단(tax foundation), 2015년 과세표준구간(2014.10.2): 저자 분석

	과세표준구간 최저액	과세표준구간 최고액	최대 산출 세액	세율	납부세액
과세소득이 2만 달러인 독신의 경우					
10% 구간	$0	$9,225	$9,225	10%	$922.50
15% 구간	$9,226	$37,450	$10,775	15%	$1616.25
총 세액 평균 세율				12.7%	$2,538.75
과세소득이 16만 달러인 부부의 경우					
10% 구간	$0	$18,450	$18,450	10%	$1,845.00
15% 구간	$18,451	$74,900	$56,450	15%	$8,467.50
25% 구간	$74,901	$151,200	$76,300	25%	$19,075.00
28% 구간	$151,201	$230,450	$8,800	28%	$2,464.00
총 세액 평균 세율				19.9%	$31,851.50

뜻이다). 따라서 연방소득세 총액은 922.50달러에 1,616.25달러를 더해 2,538.75달러다. 이때 평균 연방세율은 12.7퍼센트가 된다(주정부에 내야 하는 소득세와 시 단위로 부과되는 소득세는 이와 별도로 부과되는 것이다).

도표 하단은 맞벌이 부부의 누진세 현황을 보여준다. 두 사람의 경우 연간 과세소득은 (조정 및 공제 이후의 금액이) 16만 달러다. 여기에서 기혼자와 독신자에 대한 과세표준구간이 서로 다르다는 점을 알 수 있다. 기혼자의 경우 세율 10퍼센트의 소득 구간은 1만 8,450달러까지이며, 15퍼센트 소득 구간은 7만 4,900달러로 정해져 있다. 두 사람의 소득 합산액 중에서 7만 4,901달러와 15만 1,200달러 구간에 속하

는 부분은 25퍼센트 세율이 적용되고, 15만 1,201달러에서 23만 450달러 구간에 속하는 부분은 28퍼센트 세율이 적용되게 된다. 따라서 이 부부의 연방소득세는 $1,845.00 + $8,467.50 + $19,075.00 + $2,464.00 = $31,851.50이 된다. 구간별 세율을 정리해보면 평균 세율은 19.9퍼센트다. 이처럼 현행 누진세제도에서는 소득이 높을수록 연방세율이 높게 적용된다. 개인의 연 소득이 41만 3,200달러 이상이거나 부부 합산 소득이 46만 4,850달러를 초과하면 최대세율인 39.6퍼센트가 적용된다.

누진세제도와 소득에 대한 조정 및 공제 덕분에 많은 사람이 실질적으로 연방소득세를 한 푼도 내지 않는다(연방세가 부과되지 않는 사람은 주정부가 부과하는 소득세도 면제될 확률이 높다). 그들이 세금을 아예 안 낸다는 말이 아니라 소득세를 내지 않는다는 뜻이다. 정확한 수치는 매년 달라지지만, 미국 내 전체 가구의 약 45퍼센트에서 50퍼센트가 연방소득세를 내지 않는다. 정말로 한 푼도 부과되지 않는 것이다. 누진세제도에 따라 고소득 가정이 연방소득세 총액의 대부분을 낸다고 해도 과언이 아니다. 실제 자료를 보면, 매년 소득 기준으로 상위 1퍼센트에 속하는 가구에서 총 연방세액의 38퍼센트를 납부하며, 상위 10퍼센트에 속하는 가구에서 총 연방세액의 70퍼센트를 부담한다.

고용세

누구나 첫 월급 명세서를 받기 전에 한껏 기대에 부풀었다가 세금과 각종 공제 이후에 얼마 남지 않은 실수령액에 실망한 기억이 있을 것이다. 급여명세서는 소득 내역을 자세히 구분해서 보여준다. 시간당 임금을 받는 경우에는 시간당 요율에 근무시간을 곱해 급여가 산출된다. 급여명세서에는 시, 주 그리고 연방정부가 가져가는 소득세 원천징수액이 얼마인지 표기되며, 고용세라는 항목에 포함되는 여러 가지 공제액도 보여준다. 그리고 퇴직연금, 건강보험료나 생명보험료와 같이 피고용인에게 제공되는 혜택에 대한 공제액도 명세서에 표기된다. 건강보험의 경우 고용주가 부담하는 금액도 표시되는데, 이 금액은 근로자가 직접 부담하는 것은 아니지만 건강보험 총액을 가늠하는 데 도움이 된다.

연방보험기금법Federal Insurance Contributions Act, 즉 FICA에 근거해 부과되는 인두세는 사회보장연금 및 메디케어 제도에 사용된다. 자세한 점은 이어지는 12장에서 다시 살펴보기로 한다. 근로자의 경우, 총 소득 중에서 11만 8,500달러(이 상한액은 2015년을 기준으로 한 것이며 인플레이션을 반영해 매년 조정된다)에 대해 6.2퍼센트를 사회보장연금으로 원천징수하게 된다. 소득이 11만 8,500달러를 넘어도 사회보장연금에 대한 세금이 더 많아지는 것은 아니다. 소득세처럼 누진율이 적용되는 것이 아니며 조정이나 공제되는 금액도 없다. 인두세에는 메디케어를 위한 1.45퍼센트의 세금이 포함되어 있다. 이는 사회보장연금과 달라서 상한액 없이 소득 전액에 세율이 적용된다. 즉, 한 푼이라도 더 벌면 그만큼 메디케어 세금을 더 낸다는 뜻이다. 사실 메디케어 세금은 누진세라서, 소득이 20만 달러를 초과하면 세율이 0.9퍼센트 높아진다.

고용주도 동일하게 인두세를 낸다. 이 경우에도 사회보장연금에 대한 세율은 6.2퍼센트이며 메디케어 세금은 모든 고용인에게 지급하는 급여의 1.45퍼센트다(급여가 20만 달러 이상이면 0.9퍼센트 세율이 추가되는 규칙은 고용인에게 적용하지 않는다). 급여명세서에는 이 점에 명시되지 않지만, 직장인이라면 자신의 고용주도 FICA 세금을 낸다는 사실을 알아야 한다. 이론적으로 볼 때, 고용주가 FICA 세금을 내지 않으면 당사자의 급여가 세금 액수만큼 늘어나야 할 것이다. 급여 총액에서 11만 8,500달러까지는 15.3퍼센트의 FICA 세율이 적용되는데, 이는 메디케어와 사회보장연금으로 지출된다.

실업급여로 사용되는 또 다른 고용세는 주로 주정부에 납부된다. 하지만 연방정부에 내는 세금도 있다. 이러한 세금은 주마다 차이가 있지만 통상적으로 고용주에게만 부과되고 피고용인은 제외된다. 세액은 급여의 1~2퍼센트 수준이다. 이 금액은 실업급여, 즉 직장을 잃은 사람들을 돕는 데 사용된다. 실업급여는 일종의 보험 역할을 하므로 이러한 세금은 보험료라고 생각해도 좋다. 간단히 말하자면 실업보험을 운영하기 위한 세금이기 때문에 의무적으로 피고용인의 급여에 기준해 고용주로부터 징수한다.

고용세는 피고용인의 소득에만 적용되므로, '피고용인'과 '소득'을 명확히 정해야 한다. 건강보험과 같은 대부분의 혜택은 소득에서 제외되지만 회사 차량의 사용과 같은 다른 형태의 보상은 현금과 같이 취급된다. 다른 사람을 위해 일한다고 해서 무조건 피고용인으로 분류되는 것은 아니다. 이웃집 계단의 눈을 대신 쓸어주기로 했다면, 이는 피고용인이 아니라 도급업자에 해당한다. 프리랜서도 일종의 도급업자인데, 이처럼 도급업자나 자영업자는 고용인과 피고용인 양측의 세금을 내야 하므로 총 15.3퍼센트의 고용세를 부담하게 된다. 고용인과 도급업자의 구분이 항상 명확한 것은 아니라서 이견이 발생할 수 있다. 이럴 때는 정부에서 고용인 구분에 관한 가이드라인을 세세하게 정해두고 있으므로 이를 참조하기 바란다.

정부는 근로자에게서 소득세를 징수하듯이 원천징수제도를 통해 고용세를 징수한다. 고용인이 내야 할 인두세는, 고용주가 매달 또는 매 분기에 해당 세액을 임금에서 공제한 후에 조세 당국에 대신 납부한다. 이와 별도로 고용주는 FICA와 실업세에 대한 세금도 내야 하고, 사업을 통해 발생하는 소득이나 판매에 대한 세금도 내야 한다. 안타깝게도 재정적 문제를 안고 있는 일부 고용주가 이러한 세금을 내지 않는 상황이 발생하기도 한다. 고용인에게서 원천징수한 세금이나 소득세를 정부에 내지 않는 것은 중죄이므로 형사고발이 가능하다. 이러한 일이 실제로 발생할 확률은 매우 낮지만 고용주가 원천징수세를 내지 않을 때 정부는 해당 고용인은 세금을 낸 것으로 간주하고 고용주에게만 책임을 묻는다.

재산세

미국에서 가장 일반적인 재산세는 토지와 건물에 적용되는 부동산세다. 부동산세는 시, 군, 구 단위로 부과되며, 시가를 정한 후에 그에 따라 세율이 적용된다. 이 세율은 (전문적인 감정을 거쳐) 주기적으로 업데이트되며 최근 거래 동향, 일반적인 시장 현황 및 건물의 개축 등에 영향을 받을 수 있다. 재산세는 지방정부, 학교, 도서관 및 기타 정부 프로그램에 사용된 다른 세금을 포함하는 때도 있다. 그러나 납부자는 이런 세부 내역을 알지 못한 채 모든 것이 합산된 하나의 세율만 보게 된다.

부동산이 없다고 재산세와 무관하다고 말하기 어렵다. 함께 사는 부모나 법정 후견인이 해당 주택을 소유한 경우라면 재산세를 낼 것이고, 재산세 때문에 다른 지출을 조정할 수 있다. 월세로 살고 있다면, 집주인이 세입자에게 청구하는 월세에 재산세 일부를 포함시킬지 모른다. 그렇지만 월세에 이런 세금이 숨겨져 있다는 사실을 세입자가 파악하기는 어렵다. 같은 방식으로 (세금이 면제되는 대학과 같이) 비영리단체가 소유하고 있는 주택을 기숙사로 사용하는 대학생도 재산세를 간접적으로 내는 것이다. 일부 대학은 지방자치단체에 재산세에 버금가는 돈을 내기도 한다. 이는 지방자치단체의 운영을 지원하고 모범 시민의 선례를 세우려는 것으로 보인다. 그렇지만 이러한 기부금도 결국 대학생의 기숙사비에 일부 청구되는 것으로 봐야 한다.

미국 전역에서 개인 재산세는 사실상 자취를 감추었다고 말할 수 있다. 몇 안 되는 지역에서 기업용 개인 자산이나 소득 창출에 사용되는 자산에 한해 세금을 부과하고 있다. 주로 기업의 재고, 농장 설비나 기구 등에 이러한 세금이 적용되며 원리는 같다. 조세 당국이 해당 자산의 가치를 조사한 다음 적정 세율(통상 일반 부동산과 동일한 세율이 적용된다)을 적용해 세금액을 산출한다. 이 또한 다른 세금처럼, 예외 사항이 많고 공제나 한도 등이 복잡하다. 그러나 개인 재산세를 기반으로 한 세 수익은 총 세 수익에 비하면 미미한 편이다.

기타 세금

금액으로 보자면 지금까지 살펴본 네 가지 세금이 세액 전체의 대부분을 차지한다. 이제 소비자가 부담하는 그 밖의 세금을 살펴보자. 먼저 특별소비세는 특정 상품에만 적용되는 일종의 매출세인데, 가치가 아니라 단위를 기준으로 부과된다. 연방정부와 주정부는 주로 연료, 술, 담배에 특별소비세를 부과한다. 술과 담배는 사용자에게 해로운 물품이며 연료는 환경오염을 일으키기 때문에 특별소비세를 죄악세sin tax라고 부르기도 한다. 일반적인 매출세는 별도로 부과되지만, 특별소비세는 해당 상품의 액면가에 이미 포함되어 있다. 특별소비세가 사실상 매출세에 해당하므로 대다수 주에서는 특별소비세가 이미 부과된 상품에는 매출세를 따로 매기지 않는다.

자산을 양도할 때 내는 세금도 특별소비세에 속한다. 여행 관련 지출에도 특별소비세가 자주 등장하는데, 항공권, 호텔 예약, 렌터카, 택시비 등에 모두 특별소비세가 포함된다. 도박장, 실내 태닝 가게, 유람선 여행, 지역 전화서비스와 케이블 TV에도 특별소비세가 부과된다. 소비자가 주유 시 내는 유류세와는 별도로 거의 모든 형태의 연료에 생산자 특별소비세가 부과된다. 건강보험 상품이나 해외 기업이 제공하는 보험 상품에도 특별소비세가 부과된다. '가스 거즐러gas guzzler'라고 불리는 대형트럭이나 최신 자동차 판매 시 부과되는 특별소비세도 있다. 의료기구, 백신, 타이어, 활과 화살, 스포츠 낚시 도구, 오존층을 파괴하는 화학물질과 석탄 등의 특정 제조물품에 부과되는 특별소비세도 있다. 그뿐만 아니라 다수의 주정부와 지방정부에서는 비행기, 자동차 및 개인용

선박에 매년 특별소비세를 부과한다. (해당 자산의 감가상각에 따라 세금도 조정된다) 특별소비세는 따로 명확히 부과될 때도 있고, 물품 가액에 직접적 또는 간접적으로 포함되는 방식으로 부과될 때도 있다.

현금이나 가치 있는 물건을 기부 받거나 선물로 받는 것은 소득으로 간주하지 않으므로 소득세 대상이 아니다. 그렇지만 상황에 따라 이러한 것을 제공하는 사람, 즉 기부자는 증여세를 내야 한다. 실제로 많은 사람이 사망 시 모아둔 재산을 증여하게 되는데, 미국은 통합형 상속·증여세제도를 시행하므로 누군가 평생 기증한 것과 사후에 증여한 것이 합산 처리된다. 연간 1만 4천 달러까지는 증여세를 내지 않고 대상자가 몇 명이든 상관없이 증여할 수 있으며 (사망 전과 사망 후의 기부액을 모두 합쳐서) 550만 달러를 넘을 때 비로소 연방정부가 40퍼센트의 증여세를 부과한다. 대부분의 주에서 약 15퍼센트 내지 20퍼센트의 비슷한 세금을 부과하며, 면제되는 경우가 많지 않으므로 총 세액은 상당히 커질 수 있다. 그런가 하면 사람들이 노후에 세금을 피할 목적으로 이사할 필요가 없게 하려고, 부동산세를 감면해주는 경향이 나타나고 있다.

조세 지출

소득세 신고를 직접 해본 적이 없는 사람도, 세금이 얼마나 복잡한 사안인지 충분히 공감할 것이다. 소득신고라는 의무는 소득의 발생에서 기인한다. 소득의 발생 자체는 긍정적인 일이다. 소득이 있어야 생필품이나 원하는 것을 구할 수 있기 때문이다. 그러나 소득신고라는 의무 때문에 지출 내역을 정리해야 하고 소득을 신고하며 일정액의 세금을 기한 내에 내야 한다. 미 국세청Internal Revenue Service, 즉 IRS에 따르면, 사업 소득이 없는 (근로소득이 전부인) 납세자의 소득신고서는 가장 단순한 수준인데도 신고서 작성에 평균 5시간이 걸리며 40달러를 비용으로 지출한다. 더 복잡한 경우에는 8시간이 걸리며 비용도 110달러까지 늘어난다. 이것은 연방정부에 대한 소득신고에 불과하다. 일반적인 납세자라면 매년 주정부와 시에 대한 소득신고서를 추가로 작성해야 한다.

미국의 경우 복잡한 조세제도는 실제로 많은 문제를 유발한다. 소득세 신고에 드는 시간과 비용이 커진다는 문제도 있지만, 더 심각한 것은 복잡한 세법 때문에 정부가 세금을 어디에 어떻게 사용하는지 숨길 수 있다는 것이다. 연방정부가 새로운 프로그램 도입에 1억 달러를 지출한다면, 우리는 이 막대한 자금이 어디로 흘러가는지 쉽게 알 수 있다. 하지만 연방정부가 세법을 개정해 특정 활동에 드는 세금을 1억 달러 줄이는 것은 국민이 알아차리기 어렵다. 왜냐하면 정부가 지출하는 것이 아니라 세법 개정을 통해 세 수익의 일부를 포기하는 것이기 때문이다. 일각에서는 이를 가리켜 조세제도의 허점이라고 부르지만, 경제학자들은 조세 지출이라고 표현한다.

조세 지출은 특정 집단, 활동, 또는 특정 형태의 소득에 혜택을 주기 위해 특별 규정을 마련해 정부가 포기하는 세 수익이다. 특별 규정이 없다고 가정하면 세금을 다 거둬들인 후에 갑자기 그중 일부를 현금으로 바로 써버리는 것과 같다. 연방정부 수준의 조세 지출은 매년 1.2조 달러에 육박한다. 조세법에 허점이 하나도 없으며 '누구에게도 혜택을 주지 않고 중립적으로' 세법을 적용하면 매년 연방세 수익이 무려 1.2조 달러나 증가한다는 뜻이다(이와 동일한 조세 지출이 주 단위로도 반복되고 있다). 이는 연방정부의 연간 세 수익 총액에서 3분의 1에 해당하는 어마어마한 금액이다. 안타깝지만 이러한 특별 규정에는 근로자 건강보험료, 주택담보대출, 퇴직연금에 대한 기여금, 사회연금과 퇴직군인연금, 기부금을 수입에서 공제해주는 것과 자본 이익에 대한 세금을 낮춰주는 것이 포함된다. 이미 많은 사람이 이러한 공제 혜택을 받고 있어서 관련 특별 규정을 없애는 것은 매우 어려운 실정이다. 상당수가 이러한 '허점'을 자신에게 유리하게 이용하고 있지만, 이러한 지출이 세 수익을 낭비하는 조세 지출이라는 사실은 부인할 수 없다.

세금이 사람들의 행동에 미치는 영향

어떤 경우는 세금을 내는 사람이 누구인지 명확히 드러난다. 소매상은 매출세를 내고 운전자는 주유할 때 유류세를 낸다. 그리고 근로자는 사회보장세금 중 절반을 부담한다. 그런데 매출세 때문에 소매가를 낮춰야 한다거나, 주유소에서 유류세 때문에 주유 단가를 내려야 하거나, 사회보장세 때문에 직원의 급여를 줄여야 한다면 세금 부담을 서로 나누는 꼴이 된다. 실제로 세금을 부담하는 사람이 누구인지 따지는 것을 조세부담의 귀착tax incidence이라고 한다. 기업은 매년 수익을 정산해 법인세를 신고하며 정부에 세금을 납부한다. 그런데 법인세 전액을 '기업'이 실제로 부담하는 것은 아니다. 법인세 일부는 상품의 판매가를 올리거나 직원의 급여를 깎는 방식으로 소비자와 근로자에게 전가된다. 기업이 수익을 적게 챙긴다면 기업에 법인세 일부가 부담된 것으로 볼 수 있겠지만, 이는 '기업'이 실제로 법인세를 내는 경우로 한정된다. 조세부담의 귀착을 두고 경제학자와 공공제도 전문가들이 여전히 열띤 논쟁을 벌이는 것도 이해할 만한 일이다.

이 밖에도 알아두면 유용한 세금 관련 상식으로는 한계세율marginal tax rate을 들 수 있다. 이는 특히 소득세를 따질 때 도움이 된다. 한계세율은 초과 소득에 적용되는 세율로서, 초과 수익 중 얼마를 실소득으로 가질 수 있는지 보여준다. 조정 후 연 소득 총액이 2만 달러였던 독신의 경우에 연봉이 1천 달러 오르면 어떻게 될까? 이 사람은 한계세율 15퍼센트 구간에 해당하므로 연방소득세를 150달러 더 내야 하고, 주정부와 지방정부에 내는 소득세도 50달러 정도 인상될 것으로 예상할 수 있다. 그뿐만 아니라 FICA 세금도 76.50달러가 인상된다. 계산해보면 연봉이 1천 달러 인상되었지만, 그로 인해 276.50달러의 세금을 더 내야 하므로, 한계세율이 27.7퍼센트라는 것을 알 수 있다. 연방소득세 39.6퍼센트 구간에 해당하는 초고소득자라면, 주정부와 지방정부에 내는 세금과 메디케어 세금을 계산하면 한계세율이 55퍼센트를 넘어가는 현상이 발생한다. 추가 소득이 발생해도 절반 이상을 세금으로 뺏기므로 대다수 사람은 추가 소득을 얻고자 열심히 일하려는 의욕이 꺾이고 말 것이다.

세금은 우리의 행동에 지대한 영향을 미친다. 기업의 경우를 생각해보자. 법인세가 오르면 해당 기업은 직원에게 주는 급여를 줄이거나 자사 상품의 가격을 올릴 것이다. 매출세가 오르면 소비자는 지출을 줄일 것이고, 소득세가 오르면 근로자는 구직활동을 하지 않거나 근무시간을 줄이려 할 것이다. 공공보건 분야에 종사하는 공무원들은 정부가 담배세를 올리면 흡연율이 낮아질 것이라고 말하는데 관련 자료를 보면 이들의 예상이 옳다는 것을 알 수 있다. 이처럼 세금 변화에 대해 소비자와 기업의 반응은 많은 요소가 관련되어 있어서, 조세정책이 바뀔 때마다 어떤 결과가 도출될지 정확히 예측하기란 쉽지 않다. 하지만 '세금을 매기면 그 대상이 위축된다'는 것은 분명한 사실이다. 그렇지만 정부는 국가를 운영하기 위해 세금을 부과할 수밖에 없다.

개인적인 결정을 내릴 때 세금을 항상 염두에 두어야 한다. 핵심은 세후 금액이다. 예를 들어, 두 직장을 놓고 어디에 입사할지 결정해야 한다고 생각해보자. 둘 다 만족할 만한 업무 환경을 제공한다면, 근무지 근처에 집을 구한다고 가정해 그에 따른 생활비와 세금을 따져봐야 한다. 어떤 지역에서는 포장 음식은 매출세가 면제되고, 식당에서 먹으면 매출세를 부과한다. 이와 비슷하게 어떤 상품을 인터넷에서 사면 매출세가 면제되고 근처 상점에서 사면 매출세를 내야 한다. 이런 차이는 구매 결정에 적잖은 영향을 미칠 수 있다. 정부는 퇴직연금 프로그램인 401(k)를 장려하기 위해 감세 혜택을 주고 있다. 세금 감면에 관심이 있는 사람이라면 이러한 기회를 마다하지 않을 것이다. 이처럼 세금은 일상생활 곳곳에 깊숙이 자리 잡고 있으며, 면세나 감세 혜택의 기회도 매우 다양하다.

기업의 과세

앞서 살펴본 것처럼 세금은 행동을 유발하거나 억제하는 중요한 인센티브며 의사결정에도 중대한 영향을 준다. 따라서 기업의 형태를 선택할 때 세금을 빼놓을 수 없다. 개인처럼 기업도 소득세를 내야 하는데, 별도의 소득신고를 통해 과세하기도 하고 기업의 순이익을 개인의 소득신고에 포함하는 방식으로 이루어지기도 한다. 세금과 관련해 기업의 운영 형태를 결정할 때 가장 먼저 고려할 사항은 이중과세다. 왜냐하면 기업의 순수익은 두 번에 걸쳐 과세 대상이 되기 때문이다. 먼저 기업의 순이익에 대해 세금이 부과되는데, 이 세금이 빠져나간 후 남은 순이익이 기업 소유주에게 분배된다. 그러면 각 소유주의 소득에 대해 또 한 번 세금이 부과되는 것이다.

기업의 형태에 따라 위와 같은 이중과세에 아예 영향을 안 받기도 하고, 반드시 이중과세가 적용되기도 한다. 이 때문에 기업의 회계사와 변호인단은 적절한 기업 형태를 선택하도록 도와주거나 이중과세를 피하기 위한 다른 해결방안을 마련하는 것이다. 기업의 기본 형태는 개인기업, 파트너십, 주식회사, LLC 등의 네 가지로 나뉘는데, 세금의 측면에서 보자면 주식회사를 제외한 나머지 세 가지 형태는 모두 통과법인pass-through entities에 해당한다. 그러므로 소득에 대해 직접 세금이 부과되지는 않는다. 개인기업은 개인 소득신고서에서 Schedule C 부분을 작성하면 되고 파트너십과 LLC는 미 국세청에 참고용으로 소득신고서를 제출하면 된다. 그러면 해당 기업이 창출한 소득은 소유권에 비례해 각 소유주에게 발생한 것으로 간주한다. 파트너십과 LLC는 각 소유주에게 개인 소득신고 시 기재해야 할 소득금액을 매년 따로 통보하게 된다.

도표 11.2는 연 순이익이 100만 달러며 10명의 파트너가 동일한 지분을 가진 합병회사의 예시를 보여준다. 세금의 측면에서 보자면 통과법인이므로 파트너는 각자 소득신고를 할 때 10만 달러를 소득으로 신고하며, 한계세율 45퍼센트의 소득세를 내게 된다. 소득세를 제한 순수익은 파트너 1인당 5만 5,000달러며, 10명의 순수익을 합산하면 세후 총수익은 55만 달러다. 그런데 순이익이 같은 기업의 경우, (뉴욕을 기준으로 할 때) 연방세와 주정부에 내는 법인세를 모두 더해도 법인세 총액은 41만 달러밖에 되지 않는다. 그러면 주주에게 남겨진 순이익은 59만 달러며, 모든 주주가 이를 똑같이 나누어 가진다면 (연방정부와 주정부에 낼 세율을 합쳐서) 한계세율 31퍼센트가 적용되므로 세후 순이익은 40만 7,100달러가 된다. 그런데 기업은 이중과세 대상이므로 일차적으로 기업이 법인세를 내고, 남은 손이익을 분배한 후에 다시 개인이 배당소득세를 내게 된다. 만약 순이익을 소유자에게 배분하지 않으면 이차과세는 발생하지 않는다. 결론적으로 순이익이 같을 때 합명회사의 각 파트너가 낸 세금을 모두 합산한 것보다 주식회사에 부과된 세금이 더 많다는 것을 알 수 있다.

기업은 일정 요건에 달하기만 하면 모든 주주의 동의를 얻어서 통과법인으로 처리되는 쪽을 선택할 수 있다. 이를 S 법인S corporation 선택election이라고 한다. 만약 이 과정을 거치지 않으면 해당 기업은 C 법인C corporation으로 분류되어 순이익과 배당금이 이중과세 대상이 된다. S 법인은 주주가 100명을 넘을 수 없으므로, 대형 공기업은 C 법인을 유지

도표 11.2 | 기업의 이중과세 | **출처**·저자 분석

	합명회사	주식회사
기업의 순이익	$1,000,000	$1,000,000
합명회사의 한계세율	45%	
합명회사의 소득세	$450,000	
법인세율		41%
법인세 총액		$410,000
세후 순이익	$550,000	$590,000
배당소득세율	0%	31%
배당소득세	$0	$182,900
기업 소유주의 세후 순이익	$550,000	$407,100

하는 것 외에는 도리가 없다. 기업이 모든 요건을 충족해 S 법인 과세를 선택하면 수익은 법인을 관통해 각 주주에게 귀속된다. 통과법인은 총 세액이 매우 낮으므로 발기인은 당연히 통과법인을 선호한다. 이것이 바로 LLC가 많아진 이유 중 하나일 것이다. 게다가 개인기업이나 합명회사와 달리, LLC는 유한책임이라는 보호 장치가 있다. 그리고 LLC 자체는 세법상 신분이 없다고 말할 수 있다. 1인 LLC는 개인기업처럼 세금이 부과되고 여러 사람으로 조직된 LLC는 합명회사처럼 세금이 부과되는데, 때에 따라 일반 기업처럼 세금을 신고하기도 한다(국내에서는 주로 개인사업자의 세금 문제 때문에 법인전환을 한다. 법인전환 방법은 양도양수 법인전환과 현물출자 법인전환이 있다. - 옮긴이).

비영리기관으로 운영되는 기업도 있는데, 이는 순이익이나 투자자의 자본을 추구하지 않고, 사회에 이바지하려는 다른 목적을 위해 존재

한다는 뜻이다. 예를 들어, 자선단체, 교회, 교육기관, 각종 재단, 사회단체, 병원 등이 대표적인 비영리기관이다. 미 국세청에서는 이러한 기관의 면세 자격에 대해 구체적인 가이드라인을 발행하고 있다. 국세청의 자격 요건에 맞으면 연방정부 또는 주정부에 소득세를 내지 않아도 되며, 부동산세와 같은 다른 세금도 모두 면제된다. 어떤 기관은 과세대상 활동과 면세활동에 모두 관련되어 있으므로 전자의 활동에서 창출되는 수익에 대해서만 소득세를 납부한다. 세법상 기업이 아닌 다른 비즈니스 형태로는 면세 자격을 인정받는 것이 상당히 어렵다. 그래서 대부분의 비영리기관은 기업의 형태를 갖추고 있다.

THIS NOTE IS LEGAL TENDER
FOR ALL DEBTS, PUBLIC AND PRIVATE
Treasurer of the United States.
SERIES 2006 A
FRANKLIN

12장

정부의 혜택

정부는 여러 가지 목적으로 자금을 제공하거나 재정적 지원을 베푸는 제도를 운영한다. 일례로 연방정부는 농업 종사자에게 가격 지원 및 농산물보험 보조금의 형태로 폭넓은 지원을 하고 있다. 현재 농장에서 생활하거나 농업을 시작할 생각이라면 이런 혜택을 얻을 수 있다. 그뿐만 아니라 다수의 주정부에서 특수학교 교사의 급여를 지원하는데, 실제로 많은 가정이 특수학교 교육을 통해 혜택을 누리고 있다. 특정 소수를 대상으로 하는 수천 가지 프로그램이 있는가 하면 모든 사람에게 혜택이 돌아가는 대규모 프로그램도 있다.

정부 혜택을 받으려면 정해진 자격이나 요건을 충족해야 한다. 일단 자격 심사에 통과하면 정해진 기간 내내 혜택을 누릴 수 있다. 어떤 경우에는 자격 요건에 변화가 생기지 않는 한 영구적으로 혜택을 받기도 한다. 자격이 갖추어지면 혜택을 받을 권리가 보장되는 것이므로 이러한 혜택을 수급자격이라고 한다. 과거를 돌이켜 보면 정부는 기존 수혜자에게 해주던 지원을 그만두거나 혜택을 줄이는 것은 될 수 있는 한 지양하고, 앞으로 수혜자가 될 사람을 대상으로 혜택에 제한을 두는 편이다.

정부 혜택은 사회정책의 목적을 달성하고자 고안된 것이다. 그러한 목적에는 노년층의 빈곤을 구제하거나, 재해를 당한 사람에게 도움을 주고, 실직자에게 수입을 제공하는 것이 포함된다. 다수의 정부 혜택 프로그램은 저소득층을 겨냥하고 있으며, 그 밖의 이유로 고통받는 사람에게 도움을 준다. 한때 정부 혜택을 받는 것이 부끄러운 일이라는 인식이 있었지만 요즘은 수혜자가 많아지면서 기존의 인식이 많이 달라졌다. 하지만 대다수의 사람은 정부 지원을 받지 않고 자기 힘으로 가족의 생계를 돌볼 능력이 있다는 점에 자부심을 느낄 것이다.

사회보장

연방정부가 운영하는 사회보장 프로그램은 퇴직자, 장애인 및 그들의 배우자와 자녀를 지원하는 제도다. 이 제도는 은퇴한 사람을 위한 사회보장연금과 장애인을 돕는 생활보조금Supplemental Security Income, 즉 SSI으로 구분된다. 미국의 총인구 3억 2천만 명 중에서 약 6천만 명이 사회보장제도를 통해 8,600억 달러를 지원받는다는 점을 생각해보면 이 제도가 얼마나 큰 규모로 운영되는지 짐작해볼 수 있다. 현재 사회보장 수혜자의 대다수는 직장에서 은퇴한 사람들로서, 약 4천만 명이 연평균 1,600달러를 받고 있다. 그리고 대략 1천만 명에 가까운 장애인과 사망한 수혜자의 배우자와 자녀들도 사회보장 혜택을 누리고 있다.

사회보장은 근로자 중심의 제도이지만 미국 내 모든 근로자에게 적용되는 것은 아니다. 주정부와 연방정부에 근무하는 사람에게는 사회보장제도의 퇴직연금이 아니라 별도의 퇴직 시스템이 적용된다. 미국에서 출생했거나 귀화한 사람은 누구나 사회보장 대상자다. 시민권이 없어도 취업비자가 있으면 사회보장번호를 받을 수 있다. 미국에서 출생한 사람이라면 아마 부모가 사회보장번호를 신청해놓았을 것이다. 사회보장번호는 운전면허를 받거나 여권이나 신용카드를 발급받을 때, 표준화된 학력시험을 치를 때 사용된다. 사회보장국Social Security Administration, SSA에서 발행하는 사회보장카드 원본은 매우 중요한 증서이므로 외출 시 소지하기보다 집에 안전하게 보관해야 한다. 사회보장번호도 본인에 대한 개인정보 중에서 가장 중요한 정보로 다루어야 한다.

대공황 전후에 경제활동을 못하는 노년층이 빈곤층으로 전락하는 것을 방지하기 위해 사회보장제도가 만들어졌다. 1937년에 이 제도를 시작할 때는 퇴직 연령을 65세로 정했는데, 당시에는 평균수명이 65세에 미치지 못했기 때문이다. (당시 가정 경제를 책임졌던) 남성의 평균수명은 62세였고 여성은 약 66세였다. 평균수명보다 훨씬 오래 사는 소수의 노년층을 돌보는 것이 사회보장제도의 원래 취지였다. 하지만 1960년대 이후 출생한 사람들은 현재 퇴직 연령인 67세보다 훨씬 오래 살 것으로 예상한다. 현시점을 기준으로 22세 남성의 추정수명은 77세이고 22세 여성은 82세다. 그래서 사회보장제도의 의도와 달리, 많은 사람이 장기간 사회보장제도의 혜택을 누릴 것으로 보인다.

세월이 흐르면서 사회보장 대상자는 계속 확대되어왔다. 그에 따라 수혜자가 사망한 경우에는 그 배우자와 자녀가 사회보장 혜택을 누리게 되었다. 장애인, 근무 연수가 모자라서 퇴직연금을 받을 수 없는 사람도 사회보장 대상자로 인정된다(퇴직연금은 당사자나 배우자가 10년간 세금을 낸 경우에만 전액 지급된다). 이렇게 대상자가 확대되자 사회보장 자금을 확보하기 위해 세금 및 급여기준이 상향조정되었다(이 제도가 처음으로 시행된 13년 동안 급여에 대한 총 세율은 2퍼센트였으나 지금은 크게 올라서 12.4퍼센트다). 퇴직 연령이 약간 상향 조정된 것도 자금을 확보하려는 방안이라고 말할 수 있다. 이론적으로 보자면 사회보장은 세 수익을 모두 합쳐서 수익이 낮지만 안전한 미 정부의 채권에 투자해 수익을 창출해 그 수익으로 먼 미래에 사회보장 혜택을 제공하는 방식으로 운영된다. 그러나 실제로는 현재 은퇴한 사람들에게 지급되는 사회보장연금은 대부분 현재 납세자들의 주머니에서 나온 돈이라고 봐야 한다(우리의 실정도 이와 비슷하다. - 옮긴이).

근로자가 내는 세금은 사회보장의 퇴직연금에 사용된다. 그러므로 근로자의 입장에서 보면 민간 보험 상품의 퇴직연금처럼 본인이 낸 돈을 그대로 돌려받는 것에 불과하다는 생각이 들 수 있다. 어느 정도 일리가 있는 주장이지만, 민간 보험 상품은 나이, 결혼 여부, 소득에 따라 달라진다. 퇴직연금 수혜자 전체를 놓고 보면, 그들이 예전에 직장에 다니면서 낸 세금과 그들의 고용주가 낸 세금을 모두 합친 것보다 훨씬 더 많은 액수를 연금으로 받고 있다. 달리 말하면 연금의 일부는 다른 납세자가 낸 돈으로 충당되는 것이다. 실제로 사회보장의 최초 수혜자는 정작 세금으로 25달러도 내지 않았지만 거의 2만 3,000달러에 가까운 혜택을 받았다. 현재 청년층에 속하는 납세자는 극빈곤층에 속한 사람을 제외하고, 세금으로 낸 금액과 비교도 안 되는 금액을 사회보장 혜택으로 돌려받게 될 것이다.

이렇게 납세자 부담과 실제 혜택 사이에 발생하는 불균형 때문에 사회보장제도의 안정성을 우려하는 목소리가 커지고 있다. 401(k) 플랜이나 금액이 정해져 있는 연금 상품과 달리, 정부에는 앞으로 지출하게 될 사회보장연금을 어떻게 충당할 것인지에 대해 구체적인 자산 투자 포트폴리오가 없기 때문이다. 현재 납세자들이 내는 세금은 그 사람들이 은퇴할 때까지 따로 모아두거나 그들을 염두에 두고 투자되는 것이 아니다. 현재 발생하는 세 수익은 지금 은퇴하는 사람들이나 기존 수혜자에게 지급된다. 현재로서는 사회보장 지출이 세 수익을 넘어선 상태다. 지난 세 수익을 국채로 묶어둔 것은 결국 향후 세 수익으로 갚아야 할 부채와 같다. 돈이 관련된 대부분의 정책 문제가 그러하듯이, 이 문제도 향후 혜택을 줄이고 (부유층을 수혜자에서 제외하는 방법이 가장 유력해 보인다), 은퇴 연령을 상향조정하고, 세금을 늘리는 방식으로 해결될 것이다.

메디케어

메디케어는 연방정부가 노년층을 위해 마련한 건강보험제도다. 사회보장제도에서 제공하는 퇴직 및 장애인 혜택과는 분명히 다르고 전담 기관에서 운영하는 보험제도다. 그런데도 메디케어를 사회보장제도의 일부라고 오해하는 사람이 많다. 어떤 사람에게 메디케어는 수십 년 뒤의 일일지 모르나, 그의 가족 중에 메디케어 대상자가 있을 가능성이 크다. 사실 그 사람은 직장에 출근하는 첫날부터 메디케어 세금을 내게 된다.

1966년에 시작된 메디케어는 65세 이상 노년층을 대상으로 하는 의료보험이다. (기본 입원료는 무료지만 가외의 옵션을 구매한다면) 매달 보험료를 내야 한다. 공동지급금과 본인 부담 공제액을 부담한다는 점은 일반 보험과 같다. 메디케어는 몇 가지 옵션이 있으므로 각 수혜자는 보험 범위를 직접 정할 수 있다. 만 65세 이상이며 미국 시민권자로서 사회보장 수혜 자격이 있으면 메디케어 혜택을 받을 수 있다. 주정부 공무원의 경우 퇴직제도가 따로 마련되어 있지만 근무기간 내내 급여에서 메디케어 세금이 공제되었으므로 메디케어 혜택을 받을 수 있다.

나이가 들수록 건강 문제가 발생하는 것은 당연한 일이다. 물론 나이가 들었다고 무조건 건강이 급격히 나빠지는 것은 아니다. 운동을 꾸준히 하고 영양가 있는 식단을 유지하며, 술과 담배를 피하고 충분한 휴식을 취하고, 스트레스를 잘 관리하고 정기적으로 건강검진을 받으면 건강하게 장수할 확률이 높아진다. 하지만 노년의 건강은 복권과 같다는 말이 있다. '운 좋게' 큰 문제 없이 노년을 보내는 사람도 있지만 대다수는 여러 가지 건강 문제에 시달리게 된다. 심각한 질병에 걸리거나 만성적인 건강 문제로 오랫동안 고생하는 사람도 있다. 국가적 사회정책은 각종 보조금을 통해 노년층에게 다양한 지원을 베풀어서 고액의 의료부담을 떠안게 된 노년층을 적극적으로 도와주는 것이다. 메디케어는 젊고 건강한 사람이 노년층의 의료비 부담을 도와주는 세대 간 전환 프로그램이다.

노년층 인구가 급격히 증가함에 따라 메디케어도 최근 몇 년간 서비스 대상을 확대하는 추세다. 65세 미만이라도 (장애가 있거나 특정한 희귀병에 걸린) 일부 대상자에게 혜택을 제공하고 있다. 현재 메디케어는 입원, 요양, 진료비를 지원하며, 요양소 단기 입원과 홈케어서비스, 호스피스 시설 이용 및 처방전이 있는 약품 구매까지 허용한다. 하지만 요양소 장기 입원, 생활 지원 시설 이용, 방문 간호서비스 및 정기 치과·안과 검진과 청력 치료는 지원되지 않는다.

메디케어에서 보장하지 않는 부분이 있으므로 메디케어 대상자는 대부분 추가로 건강보험에 가입한다. 일례로 메디케어 어드밴티지 플랜 Medicare Advantage Plan을 통해 메디케어 대상자가 민간 보험 상품에 가입할 수 있다. 보험 상품마다 보장 범위가 다르지만, 보장 범위를 늘려주면서 공동 부담과 공제 등을 줄여준다는 공통점이 있다. 이 보험 상품은 메디케어 시스템에서 직접 보상을 받는 동시에 가입자에게서 추가 보험료를 받아 운영된다. 해당 상품은 이용 가능한 의료기관을 지정함으로써 전체적인 운영비를 조절한다. 원한다면 고액의 추가 비용이 드는 보험 상품에도 가입할 수 있다.

메디케어는 미국 내 의료기관에 대한 가장 큰 규모의 단일 수입원이다. 보험 급여와 수가를 결정하는 것도 메디케어가 얼마나 큰 권한을 가졌는지 보여준다. 모든 병원이나 의사가 메디케어 환자를 받아주는 것은 아니지만, 일단 그 환자를 받아주면 메디케어의 의료비 기준을 따라야 한다. 일반 건강보험 상품과 비교할 때 메디케어의 보험수가는 굉장히 낮은 편이다. 그래도 대다수 환자는 메디케어를 받아주는 의료기관을 찾느라 어려움을 겪지는 않는다. 하지만 메디케어가 비용 제어를 목적으로 지급액을 낮추고 있어서 메디케어 환자를 새로 받아주는 의료기관은 거의 없다고 할 수 있다. 이렇게 보험지급액이 줄어들자 각 의료기관이 수익을 늘리려고 불필요한 검사나 치료를 한다는 주장이 있다. 그리고 실제 조사 결과에서 이러한 주장이 사실로 드러나는 경우가 많다.

현재 메디케어 대상자는 거의 6천만 명에 달하는데 이는 미국 내 노년층의 95퍼센트에 해당한다. 그야말로 메디케어의 혜택을 받지 않는 사람을 찾기 힘들다고 할 정도다. 메디케어 대상자는 의료비의 일부만 부담하면 된다. 메디케어 지출에서 그들이 내는 세금이 차지하는 비율은 고작 15퍼센트다. 나머지 의료비는 고용주가 연방정부에 납부하는 메디케어 세금(이 세금의 일부는 현재 메디케어 수혜자가 부담한 것이라고 볼 수 있다)과 연방정부의 일반 세 수입으로 충당된다. 세 수익에서 메디케어 비용을 지급한 후에 남는 차액은 갈수록 줄어들고 있다. 이 차액이 국채로 비축되고 있지만 연방정부가 메디케어 자금을 조달할 최종적인 책임을 지게 될 것이다.

미국의 연간 의료비 총 지출액은 3조 달러가 넘는다. 이 중에서 메디케어 지출이 5,500억 달러에 육박한다. 최근 50년간 미국 사회의 의료비 지출은 급격히 상승했는데, 이는 대다수의 제품 및 서비스의 가격이나 일반적인 인플레이션 상승률보다 훨씬 높은 수준이다. 미국의 의료비는 총 GDP의 17퍼센트 이상을 차지하는데, 의료비가 GDP의 8퍼센트에 불과한 독일, 프랑스, 일본과 같은 선진국들과 차이가 크다고 할 수 있다. 베이비붐 세대가 이제 메디케어 대상자로 넘어오는 데다 의료비는 계속 오르기 때문에 메디케어 시스템에 가해지는 압박은 늘어날 수밖에 없다. 메디케어의 장기적인 재정 운영을 놓고 많은 이견이 있다. 수십 년 후에 메디케어 대상자가 될 젊은 세대도 이 상황에 관심을 기울여야 할 것이다.

빈곤층

사회보장과 메디케어는 부자와 빈곤층을 가리지 않고 모든 시민에게 적용되는가 하면 주정부나 연방정부는 저소득층만 지원하는 여러 가지 프로그램을 운영하고 있다. 연방정부는 소득이 일정액 이하인 경우를 빈곤층으로 규정하는데, 이 기준에 따라 각 정부의 다양한 혜택을 받을 수 있는 자격이 결정된다. 예를 들어, 메디케이드, CHIP, 건강보험개혁법Affordable Care Act, 즉 ACA에 근거한 각종 보조금은 빈곤층으로 분류된 사람들에게 제공된다. 헤드스타트Head Start(빈곤층의 취학 전 아동을 대상으로 하는 지원 프로그램), 푸드 스탬프, 학교 급식, 무료 법률서비스도 빈곤층에 제공되는 혜택이다. 지역마다 생활비가 크게 다른데도, 빈곤층을 결정하는 구체적인 소득액은 주마다 다르게 책정되는 것이 아니라 단지 가족 구성원이 몇 명인가에 따라 달라진다(단, 알래스카와 하와이는 빈곤층 기준이 이와 다르다).

도표 12.1에 나와 있듯이, 연방정부는 가구당 인원을 기준으로 하는 빈곤선 가이드라인을 매년 발행한다. 가구 구성원의 친가족 여부는 중요하지 않다. 실제로 함께 거주하면서 생활비를 공동으로 부담하면 가

구 구성원으로 간주한다. 미국에서 빈곤선 이하의 소득으로 생활하는 가구는 4,670만 명에 이를 것으로 추산된다.

하와이는 연소득 빈곤선이 15퍼센트 더 높으며 알래스카는 25퍼센트 더 높게 설정되어 있다. 이 빈곤선을 기준으로 운영되는 프로그램들은 빈곤선의 여러 가지 요소를 동시에 고려한다. 예를 들어, 캘리포니아에서 혼자 사는 임산부가 연방 빈곤선 208퍼센트에 해당하면 메디케이드 대상자다. 이 사람의 소득이 2만 4,482달러 미만이라면 메디케이드 혜택이 주어진다는 뜻이다. 기본 빈곤선은 급여, 사회보장, 장애연금, 퇴직연금, 양육비 등 현금으로 들어오는 소득을 모두 합산하지만, 푸드 스탬프, 주택 보조금, 건강보험과 같은 비현금성 혜택은 제외된다. 빈곤층 소득에는 일반적으로 소득세가 부과되지 않지만, 빈곤층 소득 여부는 세전을 기준으로 결정된다.

그런데 이 수치는 어디에서 만들어진 것일까? 1963년 미국 인구조사

도표 12.1 | 2015년 빈곤층 가이드라인

출처·미 보건복지부, '2015년 빈곤층 가이드라인'(2015.9.3)

가구당 인원	연소득
1	$11,770
2	$15,930
3	$20,090
4	$24,250
5	$28,410
6	$32,570
이후 1명씩 늘어날 때마다	1인당 $4,160을 추가로 합산한다.

국U.S. Census Bureau에서 처음으로 빈곤층을 규정했는데, 3인 가족이 충분히 먹고사는 데 필요한 생활비에 초점을 맞추었다. 수입의 3분의 1 이상이 식비로 지출되면 빈곤층이라고 규정하고, 가족의 수에 따라 빈곤층 기준액을 각각 계산하고 해를 거듭할수록 금액을 점차 높였다. 지금은 보건복지부가 제시하는 간소화된 빈곤선 가이드라인이 각급 정부기관에서 활용되고 있다. 문제는 50년이 넘도록 식비 하나만 빈곤층의 기준으로 사용하고 있다는 점이다(우리는 2021년 기준, 중위소득 30~50% 이하 중 대상을 선별해 생계급여 등 다양한 생활비를 지원한다. 자세한 사항은 보건복지부 복지 정책에서 확인할 수 있다. - 옮긴이) .

인구조사국의 빈곤선에 대해 논란이 많은 것도 이해할 만한 일이다. 도시나 시골을 구분하지 않고 같은 소득 기준을 적용하는 것, 2개의 주를 제외한 모든 지역에 같은 잣대를 사용하는 것은 지역마다 생활비에 큰 차이가 있는 현실은 무시하고 행정상의 편의만 추구하는 것이다. 또한 월세, 의료비, 교통비는 고려하지 않고 가계 지출에서 단편적인 측면에 불과한 식비에만 주목하는 것도 매우 유감스러운 일이다. 게다가 현금성이 없는 혜택의 가치도 빈곤층을 결정하는 데 꼭 반영해야 한다는 주장도 있다. 가계의 실제 지출액, 자산 보유 현황, 거주지의 질적 수준과 같이 전반적인 소비를 기준으로 빈곤선을 계산하면, 최근 몇 십 년 사이에 빈곤층에 속한 대다수의 생활 여건이 크게 개선되었음을 알 수 있다. 하지만 같은 기간에 대한 빈곤층의 현금 소득만 계산해보면 이들의 경제적 상황은 도리어 악화한 것처럼 보인다.

메디케이드와 건강보험개혁법

메디케이드는 빈곤층을 위해 마련된 건강보험이다. 국가에서 운영하는 사회보장이나 메디케어와 달리, 메디케이드는 주정부 단위로 운영되지만 연방정부에서 막대한 지원금을 받고 있다. 빈곤층을 위한 대책이므로 일차적인 자격 요건은 저소득층인데, 대부분의 주에서는 연방 빈곤선의 138퍼센트를 기준으로 삼고 있다. 그러나 기간이나 적용 범위, 보험급여, 진료제공자 네트워크, 운영방식 등은 연방정부의 규정 및 가이드라인에 벗어나지 않는 범위 내에서 주마다 자율적으로 정할 수 있다. 많은 주에서 연방정부의 면제규정을 적용해 메디케이드 프로그램 운영에 융통성을 발휘하고 있다.

메디케이드 프로그램은 아동 의료보험 프로그램Children's Health Insurance Program, 즉 CHIP과 연계된 혜택을 제공한다. 연방정부는 메디케이드 자격이 없는 아동에게 건강보험을 제공할 목적으로 주정부의 CHIP 운영을 지원한다. 사실 메디케이드 수혜자의 절반은 아동이며 4분의 1은 노인과 장애인이고 나머지는 빈곤층에 속하는 성인이다. 수혜 대상을 종합해보면 미국에 있는 어떤 건강보험보다 메디케이드의 혜택을 받는 사람이 훨씬 많다. 매년 약 7천만 명이 메디케이드와 CHIP 혜택을 받고 있으며, 2010년에 ACA가 통과된 이후로 메디케이드 대상자 자격이 더욱 확대되었다.

메디케이드가 제공하는 의료서비스는 메디케어와 큰 차이가 없지만, 주마다 상황이 다를 수 있다. (메디케어에는 없고) 메디케이드에서만 제공되는 한 가지 주요 혜택은 장기 요양서비스long-term nursing care다. 현재 미국 전역에서 발생하는 요양비용의 절반은 메디케이드에서 부담한다고 말할 수 있다. 수혜자가 보험료, 공동 부담, 공제 등의 형식으로 비용의 일부를 부담하는 경우도 있다. 그러나 연방법은 이러한 비용 부담을 가능한 한 피하고 특정 분야에 속하는 수혜자의 경우에만 비용 청구를 허용한다.

메디케이드 대상자의 절반은 주정부가 운영하는 메디케이드 프로그램과 계약해 인당 보험료를 받는 관리형 의료기관Managed Care Organization, 즉 MCO을 통해 의료서비스를 받는다. 나머지 절반의 대상자는 주정부가 정해진 수가에 따라 의료기관에 보험급여를 지급하는 방식으로 관리한다. 메디케이드 보험수가는 일반 보험사나 메디케어보다 낮은 편이라서, 메디케이드가 적용되는 의료기관은 비교적 제한적이다. 그렇지만 설문조사 결과를 보면 메디케이드 대상자의 의료서비스 접근성은 개인 건강보험을 가진 환자와 거의 비슷한 수준으로 나타난다.

빈곤층을 지원하는 메디케이드와 달리, 메디케어는 노년층을 대상으로 고용주가 원천징수하는 방식으로 운영된다. 결과적으로 보면 모든 사람이 어떤 식으로든 건강보험을 가지고 있는 것처럼 보일지 모른다. 하지만 보험료를 부담할 형편이 안 되거나 건강보험 가입을 거부하는 사람도 있다. ACA에 의하면 일정 인원 이상을 고용한 경우에 고용주가 직원들을 위해 건강보험에 가입할 의무는 없다. 동 법에 따르면 건강보험이 없는 사람은 각자 보험에 가입하든지 아니면 벌금을 내는 쪽을 선택해야 한다. 직접 보험에 가입해야 하는 사람들을 위해 ACA에서 마련한 소득 기반의 지원금제도가 있다. 이 제도는 주 정부 단위의 건강보험

거래소state-based health-insurance exchange를 통해서 보조금을 지급한다. 사람들이 각자 형편에 맞는 보험을 고를 수 있는 보험 상품 시장을 마련해주고 있는 것이다. 건강보험거래소에서는 각자의 경제적 형편에 따라 할인가로 보험에 가입할 수 있다.

메디케어처럼 메디케이드의 장기적인 재정 안정성에 대한 우려가 지속적으로 제기되고 있다. 메디케이드의 현재 지출액은 (CHIP을 포함해) 5,500만 달러며 2020년이면 1조 달러에 육박할 것으로 예상한다. 추가 비용의 대부분을 연방정부가 부담한다는 전제하에 2010년에 메디케이드 적용 분야가 한층 확대되었다. 당시 연방정부는 인상된 비용을 부담하기로 약속했지만, 이 약속은 실현되지 못했다. 메디케이드는 주정부의 입장에서 가장 지출이 큰 분야에 속한다. 그런데다 메디케이드 대상자가 늘어나고, 건강보험료가 계속 인상되고, 다른 지출로 인한 압박도 만만치 않다. 때문에 주정부는 메디케이드 관련 지출에 더는 우호적인 입장이 아니다. 한편 연방정부는 이미 메디케어 지출의 60퍼센트를 담당하고 있어서 경제적으로 어려운 사람에게 꼭 필요한 의료서비스를 제공하는 이 프로그램에 대한 자금을 확대할 여력이 없을 것이다. ACA가 장기적으로 국가 재정에 미칠 영향에 여러 가지 의견이 있지만, ACA 보조금을 현 상태로 유지하면 연방정부가 상당한 지출을 부담하게 될 것이라는 예상이 지배적이다.

푸드 스탬프

푸드 스탬프의 공식 명칭은 보충 영양 지원 프로그램Supplemental Nutrition Assistance Program, 즉 SNAP이다. 쉽게 말해서 식품 구매에 필요한 현금을 지원하는 제도다. 대부분의 지원 프로그램이 그러하듯이, 연방정부는 현금을 주고 주정부의 사회복지 부서는 혜택을 나눠준다. 초창기에는 수혜자가 (우표처럼) 가격이 매겨진 스탬프 북을 사야 했고, 스탬프를 다 쓰면 추가 스탬프를 무료로 제공하는 방식으로 운영되었다. 스탬프는 식료품 가게에서 식품구매권으로 사용되었다. 지금은 현금과 동일한 쿠폰이나 EBT라는, 선불카드와 유사한 카드 형태로 제공된다. 그러므로 매달 충전되는 금액을 식품 구매에 사용할 수 있다. 지금은 수혜자에게 전액 무료로 SNAP 혜택이 제공된다.

이 프로그램은 미 농산부가 1939년에 농업 종사자를 돕기 위해 고안한 것이다. 이렇게 하면 농산물 수요를 늘릴 수 있다고 생각한 것이다. 하지만 지금은 저소득층의 식비 지출을 돕는 데 주안점을 두고 있다. 연방정부가 정해놓은 수혜자 조건은 다음과 같다. 일단 미국 시민이거나 영주권자로서 소득과 자산 총액이 일정 수준 이하인 저소득층이어야 한다. SNAP 수혜자로서 신체 건강한 사람이라면 반드시 취업 중이거나, 구직활동을 하고 있거나, 취업을 위한 교육 프로그램을 이수하는 중임을 증명해야 한다. 예외가 있긴 하지만 학생은 SNAP 대상자가 될 수 없다.

SNAP 프로그램으로 웬만한 식품은 다 구매할 수 있지만 제외되는 항목도 있다. 이 프로그램은 식료품 구매만 지원하므로 (식당에서) 이미 요리된 음식을 주문해서 먹거나 조리가 끝난 음식은 구매할 수 없다. 그리고 애완동물의 사료, 건강이나 미용 관련 보조품, 청소도구, 종이로 된 공산품, 가정용품도 SNAP으로 살 수 없다. 술과 담배도 지원되지 않는다. 얼핏 보면 너무 융통성이 없는 것 같지만, 이 프로그램의 목적이 일상적인 생활용품을 지원하는 것이 아니라 저소득층의 실비 지원이라는 점을 생각해보면 이해하기 어렵지 않다. 그런데 SNAP에서는 영양학적 요소까지 통제하지 않는다. 따라서 건강에 좋지 않은 아이스크림, 도넛, 감자칩이든 채소, 요구르트, 달걀이든 원하는 식품을 마음대로 살 수 있다.

SNAP 수혜자는 연간 4,500만 명으로 추산된다. 달리 말하면 4,500만 명이 빈곤층으로 살아가고 있다는 뜻이다. 2008년에서 2009년까지 이어진 경기후퇴 직후에 이러한 빈곤층이 많이 늘어나면서 SNAP 지출이 커졌다. 최근 몇 년간 SNAP 지출은 매년 700억에서 750억 달러를 기록하고 있으며, 이는 각 수혜 가구가 연간 평균 3,100달러를 받는다는 뜻이다. 연방정부는 매년 예산의 일부를 SNAP 자금으로 책정하고 있다. 그러나 자동으로 지출이 확정되는 지원 혜택 프로그램이 아니라서 예산이나 정책적 우선순위에 따라 이 프로그램의 규모는 달라질 수 있다.

저소득층에 대한 식품 지원 프로그램은 그 밖에도 다양하게 마련되어 있다. 연방정부는 두 가지 급식 프로그램을 지원하는데, 이는 점심을 무료 또는 저렴한 가격에 공급하는 것이며, 일부 지역에서는 조식도 제공된다. 성인과 아동을 위해 특정 데이케어센터에 식품서비스를 제공하는 프로그램도 있다. 그리고 임산부와 수유 중인 모자처럼 영양 공급이 중요한 여성, 유아, 아동을 대상으로 하는 WIC Women, Infant and Children 프로그램도 있다. WIC 프로그램은 연방정부 자금을 집행하는 주정부

기관에서 운영하고 있으며, 소득이 (연방정부가 정한) 빈곤선 185퍼센트에 미치지 못하는 약 800만 명에게 음식을 구매할 수 있는 바우처나 EBT 카드를 제공한다. SNAP과 달리, WIC 프로그램은 이유식, 분유, 과일이나 채소, 고단백 식품과 같이 영양소가 풍부한 특정 식품만 구매할 수 있다.

학자금 대출

5장에서 살펴본 것처럼, 학자금 대출을 받은 학생은 대략 3만 5천 달러의 빚을 떠안고 졸업하게 된다. 현재 미국에서 학자금 대출의 운영 자금 대부분은 연방정부에서 부담하고 있다. 그 밖에도 각급 교육기관이 미 교육부와 연계해 다양한 연방 대출 프로그램을 운영하고 있으므로 사립대, 국공립대, 직업학교 및 전문대학에서 학자금을 대출받을 수 있다(우리는 취업 후 상환하는 학자금대출을 주로 지원한다. 2021년 기준, 변동금리 1.7%로 생활비와 등록금 등의 대출 신청이 가능하다. 자세한 사항은 한국장학재단에서 확인할 수 있다. - 옮긴이).

미 정부는 또한 펠 그랜트Pell Grant를 포함해 다양한 장학제도를 마련하고 있다. 펠 그랜트 장학금은 저소득층 학생을 대상으로 하며 연간 최대 5,775달러의 장학금을 지원한다. 대학을 졸업한 후에 외국어, 수학, 과학, 특수교육 등 교사가 많이 필요한 분야에서 교사가 되려는 학생이라면 누구나 매년 최대 4천 달러를 지원하는 TEACH 장학금(Teacher Education Assistance for College and Higher Education의 약자 - 옮긴이)

을 받을 수 있다. 학자금과 달리 장학금은 나중에 갚을 필요가 없는 지원금이다. 주정부도 대학 학자금 일부를 보조하고 있는데, 정확한 액수나 수혜 자격 등은 주마다 차이가 있다. 이 밖에도 민간단체에서 장학금 형식으로 학자금을 보조해주는데, 저소득층 여부나 성적에 따라 지원 여부가 결정된다. 마지막으로 은행이나 기타 대출 기관에서 학자금 융자를 받는 방법도 있지만 대출 이자가 높고 (부모 등의) 보증인의 서명이 필요하다. 이 방법은 가장 마지막 수단으로 보류해두는 것이 좋다.

대출 절차는 무료 연방 학자금 보조 신청서Free Application for Federal Student Aid, 즉 FAFSA를 작성하는 것으로 시작된다. 이 신청서에는 당사자인 학생과 가족의 개인정보 및 재정 상황에 대한 정보가 기재되어야 한다. 연방정부에서 제공하는 다양한 프로그램은 주로 저소득층 자녀를 지원하는 것이지만, 일부 대출이나 장학금은 이와 다른 기준을 적용하기도 한다. FAFSA 신청서에 기재된 학생과 가족의 소득, 저축 및 지출 등을 종합적으로 분석한 결과에 따라 최종적인 보조금 액수가 정해진다. 연방 학자금 보조 신청서 심사가 완료되면 보조금, 학자금 및 교내 직업 알선(아르바이트하면서 학업을 지속하도록 도와주는 보조금 프로그램)과 같은 다수의 혜택을 동시에 받을 수도 있다. FAFSA는 저소득층 여부와 관계없이, 정부 또는 기타 기관이 제공하는 모든 형태의 학자금 재정 지원을 받을 수 있는 관문이다.

대학에서도 장학금(저소득층 자녀 여부 또는 성적에 따라 지급하는 보조금의 또 다른 명칭)의 형태로 학생들에게 재정적 지원을 하고 있다. 연방정부 보조금을 전달하는 역할에 더해 종종 학자금 융자를 직접 내

주기도 한다. 교육기관마다 FAFSA 형태를 모방해 나름대로 재정 지원 프로그램을 운영하지만, 어느 쪽이든 가정분담금Expected Family Contribution, 즉 EFC은 분명히 정해진다는 공통점이 있다. EFC는 학생이 받는 각종 지원금, 대출, 장학금 등을 모두 고려한 학자금 총액에 대해 해당 가족이 매년 상환할 수 있는 금액을 뜻한다. 다양한 방법으로 재정적 지원이 주어지기 때문에 대학 웹사이트마다 '순비용 계산기net price calculator'라는 기능이 있어서, 지원자의 개인정보와 해당 학교의 등록금을 근거로 학생의 가족이 최종적으로 내야 할 학자금을 계산할 수 있다. 어떤 대학은 보조금과 학자금 대출, 교내 직업 알선 보조금을 정확히 구분하지 않고 재정 지원으로 통합 처리한다. 그러므로 순비용 계산기를 사용할 때 관련 항목을 정확히 이해하고 있어야 한다.

일부 대학에서 실험적으로 시행하는 제도로서 소득 공유 마련이라는 것이 있다. 이는 학생에게 학자금을 현금으로 지원하고, 취업한 후에 몇 년 동안 소득의 일정 부분을 대학에 지급하게 하는 방식이다(예를 들어, 7년간 소득의 3퍼센트를 대학에 환원하게 요구할 수 있다). 소득이 적으면 대학에 내야 할 돈도 적어질 것이다. 이 대책은 아직 시행 초기 단계이므로 혹시 본인이 다니는 대학에서 이러한 대책을 제안할 경우 신중하게 잘 알아보기 바란다.

학자금 대출의 문제점은 대출을 상환해야 한다는 것이다. 정부에서 제공하는 학자금 대출은 졸업 후 6개월 이후까지는 상환을 유예해준다. 그러나 일반 대출과 마찬가지로 정해진 기간 내에 원금과 이자를 상환해야 한다. 저소득층을 대상으로 하는 대출은 연방정부가 대출 이자의 일정 부분을 덜어줄 수 있다. 즉, 일반 은행이나 민간 대출기업보다 저렴한 이자율을 적용해주는 것이다. 상환되지 않는 대출로 인한 비용도 정부의 몫이 되므로, 연방정부의 (저소득층을 대상으로 하지 않는) 비보조 융자unsubsidized loan라 하더라도 일반 은행의 대출보다는 이자율이 훨씬 저렴하다. 대부분의 보조 융자금subsidized loan은 연간 최대 1만 2,500달러이고, (대학원생의 경우) 비보조 융자금은 연간 최대 한도액이 2만 500달러로 정해져 있다.

정부에서 받은 학자금 대출은 상환 기간을 융통성 있게 정할 수 있으며, 통상적으로 10년에서 25년 사이에 상환하게 된다. 하지만 모든 대출 상품은 미상환 원금에 이자가 부과되므로 상환 기간이 길어지면 이자도 그만큼 늘어난다. 학자금 대출은 통상 3만 5천 달러인데, 이를 연이율 5퍼센트로 10년간 상환한다고 가정할 때, 매달 상환할 금액은 370달러다. 다소 부담스러운 금액일지 모르나 일반적인 대졸자의 소득에 비추어보면 그리 큰 금액도 아니다(상환 기간을 20년으로 늘리면 매달 내는 금액이 230달러로 줄어든다). 하지만 대출을 받은 사람들 대부분은 부채가 많고 다른 책임이 있거나 소득이 매우 낮은 편이다. 그래서 정부는 대출 상환과 소득을 연결하는 상환 방법을 직접 선택할 수 있게 해준다. 당사자가 영구적인 장애를 입거나 사망하면 대출 상환 의무가 완전히 사라진다. 하지만 학자금 대출 상환을 피할 의도로 파산 신청을 하는 것은 성공할 확률이 거의 없다.

한편 대출 원금을 전액 상환하지 않아도 되는 경우도 있다. 20년에서 25년이 지난 후에도 대출을 모두 상환하지 못하면 정부에서 잔금 상환을 탕감(취소)해준다. 소득이 낮아서 전액 상환이 어려운 사람에게는 더할 나위 없이 반가운 소식일 것이다. 2015년에 연방정부가 도입한 'REPAYE Revised Pay As You Earn'는 기존의 다양한 대출 탕감 프로그램을 하나로 통합한 것이다. 연방정부의 직접적인 학자금 대출에 대해 20년(학사과정의 학자금) 또는 25년(대학원 학자금)이 지나면 전액 탕감해준다. 또한 대출 상환 기간에는 월 상환액을 재량 소득의 10퍼센트로 제한하고 있다. 또 다른 프로그램은 대출받은 사람이 정부, 교육계 및 기타 비영리단체와 같은, 공공 이익에 관련된 직업을 가지고 있으면 10년 후에 대출을 탕감해주거나 매월 상환액을 일정 금액 이하로 보장해준다. 저소득층 학생을 돌보는 학교에서 근무하는 교사에게도 대출을 탕감받는 특별한 옵션을 준다.

이처럼 정부가 마련한 다양한 프로그램 덕분에 학자금 대출이 필요한 사람은 선택의 폭이 넓다. 그렇지만 대출 자체가 원래 복잡한 데다 혜택을 최대한 받으려면 사전에 잘 준비하고 계획해야 한다. 학자금 재정 지원 상담사의 말에 귀를 기울이고, 필요하다면 돈을 들여서라도 전문가의 도움을 받아야 한다. 정부와 각급 교육기관에 마련된 모든 재정 지원 프로그램을 자세히 알아보고 보조금 등을 받는 방법은 모두 찾아보기 바란다. 대학생이라면 누구나 적어도 하나 이상의 혜택을 받을 자격이 있다고 해도 과언이 아니므로 노력한 만큼 좋은 방법을 찾게 될 것이다.

주택융자 프로그램

연방정부는 학자금 대출 외에도 50여 개 대출 프로그램의 자금을 제공하거나 직접 운영하고 있다. 이러한 대출 프로그램은 사업, 농업, 재난구호활동, 퇴역군인 지원 등 다양한 분야에 적용된다. 하지만 연방정부가 제공하는 대출에서 가장 큰 부분을 차지하는 것은 바로 주택융자다.

주택의 경우, 정부가 직접 자금을 대출해주는 것은 아니다. 민간 대출기관이 정부가 정한 규정에 따라 대출을 마련, 제공하는 것이다. 정부 혜택은 대출기관을 위한 보험을 통해 제공된다. 즉, 정부에서 마련한 기준에 부합하는 대출의 경우, 만약 채무 불이행 상태가 되면 정부에서 손실을 책임지는 것이다. 대출액 일부를 보장하는 방식으로 혜택을 주는 프로그램도 있다. 어쨌든 대출을 상환하지 못할 때 연방정부가 리스크의 일부 또는 전부를 감당한다는 공통점이 있다. 대출 기관은 이런 정부의 지원에 힘입어 거액의 주택담보대출을 제공할 수 있다.

연방 주택관리국Federal Housing Administration, 즉 FHA은 다양한 대출 프로그램에 대한 보험을 제공한다. FHA 대출이 저소득층을 겨냥한 것은 아니지만, 보증금이 낮아서 저축이 많지 않은 사람들에게 좋은 반응을 얻고 있다. 이 대출을 받으려면 신용 점수가 높고 안정적인 직장이 있어야 하며, 대출 상환을 감당할 정도로 소득이 충분하다는 것을 증명해야 한다. 퇴역군인은 미 보훈부Department of Veteran's Affairs에서 제공하는 퇴역군인 대출Veteran's Affairs, 즉 VA을 이용할 수 있다. 이 밖에도 북미 원주민을 대상으로 하는 대출 프로그램도 다양하게 마련되어 있다. 미 농림부U.S. Department of Agriculture, 즉 USDA는 시골의 주택을 구매하거나 재활 등을 하려는 경우에 직접 대출을 해주거나 보조금을 지급하고 있다.

이렇게 직접 보험을 제공하는 대출 프로그램 외에도, 주택에 관한 정부 지원은 주택담보대출 시장에서 가장 큰 영향력을 행사하는 두 가지 형태의 정부후원기업Government-Sponsored Enterprises, 즉 GSE을 통해서 가장 폭넓게 제공된다. 연방정부는 2차 모기지 시장을 제공하고 주택융자를 늘리는 반면 융자에 드는 비용을 줄이고자 패니 메이Federal National Mortgage Corporation(이하 Fannie Mae)와 프레디 맥Federal Home Loan Mortgage Corporation(이하 Freddie Mac)이라는 GSE를 설립했다. 이들은 나중에 연방정부의 전폭적인 보증을 받는 상장기업이 되었다. 둘 중 하나라도 심각한 재정적 위기에 처하면 미 정부가 바로 개입하게 되는데, 실제로 그런 일이 2008년에 발생했다. 미 정부는 '후견체제'에 돌입해 현재까지도 직접 이들의 재정 운영을 감독하고 있다.

GSE는 민간 대출 기관에서 대출상품을 사들여 수천 명의 개인 대출을 묶어서 수백만 달러의 패키지로 만든 다음, 이를 주택저당증권mortgage-backed securities의 형태로 투자자에게 판매한다. 이런 형태의 패키지 생성을 대출의 증권화라고 한다. 투자자로서는 정기적인 현금흐름이 발생하며, 다수의 대출상품에서 다양성을 확보할 수 있고, 연방정부의 절대적 보증이라는 안전장치가 있으므로 이를 마다할 이유가 없다. 대출 기관의 입장에서도 대출을 받아 돈을 사용할 수 있으며, 증권화될 때 자본금을 빨리 회수할 수 있다는 장점이 있다. 소비자에게도 인기를 얻는 이유는 대다수의 대출이 GSE 구매 요건에 도달하므로 (GSE는 대출의 최대 한도액을 규정하고 있다) 보다 쉽게 낮은 이자로 주택융자를 받을 수 있기 때문이다. 연방정부는 FHA, VA, USDA 대출 프로그램을 통해 보증하거나 보험을 제공하는 대출도 증권화할 수 있다.

그 밖의 주택에 관한 지원

주택융자를 폭넓게 제공하거나 이자율을 낮춰주는 프로그램 외에도, 주택 구매 자체가 어려운 사람들을 위해 주택임대지원 프로그램이 마련되어 있다. 어느 도시에나 공공주택이 있는데, 대부분 단독주택이나 아파트 형태며 소유 및 관리는 에이전시를 통해 이루어진다. 이러한 주택에 드는 비용은 대부분 주택도시개발부U.S. Department of Housing and Urban Development, 즉 HUD에서 처리한다. HUD는 지역별 공공주택기관Public Housing Agencies, 즉 PHA에 재정적 지원을 아끼지 않는다. 덕분에 현재 공공임대주택에 100만 가구 이상 거주하고 있다. 입주 자격은 소득을 기준으로 정하는데, 저소득층과 노인, 장애인에게 우선권이 있다. 공공임대주택의 혜택을 받으려면 우선 미국 시민권이 있거나 영주권을 획득해야 한다. 이런 법적 자격을 갖추었다 하더라도 대기자 명단이 긴 지역에서는 즉시 입주하기 어려울 수 있다. 공공임대주택 거주자는 임대차 계약서를 작성해야 하며 소득 수준에 따라 저렴한 임대료를 내고 살게 된다. 입주한 후에도 거주 자격을 박탈당하는 일이 없도록 모범적인 태도를 유지해야 한다.

저소득층 임대 희망자라면 주거 선택 보조 프로그램Housing Choice Voucher program도 알아볼 수 있다. 이 프로그램은 근거법의 이름을 따서 섹션

8Section 8로 알려져 있다. PHA는 시민권자 또는 합법적 신분을 가진 사람으로서 저소득층에 속하거나 노인 또는 장애가 있는 거주자에게 현금과 동일하게 쓸 수 있는 바우처를 제공한다. 그렇게 본인이 직접 임대할 곳을 선택해 거주하도록 지원하고 있다. 집주인은 부동산 시세를 반영한 임대료를 요구하며, 입주자는 바우처와 본인의 현금을 사용해 임대료를 지급할 수 있다. 임대주택은 정부가 정한 질적 수준에 부합해야 하며 현지 PHA에서 해당 부동산을 직접 방문 조사하게 된다. 저소득층에게 제공되는 임대주택 바우처는 사용 시 제한이 많지 않아서 좋은 반응을 얻고 있다. 사실 바우처 자금이 한참 모자랄 정도로 신청자가 늘어난 상황이다. 한편 HUD 프로그램 중에는 저소득층에 다가구 주택을 임대할 경우 임차인에게 곧바로 재정적 지원을 하는 프로그램도 있다.

이 밖에도 연방정부의 주택 보조금 프로그램 중에는 저소득층 주택 세금 감면Low Income Housing Tax Credit, 즉 LIHTC이라는 프로그램이 있다. LIHTC에 드는 비용은 조세지출이라서 대부분 드러나지 않는다. 하지만 2008년 금융위기 이후에는 직접적인 자금 조달이 있었다. 그로 인해 해당 프로그램의 연간 비용은 거의 100억 달러를 상회한다. 민간 건축업자가 다가구 주택 건설을 계획하면서 주택의 일정 부분을 저렴한 가격에 저소득층에 임대하기로 약속하면, 정부에서 (세금 감면이나 환급의 형태로) 세금 크레디트tax credit를 받게 된다. 이때 건축업자는 크레디트를 현금화하기 위해 은행 등의 투자자에게 팔 수 있다. 크레디트가 있으면 연방소득세를 절감할 수 있다. 이처럼 건축업자는 자본을 확보할 수 있고 저소득층은 저렴한 가격에 집을 구할 수 있으며, 크레디트를 매입한 투자자는 절세 효과를 얻을 수 있다. LIHTC 프로그램은 운영비가 공개 조사에 노출되지 않는다는 장점이 있다. 몇몇 주정부는 독자적으로 저소득층에 세금 크레디트를 부여하는 방식으로 LIHTC 프로그램을 보완하고 있다.

직접적인 재정 지원

저소득층에 직접 현금을 지원하는 연방 프로그램은 극소수에 불과하다. 그나마 잘 알려진 직접적인 지원 프로그램으로는 빈곤 가정 일시 부조 제도Temporary Assistance for Needy Families, 즉 TANF를 꼽을 수 있다. 가족 중에 어린 자녀나 임산부가 있으면 가족 중 성인 1명에게 TANF가 적용된다. 주정부는 독자적으로 TANF 프로그램을 운영하지만, 운영 예산 일부는 연방정부에서 지급된다. 연방정부의 규정 내에서 주정부가 지역의 필요에 맞게 프로그램을 개선할 수 있다. TANF 지원 자격에는 근로 요건과 시간제한이 포함되는데, 지원 기간은 최대 5년으로 정해져 있다. 일반적인 복지 프로그램에 가장 가까운 형태라서 그런지, 최근 몇 년 사이에 수혜자가 약 200만 명으로 급증했다. 이들에 대한 지원금은 주정부와 연방정부의 지출을 모두 합해 연간 320억 달러에 이른다.

근로장려세제Earned Income Tax Credit, 즉 EITC라는 소득세 신고 절차를 통해서도 저소득 근로자에게 현금을 '환급'한다. EITC 환급액은 가족 구성원이나 소득 수준에 따라 다르며, 기본적으로 연방소득세 신고 의무가 없더라도 소득세 신고를 한 경우에만 적용된다(이미 살펴본 것처럼 미국 내 전체 가구 중 절반만 연방소득세가 부과된다). 매년 2,800만 명이 EITC를 통해 약 660억 달러를 받는다. 많은 분석가는 이 제도가 근로 장려 효과가 높을 뿐 아니라, 최저임금처럼 노동시장을 변형시키지 않기 때문에 가장 효과적인 빈곤 퇴치 방안 중 하나라고 평가한다.

고용 관련 지원

주정부는 실업자를 관리하기 위해 실업급여 자금을 조성한다. 이 급여는 근로자의 급여에 부과되는 주정부와 연방정부의 세금을 통합한 자금으로 운영된다. 연방정부가 정한 규정이 있긴 하지만, 해당 규정 내에서 주정부는 실업급여 대상자의 자격 요건, 지급액 및 지급 기간 등을 자유롭게 정할 수 있다. 일반적으로 실업급여는 최대 6개월간 지급되며, 실직률이 높은 기간에는 연방정부가 실직자 혜택을 확장할 수 있는 특별법을 제정해 예외를 허용하고 있다. 통상적인 실업급여는 주당 300달러지만 지역마다 편차가 큰 편이다. 실업급여는 일반적인 근로자 소득의 절반 수준의 금액을 제공하는 것을 목적으로 한다. 실업급여를 받는 사람은 구직활동을 해야 하며 (자발적으로 직장을 그만두었거나) 특정 이유로 해고된 사람은 급여 대상에서 제외된다. 2014년에는 약 700만 명이 넘는 사람들이 실업급여를 받았으며 총 400억 달러 이상 지급되었다(우리는 취업 후 상환하는 학자금대출을 주로 지원한다. 2021년 기준, 변동금리 1.7%로 생활비와 등록금 등의 대출 신청이 가능하다. 자세한 사항은 한국장학재단에서 확인할 수 있다. - 옮긴이).

연방정부의 지원 없이 주정부가 자체적으로 시행하는 근로자 재해보험은 상해를 입은 근로자에게 급여를 보상해주고 의료비를 지원해준다(미 정부에 고용된 직원이 상해를 입으면 별도의 연방정부 지원 프로그램의 혜택을 받을 수 있다). 이 보험은 고용주에게서 보험료를 받아 운영되며, 보험 혜택은 보험사를 통해 제공된다(근로자 재해보험을 직접 운영하는 주정부도 있다) 재해보험 대상 자격은 주법에 규정되어 있으며 해당 프로그램은 주정부 기관이 운영한다. 이 보험은 20세기 초반에 업무상 재해 문제를 법정에 가지 않고 해결하고자 만들어진 것이다. 이로써 시간과 비용을 많이 들이고도 재해 보상을 확신할 수 없는 법정 싸움을 피할 수 있었다. 하지만 요즘은 사건 당사자 모두 변호인을 선임해야 할뿐더러 가벼운 재해를 당했지만 새 직장을 찾지 못한 피해자들이 실업급여 외에 추가로 혜택을 받을 심산으로 근로자 재해보험을 남용하는 사례가 늘고 있다. 매년 고용주들이 내는 근로자 재해보험료는 800억 달러가 넘으며, 급여 보상과 의료비 지원으로 나가는 보험료도 600억 달러 이상이라고 한다(잉여금은 추후 보험 청구에 대비하는 준비금으로 처리된다).

그 밖의 혜택

특정 계층을 대상으로 하는 지원제도는 수십 가지에 이른다. 퇴역군인이나 1인 가족은 VA를 통해 매우 다양한 혜택을 누릴 수 있으며, 원주민을 대상으로 하는 지원 프로그램도 있다. 물론 이런 특수한 조건을 갖추지 않은 사람들도 다양한 연방정부의 혜택을 맛볼 수 있다. 연방정부는 빈곤층에 법률서비스, 조기 교육, 직업 훈련을 받을 수 있도록 지원하며 고가의 의약품, 산아제한 등에 관한 지원도 하고 있다. 각종 공과금이나 집 안 단열공사를 지원하는 제도도 있다. 미 정부의 benefits.gov 웹사이트만 보더라도 주정부와 연방정부가 함께 진행하는 600여 개 프로그램을 포함해 총 1,400가지 혜택이 소개되어 있다. 마음만 먹으면 자신에게 적용되는 혜택을 얼마든지 찾아낼 수 있다.

정부 프로그램은 대부분 연방정부와 주정부의 파트너십에 기반을 두고 있으며, 가이드라인에 따라 주정부에서 실제 자금을 관리하는 형식으로 운영된다. 그러나 주정부가 연방정부의 자금 지원이나 감독을 받지 않고 단독으로 거주민들에게 혜택을 제공하는 프로그램도 있다. 여기에는 학자금 지원, 주택 구매, 아이 돌보미, 취업 및 새로운 기술 교육과 같은 다양한 분야가 관련된다. 연방제도의 기본 개념상 각 주의 자치권이 인정되므로, 주정부는 자율적으로 각 지역의 거주민에게 가장 필요한 프로그램을 결정할 수 있다. 어떤 프로그램은 현금 혜택을 주지 않고 가이드라인이나 관련 정보만 제공할 수 있다. 따라서 재정적인 측면에 도움이 필요한 사람은 자신이 사는 주정부 및 지방정부에서 어떤 도움을 받을 수 있는지 직접 조사해야 한다.

13장

THIS NOTE IS LEGAL TENDER
FOR ALL DEBTS, PUBLIC AND PRIVATE
FRANKLIN

법적 문제

가만히 들여다보면 우리의 생활 곳곳에 법과 관련된 사안들이 자리 잡고 있다. 현재 사는 아파트는 임대차라는 법적 계약과 관련되어 있다. 자동차를 산 것은 금전 대출 계약과 담보권이 있었기 때문에 가능했을 것이다. 대출 계약과 담보권도 법과 관련된 사안이다. 여름에 했던 아르바이트를 생각해보라. 고용주는 관련법에 따라 급여를 주고 법에 정해진 대로 처우해주었을 것이다. 컴퓨터에 불법으로 내려받은 음악 파일이 있다면, 그 음악 파일이 연방 저작권법에 따라 보호되는 자산이어서 저작권자가 손해배상 소송을 제기할 수도 있다는 점을 간과해서는 안 된다. 이처럼 법은 우리 생활의 여러 부분에 깊숙이 들어와 있다. 우리는 재정 계획에 관련된 법적 리스크를 잘 관리하고 법적으로 위험할 만한 상황을 최대한 멀리해야 한다.

계약

계약은 일상생활의 거의 모든 부분에서 찾아볼 수 있다. 가게에서 물건 하나를 사는 행위도 사실은 구매 계약을 맺고 그 계약을 시행하는 과정이라고 말할 수 있다. 스마트폰 사용자는 통신업체와 장기간 (그리고 일방적인) 계약을 맺게 된다. 사실 대학 입학서류도 일종의 계약서라고 말할 수 있다. 건강보험에도 계약 조건이 있다. 신용카드나 체크카드를 사용하는 것도 장기 계약의 일부에 해당한다. 미국 곳곳에서 일어나는 모든 형태의 소비자 거래는 관련법에 따라 법적 효력이 인정되는 계약의 통제하에 있다고 말할 수 있다. 그렇다면 계약은 어떻게 정의해야 할까?

쉽게 말해서 계약은 2명 이상의 당사자가 합의한 것이다. 집주인은 세입자에게 아파트를 빌려주는 데 동의하고, 세입자는 월세를 내기로 약속한 것이다. 블루크로스BlueCross는 보험계약자에게 의료비를 지원해주고, 보험계약자는 보험료 납부와 블루크로스의 보험 처리 절차에 따르기로 동의하는 것이다. MBNA는 소비자가 비자카드로 구매 결제하는 것을 허락해주고, 소비자는 MBNA가 보내는 결제대금 청구서대로 대금을 납부하는 것에 동의한 것이다. 계약에는 책임이 뒤따르기 때문에 계약 당사자 사이에는 서로 주고받는 가치가 존재한다(이를 약인consideration이라고 한다). 예를 들어, 미래에 어떤 것을 해주기로 약속하는 것은 하나의 가치로 간주할 수 있다. 돈도 마찬가지다. 다음 주에 이웃집에 가서 아기를 봐주고 돈을 받기로 약속했다면, 이러한 약속은 일종의 계약으로 간주한다. 남동생이 잘못을 저질렀는데 당신에게 10달러를 줄 테니 부모님에게 비밀로 해달라고 한다면, 이 또한 계약에 해당

한다. 10달러를 받으면 남동생의 잘못을 비밀로 지켜줄 의무가 있다.

계약이 효력을 가지려면 약인(가치의 교환)에 더해 합의가 이루어져야 한다. 다시 말해서 한쪽 당사자가 청약을 하고 상대편이 그 청약을 승인해 양측이 합의사항에 대해 동일하게 이해하고 있어야 한다. 또한 계약 조건에 대해서는 충분한 구체성이 성립해야 한다. 예를 들어, 며칠 후에 이사하려는 사람이 이삿날에 자신이 쓰던 아파트의 가구를 친구에게 팔기로 했지만 정작 얼마에 팔지 정하지 않았다면, 두 사람 사이에 계약이 성립했다고 보기 어렵다. 가격은 계약에서 가장 중요한 요소라고 해도 과언이 아니다. 대부분의 계약은 서면으로 작성하지 않아도 구속력이 있지만, 구두 계약은 증명 자체가 어려우므로 계약서를 작성해 두는 편이 훨씬 낫다. 일부 지역에는 구두 계약에 대한 분쟁은 매우 짧은 기한 내에 해결해야 한다는 규정이 있다. 그리고 부동산과 같은 특정 분야의 계약은 반드시 서면으로 작성해야만 효력이 성립한다.

새 스마트폰을 2년 약정 요금제로 저렴한 가격에 사고 나서, 통신사를 바꾸고 싶다면 어떻게 해야 할까? 또는 룸메이트와 월세에 관한 합의사항을 간단하게 기록해두었는데 룸메이트가 예정보다 일찍 이사를 나가려고 하면 어떻게 할까? 두 가지 모두 계약상의 의무를 이행하지 않은 것이므로 당사자가 계약을 위반한 것이라고 말할 수 있다. 이때 상대방은 계약 위반으로 인한 피해를 보상받기 위해 소송을 제기할 권리가 있다. 단, 소송을 반드시 제기할 의무가 생기는 것은 아니다. 피해의 개념도 매우 중요하다. 계약을 위반했더라도 손실이 전혀 발생하지 않았다면 상대방을 고소하는 것 자체가 아무런 의미가 없을 것이다. 룸메이트의 예시에서, 갑자기 이사하려는 룸메이트를 대체할 사람을 즉시 찾았다면 실질적인 피해는 없다고 할 수 있다. 피해가 없다면 잘못도 없다는 것이 계약에 관한 기본 논리다.

어떤 계약이든 당사자가 되면 그 계약을 신중하게 받아들여야 한다. 흔히 아주 작은 활자로 된 장문의 계약서를 받을 때 제대로 읽지 않고 서명해버리는 소비자가 많은데, 이렇게 계약 조건을 잘 살펴보지 않는 것은 아주 위험한 행동이다. 계약상 의무를 이행하지 못하면 상대방이 고소를 진행할 수 있고 패소할 경우, 법원은 계약 조건 이행을 명령할 수 있다. 해당 계약이 일방적이고 공평하지 못한 것이라고 해서 예외가 되지 않는다. 이처럼 일방적인 계약을 가리켜 부합계약contracts of adhesion이라고 하는데, (휴대전화 약정이나 은행계좌 개설 신청서, 대부분의 임대차 계약서처럼) 한쪽 당사자가 계약 조건을 협상해볼 기회조차 없는 계약이 대부분이다. 부합계약에서는 모호한 표현이 계약서를 작성한 당사자에게 유리하게 해석되게 마련이다. 문제는 여기에서 끝나지 않는다. 일단 소송에 휘말리면 변호사 선임 비용을 지불해야 하니 이미 손해를 본 것과 다름없는 상황에 처하게 된다. 대다수의 소비자 계약 분쟁은 법적 소송보다는 중재를 통해 해결하게 된다. 중재란 일종의 비공식적 소송과 같다. 그래서 소송보다 시간이 적게 걸리고 비용도 훨씬 절감할 수 있다. 중재는 소비자보다 기업의 이익을 중시하는 경향이 있어서 소비자에게 거액의 손해배상을 제공하는 일은 거의 발생하지 않는다.

혼전 합의서

혼전 합의서는 요즘 젊은 층의 큰 관심을 받는 특별한 계약이다. 다수의 연예인이 자주 사용하기 때문에 언론에 종종 언급된 영향이 있을 것이다. 혼전 합의서란 결혼을 앞둔 두 사람이 향후 이혼하게 될 경우 재정적인 문제를 비롯해 기타 여러 가지 사항에 대해 미리 합의해두는 것을 말한다. 안타깝게도 이혼이 흔한 세상이다 보니 이런 계약서가 등장하는 것 같다. 실제로 기혼 부부의 40퍼센트에서 50퍼센트가 이혼을 선택한다고 한다. 이혼율은 교육 수준과 나이에 따라 큰 차이를 보인다. 교육 수준이 높고 나이가 많을수록 이혼율이 3분의 1 정도로 비교적 낮은 편이다. 이 정도면 꽤 많은 사람이 결혼 생활을 잘 유지한다고 말할 수 있다.

대부분의 경우, 초혼일 때는 자녀도 없고 모아놓은 돈이나 자산도 많지 않기 때문에 혼전 합의서를 따로 작성할 필요가 거의 없다. 그러나 결혼이 늦어질수록 부와 자산을 축적할 가능성이 커진다. 한쪽 배우자가 부자고 가족에게서 물려받을 사업이 있으며 재혼이거나 첫 번째 결혼에서 얻은 자녀가 있다면 혼전 합의서를 고려해볼 수 있다. 계약서에는 결혼 시 각자 가지고 오는 재산이 어느 정도며 이혼할 때 이러한 재산과 기타 자산을 어떻게 처분할 것인지 구체적으로 명시된다. 향후 사업소득이나 유산으로 받는 돈을 어떻게 처리할 것인가도 계약서에 포함할 수 있다. 그뿐만 아니라 이혼 시 상대 배우자에게서 받을 수 있는 위자료도 미리 정할 수 있다. 혼전 합의서는 결혼 상대방이 결혼 전에 이미 가지고 있던 채무 때문에 무고한 배우자가 어려움을 겪는 일이 없도록 보호해줄 수 있다. 하지만 자녀 양육권 및 양육비에 관한 사항은 혼전 합의서에 포함할 수 없다. 이러한 사항은 혼전 합의서와 관계없이, 자녀에게 가장 유리한 점이 무엇인가에 따라 법원이 결정을 내리기 때문이다.

모든 계약이 그러하듯이 혼전 합의서도 엄중한 계약으로 봐야 한다. 합법적인 계약은 법원에 의해 집행될 수 있기 때문이다. 결혼 당사자는 각자 변호사를 선임해 결혼 전에 계약서 내용을 검토받아야 한다. 이때 결혼 전 자산을 모두 정확히 공개해야 한다. 그리고 온전한 정신으로 계약서에 서명해야 한다. 일부 주에서는 혼전 합의서에 서명하기 전에 최소한의 유예 기간을 두기도 한다. 혼전 합의서가 없는 부부가 이혼할 때는 해당 주의 법률에 따라 재산을 나누게 된다. 이 합의서가 없으면 부부는 결혼 이후에 취득한 모든 자산을 공유하게 되며, 부채에 대해서도 동등한 책임을 져야 한다. 그리고 결혼생활 중 형성한 자산을 관리, 처분하는 면에서도 양쪽이 동일한 권리를 행사할 수 있다.

책임

자신의 행동에 관해 비용을 내야 하거나 다른 사람에게 상해를 가해 이를 보상할 의무가 있을 때 책임이 발생한다. 법이 없다면 손실은 피해자에게 그대로 머무르게 된다. 하지만 법이 있으므로 피해자가 입은 손실을 가해자 또는 그에 대한 책임이 있는 사람에게 넘길 수 있다. 거의 모든 경우에 책임은 돈으로 환산된다. 손실이나 피해가 금전적인 것이 아니더라도 피해자에게 돈을 주는 방식으로 책임을 지는 경우가 대부분이다. 예를 들어, 어떤 사람이 사고를 일으켜 다른 사람을 다치게 했다면 피해자의 의료비는 물론이고 그 사고로 인해 피해자가 겪어야 하는 정신적, 감정적 고통도 보상해주어야 한다. 신체적 피해와 그 밖의 피해는 모두 돈으로 환산하는 것이 현행 제도의 기본 원칙이다.

계약을 위반한 당사자는 계약 위반(또는 손실)에 대한 책임이 있다. 법원은 해당 위반이 처음부터 발생하지 않은 상태가 될 정도로 피해 당사자의 경제적 손실에 대한 보상금을 결정해준다. 신체적, 감정적 피해가 발생한 경우에는 법원이 정신적, 신체적 고통에 대한 위자료를 정해준다. 이례적이긴 하지만 가해자의 죄질이 매우 나쁘다고 판단될 때는 징벌적 손해배상이 선고된다. 이는 가해자의 죄를 처벌함과 동시에 다른 사람이 비슷한 죄를 범하지 않도록 경고하는 효과가 있다. 부동산 계약과 같은 특정 형태의 분쟁에서는 법원에서 금전적 손해배상이 아니라 원래 계약을 이행하라는 명령과 같이 특정이행specific performance 판결을 내리기도 한다. 미 사법제도에서는 소송 당사자가 각자 소송비용을 부담하는 것이 원칙이지만 어떤 법령이 적용되거나 당사자가 특수한 상황에서 패소한 경우 패소한 쪽이 양측 소송비용을 모두 부담하게 된다.

법의 특정 분야에서는 당사자가 손실에 대한 책임이 없어도 잘못이 성립하는데, 이를 엄격책임strict liability이라고 한다. 이는 부주의로 인해 피해를 초래하는 '과실'과 다른 개념이다. 제품의 하자로 인해 소비자가 상처를 입을 경우, 소비자가 해당 제품을 무모하게 사용했는지와 관계없이 제조업체는 그러한 피해에 대해 엄격하게 책임을 져야 한다. (폭발

물을 다루거나 위험한 화학 약품을 다루는 것과 같이) 과도하게 위험한 활동으로 인한 피해, 야생동물을 데리고 있다가 발생한 피해 및 타인의 재산에 피해를 준 경우에도 엄격책임이 적용된다.

재산

금융 자산, 주택, 개인 물품 등 재산은 어떤 형태든 소중한 것이다. (아이폰, 크리넥스, 도요타와 같이) 브랜드 형식으로 된 것이나 계약상의 권리는 무형의 재산도 있다. 어쨌든 이런 재산은 모두 법적 재산에 속한다. 재산을 가지고 있다는 것은 소유권의 존재를 뜻하며 타인이 그것을 아무런 법적 근거 없이 가져갈 수 없다는 뜻이다. 물론 본인이 원하면 재산을 넘겨주거나 심지어 파기할 수도 있다(대개는 자기 재산을 스스로 포기하거나 파손해봤자 얻을 것이 없다). 이 점에 대해 진지하게 생각하며 생활하는 사람은 별로 없지만 재산권을 보호하는 것은 미국 사회에서 매우 중요한 사안이다. 세계 각국의 경제 성장과 실패를 연구하는 전문가들은 재산권이 잘 보호되는 나라일수록 경제가 발전한다고 말한다. 이처럼 재산권은 매우 중요한 권리이므로 미 헌법에서는 여러 가지 다양한 방법을 통해 재산을 보호한다. 정부라도 합법적인 절차를 거치거나 공정한 대가를 치르지 않고는 국민의 재산을 탈취할 수 없다고 규정한다. 또한 계약에 관여하는 다양한 하위 법규를 규제하고 있다.

법적으로 분류하자면 자산은 물적 재산(부동산과 건물), 동산(토지에 부속되지 않은, 직접 만질 수 있는 형태를 갖춘 모든 재산), 무형 재산

(물리적 형태가 없는 재산)으로 나눌 수 있다. 재산 소유권의 기본 법칙은 재산의 형태와 관계없이 같다. 즉, 다른 사람의 재산을 허락 없이 사용해서는 안 된다는 것이다. 동의 없이 타인의 재산을 취하는 것은 절도에 해당하므로 형사처벌을 받을 수 있고 절도로 취한 재산의 가치를 금전적으로 배상할 책임이 발생한다. 또한 타인의 재산을 파손할 경우 책임을 져야 한다. 파손 시 배상 책임은 엄격하게 적용된다. 그러므로 파손할 의도가 없었거나 조심히 다루었는데도 불구하고 파손된 경우에도 책임을 면하기 어렵다. 타인의 재산에 대한 침해에도 재산의 형태와 관계없이 적용될 수 있으며 이 경우에도 책임이 발생한다. 주변에서 개인 사유지에 '무단 출입금지'라는 팻말을 세워둔 것을 쉽게 볼 수 있다. 이런 경고가 없더라도 타인의 사유지에 허가 없이 출입하면 법적으로 문제가 될 수 있다.

지적 재산권

각종 아이디어에 대한 재산권을 지적 재산권Intellectual Property, 즉 IP라고 한다. 여기서 말하는 아이디어란 글로 된 것, 음악, 이미지, 창작물, 소프트웨어, 공식 및 기타 창의적 노력의 산물을 모두 포함한다. 크게 보면 IP는 저작권, 상표권, 특허권 등의 세 가지로 분류된다. 세 가지 IP는 약간의 차이가 있으나 기본적인 보호는 동일하게 적용된다. 독창적인 작품의 생산을 장려하기 위해 법에서는 IP에 배타적 소유권, 즉 법적 독점권이 포함된다고 간주한다. 사실 IP라는 보호책이 없다면 독창적인 작품을 생산하는 데 필요한 인센티브가 크게 약화할 것이다. (만료 기간이 따로 없는 상표권과 달리) 이 독점권은 일정 기간만 유효하지만, 적어도 그 기간에는 타인이 허락 없이 IP를 사용하지 못한다는 장점이 있다.

저작권은 시나 소설, 음악, 사진, 그림, 영화, 동영상, 라디오 방송, 텔레비전 프로그램, 실황 공연과 같은 저작물에 적용된다. 이들의 출판 여부는 저작권 대상을 결정할 때 문제가 되지 않는다. 이러한 예술 작품을 허락 없이 복제하는 것은 법으로 금지되어 있으며 작품의 공연화, 변형(이차적 저작물의 생산), 대중에 공개하는 행위, 전자 전송 및 판매는 저작권자에게 달려 있다. 미국에서는 창의적 표현이 만들어지는 순간 저작권이 시작된 것으로 본다. 즉, 영화를 촬영하거나 책을 저술하거나 사진을 찍는 즉시 저작권이 인정되는 것이다. 저작물을 만드는 행위 외에 저작권을 설정하기 위해 따로 할 일이라고는 미연방 저작권청U.S. Copyright Office의 등록 절차를 거친 후에 해당 저작물에 저작권 기호를 부여하는 것이다(우리는 한국저작권위원회에 등록하면 된다. - 옮긴이). 그러면 분쟁 시 법적 우위를 점할 수 있다. 저작권은 창작물에 내재한 부분으로서 존재한다. 1978년 이후에 만든 저작물의 경우, 저작권은 저작자 사후 70년까지 보호된다(저작자가 알려지지 않았거나, 1978년 이전에 만들어진 저작물 또는 계약에 따라 만들어진 저작물의 경우에는 이 기간이 달라진다). 저작권이 만료되면 해당 저작물은 공유 재산public domain으로 간주해 누구든지 저작권자의 허락 없이 저작물을 이용할 수 있다. 하지만 저작권이 모든 경우에 적용되는 것은 아니다. 제목, 조리법, 지리적 명칭은 저작권이 허용되지 않는다.

엔터테인먼트 업계는 음악이나 영화를 불법 다운로드하는 사람을 추적해 수천 달러의 벌금을 물리거나 징역형의 위협을 가한다. 이는 불법 다운로드를 최대한 근절하기 위함이지만 큰 효과를 거두지 못하고 있다. 음악이나 영화를 만드는 데 많은 시간과 노력, 비용이 드는 것은 당연한 일이다. 따라서 무단으로 또는 합당한 사용료를 내지 않고 이러한 저작물을 다운로드하는 것은 도둑질과 다름없다. 일반적으로 묵인되는 것처럼 보이더라도 이는 엄연히 불법이며 잘못된 행동이다. (예를 들어) 음악을 만들거나 영화를 제작하는 사람이 돈을 벌지 못하면 예술활동을 지속하지 못할 것이다. 음악 분야의 경우, 중개조직이 방송국으로부터 돈을 받아서 저작권자에게 로열티를 지급하는 방식으로 저작권료를 지급해왔다. 미국 작곡가·작가·출판인 협회American Society of Composers, Authors, and Publishers, 이하 ASCAP와 방송 음악 법인Broadcast Music, Inc., 이하 BMI이 가장 대표적인 중개조직인데, 거의 모든 기업, 식당, 술집, 라디오 방송국, TV 방송사, 웹사이트, 모바일 앱 회사가 합법적으로 음악을 재생하기 위해 두 중개조직에 수수료를 내고 있다. ASCAP와 BMI는 각 노래가 몇 번 재생되는지 추적해 그에 따른 다양한 수수료를 받아 작곡가, 작사가, 음원 유통사에 로열티를 지급한다. (인터넷 라디오에 적용되는 요율을 포함해) 일부 로열티의 요율은 저작권 로열티 위원회Copyright Royalty Board라는 정부기관에서 정한다.

저작권에 관한 중요한 한계는 바로 공정한 이용이다. 저작권이 설정된 작품의 소유자가 비평이나 패러디와 같은 관련 활동에 제약을 가하는 것은 사실 불가능하다. 하지만 만약 그렇게 한다면 창의성이나 표현의 자유에 부정적인 영향을 줄 것이다. 공정한 이용이라는 개념은 대중에게 저작권이 있는 작품에 대한 일정 수준의 접근권을 허용하는 것이다. 예를 들어, 잡지에 나온 어떤 기사를 1부만 복사하거나 영화를 대여해서 친구들과 함께 보는 것, 나중에 보려고 텔레비전 프로그램을 녹화하는 것, 어떤 책에 나온 문구를 인용해서 페이스북에 올리는 것은 공정한 이용에 속한다. 이러한 활동의 공통점은 사용자의 의도가 돈을 버는 것이 아니라는 점이다. 하지만 어디까지 공정한 이용으로 인정되는지 명확한 선이 정해진 것은 아니다. 따라서 다음과 같은 네 가지 요소를 고려해보는 것이 좋다. 첫 번째는 사용의 목적(상업적인 목적이 아니어야 한다), 두 번째는 저작물의 성격(논픽션은 저작권 보호가 덜하다), 그리고 저작물의 분량(적을수록 사용자에게 유리하다)과 영향력(원소유자의 가치에 해를 끼치는지 아닌지)이 포함된다. 원저작물을 다른 저작물에 결합하는 것은 공정한 이용으로 간주하지 않는다. 즉, 원저작물을 개작, 변형하거나 2차적 저작물을 생성하려면 원저작자에게 반드시 허가를 받아야 한다.

상표권은 기업이 이미지, 기호, 단어 또는 이러한 요소를 결합해 브랜드명으로 사용하거나 기타 식별수단으로 사용하는 것을 말한다. 상표권(또는 서비스마크)은 특정 상품, 서비스 또는 기업을 다른 상품이나 서비스, 기업과 명확히 구분해주는 것이다. 소비자가 헷갈리지 않고 특정 브랜드나 기업, 서비스를 명확히 인지하게 만드는 것이 상표권의 목적이다. 아이패드는 애플의 상표권이다. 한 입 베어 먹은 사과 모양도 별도의 상표권에 속한다. 홀리스터Hollister 브랜드의 큰 사슴 모양이나 A&F

로고는 아베크롬비앤피치Abercrombie & Fitch Co.사의 상표권이다. 상표권은 일단 상업계에서 상표를 사용할 때 형성되는 것이다. 따라서 상업계에서 사용하지 않으면 상표권을 잠깐 지킬 수 있을지 모르나 궁극적으로는 도움이 되지 않는다. 기업은 상표권으로 대표되는 브랜드를 개발하고 인지도를 얻는 데 엄청난 돈을 투자한다. 따라서 상표권의 가치는 매우 큰 금액으로 환산된다. 통상적으로 상표권은 사용되는 기간 내내 유지되는데, 이 권리는 영구적이라고 봐도 무방하다. 특허청U.S. Patent and Trademark Office, 즉 USPTO을 통해 연방정부에 상표권을 등록하면 분쟁이 발생할 경우 법적 보호를 받을 수 있다(국내에도 특허청이 있다. - 옮긴이). 상표권 등록 시 유효기간은 10년이며, 해당 상표권이 사용되는 한 제한 없이 갱신할 수 있다. 주 단위로 상표권을 보호하는 법률도 마련되어 있다.

지적 재산권 중에서 가장 복잡한 것은 특허라고 할 수 있다. 특허는 다음의 세 가지 형태의 발명을 가리킨다. (광합성을 하는 생물학적 유기체에 대한 특허는) 식물 특허라 하고, (제조물품에 대한 새로운 디자인은) 디자인 특허, (새롭거나 개선된 공정, 기계, 재료 또는 물품에 대한 특허는) 실용 특허라고 한다. 특허에서 가장 중요한 점은 이전에 존재하지 않은 새로운 것이지만, 효용성이 있어야 하고 비자명성nonobvious을 갖춰야 한다(색상만 바꾸는 것만으로는 특허를 받을 수 없다). 하지만 이런 요건은 해석하기 어려운 경우도 적지 않다. 특허 출원 여부는 USPTO에 근무하는 7,500명의 전문 특허심사관이 비슷한 발명 내력을 검토한 후에 결정한다. 아이디어가 있다고 해서 바로 특허를 받을 수 있는 게 아니다. 특허를 출원하려면 발명에 대한 구체적인 명세서를 작성해야 한다.

많은 사람이 너무 당연하다고 생각하거나 아주 사소한 것인데도 의외로 특허가 출원되는 사례가 있다. 아마존에서 개발해 특허를 얻어낸 원클릭 주문 시스템이 바로 그러한 예시다. USPTO에서 아마존에 특허를 내주자 거센 비난이 쏟아지고 법적 소송도 있었지만, 이 특허는 2017년까지 유지되었다. 하지만 유럽에서는 이 특허가 반복적으로 거부되었다(EU는 자체적인 특허법이 있으며 해당 법에 따라 이 특허 출원을 거부한 것이다). 미국에서는 일단 특허 출원을 하면 20년간 유효하며 갱신할 수 없다. 그런데도 많은 기업이 발명을 개선해 개선 사항에 대한 추가 특허를 출원한다. 이는 기존 특허의 실질적인 유효기간을 조금이라도 연장하려는 시도라고 볼 수 있다.

모든 사람이 저작권이나 특허 등록을 통해 지적 재산권을 보호하는 것은 아니다. 특허 출원을 하려면 발명품에 대한 세세한 설명을 전 세계가 볼 수 있도록 작성, 제출해야 하며, 향후 20년간 그 명세서는 누구나 볼 수 있게 된다. 어떤 경우에는 비밀에 부치는 것이 발명품을 보호하는 방법이 될 수 있다. 코카콜라는 콜라 제조법을 특허로 내지 않고 철저히 비밀로 유지하고 있다. 실제로 여러 식품 회사가 조리법을 특급 기밀로 보호하고 있다. 이처럼 기업이 비밀로 지켜야 하는 업무상의 가치 있는 정보를 기업 비밀이라고 한다. 고객의 이름, 상품이나 서비스의 가격, 디자인, 제조 관련 공식 등은 모두 기업 비밀에 속한다. 미국의 경우 주마다 기업 비밀의 보호에 관한 법률이 있다. 이에 따라 직원은 자신이 근무하는 회사의 기업 비밀을 개인적 용도로 사용하거나 이직 시 다른 고용주에게 이를 공개할 수 없도록 규정하고 있다. 통상적으로 고용이 확정되면 가장 먼저 비밀유지 계약서Nondisclosure Agreement 또는 confidentiality agreement라고 하며 NDA로 약칭한다를 작성하게 된다. 이러한 계약은 일반적인 법적 효력이 있으므로 비밀유지 계약서에 서명한 후에는 계약을 파기하는 일이 없도록 특히 주의해야 한다.

통상 특허, 저작권 및 상표권은 '고소권'이라고 불린다. 이 말은 지적 재산권의 소유자가 이러한 권리의 시행을 위해 적극적으로 행동해야 한다는 뜻이다. 적극적인 행동은 흔히 소송을 제기하는 방식으로 표현된다. 소송은 비용이 많이 들고 시간이 오래 걸릴 뿐 아니라 패소에 따르는 위험이 크다. 어떤 사건에서는 승소한 당사자가 패소한 당사자에게서 변호사 비용까지 받아갈 수 있는데, 이런 경우가 흔한 것은 아니다. 저작권이나 상표권 관련법에 대한 사소한 위반이 소송으로 이어지는 경우는 거의 없다. 왜냐하면 특허 출원을 한 사람에게도 패소하면 특허권을 빼길지 모른다는 부담이 있기 때문이다. 지적 재산권을 창출한 사람은 가능한 한 모든 수단을 동원해서 보호책을 마련해야 한다. 반면 지적 재산권을 사용하는 사람은 공공 이익에 관련된 경우나 대중적인 필요에 부합하는 경우에 국한하도록 한다. 양측 모두 지적 재산권은 큰 비용과 시간이 투자된 것으로서 매우 큰 가치가 있다. 따라서 소유권을 존중해주어야 한다는 점과 이를 보호하는 데 큰 비용이 든다는 점을 분명히 인식해야 한다.

사건 사고

사건 사고는 불시에 일어나게 마련이다. 심각한 사고로 인한 부상은 수입의 손실로 이어진다(부상자는 출근하지 못하게 된다). 게다가 의료비 지출, 감정적인 트라우마, 일상생활의 불편과 같은 문제들이 뒤따른다. 법적으로 볼 때, 사고가 일어났다면 분명히 잘못을 저지른 사람이 있게 마련이다. 법적으로 중요한 것은 사고에 대한 책임이 누구에게 있는지 분별하는 것이다. 부상자 본인이 사고에 대한 책임이 있다면 (집 안 바닥에 아무렇게나 던져놓은 가방에 걸려 넘어져서 다친 경우) 법적으로 처리할 부분이 전혀 없다. 하지만 사고를 일으킨 당사자가 따로 있다면 문제는 달라진다. 예를 들어, 어떤 사람이 운전 부주의로 당신의 차를 들이받았다면, 불법행위tort에 관한 법이 적용될 것이다(불법행위에 해당하는 영단어 tort는 '불공정'을 뜻하는 라틴어 토르툼tortum에서 유래한 것이다). 그렇게 하지 않으면 사고로 인해 발생한 손실은 해결되지 않은 채 그 자리에 머물게 된다.

불법행위법은 자산과 사람에게 손상이나 부상을 가한 경우에 적용된다. 이때 책임을 상대방에게 넘기려면 네 가지 요소를 충족해야 한다. 첫 번째 요소는 의무인데, 구체적으로 말해서 상해를 입은 당사자에 대한 의무가 있는지 따져보는 것이다. 예를 들어, 어떤 사람이 상처를 입은 경우, 부상자와 특별한 관계가 없는 제3자는 부상자를 도울 법적 의무가 없다. 부상자를 보고도 돕지 않는 것은 비도덕적이고 이기적인 행동일지 모르나 법적으로 반드시 도울 의무는 없다는 말이다. 두 번째 요소는 의무 위반이다. 일단 어떤 사람에게 의무가 인정되면 그가 해당 의무를 위반했는지 살펴본다. 일반적으로 모든 사람은 상대방에 대해 부주의하게 행동하지 않을 의무가 있다. 만약 부주의로 인해 사고를 일으키면 주의를 기울일 의무를 위반한 것으로 볼 수 있다. 세 번째 요소인 원인 제공은 의무 위반으로 인해 원고가 상해를 입었는지 따지는 것이다. 식당에서 밥을 먹고 식중독에 걸렸는데 의사가 오진해 환자를 치료하지 않은 상태로 돌려보냈다고 가정해보자. 이 경우 의사에게 환자에 대한 책임을 물을 수 없다. 환자가 입은 상해의 원인은 식중독이기 때문이다. 불법행위법에서는 애매한 이유를 인정하지 않는다. 같은 법의 상해 기준에 따르면 관련성을 인정하기 어려운 일련의 사건으로 인해 상해를 입은 것은 인정되지 않는다(불법행위법에 규정된 원인 제공이라는 개념은 매우 복잡한 데다 사건별로 다르게 인정되는 경우가 많다). 마지막 요소는 상해 또는 피해인데, 위의 세 가지 요소를 모두 충족하더라도 실질적인 피해가 발생한 경우에만 승소할 수 있다. 주차하다가 사람이 타고 있지 않은 차에 부딪친 경우, 충돌을 당한 차량에 피해가 없다면 소송 자체가 성립하지 않는다.

불법행위에 관한 사건에서 가장 핵심적인 부분은 과실에 의한 불법행위, 즉 피고인이 그 상황에서 충분히 주의를 기울였는지 따지는 것이다. 관련법은 가상의 '합리적인 사람'을 기준으로 정해놓고 그 사람이라면 같은 상황에서 어떻게 행동했어야 마땅한지를 따지는데, 흔히 배심원이 그 점을 결정한다. 과실에 의한 불법행위가 성립하지 않으면 법적 책임을 묻기 어렵다. 사건이 발생하긴 했는데 양측 다 책임이 없을 수도 있고 양측에 똑같은 과실이 있는 것으로 알려지는 예도 있다. 약물에 대한 알레르기 반응이 일어나거나, 두 보행자가 각자 서두르다가 인도에서 부딪칠 수도 있는 것이다. 미국은 소송을 일삼는 나라라는 말이 있을 정도로 사건이 발생하면 상대방에게 책임을 전가하려는 경향이 강하다. 피해자가 신중하지 못했다는 이유가 있는데도 승소하는 것을 흔히 볼 수 있는 곳이 바로 미국이다.

명예훼손이나 무단침입과 같이 고의적인 피해를 유발하는 것도 불법행위에 속한다. 명예훼손 중에서 글을 통해 거짓 정보를 유포해 다른 사람의 명예를 훼손한 것은 libel, 말로 그렇게 한 것을 slander라고 한다. 명예훼손죄가 성립하려면 유포된 정보가 거짓이어야 한다. 공표된 사실이 진실임이 입증되는 경우는 절대 항변absolute defense이라고 하여 소송은 피고의 승리로 끝난다. 하지만 현실에서는 이런 소송을 제기하는 경우가 극히 드물다. 언론의 자유를 중시하는 현행법 제도에서는 승소할 확률이 매우 낮기 때문이다. 관련법에는 해당 발언의 내용이 거짓이라는 것을 알면서도 발언했거나 '진실에 대해 지나칠 정도로 무관심한 상태'에서 발언한 경우에만 명예훼손에 해당한다고 규정되어 있다. 그러므로 (정치인이나 유명 연예인과 같은) 공공 인사는 명예훼손 사건에서 승소하는 것이 더욱 어려울 것이다. 그렇지만 언론의 자유를 미국과 동일한 수준으로 보장하는 나라는 많지 않다. 미국에서는 피해자 즉 당사자가 해당 발언이 거짓이라는 점을 증명해야 하지만, 영국에서는 문제가 된 발언을 구두나 서면으로 유포한 사람이 그 내용이 사실이라는 점을 증명해야 한다. 소셜 미디어가 널리 사용되고 사이버 블링이 많이 발생하는 요즘 시대에도 명예훼손에 관한 법은 여전히 유효하다는 점을 기억해야 한다. 그리고 더 위험한 것으로, 기본적인 책임보험은 명예훼손에 대한 소송에 전혀 도움이 되지 않는다는 것이다.

민사 소송

법적으로 (사인이나 기업 간 분쟁을 다루는) 민사 소송과 (법의 위반 행위에 대해 정부 측 대리인이 범죄자를 기소하는) 형사 소송은 전혀 다른 분야로 봐야 한다. 일단 형사 소송은 비용이 매우 많이 든다. 변호사를 반드시 선임해야 하고(피고인이 경제적 어려움 때문에 변호인을 직접 선임할 수 없으면 법원이 무료로 국선변호인을 선임해준다), 유죄 판결을 받으면 벌금을 내야 하거나 감옥에 가야 한다. 문제는 이렇게 처벌을 받는 기간에는 학교나 직장에 다닐 수 없으며, 처벌 기간이 끝나도 전과 때문에 좋은 직장을 구하는 데 어려움이 생긴다는 것이다. 그러니 처음부터 위법 행위는 하지 않는 것이 좋다. 이 장에서는 주로 개인이나 기업 간 문제를 다루는 민사 소송을 살펴볼 것이다. 민사 소송에서는 소송 결과에 따라 당사자를 징역형에 처할 가능성은 없고, 승소하면 돈을 받는 구조다.

주정부와 연방정부의 사법제도는 운용 방식이 다르다. 연방법원은 미리 정해진 사건만 검토할 수 있고, 다른 사건은 모두 주 법원에서 처리한다. 법원도 여러 단계로 구분되는데, 연방제도의 경우 지방법원district court이 가장 심급이 낮은 1심 법원trial court이다. 분쟁이 발생하면 1심 법원에서 심리가 시작된다. 지방법원의 판결에 불복할 경우 항소 법원, 대법원의 순서로 항소 및 상고를 제기할 수 있는데, 실제로 대법원 상고까지 올라가는 사건 수는 그리 많지 않다고 한다(연방정부에서는 파산, 세금, 군의 사법 문제와 연방정부 기관에 관련된 소송을 위해 별도의 특별법원을 운영하고 있다).

주 단위로 보자면 소송의 규모나 관련된 금액에 따라 지방법원에서 1심 소송이 이루어진다. 그리고 소액 사건은 변호사를 선임할 필요가 없는 약식 절차에 따라 소송이 진행되는 소액 법원small claims court을 이용하면 된다. 연방제도와 마찬가지로 주에도 항소 법원과 '대법원'에 상응하는 최고법원, 즉 상고사건을 다루는 법원이 있다. 매사추세츠주에서는 최고법원을 가리켜 Supreme Judicial Court라고 칭하며 캘리포니아주에서는 Supreme Court라고 칭한다. 그런데 뉴욕주에서는 1심 법원을 Supreme Court, 최고법원을 Court of Appeals라고 부르므로 헷갈리지 않도록 주의하기 바란다. 그리고 (유언장이나 부동산의) 공증, 가족법, 환경, 집주인과 세입자의 분쟁과 같은 특수한 사안만 다루는 법원도 있다.

소송은 반드시 정해진 절차에 따라야 한다. 원고가 상대방을 대상으로 소장을 작성해 법원에 소를 제기하면 민사 소송이 시작된다. 소장에는 피고의 잘못, 원고가 입은 피해, 법원에 요청하는 해결책 등이 기재되어야 한다. 무엇보다도 중요한 것은 모든 소장은 법적 근거를 제시해야 한다는 것이다. 단순히 기분이 나쁘다거나 피해를 보았다는 주장만으로는 소송이 성립되지 않는다. 피고는 정해진 기한 내에 답변서라는 공식 서면을 제출해야 한다(피고가 답변하지 않아서 원고가 조기 패소 판결default judgment을 요청하면 사건은 종결된다). 답변이 이루어지면 증거개시로 넘어가서 양측 당사자는 정해진 절차에 따라 상대방이 가진 증거를 수집한다. 그 후에 공판을 열어서 양측 당사자의 주장을 듣고 증거를 받아서 판사 또는 배심원이 사실 관계를 확인하며 (대부분의 소송은 사실 관계에 관한 분쟁이다) 관련법을 적용해 어느 쪽이 승소할지 결정한다. 소송 결과에 불복하는 당사자는 항소할 수 있다. 이때 하급심 법원 결정의 오류를 구체적으로 드러내야 하고 항소에 필요한 각종 서류를 작성해 정해진 기한 내에 제출해야 한다. 승소한 당사자는 법원 결정을 집행해 상대방에게서 돈을 받을 수 있다. 패소한 당사자가 돈을 주지 않으면 법원 명령에 따라 법 집행 담당자가 임금을 차압하거나 자산을 압류할 수 있다.

미 헌법에서는 모든 형사 사건과 규모가 큰 민사 사건의 경우 배심원에 의한 재판을 받을 권리가 인정된다. 동 권리는 주 단위 법원에 동일하게 적용된다. 배심원은 (유권자 등록을 한 선거인 명부에서 주로 선출되며) 재판에 임시로 참여하고자 모인 일반 국민으로 이루어진 집단이다. 이들은 증거를 검토하고 양측의 주장을 모두 듣게 되며, 판사는 배심원단에게 관련법 조항을 설명해주어야 한다. 배심원단은 이러한 정보를 모두 고려해 평결을 내린다. 배심원이 없는 재판에서는 판사가 단독으로 모든 증거를 검토해 어느 쪽 당사자가 승소할지 그리고 배상금을 얼마나 받을지 최종적으로 결정한다. 드물긴 하지만 민사 사건에서는 어느 쪽 당사자가 승소할 것이며 얼마의 배상금을 받을 것인가에 대해 판사가 배심원단의 평결을 뒤엎기도 한다. 민사 사건을 다루는 연방법원에서는 6~12명의 배심원이 참석해 만장일치로 평결을 내리게 된다. 주 법원의 경우에는 배심원의 인원이 크게 달라지는데, 일부 법원에서는 다수결 또는 가중다수결에 따른 평결을 허용한다(하지만 미국의 경우 형사 사건은 지역과 심급과 관계없이 배심원들이 반드시 만장일치로 평결을 내야 한다). 배심원들의 의견이 엇갈려서 평결을 내지 못하면 해당 사건은 심리 무효 결정이 내려지며, 사건 당사자는 원한다면 소송을 다시 시작할 수 있다.

모든 소송에는 공소시효, 즉 소송을 제기할 수 있는 기간이 정해져 있다. 공소시효를 넘기면 기회는 영영 사라지는 것이다. 계약 위반은 위반이 발생한 날로부터 6년 이내에 소송을 제기해야 한다(국내의 민사소송은 손실이 발생한 것을 알았거나 가해자가 특정된 날로부터 3년 이내에 소를 제기해야 하며, 공소시효는 불법행위가 있는 날로부터 10년까지다. - 옮긴이). 이 시효를 넘기면 위반 사항이 아무리 심각해도 법적으로 구제받을 수 없다. 공소시효는 주마다 다르지만, 거의 모든 주에서 서면 계약에 대한 공소시효는 3년에서 10년, 불법행위는 2년에서 6년으로 정하고 있다. 입증책임은 항상 소송을 제기한 당사자에게 있다. 즉, 원고는 판사나 배심원에게 피고보다 원고에게 유리한 증거가 더 많다는 점을 입증해야 한다. 피고는 변론을 할 수 있으나 반드시 변론할 의무가 있는 것은 아니다. 사실 판사가 보기에 원고가 피해 입증을 제대로 하지 못하면 소송을 바로 기각할 수 있다. 비슷한 피해를 입은 다수의 피해자가 따로 소송을 하는 것이 아니라 단체로 한 번에 소송을 제기하는 것을 집단소송이라고 한다. 집단소송은 주로 소비자가 대기업을 상대로 소송을 제기하는 형태를 취한다.

직장 관련법

연방정부는 산업안전보건국Occupational Safety and Health Administration, 이하 OSHA을 통해서 근로자의 건강과 안전을 보호하고 있다(국내에는 산업안전보전법이 있다.-옮긴이). OSHA는 산업 분야별로 구체적인 규칙을 정하고 있을 뿐 아니라 (예를 들어, 건축 현장에서는 안전 장비를 사용해야 하며 전기 설비는 적절한 수준으로 유지·관리해야 한다) 모든 기업에 공통으로 적용되는 일반 표준도 제시하고 있다(이를테면 근무지에서 사용되는 화학 약품 정보에 대한 접근권을 제한하도록 하며, 작업장에서는 눈 보호를 위한 안경, 장화, 장갑 등을 착용해야 한다). 근무지에서 사고가 발생하면 회사는 반드시 사건 기록을 작성하고 관계 기관에 보고해야 한다. OSHA 공무원들은 정기적으로 기업에 사전 공지 없이 감사를 나오는데, 관련 규정 위반이 적발되면 벌금을 부과한다. 가족의료휴가법Family Medical Leave Act, 즉 FMLA에 따르면, 근로자는 (출산을 포함해) 본인의 건강을 돌보거나 직계 가족을 간호하기 위해 무급 휴가를 받을 수 있다(우리는 남녀고용평등법의 가족돌봄휴가제도를 이용할 수 있다.-옮긴이). 또한 휴가가 끝나면 업무에 복귀하는 것이 보장된다.

연방법은 인종, 성별, 종교, 출신국, 신체적 또는 정신적 장애 및 나이에 대한 고용차별employment discrimination을 금지하며, 평등고용기회위원회Equal Employment Opportunity Commission, 즉 EEOC에서 관련법을 시행하고 있다. 앞서 언급된 특징을 가진 고용인이나 구직자는 차별 보호 대상자protected class라고 한다. 직장 내 차별이란 이러한 특징을 이유로 불공평한 처우를 하는 것인데, 예를 들자면 승진 대상에서 제외하거나 근무시간을 늘리는 경우를 들 수 있다. 예외가 있긴 하지만 이러한 법은 15인 이상 일하는 작업장에만 적용된다. 나이로 인한 차별을 금지하는 규정의 취지는 40세 이상의 고용인을 보호하는 것이므로, 이 책의 독자에게는 아직 적용되지 않을 것이다. 장애인 보호 규정에 따르면 고용주는 (비용이 많이 들더라도) 직장 내에 적절한 편의를 제공해 장애인 근로자의 근무에 차질이 없게 해주어야 한다. 차별금지법에 따라 불만을 제기한 직원에 대해 고용주가 보복하는 것은 불법으로 간주한다. 단지 보호 대상에 속하거나 (임금을 인상받지 못하거나 제재를 받거나 실직하는 등) 직장에 불만이 있다고 해서 무조건 승소하는 것은 아니다. 고용주는 불만 제기의 원인이 된 처분에 대해 합법적인 근거만 제시하면 된다. 그러므로 현실에서는 고용주를 대상으로 승소하는 것이 매우 어려운 일이다.

고용법 전체를 통틀어 가장 문제가 많이 발생하는 분야 중 하나가 성차별이다. 임산부는 특별 규정을 통해서 따로 보호를 받으며, 성별에 구분 없이 같은 업무를 하면 같은 금액의 급여를 받아야 한다고 규정하는 법도 있다. 직장 내 성희롱도 법으로 금지되어 있다. 상대방이 원치 않는 성적 접근을 하거나 성적 행위에 따라 승진 또는 업무 배정을 좌우하는 것은 성희롱으로 간주한다. 벽에 나체 사진을 걸어두거나 성적으로 노골적인 표현을 사용하는 등 적대적인 근무 환경도 성희롱에 포함된다. 성희롱을 당한 직원은 고용주에게 이를 알려야 하며, 고용주는 성희롱 행위를 중단시키기 위해 조처를 취해야 한다. 성차별 관련법은 여성을 보호하기 위해 제정된 것이다. 하지만 성별과 관계없이 같은 처우를 받아야 한다고 규정하므로 필요하다면 남성에게도 적용될 수 있다. 연방법에 성적 지향(性的指向)에 근거한 차별을 금지하는 규정은 없다. 하지만 현행법은 트랜스젠더 직원을 보호해야 한다는 취지로 해석할 수 있고, 실제로 몇몇 주와 지방에서는 이러한 취지의 차별금지법이 이미 통과되었다.

노동조합은 급여와 근로조건을 협상할 목적으로 형성된, 노동자 집단을 대표하는 조직이다. 이 조합은 고용주 개인을 상대로 하거나 (자동차 업계의 경우에는) 업계 전반의 기준을 근거로 고용 계약을 협상할 수 있다. 고용주에 불만을 품은 노동조합원들은 파업을 일으키는데, 파업이란 노사 간 분쟁이 해결될 때까지 근무를 거부하는 것을 말한다. 노동조합은 1900년대 초반에 제조업 분야에서 (전기기사, 배관공, 용접공과 같이) 전문 기술을 가진 노동자 중심으로 형성되었으며, 1930년 연방노동법이 통과된 후로 크게 성장했다. 이에 반해 민간부문의 노조 가입률은 수십 년간 내림세가 이어져서 현재 7퍼센트에 불과하다. 하지만 공공부문 노조 가입률은 (교사, 소방, 경찰 등의 노조를 보면) 수십 년간 전체 노동자의 35퍼센트를 유지하고 있다. 노조활동이 경제에 긍정적인 영향을 주는가에 대해 여전히 열띤 논쟁이 벌어지고 있다. 노조 가입은 개인의 의사에 달린 것이므로, 노조가 있는 직장에 근무하는 사람은 가입 여부를 직접 판단해야 한다.

요즘 젊은 세대는 직장 내 프라이버시, 특히 전자 통신에 관련된 프라이버시에 민감한 것 같다(전자 통신이 아닌 다른 프라이버시 문제도 있을지 모른다). 그렇지만 이에 관한 정부 규제는 아직 미흡한 수준이다. 프라이버시에 관한 문화적 인식이 높아졌으며 관련법도 발전하고 있지만 정작 직장 내 프라이버시 보호에 관한 규정은 찾아보기 힘든 상태다. 그래도 한 가지 다행스러운 점이 있다면, 개인의 사생활은 고용주의 간섭이 미치지 못하는 영역이므로 그에 관해 거짓말 탐지기 사용을 강요받지 않는다는 것이다. 의료 기록이나 개인 전화 기록도 마찬가지다. 하지만 고용주에게 소유권이 있는 컴퓨터나 전화기, 업무 이메일은 검열당하거나 조사 대상이 될 수 있다. 고용주는 약물 테스트를 요구하거나 특정 웹사이트 접속을 차단할 수 있고, 근무 중의 소셜 미디어 사용을 금지할 수 있다. 또한 CCTV를 설치해서 직원들을 모니터링하거나 업무상의 전화 내용을 들어볼 수 있고 합당한 이유가 있다면 직원을 대상으로 조사를 벌일 수 있다. 그 밖에도 다양한 회사 방침의 준수를 고용 계약 조건으로 내걸 수 있다. 다수의 기업은 직원을 대하는 세세한 방침을 매뉴얼화해서 제공하며, 여기에는 직장 내 프라이버시에 관한 방침이 반드시 포함된다. 그러므로 취직하게 되면 직장의 업무 매뉴얼을 정독하기 바란다.

통상적으로 기업은 직원 교육에 투자해 직원들의 업무 능력을 강화한다. 이는 회사의 경쟁력과 직결되는 문제이며 회사의 지적 재산권 보호와도 밀접한 관련이 있다. 이 점 때문에 직원에게 경쟁금지조항Non-compete agreement에 동의를 요하는 기업이 늘어나고 있다. 경쟁금지조항은 직원이 추후에 현행 고용주와 경쟁 관계에 있는 회사에 취직하는 것을 금지하는 것이다. 하지만 근로권은 기본권에 속하므로 법조계는 이러한 금지조항을 달가워하지 않는다. 실제로 몇몇 주에서는 경쟁금지조항의 실효성을 인정하지 않는다. 경쟁금지조항은 영업 비밀이나 기밀 정보와 같은 고용주의 법적 이익을 보호하기 위해 매우 구체적으로 규정될 가능성이 크다. 하지만 금지하려는 지리적 범위, 직업 분야 및 시간적 제약이 너무 큰 경우에는 해당 조항의 시행 효력이 상실되거나 시행 불가능한 조항이 되고 만다. 예를 들어, 10년간 전 세계 어느 곳에서도 전자 관련 기업에 취직할 수 없다는 금지조항은 사실상 무의미하다. 하지만 현재 소프트웨어 관련 기업에 고용된 사람이 향후 6개월간 뉴잉글랜드 내에서 현행 고용주와 직접적으로 경쟁 관계에 있는 회사에 프로그래머로 취직할 수 없다는 규정은 법적 효력이 있을 것이다. 회사에서 경쟁 금지조항 서명을 요구하면 변호사에게 먼저 자문을 구해야 한다.

변호사 선임

평생 변호사의 도움을 받을 일이 없다면 억세게 운 좋은 사람일 것이다. 대부분은 변호사의 도움을 받아야 하는 상황을 여러 번 겪을 것이다. 그럴 때 어떤 변호사를 만나야 할까? 지방변호사협회에서 운영하는 추천 서비스를 사용해도 되고, 직장에서 무료로 법률자문 전화 상담서비스를 제공한다면 그 서비스를 통해 변호사를 알아볼 수 있을 것이다. 지인, 직장 동료 등을 통해 소개를 받을 수도 있다. 대형 국제 로펌은 수천 명의 변호사를 보유하고 있지만 대부분 기업을 대상으로 하는 업무에 익숙하고 개인의 법률문제는 수임하지 않을 확률이 높다. 따라서 개인 의뢰인은 가까운 지역 내 로펌이나 개인 법률사무소를 알아봐야 한다. 그리고 법률적 문제 중에는 변호사를 반드시 선임하지 않아도 되는 사안도 있다. 주식회사를 설립하는 일, 소액심판을 청구하거나 의료대리인을 선임하는 것, 유언장 작성은 변호인이 없어도 된다(물론 유언장의 효력을 인정받기 위해 검토하는 작업은 변호사에게 의뢰해야 한다).

법조인은 엄격한 윤리 강령을 따라야 하며, (무엇보다도) 수임료를 정확히 밝혀야 한다. 개인 상해와 같은 일부 사건에서는 승소 시 원고가 받는 배상액의 30~40퍼센트에 해당하는 금액을 성공 보수로 받는다. (법원에 서류를 접수하거나, 증거 수집, 교통비와 같은) 소송 관련 비용을 선불로 지불받기도 한다. 성공 보수는 승소할 경우에만 지불하는 것이며, 패소 시에는 시간당 수임료만 내면 된다. 통상적으로 변호사를 처음 만나서 사건에 대해 상담하는 것은 수임료를 내지 않는다(첫 상담이 무료인지 미리 확인해보는 것이 좋다). 변호사 앞에서 다소 주눅이 들거나 긴장되는 것은 자연스러운 일이다. 그렇지만 용기를 내어 변호사의 배경이나 경험에 대해 최대한 많이 질문하는 것이 좋다. 변호사 비밀유지 의무에 따라 의뢰인이 변호인에게 알려준 정보는 (범죄를 계획하는 것이 아닌 이상) 철저히 보호되므로 마음을 놓아도 된다. 또한 법적 문제에 관련된 점을 변호사에게 숨김없이 알려주어야 확실한 도움을 받을 수 있다. 법적 소송은 절차가 복잡하고 감정적 소모가 큰 일이다. 때문에 의뢰인의 마음을 편하게 해주고, 해당 분야에 경험이 많으며, 승소율이 높은 변호사를 선임하는 것이 좋다.

14장

FEDERAL RESERVE NOTE
KK57638956 C
K11
THIS NOTE IS LEGAL TENDER FOR ALL DEBTS, PUBLIC AND PRIVATE
Treasurer of the United States.
SERIES 2006 A
FRANKLIN

노후 대비

나이가 들수록 재정적 필요와 관심사는 달라지게 마련이다. 부모님이 여전히 살아계신다면 그 사람은 정말 운이 좋은 사람이다. 하지만 세월이 더 흐르면 본인이 은퇴 연령이 되기 전에 부모님과 사별할 가능성이 있다. 이처럼 가족과 사별하는 일은 집안 경제에 큰 충격을 줄 수 있다. 그뿐만 아니라 본인 또는 가족 중 누군가 심각한 건강 문제를 겪을 가능성도 있다. 그렇지만 은퇴는 좀 다르게 느껴질 수 있다. 은퇴는 아직 먼 미래의 일이라고 생각하는 사람이 많을 것이다. 지금 하는 일을 그만두거나 다니고 있는 직장을 떠나는 것은 상상조차 하기 어려울 수 있다. 그렇다 하더라도 은퇴 계획은 가능한 한 빨리 세워야 한다. 지금부터 은퇴 후의 삶에 대비해 필요한 조처를 하는 것은 결코 성급한 일이 아니다. 오히려 빨리 시작할수록 자신의 노후가 편안해질 것이다.

퇴직연금

나이가 많아질수록 유용한 경험이 많아지고, 귀중한 인적 자산과 기술을 많이 가지게 된다. 이러한 것들은 쉽게 대체할 수 없는 것이다. 그렇지만 60대 중반이 넘어가면 체력과 기억력이 감소하고 업무에 대한 흥미 역시 줄어드는 현상이 나타난다. 사실 죽을 때까지 일하고 싶어 하는 사람은 많지 않다. 은퇴 후에는 원하는 일을 하면서 편안하게 지내는 것이 많은 사람의 소망일 것이다. 하지만 재정적으로 보면 은퇴 후에는 근로소득이 아예 사라지거나 급격히 줄어들기 때문에 다른 소득에 의존해야만 기본적인 생활을 유지할 수 있다. 사실 은퇴는 비교적 최근에 나타난 현상이라고 할 수 있다. 20세기 중반만 보더라도 많은 사람이 죽는 날까지 노동의 굴레에서 벗어나지 못했기 때문이다. 1937년에 도입된 사회보장제도 덕분에 죽을 때까지 일해야 하는 시대는 끝난 것 같다. 이제는 재정적으로 안정된 노후를 즐기기 위해 은퇴 계획을 잘 세워야 한다.

고등학교 졸업 후 4년제 대학을 마치고 곧바로 정직원으로 직장에 취업한 사람이라면 45세 전후에 퇴직하게 된다. 지금은 먼 미래처럼 느껴지겠지만 요즘은 평균수명이 70세 후반에서 80세 초반임을 고려하면 퇴직 이후에 약 20년간 수입이 필요하므로 이에 대한 계획을 세워야 한다. 은퇴 계획을 빨리 시작할수록 노후 20년간 안정적으로 생활할 수 있다. 반대로 이를 소홀히 하면 은퇴 후에 계속 불안과 돈 걱정을 안고 살게 된다. 아주 좋은 계획을 세우지 못했다 하더라도 사회보장제도가 있으므로 은퇴 후에 극도의 빈곤에 시달릴 가능성은 거의 없다. 하지만 나이도 많은데 기본생활소득만으로 근근이 여생을 꾸리고 싶은 사람이 있겠는가? 당신도 그런 노후는 원하지 않을 것이다.

주위를 둘러보면 직장에서 퇴직연금에 가입한 사람을 많이 볼 수 있다. 퇴직연금이란 근로자가 수익의 일정 부분을 저축해 그 투자를 관리하는 상품을 말한다. 퇴직연금에는 양도성예금증서, 인덱스 뮤추얼펀드와 같은 다양한 투자 옵션이 제공되며, 고용인이 계좌에 넣은 돈은 영구적으로 계좌 소유자, 즉 본인의 돈으로 간주한다. 고용주도 고용인이 낸 금액에 비례하는 일정액을 퇴직연금에 보태줄 수 있다. 이렇게 고용인이 부담금을 정하는 것을 확정기여형defined-contribution이라고 한다. 401(k) 연금이 가장 대표적인 확정기여형 퇴직연금에 속한다. 비영리단체에서 근무하는 사람은 이와 비슷한 403(b) 연금에 가입할 수 있다. 연방정부 공무원에게는 퇴직연금저축투자제도Thrift Savings Plan, 즉 TSPs가 제공된다. 이러한 퇴직연금에는 두 가지 세금 혜택이 주어진다. 연금을 받을 때 본인이나 고용주가 부담한 금액은 소득세가 부과되지 않으며, 퇴직연금 계좌에 발생한 (배당금이나 이자와 같은) 수익은 실제로 퇴직연금을 받을 때까지 과세가 연기된다. 실제로 퇴직 후 연금을 받게 되면, 그때부터는 연금을 과세 대상 수익으로 간주한다. 이렇게 장기간 납세를 연기할 수 있으므로 퇴직연금으로 묶어둔 자금을 목돈으로 키울 수 있다. 퇴직연금이 절세 상품이라고 불리는 데는 그만한 이유가 있는 것이다.

직장에서 퇴직연금에 가입하지 않았다면 각종 은행과 뮤추얼펀드사의 IRAIndividual Retirement Account(개인 퇴직 계좌)에 가입할 수 있다. IRA는 직장 퇴직연금과 비슷한 세금 혜택을 제공한다. 소득의 일정액을 IRA에 투자하면 (여기에 투자하는 소득은 비과세이고, IRA에서 발생하는 소득 역시 실제로 퇴직연금을 받을 때까지는 과세하지 않으므로) 동일한 세제 혜택을 받을 수 있다. 퇴직 후에 연금이 나오기 시작하면 그때는 연금에 대해 소득세를 내야 한다. IRA 상품을 판매하는 회사는 401(k)과 마찬가지로 정부가 발행하는 채권에서부터 개별 종목에 이르기까지 다양한 투자 옵션을 제공한다. 한 가지 큰 차이점은 IRA는 고용주의 기여금이 전혀 없다는 것이다. 가입 당사자가 내는 돈이 연금 전부라고 봐야 한다.

퇴직연금 중에 당장 세금 공제는 받을 수 없지만, 연금에 축적되는 모든 소득을 비과세로 해주는 것이 있다. 이 연금은 델라웨어주의 윌리엄 V. 로스 주니어William V. Roth Jr. 상원의원의 이름을 따서 만든 '로스Roth' IRA다. 로스 상원의원이 관련법을 통과시켜 이 연금을 창설했기 때문이다. 로스 IRA 연금에 돈을 넣으려면 먼저 소득세를 내야 한다. 예를 들어, IRA를 개설하고 3천 달러를 넣으면 소득세 20퍼센트가 지방자치단체와 주정부, 연방정부에 납부되므로 로스 IRA에는 2,400달러가 남는다. 로스 IRA가 아니라면 잔액은 3천 달러일 것이다. 하지만 퇴직 시기가 되면 상황은 역전된다. 로스 IRA에서 인출하는 돈은 소득세를 전혀 낼 필요가 없지만 다른 계좌나 연금에서 나오는 돈은 소득세가 부과될 것이다. 쉽게 말해서 지금은 세금 혜택이 없지만 나중에는 혜택을 받을 수 있다는 것이다. 연금 투자로 발생한 수익은 한 푼도 세금을 낼 필요가 없다. 과세 시기만 미루는 것이 아니라 아예 세금을 내지 않는다는 뜻이다. 로스 연금이 항상 유리한 것은 아니지만 많은 사람에게 인기를 누리고 있는 것은 사실이다.

연방정부와 주정부는 여전히 퇴직연금을 많이 사용한다. 연방정부는 연방 공무원연금에 따라 연금을 지급한다. 모든 연금제도에는 재정 상태를 책임지는 후원자가 있다. 사기업, 노조 또는 정부기관이 후원자인 경우가 많다. 연금 수혜자가 내는 돈이 연금 운용에 사용되는 예도 있지만 연금의 대부분은 바로 후원자가 부담하는 것이다. 보험계리사actuary는 매년의 투자금이 향후 수년간 어떻게 운용될 것인지, 연금 수혜자의 예상 수명은 어느 정도이며 이들이 받을 금액이 얼마인지를 주도면밀하게 계산한다. 뿐만 아니라 이를 감당하려면 추가로 필요한 자금이 얼마인지도 계산해낸다. 향후 예상되는 연금 지출보다 현재 연금제도의 자금이 부족하다고 판단되면 후원자가 그 부분을 메꿔야 한다. 그런데 후원자가 재정적 사정이 좋지 않아서 연금제도가 지급불능 상태까지 치닫게 되면 연금지급보증공사Pension Benefit Guarantee Corporation가 운영하는 연방보험으로 위기를 모면할 수 있다. 상황이 이 정도로 나빠지면 연금 수혜자가 최종적으로 받는 연금도 처음에 예상한 금액보다 줄어들 수밖에 없다.

노후 자금으로 얼마가 필요할까?

이 책의 내용을 하나도 빠짐없이 모두 적용하려면 수입 대부분을 저축해야 할 것이다. 내 집 마련을 위한 저축도 필요하고 결혼해 자녀를 낳을 때 대비하는 자금도 필요하다. 휴가 자금도 따로 모아야 하고 비상금도 챙겨야 한다. 그리고 학자금 대출을 갚을 돈도 따로 떼어놓아야 한다. 게다가 이제는 은퇴 이후의 삶을 대비해 저축해야 한다니 수중에 남는 돈은 거의 없다고 해도 과언이 아니다. 이렇게 저축만 하면 정작 인생을 즐겁게 사는 데는 한 푼도 쓰지 못하는 것이 아닐까? 매정하게 들릴 수 있겠지만 앞서 나온 저축은 인생에서 모두 중요한 것이라서 어느 것도 소홀히 할 수 없다. 저축은 지출을 약간 뒤로 미루는 것이다. 문제는 돈을 지금 당장 쓸 것인가 아니면 투자를 통해 저축을 좀 늘린 다음에 쓸 것인가다. 생산적으로 일할 수 있는 시기에는 무조건 돈을 모아야 한다. 은퇴할 나이가 되면 돈을 벌 수 있는 능력과 기회도 훨씬 줄어들기 때문이다.

은퇴 후 노후 자금으로 얼마가 필요할까? 금액은 사람마다 다를 것이다. 금융 전문가는 평균 예상 수명보다 훨씬 오래 살 가능성에 대비해야 하므로 은퇴 전 수입의 60퍼센트 내지 70퍼센트를 은퇴 후 소득으로 설정하는 것이 좋다고 말한다. 인생의 황혼기에 경제적으로 쪼들리는 생활을 원하는 사람은 없을 것이다. 하지만 이를 대비하기란 그리 쉬운 문제가 아니다. 은퇴 후에는 메디케어라는 든든한 안전망이 있지만 그래도 의료비 지출이 많이 늘어날 수밖에 없다. 평균적으로 은퇴 이후의 삶에서 의료비 지출은 1인당 12만 달러가 넘는다고 한다. 한편, 은퇴 후 소득에서는 저축을 따로 떼어놓거나 거액의 대출을 갚느라 돈이 나갈 일은 없을 것이다. 많은 금융 전문가는 자녀의 학자금과 같은 저축 목표가 있더라도 자신의 은퇴 후 생활자금을 모으는 것이 더 중요한 문제라고 말한다. 자녀의 학자금은 부모가 아니라 자녀 본인이 갚아나갈 시간적 여유가 있기 때문이다. 누구에게나 자기 자신의 미래를 대비하는 것이 가장 중요한 문제다.

고정 연금은 일정 기간에 걸쳐 미리 정해진 금액을 내고, 나중에 연금에서 정기적인 수익을 돌려받는 금융 상품이다. 10년 또는 15년과 같이 정해진 기간 연금을 받거나, 종신 연금의 경우에는 평생 연금을 받을 수 있다. 후자의 경우, 연금 가입자가 오랫동안 살수록 보험사로서는 부담이 커질 수밖에 없다. 반대로 종신 연금에 가입하는 사람은 연금을 선불로 냈지만 정작 이를 되돌려 받을 만큼 오래 살지 못하면 손해를 입을 위험을 안게 된다. 매달 나오는 연금은 본인이 냈던 원금 일부와 아직 돌려받지 않은 나머지 원금에 대한 수익이 포함된 것이다. 결국은 자기 자산을 조금씩 소비하는 것이지만, 계획을 잘 짜면 죽기 전에 가진 돈을 모두 써버리는 일은 없을 것이다. IRA, 401(k)과 같은 연금을 잘 관리하면 고정 연금과 비슷하게 매달 일정액이 나오게 할 수 있다. 다음 예시를 함께 살펴보자.

퇴직을 앞둔 68세 여성이 있다고 가정해보자. 통계에 따르면 이 사람의 남은 예상 수명은 18년쯤 된다. 하지만 실제로 68세 여성의 절반은 18년 이상 살기 때문에 대비책이 필요하다. 도표 14.1은 평균 연 수익률이 6퍼센트인 노후연금저축에 50만 달러가 있다고 가정한 것인데, 여기에서 24년간 4만 달러의 연 수익이 가능하다. 이는 사회보장연금을 제외한 액수다. 사실 이 돈이 충분하다고 말하긴 어렵다. 68세에 은퇴하는 여성 중에서 4분의 1은 예상 수명이 92세가 넘을 것이므로 수명이 길어질 경우를 고려해야 한다. (사회보장연금과는 별도로) 연 3만 5천 달러의 퇴직연금을 받아서 생활한다면, 원금 50만 달러로 101세가 넘을 때까지 버틸 수 있다(이렇게 장수할 확률은 1.5퍼센트에 불과하다). 하지만 이 계획은 투자 수익률에 크게 좌우된다는 단점이 있다. 연 수익률이 겨우 4퍼센트라면 61만 달러로 시작해야 24년간 4만 달러의 연 수익을 기대할 수 있다. 33년 동안 매년 3만 5천 달러를 받으려면 연금저축에 64만 달러가 있어야 한다. 이렇게 은퇴 후 자산을 연금처럼 사용하면 안정적인 수입으로 생활할 수 있지만 결국 자신의 저축이 줄어드는 것이므로 저축액이 바닥나지 않게 조심해야 한다.

도표 14.1 | **연금 수령액** | **출처**·저자의 분석

	연 수익 6%	연 수익 4%
초기 저축액	$502,100	$610,000
연 수익금	$40,007	$40,008
납부 기간	24년	24년
초기 저축액	$502,100	$640,300
연 수익금	$35,284	$35,283
납부 기간	33년	33년

도표 14.2 | **은퇴 저축을 10년 일찍 시작할 때 발생하는 효과** | **출처**·저자의 분석

저축을 시작하는 나이	22세	32세
퇴직 나이	70세	70세
연간 저축액	$3,000	$3,000
연간 수익	6%	6%
퇴직 시 총액	$769,694	$407,713

은퇴 이후의 생활을 대비하는 저축을 일찍 시작하면 복리 이자의 혜택을 최대한 받을 수 있다. 도표 14.2에서 알 수 있듯이, 불과 10년 일찍 저축을 시작했을 뿐인데, 그렇지 않은 경우에 비해 수십만 달러를 더 받게 된다. 22세에 취직해 노후 자금으로 매년 3천 달러를 IRA에 저축했다고 가정해보자. 이와 반대로 20대를 제대로 즐기고 싶어서 저축을 전혀 하지 않다가 서른두 살에 노후를 대비해야겠다고 생각해 매년 3천 달러를 모으는 사람과 비교해보자. 이렇게 노후 대비 시기가 10년이나 차이가 나는 상태에서 70세에 퇴직하면 결과는 어떻게 달라질까? 평균 투자 수익률이 6퍼센트이므로 '노후 대비를 일찍 시작'한 사람은 퇴직할 때 77만 달러 정도를 모을 수 있지만, 10년 '늦게 시작한' 사람은 40만 8천 달러도 모으지 못할 것이다. 일찍 시작한 사람은 매년 3천 달러씩 10년을 더 모았지만, 실제로는 복리 이자 덕분에 36만 2천 달러를 받게 된다. 그러므로 퇴직연금은 당장 시작하는 것이 가장 유리하다.

유언과 유산

현재 20세 여성을 기준으로 할 때 10만 명당 9만 9,499명은 30세까지 살 것이고 9만 8,632명은 40세까지 살 수 있을 것이다. 다시 말해 젊을수록 사망 확률은 극히 낮다는 것이다. 젊은 사람이 사망하는 원인은 (발생 빈도에 따른 순서로 나열하자면) 교통사고, 약물중독, 자살이다. 사람이 죽으면 가족과 친지, 동료는 가슴이 미어지는 아픔을 겪는다. 하지만 문제는 거기에서 끝나지 않는다. 가장 흔한 경우는 부모나 조부모의 사망일 것이다. 이런 일이 발생하면 고인의 재정 상황을 정리해야 한다. 유언(또는 유서)이 있으면 유가족은 고인의 뜻에 따라 유산을 처분할 수 있다. 미성년 자녀에 대한 법적 보호자를 정하거나 고인의 유골을 모실 장소를 정하는 것과 같은 중요한 문제도 유언장에 언급될 수 있다.

당신은 부모와 사이가 좋은 편인가? 뜬금없는 질문처럼 들릴지 모르나 이것은 유산과 관련해서 중요한 질문이다. 이 책의 독자가 미혼의 젊은 사람은 아직 유언장을 작성하지 않았을 것이다. 젊은 사람이 유언장을 남기지 않고 사망할 경우 모든 소유물이 부모에게 돌아가는데, 이를 무유언 사망이라고 한다. 미국은 주마다 무유언 사망자의 유산을 가족에게 넘기는 방식을 법으로 규정하고 있다. 대부분의 지역에서 망인의 자산은 살아 있는 가족에게 주어지는데, 배우자가 상속순위가 가장 높다. 배우자가 없으면 자녀가 그다음 순위다. 자녀가 없는 경우에는 부모와 형제자매 순으로 상속된다. 이 순서대로 상속되는 것에 동의한다면 따로 유언장을 만들 필요가 없다. 하지만 다른 이유로 유언장을 작성할 수도 있다. 음악이나 자동차 등을 수집하는 사람은 그런 개인사유품을 물려받을 사람을 지정하기 위해 유언장을 만들 수 있다. 현금의 경우 자선단체에 기부하거나 노후에 자신을 돌봐줄 특별한 친구에게 유산으로 물려주고 싶다면 (이를 유증 유산이라고 한다) 따로 유언장을 작성해두어야 한다. 한편, 유언장에 따라 자산을 넘기면 11장에서 살펴본 것처럼 평생 증여세에 관한 세금 혜택이 적용된다(사망 시 상속세가 발생하는 경우는 전체 사망자의 1퍼센트도 되지 않는다). 유언장을 미리 작성해두면 법적 절차가 간소화되므로 전체적인 과정에 드는 시간과 비용을 줄일 수 있다.

고인의 자산과 부채 중 대부분은 유산으로 간주한다. 안타깝지만 채무자가 사망할 때 (용역을 이행할 의무는 사망 시 자동으로 사라진다고 말할 수 있지만) 채무가 저절로 사라지는 것은 아니다. 그리고 일부 자산은 유산으로 분류되지 않는다. 공동명의로 된 은행계좌나 공동명의로 된 부동산의 경우, 명의자 중 한 사람이 사망하면 해당 계좌와 부동산은 자동으로 나머지 명의자의 소유가 된다. 유언장을 작성할 때 유산을 처리해줄 상속집행인을 지정할 수 있다. 상속집행인은 유산을 처리할 동안 고인의 자산을 찾아서 관리하고, 세금이나 기타 채무를 정산하고, 세금 환급액을 처리하고, 정부기관이나 고인과 업무상 관련된 사람에게 연락할 사항이 있으면 전달하고, 유산을 상속할 사람을 찾아서 연락하며, 관련된 분쟁을 해결하거나 불확실한 사항을 처리한다. 그뿐만 아니라 상속집행인은 적절한 시기에 유산 상속자에게 자산을 전달하고, 고인의 유언에 따라 장례 절차를 밟으며, 유언장에 포함된 그 밖의 사항을 모두 처리한다. 상속법원probate court을 통해 처리해야 하는 업무도 상속집행인이 맡게 된다. 상속법원은 유언과 상속에 관한 모든 사항을 처리하는 특수 법원이라서 업무의 상당 부분은 변호사의 도움 없이 처리하기 어렵다.

고인과 고인의 가족을 잘 알고 있는 사람이 상속집행인이 되어야 여러모로 유리하다. 그래서 상속집행인은 흔히 배우자, 부모, 성인이 된 자녀와 같이 상속인 중 한 사람이나 직계 가족이 맡는다. 상속집행인은 신뢰할 만하고 일 처리가 꼼꼼하며 인내심이 강한 사람이어야 한다. 물론 그 밖에도 고려할 점이 많다. 상속집행인이 되면 처리할 일이 많으므로 가까이 사는 사람이 맡는 것이 좋다. 이 일을 맡기는 것은 그 사람에 대한 신뢰가 높다는 증거다. 하지만 유산 처리에 통상 6개월에서 12개월이 걸린다는 점을 생각하면 적잖은 부담을 안겨주는 것이라고도 할 수 있다. 따라서 상속집행인은 해당 주의 법률로 정해진 보수를 받을 수 있다. 대부분은 유언장에 상속집행인의 부재 시 이를 대리할 사람을 몇 명 더 지정하고 있다. 따라서 유언장에 상속집행인으로 지정된 1번 대상자가 이 책임을 고사하거나 상속집행인의 역할을 감당할 처지가 못 된다 하더라고 해도 크게 걱정할 필요가 없다.

그러면 유언장은 언제 작성해야 할까? 일단 자산이 많이 늘거나, 자녀가 태어나거나 결혼하는 것과 같은 인생의 전환점에 유언장 작성을 고려할 수 있다. 이런 일이 생기면 유언장을 꼭 작성해두는 것이 좋다. 물론 이런 상황이 아니더라도 유언장을 미리 작성해두어서 손해볼 것은 없다. 인터넷에서 자료를 찾아봐도 좋고 도서관에서 관련 자료를 읽어보거나 저렴한 비용으로 관련 소프트웨어를 사서 유언장을 작성하는 것도 좋은 방법이다. 유언장은 사람이 살면서 서명하는 서류 중 가장 중요한 법적 서류라고 할 수 있다. 따라서 주 법률에서는 유언장을 적절히 집행하기 위해 공식적인 절차를 따를 것을 요구한다. 일반적으로 유언장을 작성하고 서명할 때는 공증인이 출석해서 유언장 당사자의 인적 사항을 확인하고 작성자가 서명한 페이지에 공증 확인 도장을 찍어야 한다. 대다수 주에서는 유언장에 서명할 때 여러 명의 증인을 둘 것과 이 증인들도 유언장에 같이 서명할 것을 요구한다. 그뿐만 아니라 유언장 전체를 자필로 작성하고, 공증받은 서명이나 공식적인 증인이 아니라 작성자의 자필 서명이 들어 있는 소위 '자필 유언장'만 인정하는 지역이 많다. 이런 유언장은 예기치 못한 사고를 당했거나 긴급 상황이 발생해 죽음이 임박한 경우에 많이 사용된다.

신탁

신탁은 자산을 맡기되 자산 운용에 관한 계약을 설정함으로써 자산에 대한 소유권을 행사하는 것을 말한다. 수여자는 자산을 맡기면서 이 자산을 사용할 수 있는 사람(상속인)이 누구이며 신탁의 조건이 무엇인지 결정하게 된다. 수여자는 유언 신탁을 많이 선택하는데, 이 자산은 수여자가 사망한 후에 신탁의 관리, 운용 대상이 된다. 수여자는 살아 있을 때 미리 신탁해둘 수 있다(이를 가리켜 유언 대용 신탁living trust, 생전 신탁, 수익자 연속 신탁이라고 한다). 신탁 방법은 간단하다. 신탁 대상 자산을 실질적, 법적으로 소유할 신탁관리자에게 맡긴다는 취지의 유언장이나 신탁 계약서를 작성하면 된다. 신탁관리자는 수여자의 지시에 따라 자산을 관리하거나 상속인에게 자산을 배분할 의무가 있다.

수여자는 신탁을 사용해 자산을 물려주면서 상속인이 그 자산을 지혜롭게 잘 관리하기를 원할 것이다. 젊은 부부가 자동차 사고로 세상을 떠나면서 어린 딸에게 생명보험 10만 달러를 남겨두었다. 부부의 유언장은 부모가 사망할 때 딸의 법정 후견인이 될 사람을 지정하고 있으며, 어린 딸을 대신해서 생명보험을 유지, 관리하도록 신탁하겠다는 의사를 표현하고 있다. 가족기업의 설립자가 경영권을 자녀 중 한 사람에게 물려주되 기업의 수익은 다른 자녀들도 받을 수 있도록 원한다면 어떻게 해야 할까? 기업 수익을 신탁에 맡기면 1명의 신탁관리자가 기업을 운영하되 수익은 나머지 상속인들도 고루 받을 수 있다. 대부분의 신탁은 유산의 상당 부분을 자녀에게 물려주는 방식이지만, 수여자가 원하는 분야의 자선활동을 후원하는 신탁도 늘어나고 있다. 신탁은 복잡한 구조로 이루어져 있으며 법이나 회계 분야의 전문가의 도움을 얻어야만 설립, 운영할 수 있다.

신탁으로 후손에게 자산을 넘기면 세금 혜택을 기대할 수 있다. 미국은 상속 및 증여세가 일정한데, 연방정부는 최대 40퍼센트고 일부 주는 15퍼센트 내지 20퍼센트로 정해져 있다. 신탁을 사용해도 상속세와 증여세를 완전히 피할 수는 없지만, 어느 정도 줄일 수는 있다. 예를 들어, 앞으로 가치가 상승할 것으로 예상하는 자산을 자녀에게 물려준다고 생각해보자. 이때 세금은 여러 해가 지난 후에 상속인이 돈을 받는 시점을 기준으로 부과되는 것이 아니라 신탁에 넘기는 시점의 가치를 기준으로 부과된다. 일부 신탁은 손자녀를 상속인으로 지정해 자녀 세대에 부과될 증여세를 내지 않게 해주지만, 이렇게 감면받는 세금에도 최대 한도가 정해져 있다. 세제 혜택을 받는 것은 취소 불가능한 신탁이어야 하는데, 이는 신탁 마련을 취소할 수 없다는 뜻이다. 취소 불가능이 아닌 신탁은, 세금을 부과할 때 해당 자산을 재산 양도인이 소유한 것으로 간주한다. 즉, 철회 가능한 신탁에 맡긴 자산은 상속세가 부과된다.

신탁을 사용하면 재산 양도인의 프라이버시를 보호할 수 있다. 신탁은 모든 서류가 공개되는 상속법원에서 처리되지 않기 때문이다. 그뿐만 아니라 신탁을 사용하면 기부자의 사망과 동시에 신탁관리자가 해당 자산을 원하는 대로 사용할 수 있다는 장점도 있다. 상속법원이 개입하거나 상속집행인이 관여하지 않으므로 증여 재산이나 배당금 등이 상속인에게 즉시 전달된다. 신탁에 자산을 맡기면 유산 처리에 드는 전체적인 비용도 절감할 수 있다. 법원에서 유언 검증 절차를 거치면 유산 총액에 비례해 비용을 내야 하는데, 신탁이 훨씬 저렴하다. 철회 가능한 신탁의 경우, 재산 양도인은 언제든지 신탁 처리 요건이나 상속인을 변경할 수 있다. 이 신탁의 단점은 유산이 많으면 세금 지출이 많다는 점이다.

신탁관리자는 법적 소유자이므로 신탁에 맡긴 자산은 불필요하거나 과도한 지출로 소실될 우려가 적다. 많은 신탁의 경우 신탁관리자는 수혜자를 대상으로 하는 법적 소송의 판결에 따라 배당금을 내는 것이 금지되어 있다. 얼핏 보면 불합리한 것 같지만, 소송 당사자가 아닌 다른 상속인에게도 그 신탁에 대한 권리가 있다는 점을 감안해야 한다. 어떤 상속인은 분에 넘치는 과소비를 일삼거나 그 밖에 여러 가지 방식으로 재정 악화를 자초한다. 신탁관리자는 분별력을 보여서 마약을 하거나 돈을 함부로 쓰는 상속인에게 지급하는 액수를 줄이거나 제한할 수 있다. 자선사업을 목적으로 만든 신탁이 아닌 이상, 영구적이 될 수 없다. 결국 신탁 자산은 상속인에게 모두 나눠줘야 한다. 그렇긴 하지만 신탁을 잘 계획한다면 자산을 효율적으로 운영, 보호해 여러 세대의 후손에게 재산을 나눠줄 수 있다.

건강 문제

나이가 들면 건강 문제를 겪을 가능성이 커진다. 질병에 걸리거나 신체 일부에 장애가 생길 수 있고 가족력에 따른 건강 문제를 겪을 수도 있다. 나이가 들면 두뇌와 감각기관에 문제가 생기고 여러 가지 신체 기능이 저하된다. 어떤 건강 문제는 가벼운 수준이지만 일상생활에 심각한 방해가 되거나 삶을 송두리째 바꿔버리는 질병이나 장애도 있다. 장애보험은 통상적인 근로자가 받는 급여에 대한 대체소득만 제공하며 보험 적용 기간도 65세까지로 정해져 있다. 하지만 노년기에는 나이가 들수록 장애가 매우 심각해질 수 있다. 65세에서 74세 사이의 노인 중 약 35퍼센트가 일상생활의 주요 기능에 영향을 주는 장애를 안고 있다. 이 비율은 75세에서 84세 사이의 노인에 이르면 40퍼센트로 증가하며 85세 이상 노인의 경우에는 55퍼센트까지 늘어난다. 이 책의 독자들에게는 직계가족 중에 노인이 있을지 모른다. 그들을 생각해보면 건강과 장애 여부가 은퇴 후 삶에서 매우 중요한 문제임을 통감할 수 있을 것이다.

이미 알고 있듯이, 평균적으로 은퇴 이후에는 병원 진료, 약값, 각종 치료 때문에 의료비 지출이 많이 늘어난다. 요양원이나 기타 의료시설에 장기간 머무를 경우, 비교적 좋은 프로그램은 연간 8만 달러에서 10만 달러 정도 소요된다. 문제는 이러한 비용은 메디케어 지원을 받을 수 없다는 것이다. 요양시설 관련 보험도 있긴 하지만 보험료가 만만치 않을 것이다. 빈곤층이라면, 메디케어에서 요양시설 사용료를 지원받을 수 있다. 불행 중 다행인 것은, 실제로 이런 요양시설에 1년 이상 머무르는 경우가 거의 없다는 점이다. 삶이 얼마 남지 않은 말기 환자를 돌보는 호

스피스라는 특수 요양시설도 있다. 노년기에 깊숙이 접어들수록 식사 준비, 목욕, 옷 갈아입기와 같은 일상생활에 도움이 필요하게 된다. 그런데 그런 도움은 의료인이 아닌 요양보호사를 시간제로 고용하면 되므로 비용이 그리 많이 들지 않는다.

전문가에 따르면 노인은 적어도 두 가지 법적 서류를 인터넷에 올려두거나 집 안 서재에 보관해야 한다. 하나는 사전의료의향서다. 제목과 달리 이것은 실제 유언장이 아니므로 당사자의 자산 처분과 아무런 관련이 없다. 사전의료의향서는 사전의료지시서advance directive라고도 하는데, 환자가 의식이 없을 경우에 대비해 치료에 대한 본인의 의사를 미리 밝혀두는 것이다. 예를 들어, 사전의료의향서에는 본인에게 호흡 정지가 오면 심폐소생술 거부, 삽관 거부 또는 기타 인공생명 보조 장치의 연결을 거부하는 요구를 포함할 수 있다. 더 나아가 그러한 위급 상황에서 어떤 치료를 하거나 하지 말아 달라고 명시할 수 있다. 이렇게 사전의료의향서를 작성해두면, 감정적으로 매우 힘들거나 환자와 의사소통할 수 없는 상황이 닥쳐도 가족들은 환자가 무엇을 바라는지 알 수 있다. 연로한 부모라면 심각한 치료를 받아야 하는 상황이 발생하기 전에 자녀에게 자신의 사전의료의향서 내용을 알려주는 것이 좋다. 부모가 사전의료지시서를 이미 작성해두었다면 자녀는 그 내용을 확인해두어야 한다.

노인에게 두 번째로 중요한 문서는 의료 위임장인데, 통상 의료대리인health-care proxy으로 알려져 있다. 노인에게 가장 무서운 병은 알츠하이머와 치매라고 할 수 있다. 기억력이 일부 소실되는 것은 자연스러운 노화 과정이지만 치매에 걸리면 본인의 건강에 대해 스스로 결정할 수 없는 상태가 되어버린다. 이 밖에도 뇌졸중에 걸리거나 혼수상태에 빠져서 의사불능 상태가 되기도 한다. 의료진이 환자가 스스로 결정을 할 수 없는 상태에 이르렀다고 결정하면, HCPOA에 따라 대리인에게 환자에게 필요한 의료상의 결정을 위임하게 된다. 그러므로 대리인은 매우 신중하게 정해야 하며, 환자의 프라이버시에 관한 연방 규정에 따라 HCPOA를 작성해야 한다. 일부 노인은 위임장을 작성해두어, 믿을 만한 친척이나 친한 친구가 은행 업무, 공과금 납부, 투자 관리와 같은 모든 재정적 사안을 대신 처리하도록 권한을 부여한다.

가족을 돌보는 일

인생을 살다 보면 혼자 지내는 것이 어려울 때가 있다. 특히 몸이 아프거나 나이가 들면 주변의 도움이 절실해진다. 미국의 경우, 기댈 곳이 없는 사람을 위해 정부와 자선단체가 여러 가지 사회복지를 제공하고 있으므로 크게 걱정할 것은 없다. 하지만 이런 서비스는 최후의 수단이 되어야 한다. 사실 가족의 품에 있는 것처럼 편안하고 따뜻한 서비스는 존재하지 않는다. 제아무리 화목한 가족이라도 종종 갈등을 겪을 수 있다. 그렇긴 하지만 여전히 대다수 사람은 부모를 포함해 노령에 접어든 가족이나 친지를 보살펴줘야 한다고 생각한다. 이러한 감정은 매우 자연스러운 것이며 사람이라면 마땅히 해야 할 일이다. 그렇지만 특정한 질병을 앓을 때는 가족이 아무리 최선을 다해도 역부족이라고 느낄 때가 있다. 부모는 자녀가 자신을 돌보느라 지쳐가는 모습을 보는 것이 미안하고 불편하겠지만, 자녀는 동정심과 사랑의 힘으로 묵묵히 부모를 돌볼 것이다. 아직 젊다면 지금부터 노부모 또는 가족을 돌볼 준비를 해 두어야 한다. 거기에는 자신의 재정 상황부터 잘 돌보는 것이 포함된다. 쉽지 않겠지만 부모의 삶에 마지막 순간이 찾아올 때 자녀가 어떻게 해주기를 원하는지 허심탄회하게 대화해봐야 한다. 이 대화는 부모가 아직 정신적, 신체적 힘이 있을 때 미리 해야 한다.

부록

핵심 정리

재무 관리를 위해 꼭 알아야 할 점

이 책의 주요점을 요약하자면 다음과 같다.

1. 단순하게 정리하라 | 재정적인 문제는 복잡하게 만들어서 유리할 것이 없다. 복잡할수록 관리하기 어렵고 돈의 흐름이 한눈에 들어오지 않기 때문이다.

2. 근검절약하라 | 자원은 한정되어 있고 미래는 불확실한 것이 인생이다. 불필요한 지출을 줄이면 나중에 돈 걱정 없이 편하게 살 수 있을 것이다.

3. 부채를 최대한 줄여라 | 빚을 지는 것은 개인이나 가계에 가장 큰 재정적 부담을 준다. 빚은 인생을 완전히 망쳐놓을 수도 있다. 빚을 내는 것이 도움이 될 때도 있지만 가능한 한 빚지는 일을 줄이는 것이 장기적으로 유리할 것이다.

4. 최대한 저축을 늘려라 | 수입이 많든 적든, 수입보다 지출이 커지면 안 된다. 지금은 허리띠를 졸라매는 것이 힘들 수 있지만 인생 후반에는 복리 이자의 혜택을 누리면서 여유롭게 살 수 있다.

5. 돌다리도 두드려 보고 건너라 | 본인이 잘 이해할 수 없는 투자 기회라면 과감히 포기하고 후회하지 마라. 느낌이 좋지 않은 투자는 결국 실패할 확률이 높기 때문이다.

6. 다양한 분야에 투자하라 | 투자 종목을 다양하게 하면 불필요한 손실을 입을 우려가 적다. 즉, 리스크를 낮게 유지하면서 고수익을 얻을 수 있다.

7. 세금을 잘 알아야 한다 | 금융 문제를 결정할 때마다 수입과 지출에 세금이 어떤 영향을 주는지 고려해야 한다. 돈을 얼마나 버느냐보다 어떻게 관리하느냐가 더 중요하기 때문이다.

8. 장기적인 안목으로 계획하라 | 젊은 세대는 현재 노인들보다 훨씬 더 긴 노후를 보낼 것이다. 지금 20대라면 앞으로 80세까지 사는 것은 전혀 문제가 되지 않을 것이다. 그렇다면 길어진 노후에 대비해 지금부터 재정적인 부분을 잘 계획해야 한다.

9. 자신에게 맞는 계획을 세워라 | 금융에 관한 부분도 사회생활만큼 개인의 색채가 드러날 수밖에 없다. 재정 계획은 각자의 개성, 욕구, 투자위험 감수도에 따라 틀이 잡힌다. 다른 사람의 재정 계획이 나에게도 반드시 좋을 수는 없다. 나의 재정 계획은 나에게 맞게 직접 만들어야 한다.

10. 돈은 쉽게 생각할 문제가 아니다 | 돈 관리는 매우 중요한 사안이므로 개인 재무 관리에 대해 배우기 위해 따로 시간을 내야 한다. 필요하면 자세히 알아보기 위해 연구, 조사가 필요할 수 있다. 그리고 재무 관리에 대해 잘 아는 사람에게 조언을 구할 수 있다.

첫 직장에서 성공하려면

사람은 누구나 첫 직장을 경험하게 된다. 여름 인턴십이 첫 직장일 수도 있고 정규직으로 취직하게 될 수도 있다. 아래의 몇 가지 조언에 유의한다면 시행착오를 많이 줄일 수 있을 것이다.

1. 단정한 모습으로 출근하라 | 깔끔하고 단정한 차림을 하고 예의 바르게 행동하라. 시간과 장소를 따지지 말고 항상 직장 동료들을 존중하고 깍듯하게 대해야 한다. 회의 중에 휴대전화를 만지는 것은 불필요한 오해를 살 수 있으므로 주의해야 한다. 일단 회사의 분위기를 파악한 후에는 그에 맞게 행동하면 되지만, 그전까지는 용모와 예절에 흠잡을 부분이 없도록 신경 써야 한다.

2. 시간을 잘 지킨다 | 가능하면 정해진 시간보다 일찍 움직이는 것이 좋다. 시간을 잘 지키면 어디에서나 좋은 인상을 남길 수 있다. 정시보다 조금 일찍 출근하는 것이 바람직하다. 사람마다 정시 출근에 대해 생각이 다를 수 있다. 첫 직장에 출근하는 것이라면 다른 사람이 기다리게 만드는 것보다 본인이 먼저 가서 다른 사람을 기다려주는 것이 좋다.

3. 아무리 사소해 보이는 일이라도 즐거운 마음으로 최선을 다해 처리한다 | 처음 입사한 사람에게 커피를 준비하거나 서류를 정리하거나 화장실 청소를 시키는 회사도 있다. 이런 일이 꼭 필요해서가 아니라 새로 온 사람을 시험해보려고 허드렛일을 맡기는 것일 수도 있고, 정말 필요한 일이라서 부탁하는 때도 있다. 어느 쪽이든 회사에 보탬이 되겠다는 마음으로 주어진 일을 처리하는 것이 좋다.

4. 사소한 일도 꼼꼼하게 처리하라 | 직장에서 하는 일은 대부분 글이나 숫자와 관련이 있다. 단어 선택을 잘못하거나 계산에서 실수를 범하면 결과에 책임을 져야 한다. 단순하고 쉬워 보이는 일도 정신을 차리고 집중해서 처리해야 하는 이유다. 별로 중요해 보이지 않는 일이라도 처음

일을 배우는 사람은 중요한 일이라고 생각해야 한다.

5. 능동적으로 업무를 배워라 | 일을 시키는 사람으로서는 할 일을 배정할 때 그 일을 구체적으로 어떻게 해야 하는지 하나하나 가르쳐주는 것이 귀찮고 번거로울 수 있다. 일을 배워야 하는 사람은 업무 지시가 자세할수록 좋겠지만 현장에서는 세부적인 지시를 매번 기대하기 어렵다. 그러므로 일을 처리하는 과정을 능동적으로 배우려고 노력해야 한다.

6. 모르는 점을 물어보는 것은 부끄러운 일이 아니다 | 모르는 것은 물어보는 것이 좋다. 업무 지시를 받았는데, 내용을 잘 모르거나 이해하지 못했다면 망설이지 말고 물어보기 바란다. 대략적인 것만 파악했을 뿐 모르는 점이 많은데도 시행착오를 통해 해결하자는 식으로 무작정 일을 시작하지 말고, 먼저 질문해서 필요한 사항을 확인하는 것이 좋다.

7. 업무를 요청하라 | 할 일이 마땅치 않으면 기꺼이 다른 사람의 일을 돕거나 도울 일이 있으면 언제든지 불러달라고 말할 수 있다. 고의로 다른 사람을 불편하게 하면 안 되지만, 맡은 일을 끝냈다면 마냥 기다리는 것보다 일을 달라고 적극적으로 요청하는 편이 낫다.

8. 다른 사람의 말을 잘 들어주라 | 다른 사람이 하는 말을 잘 듣고 그들의 행동이나 선택을 주의 깊게 관찰해보라. 자기 생각이나 의견을 섣불리 말하기 전에 잘 듣고 관찰하면 실수를 많이 줄일 수 있다. 직장 동료들과 어느 정도 편안한 사이가 된 후에 자신의 의견을 표현해도 늦지 않을 것이다.

9. 급한 일이 겹칠 때 어느 것부터 먼저 처리할지 스스로 결정하는 대신 직장 상사를 찾아가라 | 직장에서 근무하다 보면 한꺼번에 여러 가지 일이 쏟아질

때가 있다. 하나같이 중요하고 급한 일이라서 어느 것 하나 미룰 수 없다면 매우 난감할 것이다. 이럴 때 가장 좋은 방법은 일을 맡긴 상사를 찾아가서 우선순위를 정해달라고 요청하는 것이다.

10. 시간을 잘 관리하라 | 30분 정도 간략하게 훑어보면 되는 일을 10시간 이상 들여서 자세하게 조사하는 것은 칭찬할 만한 일이 아니다. 새로운 업무 환경에 적응할 때까지는 어떤 업무에 어느 정도의 시간을 배분하는 것이 적당한지 모를 수 있다. 따라서 상사나 일을 가르쳐주는 사람에게 그 일에 시간을 어느 정도 써야 하는지, 언제까지 마쳐야 하는지 물어보는 것이 좋다.

11. 상사를 대하는 비결을 만들어라 | 직장 상사도 사람이기 때문에 감정적으로 될 수 있고 불합리한 선택을 하거나 실수를 할 수 있으며, 중요하지 않은 점에 판단력이 흐려질 수도 있다. 직장 상사가 그런 태도를 보일 때는 크게 당황하지 않고 의연하게 대처하는 것도 업무의 일환이라고 할 수 있다. 조직생활을 해보면 알겠지만 어떤 조직에서는 사람들이 위계질서를 함부로 어기는 일이 자주 일어난다. '상사'가 아닌데도 당신에게 이러저러한 일을 부탁하거나 시키려는 사람이 있을 거라는 뜻이다. 그런 상황에 지나치게 분노하거나 억울해하지 말고 유연하게 반응하는 것이 좋다.

12. 직장은 정치적인 곳이다 | 여러 부류의 사람이 한데 모여 일하다 보면 다양한 개성, 스타일의 차이를 느끼게 된다. 각자의 욕망과 야망이 다르므로 긴장이 유발되기도 하고 갈등이 생길 수도 있다. 이런 현실을 이해하면 사람들에게 친절하게 대하고 항상 긍정적인 태도를 유지하는

데 도움이 되며, 모든 사람과 잘 지낼 수 있다.

사회 초년생에게 당부하고 싶은 말

이제부터 앞으로 펼쳐질 인생에 어떻게 대비할지 이야기해보자. 사실 이런 종류의 조언은 학교를 졸업할 즈음에 귀가 따갑도록 들었을지 모른다. 그렇지만 이제 막 사회에 첫발을 내딛는 젊은이는 이런 조언이 얼마나 중요한지 미처 깨닫지 못한다. 이 조언에 대학생만 귀를 기울여야 하는 것은 아니다. 고등학교 졸업 후에 사회생활을 시작하는 사람도 다음의 내용을 반드시 알고 있어야 한다. 가장 훌륭한 졸업사를 다 모은 다음 유머를 걸러내고 남은 부분을 압축한 것을 이제 소개하려고 한다.

실수는 어른이 되는 과정에서 반드시 겪어야 할 일이다. 이 글의 목적은 가급적 실수를 피하게 도와주는 것이 아니다. 아무리 훌륭한 조언을 들어도 언젠가는 실수를 저지르게 될 것이다. 아마 그 일을 처음 해봤거나, 낯선 환경에서 긴장한 나머지 실수했거나, 잘 모르는 일에 도전하는 과정에서 자연스레 발생하는 시행착오였을 것이다. 잘 준비된 사람만이 의미 있는 인생을 즐길 수 있다. 당신의 인생은 이제 출발점을 지났을 뿐이다. 실수에 연연하지 말고 인생을 길게 보면서 마음을 편히 가지기 바란다.

1. 인품이 중요하다 | 정직하고 믿을 만하며 신실한 사람이라는 평판을 얻어야 한다. 한번 신용을 잃으면 회복하기 힘들다는 점도 기억하기 바란다. 윤리적인 문제로 질타를 받는 일이 없도록 노력한다. 실수했다면

이를 인정하고 잘못된 점을 고치려는 태도를 보여야 한다. 떳떳하지 못한 행동은 아예 처음부터 하지 않아야 한다. 무엇보다도 자기 자신에게 부끄러운 점이 없어야 다른 사람을 대할 때 당당할 수 있다. 다른 사람을 대할 때는 친절하고 공감하는 태도를 보이고 도움이 필요한 사람이 있으면 적극적으로 다가가서 도와주어야 한다. 상대방이 잘못하더라도 공적인 자리에서 면박을 주거나 창피를 당하게 만들지 말고 가능하다면 용서해주는 편이 낫다. 그리고 약속을 잘 지키는 사람, 말과 행동이 일치하는 사람이라는 평판을 얻도록 노력해야 한다.

2. 긍정적인 태도를 잃지 마라 | 사람들은 긍정적인 태도에 후한 점수를 준다. 힘든 일을 겪더라도 낙천적인 태도를 고수한다면 사람들에게서 더 격려를 받을 수 있다. 어떤 일이나 프로젝트가 자신의 능력에 비추어 너무 보잘것없다고 생각되더라도 최선을 다해서 마무리해보라. 그러면 당신의 열정적인 태도에 많은 사람이 박수를 아끼지 않을 것이다. 지금 나에게 주어진 일이 이 세상에서 가장 중요한 일이라고 생각하고 오늘 하루가 가장 소중한 날이라고 생각한다면 긍정적인 태도를 나타내기 쉬울 것이다.

3. 배움에는 끝이 없다 | 뉴스, 잡지, 웹 페이지, 뉴스 피드 등 풍부한 자료를 항상 확보한다. 독서 모임에 가입하거나 자신만의 라이브러리를 만들 수도 있다. 다양한 강의를 찾아 듣고 토론 모임에 참여하고 다큐멘터리를 즐겨 보는 것도 유익하다. 성인을 대상으로 하는 여러 가지 교육 프로그램을 수강하고 여행을 통해 견문을 넓히는 것도 좋다. 직업상 필요한 교육도 있을 것이다. 어쨌든 배움에는 끝이 없다는 점을 인정하고

받아들이면 꾸준히 자기계발을 할 수 있고 자신에 대한 새로운 점을 계속 발견하게 될 것이다.

4. 좋은 인맥은 큰 재산이다 | 주변에 좋은 사람이 많을수록 성공한 인생이라고 할 수 있다. 좋은 친구와 좋은 직장 동료는 돈으로 환산할 수 없는 가치가 있다. 사람은 신중하게 알아보고 사귀어야 한다. 지혜로운 사람을 가까이하면 어리석은 실수를 저지를 확률이 낮아지며 내가 가진 좋은 특성을 충분히 발전시킬 수 있다. 언행이 나쁜 사람들과 가까이하는 것은 성공에 걸림돌이 되며 당신이 크고 작은 실패를 하도록 잘못 인도하거나 부추길 우려가 있다.

5. 일은 당연히 힘든 것이다 | 직업을 '일'이라고 표현하는 데는 그만한 이유가 있다. 어떤 일은 죽을 만큼 힘들고 감정적, 도덕적인 상처를 주는데, 그런 희생에 비해 대가가 너무 작거나 거의 없을지 모른다. 나보다 머리가 나쁜 사람이 상사의 자리에 앉아서 내가 하기 싫은 일을 억지로 시키려 하는 상황도 있을 것이다. 일이 항상 즐겁고 만족스러울 거라 생각해서는 안 된다. 힘든 일을 억지로 하는 것도 인생에서 피할 수 없는 과정이며, 지나고 보면 중요한 인생 경험이 되기도 한다.

6. 자화자찬이 필요할 때도 있다 | 겸허한 태도는 사람을 귀하게 만드는 특성이다. 하지만 직장에서는 겸허함도 좋지만 합당하게 인정받는 것도 중요하다. 이 세상은 경쟁이 치열하므로 지나치게 공격적으로 될 필요는 없지만 어느 정도 자신을 드러내야 한다. 사람들에게 자신의 능력을 알리는 것을 주저하지 마라. 지나치게 자랑하지 않되 당당하게 행동한다면 직장에서 인정받을 수 있다.

7. 일과 다른 활동에서 균형을 찾아라 | 인생에서 커리어가 전부라고 할 수는 없다. 커리어에서 성공하는 것이 인생의 최대 행복이라는 사람은 소수에 불과하다. 대부분의 사람은 커리어에서 큰 행복을 찾기 힘들다. 일단 일하는 시간에는 일에 최대한 집중해서 최선의 결과를 내야 한다. 일이 끝난 후에는 가족이나 친구, 종교, 자원봉사, 여행, 오락, 취미활동, 문화생활과 같은 활동에서 즐거움을 찾는다면 인생을 풍요롭게 만들 수 있다.

8. 역경을 만나도 의연하게 대처하라 | 인생을 살다 보면 실망스러운 일을 겪게 마련이다. 특히 사람에 대한 실망을 겪을 때 조심해야 한다. 실제로 우리가 통제할 수 있는 장애물은 그리 많지 않다. 이것이 현실이라는 것을 인정하고 자신의 능력으로 해결할 수 있는 문제에 집중하는 것이 좋다. 과거는 바꿀 수 없지만, 미래는 바꿀 수 있다. 역경이 닥치면 능동적으로 대처하는 것이 좋다. 상처를 어느 정도 싸맨 후에는 상처와 함께 살아가는 법을 배워야 한다. 쉽게 포기하고 싶은 유혹에 굴하지 말고 끈기와 힘을 길러야 한다. 주변 사람들에게 의지하는 것도 좋은 방법이다. 좋은 인간관계는 실제로 장수와 행복에 큰 영향을 주는 것으로 알려져 있다.

9. 결혼은 신중히 결정하라 | 결혼할 생각이 있다면 무엇보다도 배우자를 신중하게 선택해야 한다. 결혼만큼 인생에서 중요한 결정은 없다고 해도 과언이 아니다. 그만큼 결혼은 인생의 행복에 큰 영향을 주기 때문이다. 성급하게 결혼을 약속하지 말고 먼저 상대방을 잘 파악하고 존경할 만한 사람인지 확인해보기 바란다. 하루라도 못 보면 안 될 것 같은 감정은 오래가지 않는다. 그러므로 공통 관심사가 많고 인생의 목적이 같은 사람을 만나야 한다. 성공적인 결혼은 긴 세월을 동고동락할 파

트너를 고르는 일이다. 아무리 사이가 좋은 부부도 살다 보면 시련을 겪을 수 있다. 그런 고비가 찾아올 때 상대방에게 힘을 주고 응원을 아끼지 않고 포기하지 않게 다독여주는 사람이야말로 가장 좋은 배우자라고 할 수 있다.

10. 가족계획을 미리 세워두라 | 결혼해서 가정을 꾸릴 생각이라면 미리 가족계획을 마련해야 한다. 아이를 낳으려면 여자의 신체적 나이를 고려해야 하는 것은 사실이다. 하지만 남자도 자녀를 키우는 일을 인생 계획에 포함해야 한다. 사회 초년생은 부모에게서 독립해 커리어를 관리하는 것만으로도 정신없이 바쁠 수 있다. 그렇지만 따로 시간을 내어 가정을 꾸리고 자녀를 기르는 문제에 대해 깊이 생각해보아야 한다.

11. 건강을 관리하라 | 신체적 건강은 심리 상태와 직결된다. 운동을 꾸준히 하고 몸에 좋은 음식으로 식단을 구성해야 한다. 나이가 들수록 아무리 바빠도 시간을 쪼개어 건강을 관리해야 한다. 구강 관리, 정신 건강, 체중 관리는 물론이고 충분한 수면, 스트레스 관리, 정기적인 운동을 모두 챙겨야 한다.

12. 사회에 환원하라 | 다른 사람이 누리지 못한 혜택을 받았거나 운 좋게 가난을 벗어나 여유롭게 사는 사람들이 종종 있다. 전 세계 곳곳에 억만장자가 있듯이 당신도 국내에서는 비교 대상이 없다고 할 정도의 갑부일지 모른다. 그런 경우라면 자선활동에 적극적이 되어야 한다. 학교, 종교시설에 기부하고 빈곤층을 위해 적극적으로 도움의 손길을 베풀 수 있다. 각종 사회봉사 활동에 적극적으로 참여하고 운영진으로 활동하거나 운영에 도움을 줄 수 있다.

옮긴이 정 윤 미

경북대학교 영어교육학과를 졸업하고 외국어고등학교에서 교편생활을 했다. 현재 번역 에이전시 엔터스코리아에서 번역가로 활동하고 있다.
옮긴 책으로는《경제학 무작정 따라하기》,《학습천재가 되는 11가지 공부 비결》,《생각 터지는 생각법》,《리더의 편견》,《컨테이저스 전략적 입소문》등 다수가 있다.

돈의 흐름이 보이는 MZ세대 경제 수업

초판1쇄 인쇄 2021년 9월 17일
초판1쇄 발행 2021년 10월 4일

지은이 앤드루 O. 스미스
감수 신진오
옮긴이 정윤미

발행인 조인원
편집장 신수경
편집 김민경
디자인 디자인 봄에
마케팅 안영배 신지애
제작 오길섭 정수호

발행처 (주)서울문화사
등록일 1988년 12월 16일 | 등록번호 제2-484호
주소 서울시 용산구 한강대로43길 5 (우)04376
편집문의 02-799-9346
구입문의 02-791-0762
이메일 book@seoulmedia.co.kr

ISBN 979-11-6438-974-2 (03320)

• 책값은 뒤표지에 있습니다.
• 잘못된 책은 구입처에서 교환해 드립니다.